Dante
Die Göttliche Komödie

Deutsch
Dr. Hans Schäfer

DANTE
ALIGHIERI
POETA
OCCIDEN-
TIS
MCCLXV
MCCCXXI

Herausgeber:
Ingrid Schäfer
unter Mitarbeit von Dr. Susanne Schober

Apeiron Verlag für
Mittelalterliches Schrifttum GmbH
Ockershäuser Allee 21
35037 Marburg

Druck: Eukerdruck Marburg

ISBN 3-923163-01-0

Mit der Veröffentlichung Dantes

„Göttliche Komödie“

in deutscher Sprache
von Dr. Hans Schäfer †
erfülle ich seinen Wunsch,
den er mir mit folgenden Worten übergab:

„In diesen Jahren sind wir gemeinsam durch das Inferno,
Purgatorium und Paradieso gegangen,
daß ich das konnte, verdanke ich Dir.
Und zum Dank lege ich dieses Buch in deine Hände.“

10. 1. 96

Ferner habe ich Vorwort, Kommentar und ein Fragment
aus seinem Nachlaß entnommen.

Vorwort

In der tiefsten Bejahung des Lebens liegt die höchste Verehrung Gottes,
sie ist das schönste Gebet,
sie wird zum demütigen Dank des Menschen,
sie ist zur Freude Gottes,
sie ist der Sporn zu großen Taten,
sie ist der Sinn des Opfers, das von jedem abverlangt wird, um die Tiefe des Lebendigen zu erkennen!
Das war es, was Hölderlin in seinem Gedicht „Sokrates und Aleibiades" sagen wollte:
„Wer das Tiefste gedacht,
liebt das Lebendigste ..."

Die göttliche Kommödie ist das Gedicht der Lebensbejahung. Zeugnis der Weisheit Gottes! Einer Erkenntnis, die der Mensch mißbraucht hat – die einen, die das Maß nicht hielten, sich verloren – die anderen, die der Hybris verfielen, Gott als tot zu erklären, um sich selber zum Gott zu machen, die dritten aber, die wahren Gegenspieler, die wohl wissen, daß es Gott gibt und nie absetzbar ist, aber dieses schönste Werk – Mensch und alles Lebendige, die ganze Natur – verfälschen wollen – und in das absolute Böse ziehen. Das ist die Herrschaft des Dis!"

Dante ist der Dichter, dem es gelang, das dichterische, das politische, das religiöse, das menschliche, das philosophische, das ontologische Element zu einem geschlossenen Ganzen zu verschmelzen. Vieles ist und wird als zeitbedingt abfallen – was aber bleibt, ist die einmalige dichterische Gestaltung all dieser Elemente auf der Basis ewiger Werte, die in Jahrtausenden das Menschengewissen geformt haben und formen werden.
Der Geist steht und fällt mit diesen Werten. Wie kaum ein anderes ist Dantes Werk berufen, das Maß für Heute und für die Zukunft zu setzen.

Er hat die Abgrundtiefen des Bösen erkannt. Er ist den leidvollen Weg der Läuterung selbst gegangen. Er hat die höchsten Höhen gesehen, die Vision des Ewigen – *Das war Dante.* Der Versuch es in Worte zu fassen, ist die

Göttliche Komödie. Was sie auszeichnet, daß sie weit vor anderen erstmalig eine weltgeschichtliche Synthese versucht, die die Geschichte und Sprache, ja alle Kunst und das Dasein der Menschen, den Sinn ihres Hierseins, Sünde und Leid, Freude, Verhängnis des irdischen Wandelns auf Erden zeigt. So will sie nicht nur Vergangenheit, sondern auch Künftiges deuten.

So stehe ich vor der Aufgabe, jetzt zu begründen, warum ich Dante nochmals übertragen habe. Mir lag daran, in der Zeit seiner Epoche zu schildern, ob es noch gelingen kann, seinem Werk die Bedeutung zuzumessen, die auch für uns, jetzt wo wir auf den Trümmern des Abendlandes stehen und nicht einmal wissen, was kommen wird, zutreffen kann.

Es bedurfte jahrzehntelanger Beschäftigung lesen und lesen laut und leise – mit der Göttlichen Komödie, um den Ton und die dichterische Dynamik zu finden oder mindestens zu erahnen. In der neuen Sprache ist es aber Bedingung, etwas von dem dichterischen Strömen in das neue Bett der Übersetzung zu lenken. Darum muß der Versuch noch einmal gewagt werden, in der Übertragung das Verborgene zu finden, denn dies allein ist der Lebensnerv eines Werkes, den Siegel des Unvergänglichen an die Tore des Herzens pochend, das ihm Verstehen öffnet. Nicht zuletzt – wie Heidegger fordert – ist die eigene Sprache gefordert, gerade das Dichterische mit dem Wort anklingen zu lassen – also eine Forderung, die mindestens so groß und wichtig ist, wie den Sinn und die Bedeutung der Originalsprache zu finden, um beides in unlösbare Einheit zu verschmelzen, denn sie ist das Gefäß, aus dem der Dichter schöpft, aus geheimnisvollen Quellen wie der Tondichter aus den vielen Klängen den Einklang, die Harmonie findet. Beides ist dem Ewigen verhaftet.

Freilich: das Thema ist unerschöpflich. Aber wenn es gelingt nur einen Faden zu fassen, die Linie, die Spur des Weges, des Höhepunktes, Verfall und drohenden Untergang darzustellen, wäre alle Mühe belohnt und ich hätte das getan, was mir zu tun vergönnt ist.

Deshalb bedeutet heute Dante-Lesen mehr als nur ein berühmtes Gedicht zu lesen – der Name Dante bedeutet einen Anruf an uns, ob wir überhaupt noch wollen – ja, noch wollen können – weiter zu leben.

HÖLLE / I. GESANG

1 Zur Zeit, die wir die Lebensmitte hießen
Befand ich mich in einem dunklen Walde,
Weil sich der rechte weg als Trug erwiesen.

2 O, ihn zu schildern, ich in Angst verhalte
Vorm wilden Wald, dem dornenvollen, herben,
Daß Furcht drab denkend schon mein Herz zerspalte.

3 Viel mehr kann Bitteres nicht sein beim Sterben.
Eh Gutes, das mich trug von dort zu künden,
Sag ich, von andren Dingen noch von herben.

4 Wie es geschehn, läßt sich nur schwer ergründen
Wars Müdigkeit, war ich vom Schlafe trunken,
Daß ich den wahren Weg nicht konnte finden.

5 Ich war vor einem Hügel hingesunken,
Er schien des Tales Ende anzudeuten
Des Tals der Furcht und ohne Hoffnungsfunken.

6 Indess die Blicke hoch zur Kuppe gleiten,
Sah ich um sie des Sternes Strahlen spielen,
Der oft schon half, Gefahren zu vermeiden.

7 Ich fühlte freier mich von Angstgefühlen,
Die wie ein See in meinem Herzen wallten,
Und in der Nacht der Qual mich überfielen.

8 Und wie ein Mensch, dess Herz in Furcht gehalten,
Gestrandet und dem Wellensog entrissen,
Rückblickend schaudert vor des Meer Gewalten,

9 So auch mein Geist, der immer noch beflissen
Zu fliehen, sich wendend will zum Ausgang trachten,
Den zu verlassen Lebende nicht wissen.

10 Ich mußte ruhn – war nahe dem Verschmachten,
Dann ging ich weiter auf des Ödland Strecken,
Gewillt jetzt mehr auf die Gefahr zu achten.

11 Doch sieh, fast vor dem Hang sah ichs mit Schrecken:
Ein Panther kam ganz keck und sehr behende,
Das Fell gesprenkelt bunt mit Punkten und mit Flecken

12 Er stand schon am Beginn vom Hanggelände
Mich hindernd, daß ich andren Weg erkunde,
Voll Angst, daß keinen Fluchtweg ich mehr fände.

13 Es war die Zeit der frühen Morgenstunde,
Die Sonne stieg empor im Sternenheere,
Das einst bewegen ließ zur ersten Runde,

14 Die Liebe Gottes und zu Gottes Ehren.
So hofft ich: gutes Zeichen nach den Mühen.
Das bunte Fell des wilden Tieres wäre.

15 Die Morgenstunde und das süße Blühen.
Doch anders kams: sah neue Schreckgestalten,
Sah einen Löwen mir entgegen ziehen.

16 Er schien gerade auf mich zu zuhalten
Erhobenen Hauptes, der nach Beute trachtet,
Die Hüfte bebten an dem Kraftgeballten.

17 Noch eine Wölfin kam mit Gier befrachtet,
Die Magerkeit verriet der Wollust Leben,
Nach dem der Mensch zu seinem Unheil schmachtet.

18 Sie hemmte mich in meinem Weiterstreben,
Und furchtsam meine Blicke an ihr hangen,
Weil jede Hoffnung ich schon aufgegeben.

19 Wie einer, der geplagt von Machtverlangen,
Nur den verlust erlebt, Gewinne keine,
Nun klagt, daß jede Planung ihm vergangen,

20 Zerriß das ruhelose Tier jetzt meine,
Es nahte sich, kam immer näher, enger
Trieb mich dahin, wo keine Sonne scheine.

21 Im tiefsten Grunde war mir bang und bänger,
War jetzt ins Blickfeld mir ein Mann getreten,
Der stumm mir schien als schwiege er schon länger.

22 Als ich ihn sah in schlimmster aller Nöten,
Rief ich: „Bist Du ein Mensch, bist du ein Schatten?
Mir gleich! Erlöse mich aus meinen Nöten!“

23 Er sprach: „Nicht Mensch, das war ich, bin ein Schatten,
Lombarden waren meine Eltern beide,
In Mantua sie ihre Heimat hatten.

24 Geboren unter Julius, als Rom sich freute
Des Augustus, lebte ich Lande
Zur Zeit, in der noch falscher Götter Leite

25 War Dichter – mein Gesang den namen nannte:
Anchisis Sohn aus Troja mußte fliehen
Als Ilion das stolze niederbrannte.

26 Was willst Du wieder ins Verderben ziehen,
Was steigst Du nicht hinauf zum Berg der Helle,
Der Grund und Ursprung ist von allem Blühen?“

27 „So bist Du denn Vergil, jene Quelle
Der solch' ein Strom der Sprache sich ergossen,“
– Sprach ich – beschämt mich beugen auf der Stelle –

28 „Des Lichts, den andren Dichtern zugeflossen,
Nach dessen Buch ich griff mit Fleiß und Liebe –
Jetzt sei mir Deine Hilfe nicht verschlossen.“

29 Du bist mein Vorbild, was ich schrieb, noch schriebe,
Des schönen Stils allein bist Du mir Meister,
Und Dir verdank ich, wenn ein Ruhm mir bliebe.

30 Sieh dort das Untier – wieder naht es dreister
Und macht mich beben – bin vor ihm geflüchtet –
Errette mich – Erhabner Du der Geister.“

31 „Dein Sinn sei jetzt auf andren Weg gerichtet,“
Sprach er und sah mich bitterlicher weinen,
„Wenn du entfliehen willst, eh Du vernichtet.

32 Dies Tier, deswegen Du geschrien vor Peinen,
Läßt keinen jemals ungeschoren ziehen,
Es tötet alle, die zu fliehen meinen.

33 Ist sündig von Natur, von giftig bösem Glühen –
Die Gier ist wild, verderblich unermeßlich!
Noch fressend wird nach neuem Fraß geschrieen.

34 Es paart mit vielen sich, mit Leibern häßlich,
Es werden mehr und mehr, bis der vom Felde
Es töten wird: der Veltro! In Qualen gräßlich

35 Er nährt sich nicht von Ländern, nicht vom Gelde,
In ihm wohnt Tugend, Weisheit und die Liebe,
Er stammt vom Volke zwischen Feld und Felde,

36 Daß elend nicht das Land Italiens bliebe,
Für das Camila starb mit reinem Herzen,
Und Nisus, Turnus, Eurial im Kampfgetriebe,

37 Er wird die Bestie aus dem Volke merzen,
Die Neidgeschwollene zur Hölle jagen,
Der sie entsprang zum ewigen Ort der Klagen,

38 Zu Deinem Heile, denk ich Dirs zu sagen:
An Wort und Führung sollst du dich gewöhnen,
Ich führe Dich zum ewigen Ort der Klagen,

39 Verzweiflungsschreie wirst Du hören, Tränen
Und Trauer der antiken Geister sehen,
Die alle sich den zweiten Tod ersehnen.

40 Wirst jene sehen, die im Feuer gehen,
Doch voller Hoffnung sind trotz Leid und Wehe,
Wann immer auch, die Seligen zu sehen,

41 Wirst Du zu jenen steigen dann zur Höhe,
Wird eine Seele würdiger Dich führen,
Sie wird dann Dein Geleite, wenn ich gehe.

42 Der Imperator dort will streng regieren,
Denn seiner Satzung war ich nicht verschworen,
Drum darf ich nicht durch seine Stadt Dich führen.

43 Dort ist er König allen, die geboren,
Dort seine Stadt und Wohnung in der Höhe,
O jener Glück, die er dorthin erkoren.„

44 Ich sprach: „O Dichter, höre wie ich flehe:
Beim Gott, den Du und Deine Welt nicht kannte,
Errette mich aus Bitternis und Wehe –

45 Führ' mich wie Du gewollt in jene Lande,
Und dorthin wo des Petrus heil'ge Pforte,
Ich schaue, und die die Trauer übermannte!"

46 Dann gingen wir vereint vom Unglücksorte!

II. GESANG

1 Der Tag ging hin und allen Lebewesen
Der Erde nahm die Nacht die Last vom Tage,
Nur ich war ruhelos und wach gewesen,

2 Mich vorbereitend auf des Weges Plage,
Im Widerstreit des Mitleids zu bestehen,
Und der Erinnerung getreu es wiedersage.

3 Ihr Musen hohen Geistes hört mein Flehen!
Gedächtnis! Was ich sah getreulich hege!
Du mußt für Zuverlässigkeit mir stehen!

4 Ich sprach: „O Dichter, der mich führen möge!
Eh, Du mir traust so Schweres zu beginnen,
Ob meine Kraft zum Wege tauge – wäge!

5 Du sangst, daß Sterbliche mit wachen Sinnen,
Wie Silvius Vater einst hinabgegangen
Zu den Unsterblichen zur Tiefe innen –

6 Doch weil des Bösen Gegener sein Verlangen
Gestützt, wissend künftiges Geschehen,
Und alle Wirkungen aus ihm entsprangen,

7 So wird es der Verständige verstehen:
Er war vom höchsten Himmel auserkoren,
Daß Rom mit seinem Reiche soll entstehen.

8 Für beide gilt – die Wahrheit sei beschworen
Es war der heilige Ort für sie erlesen
Und Petris Sitz für die, die nachgeboren.

9 Auf dieser Reise – wie bei Dir zu lesen –
Vernahm er Dinge, die für seine Siege
Und für den Mantel wahrer Grund gewesen.

10 Auch der Erwählte für des Glaubens Züge
War dort, sich Kraft zu holen uns zu lehren
Wie erster Schritt zu unsrem Heil sich füge.

11 Doch ich, warum denn ich? Wer wirds gewähren,
Ich bin Aeneas nicht, und mich zu nennen
Mit Paulus würde man zu recht sich wehren.

12 Drum würde ich mich schnell zur Fahrt bekennen,
Hieß', daß ich selbst mir solche Ehre zollte.
Doch Du bist weise, wirst entscheiden können."

13 Wie der, der nicht mehr will, was er schon wollte,
Mit neuem Plan dem alten auszuweichen,
Nachsinnend selber sich im Grunde grollte,

14 So war ich denn gesonnen auszustreichen
Die Reise – wohl Bedenken hegen mochten –
Die doch begonnen mit so guten Zeichen.

15 „Wenn Deine Rede richtig ich entflochten,"
Sprach nun zu mir des edlen Geistes Schatten,
„Hat Deine Seele Feigheit angefochten.

16 Die Feigheit läßt den Menschen schnell ermatten,
Und hindert sich zu Taten aufzuschwingen,
Wie Tiere scheun, die falsch gesehen hatten.

17 Dich dieser Furcht nun schnellstens zu entringen,
Zu helfen, hab ich mich hierherbegeben,
Den Auftrag will ich Dir zur Kenntnis bringen.

18 Wo wir im ungewissen Lose schweben,
Rief mich die Frau – sie kam vom Himmel ferne –
So schön, daß ich sie bat Befehl zu geben.

19 Der Augen leuchten – mehr als Licht vom Sterne –
Der Stimme Klang so sanft, so voll Vertrauen,
Wer hörte nicht der Engel Stimmen gerne –

20 „O edle Seele aus Mantuas Gauen,
Und dessen Ruhm noch auf der Erde dauert
Und dauern wird, solang der Welt zu trauen –

21 Mein Freund – der glücklos – von Gefahr umlauert,
Verirrte sich in ödem Tal – zur Wende
Fehlt ihm die Kraft, die Furcht sein Herz durchschauert.

22 Ich fürchte, daß er Rettung nicht mehr fände,
Da er zu tief verstrickt schon im Verliese,
Wenn, wie ich hörte, die Gefahr nicht ende.

23 Bring ihm die Botschaft aus dem Paradiese,
Die Wirkung Deiner Worte helfen könnte,
Drum eile, Trost die Rettung selbst mir hieße.

24 Bin Beatrice, Dich zu ihm ich sende.
Ich kam und sprach: aus Liebe ists geschehen.
Zur Rückkehr gern ich mich in Eile wende.

25 Kann ich vorm Herrn des Himmels wieder stehen,
Auch Dein Verdienst ich mit zur Sprache bringe!“
Sie schwieg, da sprach ich noch vor ihrem Gehen:

26 „Hohe Herrin, Tugend, die allein die Dinge
Der Menschen überragt in hehrer Weise,
Die dort im kleinsten Rund der Himmelsringe,

27 So sehr erfüllt mich Dein Befehl zur Reise,
Daß schnellst gehorchend, noch mit langsam stritte,
Und nicht mehr Deinen Wunsch zu ändern heiße.

28 Sag dennoch mir den Grund zu Deiner Bitte,
Warum zur Tiefe Du mußt steigen
Aus Höhn, wohin sich sehnen Deine Schritte?“

29 „Nach Wissen Strebendem will ich mich neigen“
Sprach sie „und will Dir gern die Antwort sagen,
Warum ich komme, ohne Furcht zu zeigen.

30 Man darf von solchen Dingen nur verzagen,
Die Macht zu schaden haben. Andre Dinge
Sind ungefährlich, wenn wir sie nur wagen.

31 Und furchtlos ich durch diese Flammen dringe,
Das irdische Elend kann mich nicht versehren –
Weil ich durch Gottes Gnade es bezwinge.

32 Nur eine Frau aus hohen Himmelssphären
Aus Mitleid hieß mich Dich dahin zu senden,
Gesetz durchbrechend, so der Not zu wehren.“

33 Und ihre Worte sich an Lucia wenden:
„Der Treue ist verstrickt in Todesnöten,
So schütz’ ihn, eile Hilfe ihm zu spenden.“

34 Und Lucia, Feindin aller harten Fehden,
Entschloß sich schnell und kam zu mir in Eile,
Wo ich zur alten Rahel war getreten.

35 Sie sprach: „Beatrice, Gottesfreude, weile
Nicht lang, dem hilf, der immerfort Dich liebte,
Bestrebt, daß nichts er mit dem Pöbel teile.

36 Hörst Du die Klage nicht, die tief betrübte!
Siehst Du denn nicht, ihn treibt die Todesfähre
Auf Fluten schlimmer als vom Sturm verübte.

37 Und schneller als ein Mensch es jemals wäre,
Den Schaden fürchtend, je zur Rettung eilte,
So ich zu diesem Ort in Sorge kehre.

38 Und kam aus den Gefilden, wo ich weilte,
Auf Deine Sprache bauend, der ich traue,
Die jeder ehrt, wenn ihn ihr Klang ereilte."

39 So sprach sie – ihre Augen füllten Tränentaue –
Und wandte sich und ihre tiefe Trauer
Mich mehr noch drängte, daß ich nach Dir schaue.

40 Ich kam wie sie gewollt zur Bergesmauer –
Ich habe Dich befreit vom wilden Tiere,
Den Weg Dir sperrend sah ich's auf der Lauer.

41 Was stehst Du nun, wie einer, der verliere?
Ist Feigheit nur in Dir der wahrhaft Feigen?
Wo ist die Kühnheit, Freimut, der Dich zierte?

42 Wo doch die Segensreichen Dir sich neigen,
Drei Sprecherinnen in den höchsten Zonen
Und meine Worte Dir so viel bezeugen?"

43 Wenn Frost der Nacht gebeugt die Blütenkronen
Und sie verschloß, im ersten Strahl der Sonne
Sich heben wieder und mit Blühen lohnen,

44 Ward ich durchströmt von neuer Lebenswonne;
Zum Herzen Kühnheit wogte und ein Wille,
Daß frei und leicht ich sprach: „O meine Sonne.

45 So hilft sie mir in ihrer Mitleidsfülle,
Durch Dich, der Du gefolgt dem wahren Worte
Zerreißend der Verzagtheit Nebelhülle,

46 Daß Sehnsucht nun mich treibt zu jener Pforte.
Nun komme ich mit Dir und folge gerne,
Dem alten Vorsatz treu, zum bittren Orte.

47 Nun geh voran! Uns lenken gleiche Sterne!
Du bist der Führer, bist mein Herr und Meister!“
Wir brachen auf, bereit zu jener Ferne,

48 Ins wilde dunkle Reich der Höllengeister.

III. GESANG

1 DURCH MICH FÜHRT DICH DER WEG ZUR STADT DER TRAUER,
DURCH MICH FÜHRT ER ZU EWIGEN BITTERNISSEN,
VERLORNES VOLK GEHT HINTER MEINE MAUER.

2 GERECHTIGKEIT IN GÖTTLICHEN ENTSCHLÜSSEN
DES HOHEN VATERS MACHT HAT MICH BEREITET,
DIE ERSTE LIEBE UND DAS HÖCHSTE WISSEN

3 VOR MIR WAR KEINE SCHÖPFUNG AUSGEBREITET,
NUR EWIGES – AUCH ICH BIN EWIGER DAUER
LASST JEDE HOFFNUNG DIE IHR MICH DURCHSCHREITET –

4 Die Inschrift sah ich am Portal der Mauer
In dunkler Farbe stehn; ich sprach: „O Meister
Hart ist ihr Sinn und mehret noch die Trauer."

5 Vergil – auf die Erfahrung streng verweist er
„Hier sei jetzt jedem Mitleid abgeschworen:
Verscheuche Kleinmut! Töte Feigheit!" heißt er,

6 „Was ich versprach und Dir zu sehn erkoren:
Wir sind am Ort der Qualen angekommen,
Wo jeder der Erkenntnis Gut verloren."

7 In seine hat er meine Hand genommen,
Mit frohem Blicke tröstend mich zu leiten
Zu Dingen, die kein Sterblicher vernommen

8 Durch sternenlose Nacht von allen Seiten
Ein Jammerdrang, ein Schluchzen, Schreien, Stöhnen –
Vor Schrecken weinte ich und Bangigkeiten.

9 Verworrne Sprachen, voll von schrillen Tönen,
Vom Haße geifernd, Zorn wie mit der Keule
Dazwischen schlagend dumpfer Schläge Dröhnen.

10 Durch schwarze Lüfte jagen wirbelnd geile
und ekle Dinge, wechseln oben, unten
Gepeitscht wie Sand im Wirbelsturmgeheule.

11 und ich, den Angst und Grauen ganz verwunden,
Ich sprach erschüttert: „Meister – was wir hören –
Sag an, was für ein Volk wird so geschunden?"

12 Und er: „Du siehst in diesen Jammerchören
Wie sie einst lebten, hier in Trudel-Schritten,
Die weder Lob und Schande könnte stören.

13 Vermischt mit ihnen immerdar inmitten
Die Engelscharen, die einst unentschieden,
Und weder für noch gegen Gott gestritten

14 Der Himmel spie sie aus – und hier hinnieden
Muß selbst die Hölle ihnen sich verschließen,
Ihr den Triumph als Bessre nicht zu bieten,"

15 Und ich: „Was Meister, läßt so hart sie büßen,
Daß sie so kläglich klagen im Verderben?"
Und er: „So höre; hier in den Verliesen

16 Ist keine Hoffnung je für sie zu sterben!
Und jedes andre Los wär' ihnen lieber.
Ihr Leben blind und wertlos ging in Scherben.

17 Getilgt ist ihre Spur – ihr Ruf noch trüber,
Von Recht und Mitleid sind sie ganz verachtet
Nichts mehr von ihnen – schau und geh' vorüber!"

18 Mich wendend sah ich – vorher unbeachtet
Ein kreisend Zeichen und von solcher Schnelle
Wie etwas, das nach Stillstand niemals trachtet.

19 Dahinter – unversiegbar schien die Quelle –
Formt sich ein Zug von abgeschiednen Seelen
– Mich wundert, daß so viele schon die Schwelle

20 Des Todes überschritten: nie zu zählen!
Doch ein Gesicht erkannt' ich – jenes Einen:*
Die große Weigrung war sein feiges Fehlen.

21 Da wußt ich plötzlich: Scharen der Gemeinen,
Die Gott und seinen Feinden gleich mißfallen
Sind dies, die seltsam hier zu wallen scheinen.

---

* Coelestin V. verweigerte die Papstwürde.

22 Die Elenden, die von Lebendigen allen
Nie wahr gelebt – sind nackt und bloß, zerstochen
Von Wespen und von Fliegen angefallen.

23 Von den Gesichtern, die verschmiert, zerbrochen,
Rann Blut und mit dem Blute Tränen rannen
Als Würmerfraß, die um die Füße krochen.

24 Und ferne sah ich: Viele schon begannen
Zu sammeln sich an eines Stromes Ufer,
Drum frug ich: „Meister was treibt die von dannen?

25 Und sag: was ist die Weise, wer der Rufer
Zur Überfahrt, als ob der Fluß sie lade,
Sofern ichs seh beim schwachen Licht am Ufer?"

26 Und er: „Dies sollst du wissen, wenn die Pfade
Sich sperren, Halt geboten unsren Schritten:
Des Todesflusses trauriges Gestade."

27 Da reute mich mein unbesonnen Bitten,
Daß unsre Mühsal sich nicht weiter mehre,
Bin schweigend ich bis hin zum Fluß geschritten.

28 Und sieh: Schon kam gerudert eine Fähre,
Es stand ein Greis auf ihr mit weißen Haaren,
Der rief: „Weh Euch, verdammt zum bösen Heere!

29 Verruchte Seelen! Laßt die Hoffnung fahren
Das Heil zu sehen! Zu anderem Gestade
Wo Nacht und Frost und Glut für Eure Scharen:

30 Doch Du, ein Lebender auf diesem Pfade,
Entferne Dich sogleich von diesen Toten!"
Doch als ich dann nicht folgte seinem Rate,

31 Sprach er: „Auf andrem Wege – dieser ist verboten –
Von andrem Hafen und mit andrem Kahne
Aus leichtem Holz sei Deines von den Booten."

32 Da sprach der Führer: „Charon laß, ich mahne,
Dort will man's, wo auch das Vollbringen
Dem Wollen folgt. Nicht weitre Fragen plane."

33 Von nun an schien er sich zur Ruh' zu zwingen,
Die Blicke ließ er schweifen auf dem Sumpfe
Aus Augen, die umkreist von Feuerringen.

34 Indess die Seelenschar, die nackte, stumpfe,
Erschauernd, Zähne klappernd in der Runde
Die Worte Charon's hörend, drohend dumpfe;

35 Rief Flüche, Schreie, wild aus schiefem Munde,
Auf Gott, verwünschend eigne Brut und Samen,
Die Welt, den Menschen und der Zeúgung Stunde.

36 Sich drängend alle jetzt zusammen kamen
An das verruchte Ufer unter bittrem Weinen,
Das jeden Zweifler packt an Gottes Namen.

37 Und Charon, er, der Dämon gab mit seinen
Entflammten Augen schon das Sammelzeichen,
Mit Rudern schlug er, die zu zögern scheinen.

38 Dem herbstlich Blätterfallen schiens zu gleichen,
Wenn Blatt um Blatt sich löst von allen Zweigen,
Zurück ihr Kleid der Erde wieder reichen,

39 Dem glich der bösen Adams-Kinder Reigen,
Sie stürzten nacheinander zum Gestade,
Wie es auf Lockruf auch die Vögel zeigen.

40 Dann zogen sie auf dunkler Wogen Pfade,
Und eh sie drüben auf den Wall gestiegen,
Schon eine neue Schar sich formend nahte.

41 Dann sprach mein güt'ger Meister: „Alle fügen
Zu Haufen sich aus allen Ländern, Zeiten,
Die Gottes Zorn nicht vor dem Tod besiegen.

42 Sie sind bereit, den Fluß zu überschreiten,
Von göttlicher Gerechtigkeit getrieben,
Verwandelt Furcht in Sehnsucht sich zu Leiden.

43 Und keine Seele kommt, die gut geblieben
Hierher – woraus der Grund sich Dir ergeben,
Als Charon sich beklagte vorher drüben."

44 Er schwieg, denn jäh erschütterte ein Beben
Die schwarze Erde, fegte Sturmeshärte,
Daß Angst mich noch befällt beim nacherleben.

45 Den Sturm gebar die tränenbittre Erde,
Die Blitze zuckten, rote Flammen lohten,
Daß sich mein ganzes Fühlen jäh verzerrte,

46 Ich fiel – ein Mensch – wie in den Schlaf der Toten.

IV. GESANG

1 Den festen Schlaf zerbrach in meinem Kopfe,
Ein schwerer Donner, der mich hochgerissen,
Wie einen, den man wachgezerrt am Schopfe,

2 Doch meine Augen alles müde missen,
Erhob mich schnell und spähte in die Runde,
Wo wir hier lagerten, das wollt ich wissen.

3 Ich sah, es war am Rand des Tals, vom Grunde,
Dem schaurigtiefen, drangen Schmerzenslaute,
Die widerhallten in dem fahlen Schlunde.

4 Drum in die Tiefe ich jetzt schärfer schaute,
doch blieb ein klares Sehen noch umstritten,
Da auch noch Nebel auf dem Grunde braute.

5 „Zur blinden Tiefe wollen wir inmitten“
Sprach da Vergil, ich sah ihn jäh erbleichen,
„Ich geh zuerst, Du folge meinen Schritten.“

6 Doch ich, der ich gesehn der Blässe Zeichen,
Frug: „Kann ichs denn, da Dich doch Furcht befallen,
Der sonst doch konnte alle Zweifel scheuchen.“

7 Und er: „der Zustand jener, die dort wallen
Allein hat mein Gesicht verfärbern lassen,
Nicht Furcht, nur Mitleid hat mich angefallen.

8 So laß uns zeitig gehen die langen Straßen!“
Er ging ich folgte ihm zum ersten Kreise,
Er schien den Abgrund gänzlich zu umfassen.

9 Die Klagen waren in verhaltner Weise –
So man durch Hören konnte unterscheiden –
Die ewige Luft schien zu erzittern leise.

10 Von Qualen frei, nur Weh, nur stilles Leiden,
Bei großen Scharen mit den gleichen Klagen,
Bei Männern, Frauen, Kindern, vielen Leuten.

11 Der gute Meister: „Willst Du denn nicht fragen
Nach jenen Geistern dort im Dämmerscheine,
Du sollst es wissen, eh wir weiter wagen,

12 Sie waren keine Sünder – dies alleine
War nicht genug: die Taufe fehlte ihnen,
Des Glaubens Tor, wie Du und jeder meine.

13 Sie, die noch vor dem Christentum erschienen,
Sie konnten Gott, wies ihm gebührt, nicht achten.
Bin ihresgleichen, teil das Los mit ihnen.

14 Durch dies allein, nicht andrem Tun und Trachten –
Sind wir verloren, lastet ein Bedrücken,
Und wir in hoffnungsloser Sehnsucht schmachten.“

15 Ein Schmerz erfasste mich: im Umherblicken
Sah ich im Vorhof so erlesne Geister,
Die dort nun bleiben, gleich in den Geschicken.

16 O sage Herr, o sag es mir mein Meister“,
Begann ich „Jeden Irrtum zu besiegen;
Der Glaube kann es immer – das beweist er:

17 Ist keiner je befreit hinauf gestiegen –
Seis eigne oder fremd Verdienst gewesen?“
Im Wort Verhülltes sah er offen liegen.

18 Und sprach „Nur kurz, da ich noch neu gewesen,
Sah ich zu Tiefe einen Mächtigen kommen,
Des Sieges Krone war mit ihm gewesen.

19 Urvaters Schatten hat er mitgenommen,
Mit Abel; Sohn und Noah all die Väter,
Gesetzesbringer Moses und den Frommen.

20 Erzvater Abrahams, den frömmsten Beter,
Dann König David, Israel mit Söhnen
Und Rahel, der er vieles gab, erhöht er.

21 Und viele andre noch, die hier in Tränen
Geharrt – er hat sie in sein Reich genommen
Ward keine Seele mehr befreit vor jenen

22 So führte das Gespräch uns zügig weiter,
Wir gingen ständig, dicht vom Wald umrungen
Vom dichten Geisterwalde sag ich leider.

23 Als nach dem Schlaf wir tiefer dann gedrungen,
Sah ich ein Feuer still im Halbkreis brennen
Durch dessen Schein die Finsternis bezwungen

24 Zwar noch recht ferne, doch schon zu erkennen,
Daß dort zusammen kamen viele Leute,
Nach ihrer Art als ehrenvoll zu nennen.

25 „O Du der Wissenschaft und Künste Freude –
Wer sind denn jene, die so hoch in Ehren,
Daß eine Trennung sie von andren scheide?"

26 Und er: „Ihr Ruhm vermag es Dir erklären,
Erworben wo Du lebst auf Erdenstraßen,
Bewog den Himmel dieses zu gewähren."

27 Da hat sich eine Stimme hören lassen:
„So gebet Ehre unsrem höchsten Dichter!
Sein Schatten kehrt zurück, der uns verlassen."

28 Als sie jetzt schwieg, sah ich im Schein der Lichter
Vier große Schatten kamen uns entgegen,
Nicht froh, nicht traurig waren die Gesichter.

29 Dies ließ den Meister gleich zum Wort bewegen:
„Sieh dort, der erste von den Vieren", spricht er
„Der Herrscher hält in seiner Hand den Degen –

30 Es ist Homer! Der königliche Dichter,
Ihm folgt Horaz, der Meister der Satire,
Ovid und Lukan sind die letzten" spricht er.

31 „Weil jeder mit mir teilt des Namens Ziere,
Den vorher jene Stimme grüßend nannte,
Siehst Du mich mitgeehrt, was gut und sich gebühre."

32 So sah ich hier vereint vom Griechenlande,
Die schöne Schule, wo im höchsten Sange
Der Herr, ein Adler seine Schwingen spannte.

33 Nach dem Gespräche hielten sie im Gange,
Dann kamen sie zu mir, mich zu begrüßen,
Ich sah ein Lächeln auf des Meisters Wange.

34 Jedoch sie mehr an Ehre mir erwiesen,
Daß sie mich aufgenommen in dem Kreise
Als Sechsten, solchem Geist mich würdig hießen.

35 Und bis zum Lichtkreis ging sodann die Reise,
Besprachen viel, doch Schweigen es beende,
Wie dieses hier, war dort das Reden weise.

36 Ein schönes Schloß sahn wir an weges Ende,
Sahn, daß ein Wall es siebenfach umschließe,
Ein schöner Fluß zog schützend ums Gelände.

37 Wir kreuzten ihn auf festem trocknen Kiese
Durch sieben Tore lenkten unsre Schritte
Die Weisen bis zu einer grünen Wiese

38 Dort waren Leute in Geländes Mitte
Von ruhigen Augen, Hoheit im Gesichte,
Verhalten, wenig sprechen war hier Sitte.

39 Wir hielten nun – vor uns der offne, lichte
Erhöhte Ort an einem Seitenwege,
Daß jeder besser das Geschehen sichte.

40 Sahn hohe Geister auf der grünen Hege,
Vergil hieß mich die Blicke fest zu straffen –
Am Anblick ich mich wie berauscht errege.

41 Ich sah – die Augen klares Bild erraffen –
Elektra, Aeneas, Hektor, ich erkannte
Caesar, mit dem Falkenblick, in Waffen.

42 Vergil: Camilla, Penthesilea nannte,
Zur andren Seite wir Latinus sehen,
Den König, der sich zu Lavinia wandte.

43 Sah Brutus, der Tarquin gejagt; erspähen
Lukretia, Julia, Marzia, Cornelien schauen,
Sah Saladin alleine abseits stehen.

44 Ich sah – ein wenig hebend meine Brauen
Den Meister derer sitzen, die da wissen
Im Kreis der Philosophen sich erbauen.

45 Und keiner ließ Bewunderung vermissen:
Dort Plato, Sokrates ins Blickfeld rücken,
Sind mehr als andere um ihn beflissen.

46 Sah Demokrit, den Zufälle erquicken,
Diogenes, Anaxagoras, Thales weiter,
Empedokles und Zeno, Heraklit erblicken.

47 Den guten Kenner aller Arten Kräuter,
Dioskorides, Orpheus nicht ferne,
Sah Tullius Linus Seneca, der Weisheit Streiter.

48 Euklid und Ptolomäus den Kundigen der Sterne
Hippokrates, Gallen und Avicenne,
Averroes, der kommentierte gern.

49 Unmöglich, daß ich alle Namen nenne,
Das große Thema gänzlich zu erfassen,
Es auszuschöpfen auch das Wort nicht könne.

50 Die Schar der Weisen mußten wir verlassen,
Der Führer schritt auf andrem Weg und Richte
Aus dieser Stille zu den dunklen Straßen.

51 Und wo kein Raum mehr war in mildem Lichte.

V. GESANG

1 So stiegen wir, vom ersten Kreis zum zweiten
Nach unten: kürzer sind die Rundumläufe,
Doch bergen härtre Strafen sie und Leiden.

2 Denn dort steht Minos schrecklich mit Gekeife
Er prüft die Sünder, die vor ihn getreten,
Das Urteil spricht der Ringe Zahl am Schweife

3 Ich meine wenn die Schuldbeladnen reden,
Zwingt er sie alle, alles zu bekennen,
Er, Kenner aller Sünden muß für Jeden

4 Den ihm gemäßen Ort der Hölle nennen:
Er ringelt seinen Schweif so viele Male.
Als er an Stufen muß zur Tiefe rennen.

5 Und viele stehen vor dem Tribunale,
Sie treten wechselnd vor und ungebeten:
Sie sprechen, müssen hören: ab zum Tale!

6 „O Du, der zum Hospiz der Qual getreten," so heulte
Minos, als er mich gesehen,
Und ließ vom Amte um mit mir zu reden:

7 „Schau, wenn Du nahest, wem Du mußt gestehen!
Der breite Eingang Dich nicht täuschen möge!"
Mein Führer drauf: „Tut's not, Dich aufzublähen?

8 Nicht hindre ihn auf seinem Schicksalswege!
Ders will, der kann es, mags Dich auch verbittern,
Kein weitres Fragen mehr darum erwäge!"

9 Schon ließen Schreie rings die Luft erzittern
Am Ort der Schmerzen war ich angekommen –
Das große Weinen ließ micht tief erschüttern.

10 Ich kam zum Ort, wo jedes Licht verglommen;
Da brüllte es gleich Stürmen auf dem Meere,
Wenn aufgewühlt die Wogen, jagend kommen

11 Der ewige Sturm der Hölle treibt die Heere
Der Geister hin und her im Wirbeltanze,
Er dreht und schüttelt sie, daß Qual sich mehre.

12 Und kommen sie zu nah der Felsenschanze,
Dann tönen Schreie, Weheklagen, Weinen:
Verfluchend Gottes Kraft und Fluch aufs Ganze.

13 Daß Fleischessünder so bestraft erscheinen,
Seh ich wohl ein – dieweil sie ihr Genießen
Nicht zügelten; entartend zum Gemeinen.

14 Wie wenn die Stare sich zum Flug entschließen
An kalten Tagen sträubend das Gefieder,
So hier die sturmgejagten Geister büßen.

15 Er treibt sie hin und her und auf und nieder,
Und keine Hoffnung können je sie hegen
Auf kleinre Strafen oder Ruhe wieder.

16 Und wie die Kraniche zu singen pflegen,
In langen Reihen klagend hin sie ziehen,
So sah ich Schatten klagend sich bewegen

17 Und nahn im Sturm, dann wieder fliehen:
Drum sprach ich: „Meister sage, wer sind jene,
Die durch die schwarze Luft sich jammernd mühen?“

18 „Die erste von den Seelen war die Schöne,“ So sprach er:
„Kaiserin von Völkerscharen,
Sie lebte von der Lust und Lustgestöhne,

19 Und war der Wollust und dem Lustgebaren
Allein ergeben; ein Gesetz sie schützte,
Das selbst sie schuf, vorm Volk den Schein zu wahren;

20 Es ist Semiramis, die so gewitzte,
Sie herrscht’ nach Ninos, wie bekannt, dem Gatten
Im Land, das später dann dem Sultan nützte.

21 Die sich aus Liebe tötete – Dido’s Schatten.
Sie brach Sichäus Asche einst die Treue.
Cleopatra im Lustgewühl bis zum Ermatten.

22 Sieh, Helena! – Daß ihr die Welt verzeihe
Die böse Zeit! – Achill, den strahlend großen,
Den noch die Liebe schlug zuletzt aufs neue.

23 Und Paris! Tristan, viele in den Losen
Der Liebe tief verstrickte er mir zeigte,
Die Liebe aus dem Leben hat gestoßen.

24 Als er im Sprechen jetzt zuende neigte
Von alten Rittern, edler Frauen Namen,
War ich verwirrt, mein Herz dem Leid sich beugte.

25 Ich sagte: „O Dichter, die dort näher kamen
Als Paar zusammen – darf ich sie noch fragen?
Sie schweben, wie im Flug im Wundersamen?“

26 Und er: „Wenn näher sie der Sturm getragen
Ruf ihre Liebe, die sie hergetrieben
Auf Bitten werden sie zu kommen wagen.“

27 So bald der Wind sie zu mir trug von drüben,
Hob ich die Stimme: „O, gequälte Seelen,
Verharrt und sprecht, so es erlaubt geblieben!“

28 Wie Tauben, die zu ihres Nestes Höhlen
Voll Sehnsucht durch die Lüfte eiligst fliegen,
Verlangend gern den Ort der Ruhe wählen –

29 So lösten sie sich schnell von Didos Zügen,
Sind durch den bösen Sturm zu uns geflogen,
Dem liebevollen Rufen sie sich fügen.

30 O gute Seele, gnadenreich gezogen
Durch dunkle Lüfte und zu uns gekommen –
Uns, deren Blut die Erde eingesogen –

31 Könnt unser Wort zum Ohr des Herrn der Welten kommen,
Den Frieden würden wir für Dich erflehen,
Weil Mitleid um uns in Dir aufgeglommen.

32 Wir wollen sprechen – höre, was geschehn!
Was Du uns sagest hören unsre Ohren
Solang sie ruhn – wie jetzt – des Sturmes Böen;

33 Es liegt das schöne Land, wo ich geboren
Am Meerestrande, wo der Po im Meere
Mit Nebenflüssen friedlich sich verloren.

34 Liebe – edles Herz ergreifend, hehre;
Hat durch des Leibes Schönheit ihn gefangen,
Den ich verlor – o wie – den Schmerz noch mehre;

35 Liebe – griff mit mächtigem Verlangen
Nach dem Geliebten – ihm allein verfallen;
Daß ewig, sieh es, wir zusammen wallen!

36 LIEBE – bis der Tod uns angefallen!
Die Kaina harret dess', der uns getötet."
Sie sprach's der Klagen schmerzlichste von allen.

37 Als diese, die in solch Geschick genötet,
Ich hörte, senkte ich das Haupt zu lange,
Daß mich der Dichter fragend angeredet:

38 „Was sinnst Du?" „Meinem Herzen war so bange,
So wehe," sprach ich da, „wieviel Gedenken
Und Sehnsucht quälte sie im Liebesdrange."

39 Dann wollt' ich wieder mich zu ihnen lenken
Und bat: „Franzesca: Deine bittren Qualen
Bewein' ich – Trauer in mein Herz sie senken;

40 Doch sag mir: Geblendet von den Strahlen
Der Liebe – wann entstand so heiß Begehren,
Daß ihr es mußtet mit dem Tod bezahlen?"

41 Und sie: „Erinnrung kann den Schmerz nur mehren,
Erinnerung an unsres Glückes Tage
Im Elend – Dies Dein Lehrer wird es lehren!

42 Doch da Du's wissen willst und ich es sage,
Wo unsrer Liebe Anfang zu erkennen –
Ich will es unter Weinen und mit Klage.

43 Ich muß das Buch von Lancelot Dir nennen,
Drin lasen wir, wie Liebe ihn bedrängte,
Allein und ohne Arg wir's sagen können.

44 Manchmal schon der Blick verwirrt sich senkte
Und ließ das Buch das Angesicht erblassen,
Doch eine Stelle in Gefahr uns lenkte.

45 Als er dann las: „Der Liebe jäh Erfassen
Ihrem Antlitz nach geliebtem Munde –
Hat dieser, der mich niemals wird verlassen,

46 Mich jäh geküßt, erbebend Mund auf Munde.
Verführer war das Buch und der's gedichtet.
Nicht weiter lasen wir seit jener Stunde."

47 Indess der eine Geist es so berichtet,
Der andre weinte, – ich im Mitgefühle
Ohnmächtig wie ein Sterbender vernichtet:

48 Ich fiel, so wie ein toter Körper fiele.

VI. GESANG

1 Als zur Besinnung wieder ich erwachte. –
aus Mitleid mit den Zwein war sie geschwunden,
Weil mich die Trauer völlig wehrlos machte:

2 Da sah ich neue Qualen, neue Wunden,
Wohin auch immer ich im Kreise schaute,
An welchem Ort ich mich auch eingefunden.

3 ich bin im dritten Kreis, wo Regen taute,
Ein ewiger, kalter, fluchbeladner Regen,
Nach Art und Zeit ihn Nebelnässe braute,

4 Wo Hagelkörner, Schnee die Luft durchfegen
Und schwarze Wasser, voll mit Schlamm gefüllte,
Sich auf gestankgetränkte Erde legen,

5 Und Cerberus, das Ungeheuer, wilde,
Gleich aus drei Mäulern, die wie Hunde heulten,
Auf die Herabgefallnen schrecklich brüllte.

6 Die roten Augen auf die Opfer geilten,
Vom schwarzen Bart troff Fett, der Bauch geschwollen,
Die Klauen Geister rissen und zerteilten.

7 Wie Hunde heulen sie im Regen, wollen
Die Seite schützen mit der Gegenseite,
Die armen Sünder sich im Schlamme rollen.

8 Der Cerberus erspähte bald uns beide,
Er geiferte und fletschte seine Zähne,
Sein Körper bebte bis ins Eingeweide.

9 Des Führers Hände mit gestraffter Sehne
Nach Erde griffen, warf sie nach dem Schlunde,
Die gierigen Mäuler stopfend der Hyäne.

10 Und wie im Bellen innehalten Hunde
Und ruhig sind, beschäftigt nur mit Fressen
Und grunzend nur aus übervollem Munde,

11 So tat der erdverschmutzte Dämon, dessen
Gebell den Seelen sonst so schrecklich schallte,
Daß sie nach Taubheit flehten wie besessen.

12 Mit leichten Sohlen querten wir die Halde
Der Schatten, die der Regen niederdrückte –
Ein Nichts, das einst als Mensch durchs Leben wallte.

13 Sie lagen flach am Boden, all' Entrückte
Nur einer hat zur Hälfte sich erhoben,
Als er uns im Vorübergehn erblickte.

14 „O Du, Du Wandrer durch der Hölle Toben,
Ist's möglich, daß Du mich erkennst – o sage!
Bevor ich starb , kamst Du zur Welt dort oben."

15 Ich sagte ihm: „Vielleicht weil Angst und Plage
In der Du lebst Dein Bild in meinem Geiste
Gelöscht, muß ich verneinen Deine Frage.

16 Doch sag mir, wer Du bist; obwohl das meiste
An Strafen schwerer ist am Ort der Qualen,
Doch keine häßlicher als Deine schleißte."

17 „Das Land ist meine Heimat, wo die Schalen
Gefüllt mit Neid zum Bersten sind, auch meine,
Dort lebte ich in hellsten Sonnenstrahlen.

18 Und Ciacco nannte mich die Stadtgemeine,
Verfluchte Schuld am Fressen kam vom Schlunde,
Drum hier im Regen liegend ich jetzt weine.

19 Doch bin ich nicht der einz'ge trübe Kunde –
Denn alle leiden hier für gleich Verschulden
Die gleiche Strafe," schloß der Fress-gesunde.

20 Ich sprach: „O Ciacco Dein Erdulden
Macht trüb, bedrückt mich – lädt zum Weinen,
Doch sage noch: wie wird sie sich entschulden

21 Die Stadt der Zwietracht? Wird das Recht sie einen,
Wird ein Gerechter kommen? Und die Gründe,
Warum so heillos sie zerstritten scheinen?"

22 Und er: „Der Streit ist lang und nicht gelinde,
Dann kommt der blutige Kampf: die einen jagen
Die andren grausam aus der Stadt geschwinde.

23 Doch nach drei Jahren drohen Niederlagen:
Die einen sinken und die andren steigen,
Weil einer zögerte den Kampf zu wagen.

24 Lang werden sie sich hart und mächtig zeigen:
Die andren unter schweren Lasten stöhnen,
Ob in Empörung oder brütend Schweigen.

25 Gerecht sind zwei und wollen sie versöhnen,
Doch Hochmut, Neid und Habsucht sind die Gründe
Die sie entzweite in der Stadt, der schönen."

26 So schloß er klagend, doch ich bat geschwinde:
„O laß mich hören weitere Geschicke
Und Antwort schenke mir, dem Erdenkinde!

27 Farrinata und der Thegghiai, die im Glücke
Gewesen, Jakob Rusticucci, die Gescheiten,
Arrigo, Mosca, die mit hellem Blicke,

28 Wo sind sie, find ich sie zu rechten Zeiten?
Mich treibt Verlangen dies von Dir zu wissen.
Sind hier sie – oder in des Himmels Weiten?"

29 Und er: „Du findest sie in Finsternissen,
Verschiedne Schuld hat sie hinab gestoßen,
Wo sie mit schwärzren Seelen büßen müssen.

30 Nun eine Bitte, wenn Du kommst zur großen,
Zur schönen Erde wieder, gib Dort Kunde
Von mir! Jetzt schweig ich zu den andren Losen."

31 Ein Blick noch und er sank zum schlammigen Grunde,
Verdrehte noch die Augen wie ein Blinder
Und nichts mehr kam aus dem gequälten Munde.

32 Mein Führer sprach: „Er schläft bis der Verkünder
Vor ihres Feindes Macht sie mit Posaunenschalle,
Der Engel rufen wird vor IHN die Sünder,

33 Wenn sie zum traurigen Grabe fanden alle,
Zum Fleische finden wieder die Gestalten,
Zu hören, was für ewig widerhalle!"

34 Wir überquerten dann der Schatten Halden
Durch Schlamm und Regen, langsam vorwärts gehend –
Bedenkend künft'gen Lebens und des Tod's Gewalten.

35 Dann sprach ich: „Meister, der Du weiter sehend –
Sag: Wird dies Leid am Richtstag sich noch mehren,
So bleiben, mindern – Gnade sich erflehend?"

36 Und er „Nun folge Deines Meisters Lehren:
Vollkommnen Wesen wird sich offenbaren
Das Gute mehr, Schmerz wird sie mehr versehren.

37 Obwohl ja alle die verdammten Scharen
Nie werden zu vollkommnen Kreaturen,
Erwarten sie doch mehr sich, als sie waren!"

38 Wir gingen weiter durch der Hölle Fluren,
Besprechend viel, was ich nicht wiedersage,
Und stiegen ab auf finstren Weges Spuren,

39 Dort trafen Pluto wir, die große Plage.

VII. GESANG

1 „Pape Satan, Pape Satan, Aleppe“,
Tönt Plutos heisre Stimme uns entgegen.
Mein Führer, Höchster auf der Weisheit Treppe,

2 Zum Troste sprach: „Nicht Furcht soll Dich bewegen,
Auch wenn er drohend uns entgegen träte –
Uns aufzuhalten wird er nicht vermögen.

3 Sodann zu Pluto, der das Maul so blähte,
Er sprach: „Verfluchter Wolf! Was soll Dein Johlen?
Dich zehre auf der Brand der eignen Fehde!

4 Nicht ohne Ursach' ist der Gang befohlen,
Dort oben weiß man's wo dem Rächer-Schwerte
St. Michaels der Auftrag Dich zu holen.“

5 Das Untier fiel urplötzlich hin zur Erde,
Wie Segel fallen, wenn des Schiffes Masten
Zusammenbrechen in des Sturmes Härte.

6 Und weiter gings im Abgrund der Erblaßten:
Wir stiegen in den vierten jener Kreise
Die alles Weh von dieser Welt umfaßten.

7 Allmächtiger! Wer schuf auf diese Weise
Die Mühsal neu, die Qual, die ich gesehen,
Das solche Schuld uns in den Abgrund reiße?

8 Gleich der Charybdis Aufruhr, so entstehen
Hier riesige Wogen, Haufen armer Seelen:
Und prallen aufeinander, gehen, drehen,

9 Sie wälzen Lasten, mehr als sonst sich quälen,
Die Schultern gegeneinander stemmend, stöhnen
Mit lautem Brüllen aus geborstnen Kehlen.

10 So stießen aufeinander sie mit Dröhnen,
Dann wenden sie und kehren schreiend wieder:
„Was hältst Du fest? Was würfelst Du mit Tränen?

11 Sich drehend ständig, vor und auf und nieder,
Zum Gegenpunkt gelangt, sie hurtig wenden,
Zuschreiend sich die Schande immer rüder.

12 Dann – ehe sie erreicht des Ringes Enden
Auf halbem Kreise, drängen sie zur Kehre.
Mein Herz sich krampfte: „Meister,“ sprach ich „könnten

13 So viele Priester es, ja ganze Heere
Gewesen sein, die dort auf linkem Wege.
Sie zeigen die Tonsur, den Schnitt der Schere.“

14 Und er: „Sie alle samt sind Geistes schräge,
Die nie sich zähmten um des Maßes willen,
Im Tun und Lassen maßlos oder träge.

15 Sie müssen es mit lauter Stimme brüllen,
Sobald am Wendepunkt sie angekommen,
Und gegenteil'ges Urteil so erfüllen.

16 Ja, Pfaffen sind es, denen weggenommen
Die Pracht der Haare, Päpste Kardinäle,
Bei denen Geiz den höchsten Grad erklommen.

17 Und ich: „Von jenen, die mit solcher Fehle,
Könnt' manchen ich vielleicht erkennen
Von diesen Leuten, Meister, so erzähle.“

18 Und er: „Dies muß ich leere Mühsal nennen!
So sehr hat wüstes Leben sie besudelt,
Daß sie am Aussehn nicht mehr zu erkennen,

19 Im Zwange alles durcheinander nudelt,
Die einen Fäuste, andre Glatze zeigen,
Wenn einst die Menge aus dem Grabe trudelt.

20 Zerstörtes Gib und Nimm sie hier bezeugen;
Zerschlug die schöne Welt, die sie gespalten,
Doch über weitre Folgen will ich schweigen.

21 Mein Sohn, erkenne der Fortuna Walten!
Wie ihre Güter alle sie verheeren,
Im Possenspiel sieh menschliches Verhalten.

22 Denn alles Gold der Welt, das sie verehren,
Kann unterm Monde keiner müden Seele
Auch einer nur ersehnte Ruh' gewähren.“

23 „O Meister“, sprach ich, „wissen jetzt nicht schmäle
Was will Fortuna Menschen denn bedeuten,
Von der man sagt, daß sie die Welt befehle?“

24 Und er: „O ihr verdummt, voll Nichtigkeiten!
O Ignoranz! In Hochmut sich verbissen!
Was ich jetzt sage, soll Dich weiter leiten!

25 Sieh: Er, der alles übersteigt an Wissen,
Die Himmel schuf mit Führern in den Teilen:
Der Strahlung zueinander sind beflissen;

26 Im Gleichgewicht sie rings das Licht verteilen,
Schuf auch Fortuna, der die Schätze eigen,
Sie wechselnd ordnet, strömen läßt und weilen,

27 Von Volk zu Volk nach der Geschlechter Reigen,
Zur rechten Zeit verwandelt sie die Maße.
Der Menschen Witz bei ihrem Tun muß schweigen.

28 So kommt und geht der Völker Lebensphase,
Sie müssen ihrem Richterspruch sich fügen,
Geheim, wie sich die Schlange birgt im Grase.

29 Der Menschen Weisheit wird sie nicht erliegen,
Sie herrscht in ihrem wie in andren Reichen
Die ersten Schwestern ähnliches verfügen,

30 Und immerzu im Wandel ohnegleichen,
Zur Eile von Notwendigkeit getrieben,
Wird immer Wechsel neuem Wechsel weichen.

31 Sie wird darum von jenen, die sie lieben
Und loben sollten, stets ans Kreuz geschlagen,
Grundlos bedroht mit Tadel oder Hieben.

32 Doch sie lebt glücklich, unberührt von Klagen,
Mit Erstgebornen froh durch alle Zeiten
Dreht sie das Rad, von Seligkeit getragen.

33 Komm, Steigen wir hinab zu größren Leider. –
Die Sterne stehen schon auf tiefem Stande,
Wir müssen eilig unsres Weges schreiten.“

34 Den Kreis durchmessend bis zum äußren Rande,
Sahn wir am Grunde heiße Quellen fluten,
Und schwarze Wasser wältzen sich zum Strande.

35 Im Dunkel schimmerten die Purpurgluten.
Wir gingen stumm entlang der heißen Wogen,
Und kamen unten an auf andren Routen.

36 Da lag vor uns ein Sumpf, breit hingezogen,
Des' Name Styx, genährt von jenem Strome,
Der dort vom bösen Strande abgebogen.

37 Und ich – umschauend mich im Höllendome,
Sah schmutziges Volk im schwarzen Sumpfe waten,
Und alle nackt, vom Mienenspiel der Gnome.

38 Sie schlugen aufeinander ohne Gnaden,
Mit Köpfen, Füßen, Brüsten und mit Händen,
Zerfleischend sich mit Zähnen wie mit Spaten.

39 Mein guter Meister sagte: „So nun enden
Die Seelen, die im Zorn dahingegangen,
Tu Deine Blicke bis zum Grunde senden.

40 Sieh wie aus Tiefen dort die Blasen drangen
Die Seufzer sind es, die nach oben sprudeln
Von Leuten, die am Grunde eingefangen,

41 Gesanges Laute, die nach oben trudeln:
Weil wir in sonnenfrohen Lüften oben
Im Rauche lebten – wir im Schlamme dudeln.

42 Im schwarzen Kote büßen wir und toben!
So gurgelt dieses Lied aus ihren Kehlen
Unklaren Wortes, weil Ihr Sinn verschoben.

43 Den Blick geheftet auf die trüben Seelen,
Die Schlamm verschlucken gleich dem Wurme,
Verließen wir den See, den schwarzen, scheelen,

44 Gelangten dann zuletzt zu einem Turme.

VIII. GESANG

1 Ich sage was das Folgende noch stütze:
Eh wir am Fuß des hohen Turmes standen,
Erhoben wir den Blick zu seiner Spitze.

2 Zwei Feuer dort als Blinklicht wir erkannten,
Schien in die Ferne Antwort wohl zu senden,
Doch schiens zu weit – die Lösung wir nicht fanden.

3 Den besten derer, die es wissen könnten,
Frug ich: „Was sind denn diese Feuerzeichen,
Von wo und wer sind die, die sie verwenden?"

4 Und er: „Fern auf dem Sumpfe ohnegleichen,
Kannst Du vielleicht das Kommende erkunden,
So Dünste es erlauben, die dort streichen.

5 Noch keine Sehne straff und gut gebunden,
Trieb jemals einen Pfeil zu schnellrem Fluge,
Als eines Schiffleins Schnelle ich empfunden.

6 Das ich jetzt kommen sah im Wellenzuge,
Zu uns gelenkt von einem einz'gen Ferge,
Der schrie: „Verdammte Seele hierher luge!"

7 „O Phlegias, Phlegias, die Wut verberge!"
Sprach jetzt Vergil, „Dein sind wir bis zum Ende
Der Überfahrt, Du bist nicht unser Scherge.

8 Wie der der weiß, daß er sich täuschen könnte
Und im Begriff, sich selber zu betrügen,
Zerbrach in Phlegias der Zorn behende.

9 Mein Führer ist zuerst ins Boot gestiegen,
Worauf auch ich sofort ins Boot gegangen,
Das erst durch meine Schwere kam ins Wiegen.

10 Drauf hat er bald zu rudern angefangen,
Er stieß ins Wasser mit dem alten Buge,
Das Boot ist tiefer als gewohnt gegangen.

11 Als wir den toten Sumpf in schnellem Zuge
Zu queren suchten, stieß zu uns ein Schwimmer,
Der sprach: „Wer bist Du mit so frühem Fluge?"

12 Ich sprach zu ihm: „Ich bin nicht hier für immer,
Doch wer bist Du, der so im Schmutze wate?“
Und er: „O sieh ich weine, schlimm und schlimmer!“

13 Und ich: „So bleibe Du auf diesem Pfade
Verlorner Geist, mit Weinen und mit Klagen
Ich kenne Dich trotz Schmutzes, Dich gerade.“

14 Da streckte er zum Boot – schien mich zu meinen –
Die Hände doch vom Meister abgefangen,
Sprach dieser: „Bleibe Du bei den Gemeinen.“

15 Doch seine Arme dennoch mich umschlangen,
Er küßte mich und sprach: „Erzürnte Seele,
Gebenedeiet sei die Dich empfangen.“

16 Er war ein Mensch voll Hochmut und voll Hehle,
Und kein Erinnern ist in ihm an Güte,
Weshalb sein Schatten sich auch hier zerquäle.

17 So mancher spielt den König dort in Blüte,
Der unten stehen muß im tiefen Kote,
Den zu verachten niemand werde müde!

18 Und ich: „O Meister, daß er tiefer lote,
Das hätt’ ich gern gesehn in dieser Brühe
Noch eh wir ihn verlassen mit dem Boote.“

19 Und er: „Eh daß das Boot zum Strande ziehe
Wird in Erfüllung, was Du wünschest, gehen,
Wirst sehn, gerechter Wunsch erfüllt sich frühe.“

20 Und bald darauf, da konnte ich es sehen:
Wie ihn die Schlammverdammten zugerichtet,
Dem Himmel Lob und Dank, daß es geschehen.

21 Sie riefen: „Philippi Argenti“, die ihn gesichtet
Der Florentiner biß sich mit den Zähnen
Hat sich zerfleischend schrecklich zugerichtet.

22 Dort blieb er, sonst ist nichts mehr zu erwähnen,
Doch in den Ohren gellten noch die Schreie
Des Schmerzes, doch die Augen weg sich sehnen.

23 „Mein Sohn“, so sprach mein Meister nun in Treue,
„Wir nähern uns der Stadt die Dis mit Namen,
Voll schwerer Sünder, langer Wächter-Reihe.

24 „Die Türme“, sprach ich, als wir näher kamen,
„Seh ich im Tale stehn, sind ungeheuer,
So rot als stünden sie im Flammenrahmen.“

25 Und er zu mir: „Es ist das ewige Feuer,
Das drinnen glüht, es ist ein rotes Glühen,
Die Höllenfeuer spiegelt das Gemäuer.

26 Ankommend sahn wir tiefe Gräben ziehen,
Die dieses hoffnungslose Land umschließen,
Den Mauern Eisenfarbe schien verliehen.

27 Nicht ohne kreuz- und queres Fahrtverdrießen,
Ist unser Fährmann endlich angekommen,
„Steigt aus“, schrie er, und hat zum Tor gewiesen.

28 Sahn mehr als Tausend zu dem Tore kommen,
Vom Himmel Abgestürzte, die jetzt riefen:
„Wer ists, der als Lebendiger gekommen,

29 Bei Toten wandeln will in Höllentiefen?“
Da gab mein weiser Meister ihnen Zeichen,
Geheim es zu besprechen und zu prüfen!

30 Worauf ein wenig schien der Zorn zu weichen,
Sie sagten: „Komm allein und er soll gehen,
Der es gewagt, in dieses Reich zu schleichen!

31 Er soll allein den tollen Weg erspähen,
Versuchen ob ers kann. Doch Du mußt bleiben,
Da Du ihm halfst durchs dunkle Land zu gehen.“

32 Wie dies mich zur Verzweiflung mußte treiben!
O Leser denke: Nie mehr heimzukehren!
Mein Innres mußte sich dagegen sträuben.

33 O Du mein lieber Führer, der des mehren
Als siebenmal mir rettend beigestanden,
In höchsten Nöten Schaden abzuwehren.

34 „Verlaß mich nicht," sprach ich, „laß nicht zu Schanden
Mich werden, wenn den Eintritt sie verwehren,
Laß uns doch suchen, bis den Weg wir fanden."

35 Und er, der mich geleitet, Trost gewähren
Nun wollte, sprach: „So fürchte nichts, die Reise
Hat Er erlaubt: Es kann Dich nichts versehren.

36 Den müden Geist erfrische Hoffnungsspeise!
Und warte hier, ich werde wiederkommen,
Ich laß Dich nicht allein im Höllenkreise."

37 So ging er weg von mir, ich blieb beklommen,
Das „ja" und „nein" in meinem Kopf sich raufen,
Ob sie ihn ließen je zurück zu kommen.

38 Ich hört' ihn nicht, ich sah ihn nur im Haufen,
Wohl im Gespräch, doch schien es schnell zu Ende,
Denn alle sah ich jäh nach innen laufen.

39 Sie schlossen drauf das hohe Tor behende,
Und ließen meinen Herrn vorm Eingang stehen,
Sah, wie er langsam sich zur Rückkehr wende,

40 Den Blick zur Erde senkend mutlos gehen,
Und unter Seufzern hörte ich ihn sagen:
„Sie weigern sich – wie kann es denn geschehen?"

41 Zu mir: „Sei nicht erschreckt durch mein Betragen,
Weil ich erzürnt, ich will den Streit bestehen,
Was sie auch immer drin zu planen wagen."

42 Nicht neu ist, was an Frechheit wir hier sehen,
So wars an der nicht mehr geheimen Pforte –
Muß seither ohne Riegel offen stehen.

43 Du sahst an ihr die Schrift der toten Worte,
Doch diesseits dieser steigt den Hang schon nieder,
Er schreitet ohne jegliche Eskorte.

44 Er öffnet auch das Tor dort unten wieder.

IX. GESANG

1 Das Bild der Angst, mir ins Gesicht geschrieben,
Sah gleich der Führer, sich zurück bewegend,
War Grund, daß er noch schweigsamer geblieben,

2 Er lauschte in die Ferne, sich nicht regend,
Denn weite Sicht verwehrt des Nebels Dichte,
Und schwarze Lüfte zogen durch die Gegend.

3 „Es gilt, daß man den Widerstand vernichte,“
Sprach er für sich „wenn nicht ... uns beizustehen,
Ich hoffe, daß ich bald sein Kommen sichte.“

4 Ich sah, er wollte etwas übergehen.
Der Anfang paßte nicht zum Satzesende,
Denn die Verschiedenheit war klar zu sehen!

5 Drum nicht bewirkte, daß die Furcht verschwände:
Gebrochne Rede muß den Sinn zerschneiden
Und so ein Schlimmeres verbergen könnte.

6 „Sag, konnte einer je zur Tiefe schreiten,
Ein Geist aus jenem ersten Dämmerkreise,
Die Hoffnungslosigkeit als Strafe leiden?“

7 So war die Frage und so sprach der Weise:
„Kaum, daß es einen traf aus unsrer Runde,
Der Wege ging wie ich auf dieser Reise.

8 Doch wahr ist, daß ich einst schon hier gewesen drunten,
Als mich Erychto, sie, die düstere beschworen,
Die Schatten rief, sie mit dem Leib verbunden.“

9 Erst kurz, als ich ins Schatten-Sein geboren,
Wars, daß sie mich zu diesen Mauern sandte
Aus jenem Kreis, wo Judas ist verloren,

10 Den Geist zu holen, dunkelstem der Lande,
Dem Himmel fernsten drehend jed’ Gebilde.
Der Weg ist für Dich sicher, den ich nannte.

11 Der Sumpf, der in den dicksten Stunke gehüllte,
Umringt die Stadt der Qual, die trotzbesessen
Den Eingang wehrt und uns mit Zorn erfüllte.

12 Er sprach noch mehr, doch habe ich's vergessen,
Denn plötzlich ward mein Blick hinaufgetragen
Zu Turmes Zinnen, rot wie Feueressen.

13 Ich sah – mit Grausen kann ich es nur sagen –
Drei Furien mit blutbefleckten Schwingen,
Sie hatten Weibes Formen und Betragen.

14 Um ihren Leib sich grüne Schlangen schlingen,
Vipern und Nattern, wo sonst Haare standen,
Von ihren wilden Schläfen zischend hingen.

15 „Sieh dort", sprach er, der wohl die Abgesandten
Der Königin des ewigen Weinens kannte.
„Die schrecklichen Erynien, die bekannten:

16 Megära, die sich nach der Linken wandte,
Alekto, die zur Rechten und am Weinen,
Und Tisiphone in der Mitte – er mir nannte –"

17 Sie schlugen mit den Händen und den Beinen,
Mit Nägeln rissen sie sich auf die Brüste,
Und schrien: „Medusa komm' ihn zu versteinen."

18 Nach unten alle sahn mit gierigem Gelüste,
Ich barg mich ängstlich an des Führers Seite.
„Ihn treffe, was des Theseus treffen müßte!"

19 „So wende Dich nach hinten und vermeide,
Daß Gorgo Dich, Du Gorgo zu erblicken!
Für immer bliebest Du der Hölle Beute!"

20 So sprach er, drehte noch nach vorn den Rücken,
Mich schützend mit den Händen vor den Wilden,
Aus Furcht, es könnte mir allein nicht glücken.

21 „O Ihr, die Ihr noch ohne Geist – Verbildeten,
Bewundert doch die Lehre, hebt den Schleier,
Seht, was die dunklen Verse Euch verhüllten.

22 Da dröhnte fern auf diesem dunst'gen Weiher
Ein Donnerton und kam mit Schrecken näher,
Und beide Ufer bebten ungeheuer!

23 Wie Stürme brausen, niedrig bald, bald höher,
Wenn Kalt- und Wärmeströme gegenstoßen,
Der Wald geknickt wird von dem Riesenmäher,

24 Die Äste splittern in des Sturmes Tosen,
Mit Staubeswolken jagt er über Felder,
Mit Hirt' und Herden, kleinem Wild und großen:

25 Die Augen gab er frei und sprach als Melder:
„Sieh dort hinauf, wo sich ein Urschaum breitet
Voll Rauchs und Wogen, in dem Sturm zerschellter!"

26 Wie Frösche, die von jähem Schreck verleitet
Vom Ufer in die tiefen Wasser fahren,
Und jeder zu dem sichren Grunde gleitet,

27 So sah ich aufgescheuchter Seelen Scharen
Vor einem flüchten, der auf trocknen Sohlen
Den Styx durchquert, nicht achtend der Gefahren.

28 Die Wolken wichen aus, als obs befohlen
Geheim. Die Linke hob er, sie zu scheuchen,
Die ganze Mühe war nur auszuholen.

29 Es war der Bote aus des Himmels Reichen.
Mein Meister gab mir – da ich wollte fragen –
Zu schweigen, zu verbeugen mich, ein Zeichen.

30 Er schien Verachtung, Zorn in sich zu tragen!
Er kam zum Tore – eines Zweigleins Pochen,
Schloß auf und niemand konnte Abwehr wagen.

31 „Ihr, die ihr ausgespieen und zerbrochen,
Wer hat euch denn die Frechheit eingegeben?"
So hat er vor dem Tore streng gesprochen.

32 „Ihr wagt der Order – Ihm – zu widerstreben,
Und dessen Ziel ihr niemals könnt verrücken?
Der Euch die Strafe mehrt, den Schmerz zu heben?

33 Was treibt euch gegen Fügung anzulücken,
Gedenkt des Cerberus, wie des Rebellen
Behaarung fiel von Kinn und Kamm und Rücken!"

34 Er wandte sich, um über Sumpfes Wellen
Zurück zu wandeln wieder, ging vorüber
Und schwieg. Es schien als ob aus andren Quellen

35 Ihn Sorgen füllten, die noch größer, trüber.
Gesichert durch sein Wort und sein Erscheinen
Wir alsbald schritten in das Land hinüber.

36 Wir gingen ungestört, wir sahen keinen
Der Streiter mehr. Ich wollte jetzt ergründen,
Was diese Festung birgt an Höllenpeinen.

37 Und drinnen – Wege waren nicht zu finden –
Ließ ich die Blicke schweifen weit ins Weite,
Die unerhörte Schmerzen, Qualen künden.

38 So wie in Arles entlang der Rhône Seite
Und wie in Pola an Carnaros Strande
Italiens Grenze schließt in ganzer Breite,

39 Die Gräber reihenweise in dem Sande,
So liegen sie auch hier in langen Reihen,
Nur trostloser, in glühendem Gewande.

40 Denn Flammengarben aus den Gräbern dräuen
Und alle Gräber durch und durch erglühten
Wie Eisen glühen in den Schmelzereien.

41 Der Deckel aufgestülpt, gelöst von Nieten,
Aus Grabestiefe kamen irre Töne:
Die armen Sünder in dem Innern brieten.

42 Ich sprach: „O Meister, sag, wer sind denn jene,
Die beigesetzt in diesen Flammentruhen
Aus ihnen dringt so furchtbar Schmerzgestöhne?“

43 Und er: „Das sind die Ketzer, die hier ruhen,
Der ganze Anhang muß bei ihnen liegen,
Mehr als Du ahnst ist hier die Zahl der Truhen.

44 Es müssen Gleiche sich zu Gleichen fügen,
Verschiedener Hitze sind jedoch die Särge.“
Und als wir rechts begannen abzubiegen,

Gings zwischen Martern, Mauern hoch wie Berge.

X. GESANG

1 Mein Meister schritt voran durch enge Gassen,
Ich hinter ihm, gedeckt durch seinen Rücken,
Vorbei an Mauern und an Sarg-Insassen.

2 „O höchste Tugend, stets mich zu beglücken
Bereit, du führtest mich schon viele Kreise,
Erkläre mir auch jetzt was wir erblicken.

3 Die Leute, die dort in dem Grab-Gehäuse,
Kann ich sie sehen in den Sarkophagen,
Sie stehen offen, unbewachterweise."

4 Und er: „Sie werden einst an jenen Tagen
Geschlossen, wenn von Josaphat sie kehren
Mit ihren Leibern, die im Grabe lagen.

5 Es liegen hier Verbreiter jener Lehren,
Des Epikur und seiner Mitgenossen,
Die lehrten, daß die Seelen sterblich wären.

6 Doch Dein Begehren halte unverdrossen:
Dein Fragen wird im Innern sich erfüllen –
Die Wünsche auch, die Du noch hältst verschlossen.

7 Und ich: „Mein guter Meister – nicht verhüllen
Will ich mein Herz vor Dir – will nur schweigen,
Wie früher ich's getan nach deinem Willen."

8 „Toskaner, der Du unversehrt Dich zeigen
Kannst in der Stadt der Glut und bist am Leben
Und freundlich redest, mögest du Dich neigen

9 Zu mir, aus Deiner Sprache müßt es sich ergeben,
Daß Du im edlen Vaterland geboren,
Dem Wohl – ich fürcht's – zu lästig war mein Streben."

10 Urplötzlich traf die Rede meine Ohren
Aus einem Grabe! Trat zum Meister näher,
Erschrocken von dem Laut, der mich beschworen.

11 „Kehr um – er hat sich aufgerichtet höher,
Ab Gürtelhöhe kannst du ihn erblicken –
Und Farinata ist's – Du kennst ihn jeher!"

12 Und unsre Blicke aufeinander zücken,
Vor Stolz sich höher Brust und Stirne pressen,
Verachtung wohl der Hölle auszudrücken.

13 Doch schnell entschloß mein Führer sich indessen,
Und schob mich fester packend hin zur Stätte:
„So sprich mit Worten, die ihm angemessen.

14 Am untren Ende stehend vor dem Feuerbette,
Maß er mich fast verächtlich und er fragte:
Mich also gleich nach meiner Ahnenkette.

15 Und ich, der gern gehorsam folgte, sagte
Aufrichtig alles – wollte nichts verschweigen –
Er hob die Braue nur und sprach: „Ich jagte

16 Sie zweimal, Härte mußt ich allen zeigen
So feindlich mir als ob von fremden Sternen
Mit meinen Vätern, allem was mir eigen.“

17 „Du jagtest sie nicht um sich zu entfernen,
Sich wendend kamen sie zum zweitenmale,
Von dieser Kunst muß Euer Haus noch lernen.“

18 Da plötzlich schob sich neben ihn das fahle
Gesicht von einem Schatten – schien zu knien
In seinem Grab, gleich ihm im Flammenstrahle. –

19 Er sah sich um, als wollt’ er sich bemühen
Zu sehn, ob noch ein andrer mitgekommen,
Doch als ihm alles Hoffen will entfliehen,

20 Sprach er und weinte: „Der Du um des frommen
Und hohen Geistes willen hier bist, sage –
Mein Sohn? Kam er nicht mit?“ Frug er beklommen

21 „Ich kam auch nicht allein“ auf seine Frage
Ich Antwort gab; „Sieh den, der mich begleitet,
Vielleicht er Guido Anlaß gab zur Klage.“

22 Nach Art und Rede, welch’ ein Los er leidet,
Erriet ich anfangs schon war er mit Namen,
Drum war ich mit der Anwort vorbereitet!

23 Sofort erhob er sich aus Sarges Rahmen:
„Er gab? Er lebt nicht?“ So die Fragen flehen.
„Er freut sich nicht des Lichts, des wundersamen?“

24 Er sah mich an – er sah mich wartend stehen,
Zu lange wohl. Er fiel – mißdeutend mein Verhalten
Zurück ins Grab und ward nicht mehr gesehen.

25 Der Stolze aber – der mich angehalten –
Bewegte nach wie vor nicht Hals noch Miene,
In gleicher Art und gleichem Sinne galten

26 „Und wenn“ führt er die Rede fort die kühne,
„Die Meinen dies von Euch noch lernen sollen,
Quält mich noch mehr, als diese Flammensühne.

27 Noch eh der Mond zu fünfzigmal im Vollen
Hier herrschend, fahlen Lichtes wird erscheinen,
Erfährst Du was die Künste jener wollen.

28 Und wenn Du je die lichte Erde und die Deinen
Erblickest wieder – sag – warum in allen
Den Satzungen dies Volk so haßt die Meinen?“

29 Und ich: „Es sind viel im Kampf gefallen,
In dem Gemetzel, daß vom Blut gerötet
Die Arabia: Gebet ist's in den Tempelhallen.“

30 Er schüttelt jetzt sein Haupt, eh er geredet,
Und seufzte tief: „Dort war ich nicht alleine,
Mit andren grundlos nicht, die uns befehdet.

31 Doch dort war ich allein, wo die Gemeine
beschloß, Florenz dem Boden gleich zu schleifen:
Zur Rettung half nur eine Stimme: Meine!“

32 „Wenn Eure Erben je die Hand ergreifen
Des Friedens“ – bat ich – „löset mir den Knoten
Der Widersprüche, die sich wirrend häufen!

33 Mir scheint – erkenn' ichs recht – was ihr geboten:
Daß ihr aus Künftigem zieht lebendiges Wissen
Und Gegenwärtiges wird euch zum toten.“

34 „Wir sehn was fern ist in den Finsternissen,
Sein Licht noch trifft mit letztem Schimmer,
Bei näherem die Klarheit wir vermissen.

35 Wenn sie ganz nah und gegenwärtig immer
Versagt der Geist, und wenn's uns niemand kündet,
Erkennen wir den Stand der Menschen nimmer.

36 Nun weißt Du, daß – wenn alles mündet
Im Endgeschehn am letzten aller Tage –
Die Zukunft stumm, auch unser Wissen schwindet."

37 Jetzt fühlte ich geheime Schuld und sage:
„Ich bitte, meldet jenem in dem Grabe,
Es lebt sein Sohn – als Antwort auf die Frage.

38 Und wenn ich vorher so gezögert habe
Mit meiner Antwort möge er verstehen
Nicht wissend wirkte Eure Sehergabe.

39 Schon rief mein Meister mich mit ihm zu gehen,
Drum hab ich schnell den nächsten Geist gebeten,
Er möchte sagen, wer dort noch zu sehen.

40 Und er: „Mit tausend bin ich hier vertreten
Und mehr, hier drin ein Kardinal, daneben
Der zweite Friedrich, mehr will ich nicht reden."

41 Und er versank. Zum Dichter hinzustreben
War Zeit. Ich überdachte jene Rede
Nur Feindlichkeiten schien sie mir zu geben.

42 Er ging: Im Gehn besprach er meine Nöte
Und frug: „Was wars, das Dich verwirrt zu hören?"
Und ich erzählte ihm von unsrer Fehde.

43 „Verwahr im Geiste, was Du mußtest hören
An Widrigem für Dich", so sprach der Weise,
„Gib acht!" Er hob – als wollte er's beschwören –

44 Den Finger: „Dort im höchsten Strahlenkreise
Wird jene, deren Augen alles sehen,
Dir klarer deuten Deines Lebens Reise!"

45 Er wandte sich, begann nach links zu gehen,
Zur Mitte hin und weg von dieser Mauer
Zum Weg, der sich zum Tale schien zu drehen,

46 Von wo Gestank uns traf mit eklem Schauer.

XI. GESANG

1 So kamen wir zum Ufer: als Umrandung
Ein Außenring von hohen Felsenstücken!
Wir sahn zur Tiefe: ekler Haufen Brandung

2 Die Schwaden des Gestanks nach oben drücken,
Die rings herum sich hoch und höher schieben.
Wir flohen hinter eines Steines Rücken,

3 Es war ein Grabstein, las, was dort geschrieben:
Papst Anastasins ich hier bewache,
Den Photin in die Irre hat getrieben.

4 „Zur Tiefe gehen sei jetzt spätre Sache,
Bis unsre Sinne den Gestank ertragen
Und sich das Atmen für uns leichter mache."

5 Der Meister sprach. Und ich: „So laß mich fragen,
Ob wir die Zeit erzählend nützen können."
Worauf er sprach: „Grad' wollt' ich dieses sagen.

6 Mein Sohn, die Felsenreihen, die uns trennen
Vom Abgrund" sprach er, „schließen ein drei Kreise,
Gestuft zur Tiefe, wie wir sie schon kennen.

7 Verdammte füllen sie, ich unterweise
Dich nun, daß schon ihr Anblick Dir genüge,
Woher, warum und wie die Strafe heiße.

8 Die Bosheit fordert stets des Himmels Rüge,
Bezweckt das Unrecht, läßt Betroffne leiden
Ob durch Gewalt geschehen oder Trüge.

9 Doch da er Menschen eigen aller Zeiten,
Muß Gott Betrug am meisten auch mißfallen.
Drum müssen sie zur Qual in tiefre Breiten.

10 Gewaltverbrecher sich im Erst-Kreis ballen;
Doch weil Gewalt sie an drei Wesen üben
Ist aufgeteilt er dreifach unter allen.

11 Man kann an Gott, an sich Gewalt verüben,
Am Nächsten, selber oder seiner Habe.
Du hörst, was zu beweisen noch verblieben.

12 Tod durch Gewalt, durch Wunden Todesgabe
Verübt am Nächsten, Schaden zuzufügen,
Zerstörung, Raub und Brand an seiner Habe.

13 Drum müssen Mörder und die Mord verfügen
Mit Räubern und Verwüstern in den Peinen
Im Erst-Kreis büßen in verschiednen Zügen.

14 Drum müssen Menschen, die sich selbst verneinen,
In die Vernichtung ihre Habe ziehen,
Im zweiten Kreise nutzlos es beweinen.

15 Denn die, die selber Eurer Welt entfliehen,
Ihr anvertrautes Gut im Nichts zerstieben,
Beweinen, was in Freude sollte blühen.

16 Gewalt, die sie an Göttlichem verüben,
In ihrem Herzen leugnen und verfluchen,
Und die Natur in ihrer Güte trüben.

17 Drum muß der engre Kreis sie alle buchen,
Die dort Sodom und Calor's Mal vereinigt,
Im Herzen Spott, in Worte Gott versuchen.

18 Betrug, der jegliches Gewissen peinigt,
Geschieht bei denen, die einander trauen,
Auch dort, wo keiner das Vertraun bescheinigt.

19 Es ist die Art, es tückisch zu zerhauen
Das Band der Liebe, das Natur geschaffen,
Im zweiten Kreis sie ihre Nester bauen.

20 Die Heuchler, Schmeichler und die Zauber-Pfaffen,
Die Fälscher, Räuber und die Simonisten,
Die Kuppler, Schwindler und dergleichen Laffen.

21 Die zweite Art ist hier noch aufzulisten:
Naturgeschaffne Liebe gänzlich zu vergessen,
Dann die, wenn im Vertraun Verräter nisten.

22 Drum wird im engsten Kreis der Punkt bemessen
Des Weltalls Satans Sitz ihm dort gehalten
In ewiger Pein, die vom Verrat besessen.

23 Ich sprach: „O Meister, Klarheit seh ich walten;
Des Abgrunds Stockwerk, Volk, ihm eingesessen,
Ließ Dein Verstand genauest mir entfalten.

24 Doch sag mir: Die dort in des Schlammes Nässen
Vom Wind gepeitscht, vom Regen so gepeinigt,
Und die so sehr auf groben Schimpf versessen.

25 Warum sind sie nicht in der Stadt vereinigt,
Der glühenden, die Gott so hart geschlagen –
Wenn nicht – warum ward andres Los bescheinigt?“

26 Und er zu mir: „Will so verwirrt mich fragen
Dein Geist?“ sprach er, „auf den gewohnten Straßen
Will Dein Verstand denn neue Wege wagen?

27 Willst Du die eignen Worte denn verlassen,
Die Deine Ethik unermüdlich schildern;
Drei Dinge, die der Himmel müsse hassen:

28 Maßlosigkeit, Bosheit und Verwildern!
Und daß Maßlosigkeit, wenn sie alleine,
Die Sanftmut Gottes Strafe lasse mildern,

29 Und wenn Du Deine Lehre, die ich meine
Nun prüfst, im Geist dich fragst, wer jene Sünder,
Die oben büßen in der Regen-Peine,

30 Dann wirst du klar ersehn, warum sie minder
Bestraft sind; abgetrennt von andren Bösen,
Gottes Gerechtigkeit dort oben linder.“

31 „O Sonne, die das Trübe aufzulösen
Vermag, so sehr erfreut mich Dein Erklären,
Daß gern, nun wissend, Zweifler ich gewesen.

32 Doch, Meister, sag, mein Wissen noch zu mehren,
Warum denn Wuchrer härtre Strafen leiden,
Warum sie Gottes Güte mehr versehren?“

33 Die „Philosophie“, sprach er, „bei rechtem Deuten,
Erklärt es nicht allein an einziger Stelle,
Daß der Natur und ihrem Vorwärtsschreiten

34 Nur Gottes Geist und seine Kunst die Quelle;
Wenn Du Dein Physikum Dir noch erhalten,
so weißt Du was sich dort sofort erhelle,

35 Daß Eure Kunst daraus sich will entfalten,
Wie Schüler ihrem Meister folgen mögen,
Gleichsam als Gottes Enkelin zu walten.

36 Aus beiden Gründen mußt du wohl erwägen,
Wie es die Genesis schon früh gesehen,
Erfüllt ein jedes Volk sich nach Vermögen.

37 Der Wuchrer doch will andre Wege gehen,
Er will – was auch in seinem Wesen läge,
Auf andres hoffend, die Natur verschähen.

38 Doch folge mir, denn Eile sei jetzt rege,
Die Fische glitzern schon am Himmel munter,
Auch ruht der Wagen schon am Caurus-Wege

39 Und dort am Rande führt der Weg hinunter.“

XII. GESANG

1 So wie der Stier, der zerrt an seinen Tauen
Noch einmal wild sich bäumt im Todesstreiche
Nun wankt mit zorngewölbten Brauen,

2 So sah an Minotaurus ich das gleiche
Verhalten. „Fort“ so sprach Vergil „zum Stege, Solang er
tobt ist's leicht, daß man entweiche.“

3 So gingen tiefer wir am Hang die Wege,
Und jene Steine, die von meiner Schwere
Berührt, vor meine Füße rollten träge.

4 Er unterbrach mein Denken: „Du denkst wie sichs erkläre,
Wie dort wohl wo ich dem Untier auf der Lauer
Den Zorn erstickt der Sturz entstanden wäre.

5 Du sollst von mir es wissen jetzt genauer:
Als ich zum ersten Mal herabgestiegen,
stand noch am alten Ort die Felsenmauer.

6 Kaum kann Erinnerung so sehr mich trügen
Eh jener kam, um aus dem obren Kreise
Die Beute Satans wieder freizukriegen.

7 Da hat das ganze Tal – sieh die Beweise –
Gebebt, so daß ich dachte, es befalle
Ein Liebeswahn das ganze Weltgehäuse,

8 Des Chaos' Ursach' oft im Weltenalle.
Da fielen alte Felsen und zersprangen,
Wie hier auch anderswo an diesem Walle.

9 Doch sei Dein Blick vom Tale jetzt gefangen;
Der Blutstrom naht, in dem die Seelen rauchen,
Die mit Gewalt am Nächsten sich vergangen.

10 O blinde Gier, o wilden Zornes Fauchen
Zur Tat uns stachelt in so kurzem Leben,
Um ewig in den Blutstrom bös zu tauchen.

11 Ich sah – wie schon Vergil Bericht gegeben –
In einem breiten Bette eingeschlossen,
Den Strom im Kreis geschwenkt nach vorne streben.

12 Wir sahn am Rande Reihn von Menschenrossen,
Die hin und her am düstren Ufer laufen,
Wie Jäger auf der Jagd mit Pfeilgeschossen.

13 Als sie uns kommen sahen, hielt der Haufen
Und drei sind aus der Reih' nach vorn getreten
Mit Waffen drohend und mit bösem Schnaufen.

14 Und einer rief von fern: „Zu welchen Nöten
Und Martern seid ihr diesen Hang gegangen:
So sprecht, sonst müssen diese Pfeile reden!"

15 Mein Meister sagte: „Antwort wird empfangen
Nur Chiron dort, erst wenn wir vor ihm stehen,
Stets war Dein Unglück übereilt Verlangen."

16 Zu mir sodann: „Nun kannst Du Nessus sehen,
Der wegen Deianira starb, der Schönen,
Die Rache ließ er durch sich selbst geschehen.

17 Vor allem muß ich Chiron jetzt erwähnen,
Der einst Achill erzog, dort in der Mitte,
Daneben Pholus, stets in Zornes Tönen.

18 Und längs des Grabens wachen tausend Schritte,
Wer höher als die Schuld erlaubt will steigen,
Den trifft ihr Pfeil, den stoßen ihre Tritte.

19 Wir gingen, weitren Fragen vorzubeugen.
Chiron nahm einen Pfeil, mit dessen Ende
Das Barthaar er sich teilte, frei zu zeigen

20 Gesicht und Mund, und er begann behende
Zu den Gefährten sprechend, „könnt' ihr sehen,
Daß sich was mitbewegt in dem Gelände?

21 Das sieht man niemals, wenn die Toten gehen."
Schon stand Vergil vor ihm, so weit nur ragend,
Wo die Natur den Wechsel ließ geschehen.

22 Und sprach: „Jawohl, er lebt! Allein es wagend
Mit mir zu wandeln diese finstren Wege,
Ihn treibt Notwendigkeit, der Lust entsagend!

23 Sie kam herab von fernem Himmelsstege,
Hat dieses neue Amt mir aufgetragen,
Er ist kein Räuber, ich ihm gleichen möge!

24 Doch bei der Kraft, die dieses hieß zu wagen,
Auf diesem wilden Wege zum Geleite
Gib einen mir von Deinen, die hier jagen,

25 Der helfend uns zur Furt des Stroms begleite,
Und diesen hier auf seinen Rücken nehme,
Er kann nicht durch die Lüfte, wie wir beide."

26 Drauf wandte Chiron sich zur rechten Scheme,
„So mag denn Nessus ihm zur Seite bleiben,
Er schütze ihn und trage ihn bequeme!"

27 Er ging – getreu die Führung zu beschreiben –
Entlang dem Brodeln der gekochten Seelen
Und Schreien derer, die im Blutstrom treiben.

28 Ich sah sie eingetaucht bis an die Kehlen,
Bis an die Brauen. Nessus sprach: „Tyrannen
Sind sie der Art, wo Blut und Beute zählen.

29 Beweinen hier ihr Los, das sie gewannen –
So Alexander Dyonis, der grausam wilde,
Siziliens blut'ge Jahr' mit ihm begannen.

30 Die Stirne, die das schwarze Haar verhüllte,
Ist Esselin, zur Seite ihm der blonde
ist Obbizo von Este, an ihm stillte

31 Die Mordlust sein Bastard in fremder Fronde."
Zum Meister wand ich mich, doch der sprach heiter.
„Bin Zweiter, Erster, der uns führen konnte."

32 Und Nessus hielt nach kurzem Wege weiter
Vor solchen dann, die aus dem Blutstrom tauchten,
Bedeckt bis an den Hals mit Blut und Eiter.

33 Dort zeigte er mir einen Aufgetaucht
Und sprach: „Der führt' im Dome blutige Streiche
Gen Englands Heinrich, einen der Erlauchten."

34 Dann sah ich Leute aus dem Strom und Teiche
Voll Blut mit Brust und Kopf sich höher heben,
Erkannte manchen, hier im Blut-Bereich.

35 Das Flußbett wurde dann allmählich eben –
Das Blut nur mehr die Sohle leicht bedeckte,
So konnten wir nach drüben uns begeben.

36 „Du sahst, daß hier die Flut den Grund kaum deckte,“
Sprach der Centaur, weil sich das Bett verflachte,
„Doch seht', je weiter es sich dort erstreckte

37 Zur andren Seite, ist in tiefem Schachte
Der Blutstrom ungeheuer angeschwollen,
Daß der Tyrann, gleich wer, im Sud verschmachte,

38 Dorthin verwiesen ist durch Gottes Grollen
Auch Atilla, die Geißel dieser Erde.
Dort Pyrrhus, Sextus ewig weinen sollen.

39 Die Glut erpresst der Tränen Schmerzgebärde
Bei Pazzo, Cornet, die im Blutstrom kauern,
Die Raub auf Straßen trieben mit dem Schwerte.“

40 Dann kehrte er zurück zu den Centauern

XIII. GESANG

1 Eh' der Centaur Nessus noch am Ziele,
Wir schon vor einem dichten Walde standen,
Es fand kein Pfad sich in dem Strüpp-Gewühle.

2 Die Äste krumm und knorrig und es fanden
Sich keine grünen Blätter an den Zweigen,
und keine Frucht – nur Dornen sie umwanden.

3 Nicht einmal dort, wo sich die Bestien zeigen,
Wie bei Cecina und Cornet draußen,
Die Wege scheuend, war Gestrüpp so eigen.

4 Die Harpien, die Schrecklichen, hier hausen –
Die die Trojaner einst von Strophaden
Gejagt, weissagend künftgen Unheils Grausen

5 Gesicht und Hals sind menschengleich geraten,
Sie haben Flügel und am Bauch Gefieder,
Auf Bäumen sitzend heulen sie Tiraden.

6 „Du mußt jetzt wissen" Sprach der Meister wieder,
„Wir weilen jetzt im zweiten Höllenkreise,
Und steigen dann zum Schreckenesandmeer nieder,

7 Dem grauenvollsten wohl auf dieser Reise.
Schau gut umher, Du wirst hier Dinge sehen,
Die schwer zu glauben sind, wie ich verheiße!"

8 Bald hört ich allenthalben Klagen, Flehen,
Doch konnt ich ringsum keinen sehn, der klagte,
Weshalb verwirrt ich innehielt im Gehen.

9 Ich glaub, er glaubt, daß ich zu glauben wagte,
Die Stimmen könnte von Versteckten kommen,
Aus den Gebüschen rings, weshalb er sagte:

10 „Wenn Du ein Zweiglein Dir vom Ast genommen,
Von einer Pflanze, wirst Du gleich erkennen,
Daß das nicht glaubhaft, was Du angenommen:"

11 Ich streckte mich ein Reislein abzutrennen
Und tat's auch gleich vom nächsten dorn'gen Strauche,
Da hört ich aus dem Strunk ein kläglich Flennen,

12 Und sich verfärbend, wie von blutgem Hauche:
„Warum mich schneiden!“ schrie es laut aufs neue,
„Fühlst Du kein Mitleid mit dem armen Strauche?

13 Wir waren Menschen einst von später Reue,
Jetzt zum Gestrüpp verdammt – Du wärest milder,
Wenn Schlangenseelen in der Staudenreihe.“

14 So wie am grünen Zweig ein End’ wie Filter
Beim Brennen wirkt, jedoch am andren Ende
Der Dampf entströmt mit Zischen, wilder –

15 So kamen aus dem abgebrochnen Ende
Jetzt Blut und Worte, daß ich starr vor Schrecken
Den Zweig zum Boden fallen ließ behende.

16 „Hätt ich vermocht den Glauben ihm zu wecken“
Sprach nun der Weise, „o verletzte Seele,
Er wagte nicht die Hand nach Dir zu strecken.

17 Er las es, was ich im Gedicht erzähle –
Das Ungeglaubte sollte drum geschehen;
Nun selber mein Bedauern Dir nicht hehle.

18 Doch sag ihm, wer Du warst, er soll erhöhen
Den Ruhm Dir auf der Welt, statt, daß er büße,
Denn ihm ist nicht verwehrt, zuräckzugehen.“

19 Der sprach: „Dein Wort klingt mir mit solcher Süße,
Daß ich nicht schweigen kann, mit großer Freude
Ich im Gespräch verweile und begrüße.

20 Ich bin’s, der im Besitz der Schlüssel beide
Zum Herzen Friedrichs, sie in sanfter Weise
Es öffnend, schließend führte, daß die Leute

21 Im Rat nicht störten und geheime Kreise.
Bestrebt im Amt dem Reiche treu zu dienen
Vergaß ich, daß ich zeitig mich verschleiße.

22 Die Dirne mit den lüstren-gierigen Mienen
Zum Kaiser schielte – und der Habsucht Kralle,
Der Höflinge Verderb und Tod von ihnen,

23 Entflammten gegen mich die Geister alle.
Und diese gegen mich des Kaisers Wille,
So daß mir Glück und Ehre ward zum Falle.

24 Mein Geist – verwirrt in der Verachtung Fülle –
Glaubt' durch den eignen Tod die Schmach zu fliehen
Mich, den Gerechten, in dies Unrecht hülle.

25 Bei dieses Baumes Wurzeln ohne Blühen
Ich schwöre: Nie hab ich die Treu gebrochen
Dem Kaiser, seiner Ehre galt mein Mühen!

26 Und wenn zur Erde einer – wie versprochen –
Zurück noch kehrt, mag mein Gedächtnis heben,
Das noch darnieder liegt, vom Neid zerstochen!"

27 Er schwieg, der Meister sagte: „Wenn Du eben
Mehr wissen mögest, nütze jetzt die Stunde
Und frag, er wird Dir willig Antwort geben.

28 Doch ich zu ihm: „Er mag aus Deinem Munde
Die Fragen hören, was ich wollte wissen,
Mir ist verwirrt so sehr das Herz und wunde."

29 So sprach Vergil denn weiter „Nicht vermissen
wirst Du Erfüllung dessen, dess Du ihn gebeten,
Doch sage, eingeschlossner Geist mir: Müssen

30 Wir schweigen oder darfst Du zu uns reden?
So sag, die Seele, die im Baume ist gefangen,
Kann sie sich je befrein aus ihren Nöten?"

31 Da stöhnte stark der Strunk in schwerem Bangen,
Das Zischen sich verwandelte zur Stimme:
„Die Antwort mögt ihr gleich durch mich empfangen.

32 Wenn sich vom Leib gelöst in ihrem Grimme
Die Seele, durch Gewalt von ihm gerissen,
Schickt Minos sie in dieses Grabens Schlimme,

33 Sie fällt in diesen Wald, hineingeschmissen
Vom Schicksal hierhin, dorthin ohne Regel –
Dort keimt sie in des Bodens Finsternissen.

34 Vom Keimling bis zu dieses Strauches Kegel
Muß sie nun wachsen, und die Blätter weiden
Die Harpyen schmerzend ab, die düstren Vögel.

35 Wir alle haben dann in langen Zeiten
Den Leib gesucht, doch mit dem Selbstentseelten
Darf keiner mehr von uns sich kleiden.

36 Drum müssen wir ihn schleppen, den gequälten
Im Wald der Trauer an den Baum uns hängen,
Den wir zum Schattenhängebaum erwählten."

37 Indess' wir lauschten ob aus seinen Engen
Der Geist des Strauchs noch mehr enthüllen würde,
Ertönt ein Rauschen aus des Waldes Gängen.

38 Wie eine Wildsau jagd mit Lauf und Hürde –
Wie Jäger auf dem Anstand hören können
Wie Tiere trampeln im Geäst verirrte –

39 So kamen plötzlich in gestrecktem Rennen
Durch das Gebüsch des Waldes, daß es krachte
Zwei Nackte ganz zerkratzt, wie zu erkennen.

40 Der erste schrie: „So komme Tod!" und lachte.
Der andre, dem zu langsam schien sein Laufen –
Der schrie: „O, Lano garnicht schneller machte

41 Das Bein bei Toppo in Gefechtes Haufen!"
Dem ward sein Atem knapp, verstrickt im Strauche
Hang er mit lautem Keuchen und mit Schnaufen,

42 Da kam schon mit Gebell und mit Gefauche
Gejagt der schwarzen Hunde wilde Meute,
Die Doggen frei, wie man zur Hatz sie brauche.

43 Sie packten mit den Zähnen ihre Beute,
Zerrissen sie in lauter kleine Stücke –
Und trugen sie, die blutigen, weg zur Seite.

44 Da führte mein Begleiter mich zurücke
Zum argzerzausten Strauche, der jetzt weinte,
Voll Wunden trostlos durch des Angriffs Tücke.

45 „O Jakob von Andrea“ sprach er „Feinde
Zerrissen Dich! Was half Dir nun Dein Fliehen
Zu mir, der nie im Tun sich mit Dir einte?“

46 Als dann mein Führer schon im Weiterziehen
Ihn frug: „Wer warst Du, dessen Schmerzensworte
Sich aus den blutgetränkten Stumpfen mühen?“

47 Und er zu uns: „O, die ihr zu diesem Orte
Gekommen – seht, wie ehrlos mir geschehen!
Die Blätter riß von meinem Baum die Horde!

48 O sammelt sie zum Strauche – dies mein Flehen:
Ich stamme aus der Stadt, die zum Patrone
Den Täufer wählte, sie wird untergehen.

49 Durch Sturz des ersten Schntzherrn von dem Throne,
Und wenn ein Rest nicht wäre am Geländer
Der Arno-Brücke – noch der Stadt zum Lohne –

50 So wären seine Bürger nur Verschwender,
Da sie nach Attilas Zerstörung auf die Reste
Neu aufgebaut die Stadt, betrogne Spender!

51 Zum Galgen machte ich die eigne Veste

XIV. GESANG

1 Die Blätter aufzusammeln und die Reiser
Gebot mir Heimatliebe, und ich brachte
Sie ihm, dess Stimme schwacher schon und heiser.

2 Wir nahten einer Grenze nun – sie machte
Die Trennung zwischen zweit und drittem Ringe –
Und Werke der Gerechtigkeit bewachte.

3 Getreu zu schildern diese neuen Dinge
Muß ich vom grauenvollen Lande schreiben!
Nie zeigt es Grünes, Risse nur und Sprünge.

4 Vom Wald der Schmerzen, fürchterlichem Treiben
Umringt, wie dieser von des Grabens Wällen –
Wir konnten nur am äußren Rande bleiben.

5 So mag – wir wissen es aus Lucan's Quellen –
Die Ebne sein, die Catos Fuß betreten,
Bedeckt von hießen Sandes Dünen-Wellen.

6 O Rache Gottes! Treffen muß sie jeden!
Es fürchte sie, wer was ich schrieb, gelesen,
Sah, was ich sah, an bittren Schmerzensnöten!

7 Ich sah an nackten Seelen, armen Wesen
Gewaltige Scharen weinend in dem Elend,
erschieden büßend nach dem Grad des Bösen.

8 Die einen lagen, sich den Rücken höhlend,
Die andren ruhlos hin und her nur gehen,
Die Dritten in sich blickten, starr und quälend,

9 An Ruhelosen waren mehr zu sehen,
An Liegenden nur wenig – doch die Zungen
Beweglicher im Klagen und im Flehen.

10 Auf alle aber in den Niederungen
Fiel langsam Feuerregen, große Flocken,
Wie Alpenschneien, wenn der Wind bezwungen.

11 So hat wohl Alexander tief erschrocken
Gesehn, wie Feuer fiel auf seine Heere
In Indiens Landen damals heiß und trocken.

12 Und gab Befehle, wie das Heer sich wehre,
Daß man zerstampfe einzeln alle Flammen,
Damit zur Fläche nicht der Brand sich mehre.

13 Ein ewiges Feuer fiel, sie zu verdammen:
Das Land begann wie Zunder mitzuglühen.
Und doppelt war der Schmerz für sie zusammen.

14 Und ruhelos in ewigem Bemühen
Die Arme schleudernd, fuchtelnd mit den Händen,
Den Bränden so versuchend zu entfliehen.

15 Ich sprach: „O Meister, der Du alles wenden
Zum Heile konntest, außer jenen Teufeln,
Die uns beinah an jener Pforte trennten –

16 Wer ist der Große, der nicht zu verzweifeln
Scheint, bleibt im Sande trotzig liegen,
Nicht achtend, ob auf ihn die Flammen träufeln."

17 Er hat – wenn nicht die Zeichen mögen trügen –
Dies wohl gehört, schrie in der Art der Schroffen:
„Was ich gelebt, kann nicht der Tod besiegen!

18 Mag Jupiter auf weitre Siege hoffen
Mit Blitzesstrahl, den er beim Schmied genommen,
Und mich an meinem letzten Tag getroffen,

19 Und mag er auch zum Ätna fordernd kommen
Bis zur Erschöpfung seiner schwarzen Schmiede,
„Zu Hilfe, Freund Vulkan," wird ihm nicht's frommen.

20 Wie einst bei Phlägra, dort sich doppelt mühte
Mit Blitzes Kraft mein Ende zu erzielen,
Froh machts ihr richt, ihn macht die Rache müde!"

21 Da sprach Vergil mit zornigen Gefühlen,
Wie ich ihn niemals noch gehört: „Gebrochen
O Capaneus, ist immer noch im Vielen

22 Dein Hochmut nicht! Das Urteil ist gesprochen!
Du selbst Dein eignes Rasen ist das Leiden,
Das mehr ist als in diesen Flammen kochen!"

23 Und dann zu mir, dess' Zorn schon im Entgleiten,
Mit milder Stimme: „Einer von den Sieben
Gen Theben er, der trotzigste im Streiten.

24 Sein Hochmut gegen Gott ist ihm geblieben
Bis heute, doch mit ständigen Lästerreden
Muß er, wie schon gesagt, sich schmückend üben!

25 „Nun komm, wir müssen jetzt zu andren Nöten.
Hab acht! Bleib fern vom glühenden Wüstensande,
Laß uns am Waldessaum entlang nur treten!"

26 Wir gingen schweigend weiter bis zum Rande
Des Waldes, wo ein kleirer Bach entsprungen,
So rot, daß mich ein Schauder übermannte.

27 Wie aus der Tiefe Bulicams gedrungen
Das Wasser, das die Dirnen sich verteilen,
So floß auch dieses durch die Niederungen.

28 Sein Bett war, wie ich merkte beim Verweilen
Mit Steinen ausgelegt und auch die Seiten;
Hier war allein der Ort hindurch zueilen.

29 „Seit wir das Tor durchschritten zu den Leiden,
Dess' Schwelle keiner Seele bleibt verboten,
Und wir gesehn, und ich Dir konnte deuten,

30 Hat solches sich noch nie Dir dargeboten
Das Deinen Geist erschütternder bewege,
Als dieses Bächlein hier im Reich der Toten!"

31 Die Worte sprach mein Führer auf dem Wege,
Drum bat ich ihn noch mehr davon zu sagen,
Weil das Geheimnis mich zu sehr errege.

32 „Im weiten Meer, wo Felsen sie umragen,
Die wüste Insel Kreta ist gelegen.
Einst war sie keusch und heil und ohne Klagen.

33 Dort stand ein Berg, einst Inselvolkes Segen
Im grünen Kleide, den sie Ida nannten.
Jetzt ist er öd', nur Winde drüber fegen.

34 Dort war für Rheas Kind der Schutz vorhanden,
Wenn aus der Wiege scholl des Kindes Weinen,
War stets zu seiner Tarnung Lärm entstanden.

35 Ein hoher Greis steht in den Bergeshainen
Nach Süden mit dem Rücken hingewendet,
Und wie im Spiegel sieht er Rom erscheinen.

36 Aus reinem Gold das Haupt und rings umblendet
Mit reinem Silber Brust urnd Arme bis zur Lende,
Das reine Kupfer rote Strahlen sendet.

37 Erlesenes Eisen bis zu Beines Ende –
Nur daß der rechte Fuß aus Ton gestaltet,
Doch mehr es lastet, als er links es könnte.

38 Und alle Teile außer Goldes – spaltet
Ein Sprung, aus dem die Tränen immer rinnen,
Und felsenbrechend sich ihr Lauf entfaltet,

39 Im Tal sich sammelnd in dem Walde innen,
Um Acheron und Styx und Phlegefon zu spreisen,
Im engen Graben, sie den Lauf beginnen,

40 Zur Tiefe stürzen und zum Ende weisen,
Und dort den Kozytus und Sumpf erzeugen –
Den wirst Du sehn, wir werden dorthin reisen.

41 Und ich zu ihm: „O wolle nicht verschweigen,
Wenn diese Wasser unsrer Welt entsprungen,
Warum sie sich an diesem Strand erst zeigen?“

42 Und er zu mir: „Noch ist er nicht bezwungen
Der ganze Kreis, er wird sich weiter winden,
Obwohl schon weit in ihn wir eingedrungen.

43 Nach links führt uns der Weg zu tiefren Gründen,
Drum sich Dein Antlitz nicht verwirrter zeige,
Wenn sich uns neue Dinge werden künden.“

44 Ich sprach: „Mein Meister, dies auch nicht verschweige,
Wo kann ich Phlegeton und Lethe finden?
Entspringt der eine, wo des andren Neige?“

45 „Die Fragen, die Du stellst, mich Dir verbinden,
Den Phlegeton kann Dir der Blutfluß lösen,“
Gab er zur Antwort, „Lethe wird sich künden

46 Erst dort, wo fern von diesem Tal des Bösen,
Die trüben Seelen frei sich waschen müssen,
Von Schuld befreit und reuig sind gewesen.“

47 Da sprach er: „Doch nun seien wir beflissen
Von diesem Wald zu gehen! Geh mit mir die Wege
Entlang des Ufers, frei von Hindernissen

48 Des Brands,“ Wir sahn daß sich der Dunst verzöge.

XV. GESANG

1 Wir eilten fort auf hartem Uferwalle
Im Schatten dunklen Rauches Schwaden,
Für Wall und Fluß ein Schutz im Flammenfalle.

2 Wie Flamen bei Wisant und Brügg es taten,
Die Wälle bauten gegen Brandungswellen
Die Sturzflut fürchtend und der Fluren Schaden.

3 Wie Paduaner – Dörfern und Kastellen
Zum Schutz – die Brenta zähmte so mit Deichen,
Eh Kärtens Schmelze sie läßt überquellen

4 Die Wälle hier den ob'genannten gleichen,
Auch wenn sie nicht so hoch und breit geraten
Welch Meister auch gesetzt sein Meister-Zeichen.

5 Wir waren schon so weit von Waldespfaden,
Daß wäre uns am Rückblick noch gelegen,
Wir hätten seinen Saum nur noch erraten,

6 Da kamen Seelen, zahlreich uns entgegen,
Entlang dem Damm, fast jede von den Vielen
Beäugte uns wie Leute öfter pflegen

7 Bei Neumond, abends in des Zwielichts Spielen
So diese auf uns spitzen wie mitunter
Auch alte Schneider auf die Öhre zielen.

8 Von jenen, die uns so beäugt jetzt under,
Ward ich erkannt von einem, am Gewande
Dem Saum mich fassend rief: „O welch ein Wunder!"

9 Und ich als er die Arme nach mir wandte,
Ich forscht in dem arg versengten Angesichte:
Auch unterm Brande ich ihn gleich erkannte.

10 Denn nichts mehr machte mir sein Bild zunichte,
Ich beugte mein Gesicht zu seinem nieder:
Ihr, Herr Brunetto, Euch ich hier sichte?"

11 Und er: „Mein Sohn, es sei Dir nicht zuwieder,
Daß ich, Bruno Latini, mit Dir gehe
Ein Stückchen Weges, eh wir vorüber wieder?"

12 Und ich: „Von Herzen bitt' ich, ja ich flehe –
Daß wenn ihr wollt mit Euch mich niedersetze,
So auch das Wort des Führers zu mir stehe."

13 Er sprach: „O wer nicht mit der Herde hetze,
Nur wenig ruht, muß schutzlos hundert Jahre
Hier liegen, daß ihn mehr die Glut verletze,

14 Drum geh', die Schritte ich mit Deinen wahre
Ich werde wieder meine Schar erreichen,
Die weinend wandelnd ewiges Leid erfahre.

15 Ich scheute mich vom Wege abzuweichen
Und senkte, um auf gleicher Höh zu gehen
Das Haupt, so wie es der Verehrung Zeichen.

16 Er sprach: „welch Schicksal, welch Geschehen
Lieg Dich vorm letzten Tag zur Tiefe schreiten,
Und wer ist der, bereit, Dir beizustehen?"
„Dort oben" sprach ich, „noch in hellen Freuden
Des Lebens, irrte ich bedroht im Tale,
Noch vor der Zeit mein Ende zu erleiden.

17 Erst gestern kehrte ich im Morgenstrahle
Als dieser kam zur Hilfe aus der Ferne,
nun führt er heim mich durch der Hölle Male."

18 „Du wirst," sprach er, „folgst Du nur Deinem Sterne
Den ruhmesvollen Hafen nicht verfehlen,
Erkenn der Schönheit Sinn noch im Kerne.

19 Gäng' ich nicht vor der Zeit – nicht darf ichs hehlen –
Erkennend, daß der Himmel Dich begnade,
Wohl sucht ich Deine Kraft zum Werk zu stählen.

20 Doch jenes gnadenlose Volk gerade
Herabgestiegen roh aus Fiesole
Mitschleppend noch Geröll vom Bruchsteingrate.

21 Feind Deiner Kraft und giftig Deinem Wohle
Zu recht: nie wars, daß man bei sauren Schlehen
Vom Feigenbaum sich süße Früchte hole.

22 Ein Ruf geht um, dag sie wie Blinde sähen,
Das Volk ist geizig, neidisch und vermessen,
Mit ihren Sitten darfst Du niemals gehen. –

23 Dein Schicksal hat Dir Ehre so bemessen,
Daß hungernd der und jener nach ihr greife,
Doch werden sie an Deinem Tisch nicht essen!

24 Fiesolaner mögen mit Gekeife –
Im eignen Mist die Pflanzen wachsen lassen
Wenn überhaupt in ihrem Kot was reife.

25 Laßt doch den heiligen Samen Wurzel fassen
Vom Rest der Römer, die im Land geblieben,
Noch eh die Bosheit nistet in den Straßen.

26 „Wenn das, was ich gewollt und mich getrieben,
Erfüllt sich hätte,“ sprach aus mir die Liebe,
„So wär der Menschnatur Raum verblieben!

27 In meinem Geiste fest und ohne Trübe
Lebt Euer liebes väterliches Wesen,
Mich lehrend, daß der Welt es immer bliebe –

28 Wie man zum ewigen Menschen kann genesen –
Dies liebt ich, liebe ich solange ich lebe –
Ihr könnt aus meiner Rede wohl es lesen.

29 Was ihr mir sagtet im Gedächtnis hebe
Ich's auf: mit andrem lasse ich es deuten
Von einer Frau, die's kann, zu der ich strebe.

30 Doch will ich, mein Gewissen mag mich leiten,
Euch jetzt schon sagen: was auch mag geschehen,
Gehorchen will ich, bin bereit zum Streiten!

31 Nicht neu ist solches, und ich will's bestehen:
Mag immer auch Fortunas Gunst sich wenden,
Der Bauer seinen Karst beliebig drehen.“

32 Der Meister wandte – mir wohl Mut zu spenden –
Zu mir zurück sich, sah mich an und sagte:
„Die guten Hörer dies sich merken könnten!“ –

33 Doch ruhig das Gespräch ich weiter wagte
Mit Herrn Brunnetto und nach großem Namen,
Die hier nun leiden müssen, ich ihn fragte.

34 Und er: „Berühmte sind in diesem Rahmen
Und gut ist's sie zu kennen, doch nur Schweigen
Geziemt bei vielen, die zur Hölle kamen.

35 Doch wisse – und die Welt wird es bezeugen –
Sie waren große Priester und Gelehrte,
Nur daß befleckend Laster ihnen eigen.

36 Priscian, Franz Accorso, gleich Entehrte,
In trauriger Menge, und ich würde nennen,
So es Dich drängte, daß den Schmutz ich mehrte,

37 Auch den, der nie vom Schmutzigen zu trennen,
Und den der Knecht der Knechte einst verbannte
Am Bacchiglion ließ ins Verderben rennen.

38 Noch viele sind, verbüßend ihre Schande
Zu nennen, doch ich muß es mir versagen.
Schon steigen neue Wolken aus dem Sande,

39 Mit denen, die dort nahn gibts kein Vertragen.
Nur mein Vermächtnis sei Dir noch empfohlen,
In dem ich lebe auch in künft'gen Tagen."

40 Dann kehrt er um und lief auf Geistersohlen
Gleich jenen, die am Plan Veronas laufen
Ums grüne Tuch, den ersten Preis zu holen,

41 Dem Sieger jetzo gleichend, nicht dem Haufen.

XVI. GESANG

1 Schon kamen wir zur Stelle, wo ein Brummen
Zu hören: Wasser stürzten in die Tiefen
Zum nächsten Kreis; es glich dem Bienensummen,

2 Als drei der Geister uns entgegenliefen,
Sich lösend aus der Schar, die voller Eile
Vorüberzog, gequält vom Flammen-Triefen.

3 Und als sie näher, riefen sie: „O Weile –
Du, der da scheint – zu schließen nach dem Kleide –
Daß er die schnöde Heimat mit uns teile."

4 Weh! Welche Wunden sah ich, tiefe, breite,
Am ganzen Leibe von dem Feuerbrande,
Daß ich noch jetzt, wenn ich dran denke, leide.

5 Mein Meister, der die Rufe hörte, wandte
Zu mir sich, sprach: „Wir müssen höflich reden
Mit ihnen, die aus Deinem Heimatlande.

6 Verheerten nicht den Ort die Feuerschäden
So sehr, ich würde Dir viel lieber sagen
Du eilest hin, eh selbst sie hergetreten."

7 Wir hielten und sie riefen ihre Klagen
Uns wieder zu, und kreisend sie sich drehten,
Verschlungen wie zum Rad von einem Wagen.

8 So wie die Ringer immer in dem steten
Bestreben, Kampfesvorteil zu erspähen,
Bevor sie sich mit Griff und Schlag befehden,

9 So ließen sie die Blicke kreisend gehen,
Indess des Halses Wendung Rumpf und Beine
Zwang in verkehrter Richtung sich zu drehen.

10 „Wenn unser Elend Dir verächtlich scheine,
Weil Du uns laufen siehst im Feuerregen,"
Sprach einer, „schrecken mag die Brandesbräune,

11 Wird unser Ruhm vielleicht Dich doch bewegen,
Zu sagen, wer Du bist, der so lebendig
Hier wandeln kann auf diesen Höllenwegen.

12 Sieh den, auf dessen Spur ich wandle ständig,
Obwohl er nackt und ein geschund'nes Wesen,
War höh'ren Stands im Tun und Lassen wendig,

13 Mehr als Du ahnst: ist Enkelsohn gewesen
Von Waltraud; sie ihn Guido Guerra nannte,
Mit Schwert und Geist gelang ihm viel zu lösen.

14 Der andre, der mit uns in gleichem Brande
Tegghiaio Aldobrandi hieß mit Namen;
Sein Wort galt viel in unsrem Heimatlande.

15 Und ich, der mit dieses Rades Rahmen,
War Jakob Rusticucci einst im Leben:
Auf mich die Sünden meines Weibes kamen."

16 Ich hätte mich vor sie geworfen eben,
Wenn Deckung vor dem Brand gewesen wäre,
Mein Lehrer, glaub' ich, hätt' es zugegeben.

17 Doch in der Angst, daß mich der Brand versehre,
Besiegte Feigheit meinen guten Willen,
Umarmend zu bekennen, daß ich sie verehre.

18 So sprach ich denn: „Nur Trauer mich erfüllen
Und Schmerz und nicht Verachtung ob dem Leide,
Ich kann die Klagen um euch schwer nur stillen.

19 Schon als die ersten Worte mein Geleite
Von Eurem Kommen sprach, ich mir dachte,
Wir träfen hier auf ehrenwerte Leute.

20 Ich bin aus Eurem Land – Verehrung brachte
Ich Euch entgegen, lauschend den Berichten
Von Werk und edlen Namen, die ich achte.

21 Die Galle flieh ich, will zu süßen Früchten,
Die von dem wahren Führer mir versprochen,
Doch muß ich erst den Schritt zur Tiefe richten."

22 Bleibt Deines Geistes Schwung so ungebrochen,
Und der Bewegung Glück Geleit der Seele,"
Rief einer, „strahlt Dein Ruhm noch in Epochen.

23 Doch sage noch – aus unsrer Stadt erzähle, –
Ob Höflichkeit und Tapferkeit dort gelte,
Ob solche Tugend etwa gänzlich fehle?

24 Denn Wilhelm Borsiere kann nur Trübes melden,
Der dort seit kurzem unterm Brande schreitet,
Uns quälen böse Worte und sein Schelten."

25 „Nur Hochmut, Geld, Vermessenheit entscheidet,
Des neuen Volkes wuchernd Schnellverdienen,
O Florenz, Weinen sich in Dir verbreitet."

26 So rief ich und erhob mein Angesicht zu ihnen,
Die Dreien sahn sich an mit starren Blicken,
Die Wahrheit schaut man an mit gleichen Mienen.

27 „Wirds künftig mit so wenig Müh' dir glücken,
Genug zu tun," war aller schnell Erwidern,
„O Glücklich Du, der sprach aus freien Stücken,

28 Wenn du dem dunklen Ort, den Höllensiedern
Entflohn, Dir leuchten werden schöne Sterne,
Der Heimat dort, erzähl es unsren Brüdern.

29 Vergiß uns nicht! Erzähle von uns gerne!"
Drauf lösten sie das Rad und sie enteilten,
Als ob sie Flügel hätten, in die Ferne.

30 Im Nu, kaum, daß sie hier noch weilten,
War alles schon vorbei und sie entschwunden,
Und wir – der Meister mahnte – weiter eilten.

31 Ich folgte gleich, und in den nächsten Runden
War schon so nah das Rauschen und das Dröhnen,
Daß das Verstehn der Worte unterbunden.

32 Vergleichbar nur dem Fluß, der ostwärts jenen
Vom Vesob erg verschlungnen Lauf genommen,
Dess' Ufer an den Appenin sich lehnen,

33 Der oben Acquacheta heißt und angekommen
Im tiefren Bett sich unten ausgebreitet,
Bei Froli neuen Namen angenommen.

34 Und bei San Benedetto niedergleitet
Von Bergen tief und wird zum Wasserfalle,
Wo sich die Fläche tausendfach geweitet.

35 So hörten wir jetzt hier in mächt'gem Schwalle,
Von steilem Hang die schwarzen Wasser brausen,
Daß wir betäubt vom überlauten Schalle.

36 Ein Seil, das mich umgürtet und ich draußen
Getragen, weil ich hoffte einst zu fangen
Gescheckten Panther in der Wildnis Grausen,

37 Hat jetzt der Meister schnell von mir empfangen,
Nachdem auf sein Geheiß ichs von mir löste,
Geformt zum Knäul von Schlaufen, handlich langen.

38 Er wandte sich damit zur Seite, wo der größte
Der äußren Ränder, warf es in die Tiefe,
Das flatternd sich im Sturz ins Wasser flößte.

39 ‚Er wisse wohl was Neues, das er prüfe,'
So dacht ich in mir selbst, dem neuen Zeichen
Mit Augen folgend, wie es weiter liefe.

40 O daß man Vorsicht übe mit dergleichen!
Bei jenen, die auch hinterm Tun erspähen
Verborgnen Sinn und sich ins Denken schleichen.

41 Er sprach zu mir: „Bald wirst Du kommen sehen
Was ich erwarte und Du denkst im Stillen,
Es wird vor Deinen Blicken bald erstehen."

42 Der Wahrheit, kommt sie in des Truges Hülle,
Soll sich der Mensch, wo er's vermag, verschließen,
Will er nicht schuldlos Leiden ihretwillen.

43 Doch jetzt nicht schweige, denn es sei bewiesen:
Im Ton des Lieds, ja, will die Schwurhand heben,
O Leser, kann ihm Beifall draus ersprießen:

44 Ich sah durch dicke, finstrer Lüfte-Schweben
Wie schwimmend sich ein Untier hochgeschoben,
Selbst sichre Herzen würden wohl erbeben,

45 Dem gleichend, der den Anker hochgehoben,
Verharkt in Meerestiefe, von den Riffen
Dem Meer enttaucht, ihn wieder zieht nach oben,

46 Des Untiers Tatzen nach dem Lande griffen.

XVII. GESANG

1 Sieh dort das Untier mit dem spitzen Schweife,
Das Berge schleift und Mauern bricht und Waffen,
Das will, daß alle Welt im Sumpf ersäufe.

2 Mein Führer sprach – es – meinen Sinn zu straffen.
Dem Untier winkend, sich zum Uferrande
Am End, des nahen Marmorwegs zu schaffen.

3 Und diese Schmutzgestalt aus Trug und Schande
Kam hoch: Dem Kopf gefolgt der Brüste Kasten,
Doch seinen Schwanz zog er nicht nach zum Lande.

4 Das Antlitz zeigte des Gerechten Lasten:
Die Güte selber in den frommen Mienen,
Die andren Teile nur zur Schlange paßten.

5 Die Arme bis zur Schulter haarig schienen,
Der Rücken, Brustkorb und die beiden Seiten
Bedeckt mit Knoten, Schnörkeln, rot und grünen

6 So farbig selbst die Türken sich nicht kleiden,
Tartaren Schals sind bunter nicht gewoben,
Arachne selber würde es ihm neiden.

7 So wie die Kähne, die ans Land gehoben
Im Wasser teils und teils am Lande liegen
Wie bei den essesfrohen Deutschen oben.

8 Der Biber sich verhält in seinen Kriegen –
Sah ich, daß schlimmste aller Ungeheuer
Am Uferrande sich im Wasser wiegen,

9 Er hob den Schwanz – ein Zweckentfremdet Steuer –
Zur Höhe mit dem giftgen Gabelende
Mit Stacheln wie beim Skorpion im Weiher.

10 Der Führer sagte: „unser Weg sich wende,
Ihm nah zu kommen, unser Schritt sich spute –
So nun das Unflat liegt am Felsgelände."

11 So sind wir dann – zwar war mir bang zu Mute –
Hinabgestiegen, nur zehn Schritt nach unten
Dem Sande weichend und der Flammenrute.

12 Und angekommen sah ich Leute drunten –
Wo abgrundnah ein Streifen war gelegen,
Wo sie im Sande sitzend Platz gefunden.

13 Da sprach mein Meister: „Geh' der Kenntnis wegen,
Die voll Du haben sollst von allen Kreisen,
Geh' hin und hör' was sie Dich fragen mögen!

14 Laß im Gespräche kurz Dich unterweisen!
Will währenddessen mit dem Untier reden,
Daß wir auf ihm – uns tragend – weiterreisen."

15 So bin ich denn zum Rande hingetreten
In diesem Sieb'ten Kreise, ganz alleine
Mit jenen Leidgequälten noch zu reden.

16 Aus ihren Augen brachen wilde Peine,
Sie schlugen rings um sich mit beiden Händen
Den Flammen wehrend, glühendem Gesteine.

17 Nicht anders als die Hunde sommers könnten
Sich gegen Mücken, Bremsenstiche wehren,
Und Pfote, Rute und Geschnapp verwenden.

18 Ich kannte kein Gesicht – ich sah die schweren
Vom Flammenregen eingebrannten Male,
Und konnte noch was andres sehn und klären:

19 An jedem Halse hing ein Futterale,
Mit eigner Farbe und mit eignem Zeichen,
Und jeder war noch stolz auf das Bemale.

20 Ich sah, als meine Blicke drüber streichen
Auf einem gelben Sack ein blau Gebilde,
Was einem Löwenkopfe schien zu gleichen.

21 Beim Nächsten sich ein neues Bild enthüllte,
Ich sah auf einem Grunde, blutig roten,
Daß eine weiße Gans den Rahmen füllte.

22 Ein Andrer hat den Blick sich so geboten:
– Ließ blau die Sau auf weißen Grund sich weben –
Der schrie: „Was suchst Du auf dem Höllenboden

23 Scher Dich hinweg und da Du noch am Leben,
So wisse: Vitaliano, den ich meine,
Wird nach dem linken Nachbarsitze streben.

24 Ich bin bei Florentinern hier alleine
Als Paduaner, meiner Ohren Schrecken
Durch ihr Geschrei: Der höchste Fürst erscheine!“

25 Er trug drei Schnäbel auf dem weißen Flecken.
Aus schiefem Maul ließ er die Zunge hängen,
Wie wenn die Ochsen ihre Mäuler lecken.

26 Ich wandte mich, denn Furcht begann zu drängen,
Ich könnt, ihn kränken, der Zur Eile mahnte.
Ich ging und überließ sie ihren Bängen.

27 Und schneller meinen Weg zu ihm ich bahnte,
Der auf des Untiers Rücken schon gestiegen.
„Sei“, sprach er, „kühn!“, der meine Furcht wohl ahnte,

28 „Und achte drauf den rechten Tritt zu kriegen!
Steig vorne auf, ich bleibe in der Mitten,
So kann der Schwanz Dir keinen Schaden fügen!“

29 Wie der, der an Quartana schon gelitten,
Am Nagelblau erkennt das Nahn von Schauern,
Schon zittert, wenn sich blau und dunkel stritten,

30 So ließen seine Worte mich erschauern,
Doch zwang ein Schamgefühl mich, daß ich schweige,
Was besser als des guten Herrn Bedauern.

31 Worauf ich auf die mächtigen Schultern steige
Und wollte sprechen, doch kam keine Stimme:
„So halt dich fest, die Arme um mich beuge!“

32 Doch er, der oft mir schon aus jeder Schlimme
Geholfen hat, sobald ich saß da oben,
Hielt fester mich, daß meine Angst verglimme!

33 Und sagte: „Nun Geryon, soll ich loben
Den Flug in weiten Bahnen, leicht Gefälle!
Bedenk' die neue Last, die du gehoben!“

34 Und wie ein Nachen von der Ankerstelle
Nach rückwärts stößt, um mit dem Bug zu wenden
Und frei sich fühlend spielte auf der Welle,

35 Bog er den Schweif, wo vorher Brust und Lenden
Und schnellte aus der Spannung wie die Aale,
Die Lüfte schaufelnd mit den Pranken-Händen.

36 Ein größrer Schreck war nie, als in dem Strahle
Der Sonne Phaeton ließ die Zügel fallen,
Wovon der Himmel heut' noch trägt die Male,

37 Auch nicht als Ikarus, der arm vor allen
Als sich vom Wachs die Federn lösten,
Beim Ruf des Vaters: ‚Verderblich ist Dein Wallen'

38 Als meiner war und wurde noch zum größten,
Als ich nur Luft sah, nur des Untiers Rücken,
Und nichts, was angetan mich noch zu trösten.

39 Und langsam, langsam wir zur Tiefe rücken
Im Bogen, spürte nur des Windes Gleiten,
Gesicht mir streifend schwach beim abwärts blicken.

40 Schon hörte ich zur Rechten aus den Weiten
Des Abgrunds schrecklich Rauschen unten;
Und beugt mich forschend vor, was sein Bedeuten,

41 Da hab ich noch viel größre Angst empfunden,
Denn Feuer sah ich, hörte viele Klagen,
Und duckte zitternd mich und furchtgebunden.

42 Da sah ich erst, daß wir vom Flug getragen
Und kreisten über diesen Leidensscharen
Zum Orte hin, wo wir zu landen wagen.

43 Dem Falkenfluge glich sein Fluggebaren,
Wenn der die Beute jaget im Raum verloren,
Sich zögernd senkt und Zorn in ihn gefahren,

44 Wenn kein Erfolg der Jagd ihm war erkoren,
Und ihm der Falkner sagt: „Du kommst schon wieder
Und fern sich niederließ, fühlt sich verloren.

45 Geryon setzte uns am Grunde nieder
Des Felsens, der von Rissen war durchzogen,
Und als wir abgestiegen waren wieder,

46 Verschwand er schnell, so wie der Pfeil vom Bogen.

XVIII. GESANG

1 Der Malebolge – Ort der Höllengraben –
Ist ganz aus Stein; ihn gürtet eine Mauer
Und alle Teile Eisenfarbe haben.

2 Und in der Mitte dieses Orts der Trauer,
Klafft tief ein Loch, als ob's ein Brunnen wäre.
Ich rede von ihm später noch genauer.

3 Das Restgebiet bis an die Felsbarriere
Ist zehngeteilt in abgrundtiefe Gräben,
Verschieden in der Länge und der Quere.

4 Wie Burgen oft von Gräben sind umgeben
Zum Schutz der Mauer, diese ganz umringen,
Das Umfeld formend Sicherheit erstreben.

5 So hier des Bildes Ähnlichkeit bedingen:
Vom Burgtor führend bis zum äußren Rande
Sich leichte Brücken über Gräben schwingen,

6 So hier vom Felsen bis zur Brunnenkante
Ziehn über Wall und Mulden Klippen-Brücken –
Das Loch zur Tiefe alle Klippen bannte.

7 An diesem Orte stiegen wir vom Rücken
Geryon's und der Dichter ging behende
Nach links – ich folgte ihm in allen Stücken.

8 Zur Rechten sah ich Jammer ohne Ende,
Sah neue Marter, neue Henker, Schinder!
Es war die erste Grube im Gelände.

9 Am Grunde sah ich laufen nackte Sünder,
Zur Hälfte liefen sie uns schnell entgegen,
Die andre zog mit uns, jedoch geschwinder.

10 Wie auf der Brücke Roms, des Andrangs wegen
Im Jubeljahr die Menge so gegangen,
Der Pilgerstrom sich teilte auf den Stegen,

11 Die einen, die zum Dom St. Peter drangen,
Nach vorne das Kastell vor ihren Blicken,
Die andren wiederum zum Berg gelangen.

12 Sah da und dort auf düstren Felsenbrücken
Gehörnte Teufel stehen, die mit langen
Geschwänzten Peitschen schlugen auf die Rücken.

13 O wie sie schon beim ersten Streiche sprangen,
Und auseinanderstoben, keiner wollte
Den zweite, dritten, vierten noch empfangen.

14 Indessen sah ich wie sich einer trollte,
Ich dachte gleich, daß ich vor kurzen Zeiten
Ihn sicher wohl gesehen haben sollte.

15 Ich blieb, um mir Gewißheit zu bereiten,
Auch blieb mein Führer mit mir wartend stehen,
Und ließ mich etwas noch nach rückwärts schreiten.

16 Doch der Gepeitschte wollte uns entgehen –
Verdeckte sein Gesicht – doch ganz vergebens,
Ich sprach zu ihm: „Was scheust Du mich zu sehen?

17 Sofern Dein Antlitz Züge Deines Lebens,
Bist Du Venedico Caccianemico gewesen –
Was würzte so das Ende Deines Strebens?“

18 „Nur ungern,“ sprach jetzt dieses Schattenwesen,
„Steh ich Dir Rede – doch die klaren Worte
Erinnern mich wie einst die Welt gewesen.

19 Ich wars, der Ghillabella eins dem Sporte
Der Lüste des Marchese preisgegeben,
Wenn auch noch mehr Gerüchte dieser Sorte.

20 Bin nicht alleine aus Bologna’s Leben,
Mehr Sünder büßen hier in diesem Graben,
Als zwischen Savena und Reno je gegeben,

21 Die flüssig „Spia“ gern gesprochen haben,
Und willst Du Zeugen dafür und Beweise,
Denk daran, daß wir uns dem Geiz ergaben.

22 Da traf ein Hieb in fürchterlicher Weise
Des Teufels Peitsche seinen Rücken, „Wehe
Du Kuppler,“ schrie er, „Weiber hier nicht preise!“

23 Ich eilte jetzt zurück in Führers Nahe,
Wir gingen weiter. Schon nach ein'gen Schritten
Erhob vom Rand ein Riff sich in die Höhe,

24 Ganz leicht erklommen wir es bis zur Mitten
Und sind uns wendend gleich zur rechten Seite,
Von diesen ewigen Kreisen weggeschritten.

25 Als wir zur Stelle kamen, wo der weite
Durchgang war für die gepeitschten Seelen,
Da sprach mein Führer: „Achte jetzt und leite

26 Die Blicke so, daß keinen wir verfehlen,
Denn vorher hast Du kein Gesicht gesehen,
Weil wir die gleiche Richtung mußten wählen."

27 So konnten wir von hier aus alle sehen
Wie sie jetzt uns entgegen kamen drüben,
Wie alle angepeitscht zu schnellrem Gehen.

28 Mein Meister – nicht durch Fragen angetrieben –
Nun sprach: „Sieh dort den Großen in den Reihen,
Gebeugt von keinen Tränen, keinen Hieben.

29 Von königlicher Haltung, kein Bereuen,
Ist Jason, der das goldne Vlies einst raubte
Den Kolchern, klug mit seines Volks Getreuen.

30 Nach Lemnos kam er gleichfalls, wo es staubte.
Dort haben wilde Weiber ihre Männer
Geschlachtet, totgeschlagen, wie man glaubte.

31 Dort hat mit schönen Worten, er der Kenner
Die Hypsip yle selbst umgarnt, die junge,
Die vorher selbst umgarnte alle Männer.

32 Er ließ sie schwanger, sprach des Volkes Zunge.
Für diese Lusttat muß er hier nun büßen.
Medea's Rache ist auch hier im Schwunge.

33 Um ihn sind die, die gleiches büßen müssen.
Doch nun genug von diesem ersten Graben,
Genug, was wir von seinen Sündern wissen."

34 Wo jene Dämme die Verbindung gaben
Sich kreuzend, hob sich eine schmale Brücke
Und schwang hinüber sich zum zweiten Graben.

35 In diesem sahn wir neuer Plagen Tücke:
Wie sie mit Händen aufeinander schlugen,
Mit Schaum am Maule und mit hartem Blicke.

36 Die Ufer glitschig, weithin Schimmel trugen,
Der ekle Moder, feuchter Dunst der Tiefe
In Mund und Nase drang und alle Fugen.

37 Wer wollte, daß man seine Tiefe prüfe,
Erkennt: Dies ist vom höchsten Punkt nur möglich,
Daß unser Blick bis hin zum Grunde liefe.

38 Von dort nun sahen wir, was unerträglich,
Wir sahen Kot aus menschlichen Aborten,
In ihn getauchte Sünder, stank unsäglich.

39 Indess die Augen forschten allerorten –
Taucht auf ein Kopf, der so vom Kote triefte,
Daß ich nicht sah, ob Pfaff – ob Laienorden.

40 „Wer bist Du?" schrie der in Kot gehievte,
„Was gaffst du mehr auf mich als in die Tunke."
Und ich zu ihm, der jetzt so furchtbar miefte:

41 „Ich sah dich schon mit trocknem Haar, Halunke,
Alessio Interminei – prüf' ich es genauer –
Aus Lucca, blickte drum auf Dich im Stunke."

42 Da schlug er an den Schädel sich voll Trauer:
„Das Schmeicheln hat mich in den Kot getrieben,
Zu schmeicheln war die Zunge stets auf Lauer."

43 Drauf sprach mein Führer: „Blicke jetzt nach drüben,
Du mußt Dich für den Anblick vorbereiten,
Schau hin – so Dir die Sicht dorthin geblieben –

44 Zu jenem Weib mit kotverschmierten Häuten,
Sie kratzt sich jetzt mit langen schwarzen Krallen,
Bald geht sie hoch, bald muß sie wieder gleiten,

45 Dies ist Thais, die Hur, die zum Gefallen
Dem Buhlen auf die Frage, ob sich rege
Noch Gunst für ihn, gesagt: ‚erstaunlich allen!‘

46 Nun reichts, was wir gesehn auf diesem Wege.“

XIX. GESANG

1 O Zaubrer Simon, o ihr Zunftgenossen!
Ihr habt die Gabe, die von Gottes Gnaden
Und nur in Güte diene unverdrossen,

2 Verkauft für Silber- und für Golddukaten!
Drum möge die Trompete für Euch tönen
Im dritten Graben, Euch zur Sühne laden.

3 Schon sahen wir die nächste Grube gähnen,
Wir suchten eine Klippe hochzusteigen,
Die Sicht zur Grabenmitte auszudehnen.

4 O höchste Weisheit uns zu überzeugen!
Im Himmel, auf der Erde und der Hölle,
Die Werke der Gerechtigkeit zu zeigen.

5 Wir sahn am Grubengrunde Well' auf Welle
Im grauen Felsen Löcher eingegraben,
Gleichmäßig rund und tief war jede Zelle.

6 Nicht enger schienen diese Höllen-Waben
Als San Giovannis Becken und nicht breiter
Wie sie die Priester dort zum Taufen haben.

7 Das eine hab ich, weil ein Knäblein leider
Hineingefallen, einmal selbst zerschlagen,
Für jeden Menschen seis ein Mahnmahl weiter.

8 Aus jedem Loche sah man Beine ragen,
Sie waren bis zur Wadenhöh' zu sehen,
Und mit den Köpfen sie nach unten lagen.

9 An allen Sohlen züngelnd Flammen wehen,
Und so gewaltig war der Beine Beben,
Daß Taue selber rissen im zerdrehen.

10 Wie oft auf fettgetränkten Stoffgeweben
Die Flammen tanzen, züngelnd bis zu Ende,
Hier von der Ferse bis zur Zehe schweben.

11 „Wer ist es Meister denn, dem so behende
Die Flammen zucken, mehr als bei Genossen
Und röter leuchten seiner Füße Brände?"

12 Frug ich, er sprach: „Den Wunsch Dir unverdrossen
Erfüll ich: Daß ich Dich hinunter trage,
Sie selbst zu fragen, die dort eingeschlossen.“

13 Und ich: „Gern folg ich, macht’s Dir keine Plage
Du bist der Herr ja, den ich anerkannte,
Du weißt es, weißt auch was ich gar nicht sage.“

14 Dann kamen wir zum vierten Grabenrande –
Wir stiegen ab zur Linken nach der Wende
Zum Lager jener, die im Lochgewande.

15 Der gute Meister trug mich bis zum Ende
Des Wegs – doch erst an jenes Loches Kante
Setzt’ er mich ab, der mit den Füßen flennte.

16 „Wer du auch seist, der Du auf Kopfes Stande,
Betrübte Seele, eingerammt im Rohre,“
Frug ich, „sprich – wenn Du kannst – warum die Schande?“

17 Ich glich dem Beichtiger, zu dessen Ohre
Des Mörders Bitt um Verbleiben flehte,
Den Schritt verzögern soll zum Todestore.

18 Er schrie: „Bist Du schon eingetroffen, rede!
Ist Bonifatius da? O sag es – sage,
So mich die Schrift um Jahre täuschen täte?

19 Bist Du schon satt, nach jenem Gut ich frage,
Das Du ergaunerst, ihrer überdrüssig
Der schönen Frau, sie schändend Tag für Tage?“

20 Mir war sie jenem, der sich überflüssig,
Ja ganz verhöhnt sich fühlt, weil kein verstehen,
Und gänzliches Verstummen wäre schlüssig.

21 Da sprach Vergil: „Er kann Dich ja nicht sehen,
So sag ihm schnell, Du seist nicht der Vermeinte!“
Ich tat’s, worauf er schien in sich zu gehen,

22 Verkrümmte ächzend sich und stöhnend greinte;
Dann hört ich seine Stimme dumpf vom Grunde:
„Was willst Du wissen?“ Frug er müd’ und weinte.

23 „Und weil Dir soviel liegt an dieser Kunde,
Daß Dich der Höllenweg zu mir nicht schreckte,
Den großen Mantel – hör's aus meinem Munde,

24 Den trug auch ich: Der süße Honig schmeckte
Dem Sohn der Bärin, ließ die Bärlein leben,
Dort ich das Geld – hier selbst ins Loch mich steckte

25 Und unter meinem Kopf noch andre schweben,
Vor mir verdammt in diese Felsenspalte,
Für Simonie ein ewiges Zeugnis geben,

26 Desgleichen fall auch ich in diese Halde.
Wenn jener kommt, den ich in Dir vermeinte,
Als ich so schnell die Fragen an Dich knallte.

27 Ich, der schon länger mit dem Loch Vereinte,
Muß länger zappeln hier mit roten Füßen
Und mehr als jener weinen wird, schon weinte,

28 Denn nach uns muß im Loch ein Schlimmer büßen,
Der aus dem Westen kommt, ein Zügelloser,
Der wird dies Loch auf lange Zeit verschließen.

29 Er ist ein neuer Jason und ein Großer
– Im Makkabäer ist es nachzulesen –
Gleich ihm war Frankreichs Herr, nur skrupelloser."

30 Ich weiß nicht, ob ich nicht zu hart gewesen,
Mit meiner Antwort, die ich gleich gegeben:
„So sage mir wie groß der Schatz gewesen,

31 Den unser Herr von Petrus wollt erheben,
Die Schlüssel übergebend zu den Toren –
Gewiß nur: ‚Folge mir fürs ganze Leben.'

32 Und als Mathias ward durch Los erkoren,
Nicht Petrus, andre noch nach den Schätzen gieren
Fürs Amt, das Judas durch Verrat verloren.

33 Drum bleibe, wo Du bist, die Glut zu spüren,
Verwahr das Geld, das Du erwarbst im Bösen
Um gegen Karl von Frankreich kühn zu schüren.

34 Und wäre Ehrfurcht nicht in Menschenwesen
Vor jenen Schlüsseln, Dir zum Amt verliehen,
Im Irdischen zu binden und zu lösen.

35 Ich hätte dich mit schlimmrem Wort geziehen
Der Schuld. Die Habsucht bringt der Welt Verderben,
Da Gutes stirbt und Böses kommt zum Blühen.

36 Johannes sah in Euch die falschen Erben,
Im Weib, o Hirten, das am Wasser thronte
Und sich von Königen buhlend ließ umwerben.

37 Die siekenköpfig durch Geburt belohnte
Zehn Hörner des Verstandes Zeichen waren
So lang der Gatte ihre Tugend lohnte.

38 Und euer Gott ist Geld und Gold, habt das Gebaren
Von Götzendienern, nur, daß die nur einen,
Ihr aber habt die Götzen gleich in Scharen.

39 O Konstantin, den Glauben nicht den reinen,
Schelt ich, doch welcher wahren Unheils Quelle
War Deine Schenkung oft nur den Gemeinen."

40 Und während ich das Urteil dieses fälle
– Ob es Empörung, ob es sein Gewissen –
Er strampelte erbärmlich in der Zelle.

41 Mein Führer schien sich eins mit mir zu wissen
Und auch, daß Ton und Worte ihm wohl lagen,
Er folgte meinem wahrem Wort beflissen.

42 Hat beide Arme sanft um mich geschlagen
Und hob mich hoch, den Pfad den steilgewellten,
Den wir gekommen, mich zurück zu tragen.

43 Er wollte mein Bemühen schier entgelten,
So trug er mich vom vierten über hohe Strecke
Den Weg zum fünften Damme der Gefällten.

44 Er setzte mich behutsam neben Felsenblöcke,
Behutsam, weil auch sonst der Weg voll Steinen,
Der schwer auch wär für Zieg- und Ziegenböcke.

Dort öffnet sich das Tal zu neuem Weinen.

XX. GESANG

1 Von einer neuen Strafe will ich singen,
Noch mehr zum Stoff des zwanzigsten Gesanges,
Vom Liede derer in den Höllenringen.

2 Mich gänzlich ihm anheim zu geben – zwang es
Die Blicke zu dem neu enthüllten Grunde:
Ich sah die Tränenspur so schweren Ganges.

3 Denn ich sah Leute nahn in der Rotunde
In langen Reihen wie bei Prozessionen,
Und alle weinten sie mit stummem Munde.

4 Und bei der Sicht zur Tiefe, wo sie fronen,
Erstaunend sah ich, was sie muß bedrücken;
Ab Kinn verwandelt bis in Rumpfes Zonen,

5 Denn die Gesichter standen hier zum Rücken,
Nach rückwärts sind sie alle drum geschritten,
Weil ihre Augen nicht nach vorne blicken.

6 Vielleicht weil eine Lähmung sie erlitten,
Die Glieder ließ in dieser Art verrenken.
Doch glaub ichs nicht, von vielen auch bestritten.

7 O Leser – Gott mag Dir die Einsicht schenken,
Was ich gesehn mir alle glauben sollen,
Wie ich die Augen weinend mußte senken.

8 Verrenkt – weil Beine nicht wie Augen wollen
– Sah ich die Tränen von den Backen fallen,
Doch dann auf Hinterbacken weiterrollen.

9 Da weint ich wahrlich – bitterlich vor allen –
Am Felsen lehnend „Fühlst Du mit den Toren?"
Hört ich des Meisters Stimme laut erschallen.

10 „Hier lebt die Liebe erst, wenn sie verloren.
Kann man denn Mitleid denen hier erweisen,
Die Gott verdammte, Bösem sich verschworen?

11 Drum aufgeschaut sieh den Thebaner kreisen,
Dem vor dem Volk die Erde aufgegangen,
Daß alle riefen; willst Du tiefer reisen

12 Amphiareus – willst Du vorm Feinde bangen?
Er aber stürzte in die tiefen Weiten
Zu Minos, der noch jeden eingefangen.

13 Sieh Brust und Rücken an verkehrten Seiten,
Weil er sich weit nach vorne wollte wagen,
Muß er nun rückwärts ins Vergangne schreiten.

14 Sieh dort Tiresias – durch sein Versagen
Blieb er verwandelt einst vom Mann zum Weibe,
Hat alle seine Glieder falsch getragen:

15 So daß er nur zu seinem Männerleibe
Gelangte, als er die verschlungnen Schlangen
Mit Ruten schlug, daß er den Fluch vertreibe.

16 Sieh Aruns rücklings seinen Bauch umfangen!
Er kommt aus Luni, wo schon Carraresen
Zum Fuße des Gebirges rodend drangen,

17 In einer Marmorhöhle ist er dort gewesen,
Er wohnte drinnen still in vielen Jahren,
Hat aus Gestirnen und dem Meer gelesen.

18 Sieh jene, die mit aufgelösten Haaren
Versucht die nackten Brüste zu verdecken,
– Du siehst sie nicht, weil sie jetzt hinten waren –

19 Ist Manto. Durchsuchte weite Länderstrecken,
Bis sie für immer blieb, wo ich geboren;
Dein Wissen daran möcht' ich gerne wecken.

20 Als sie den Vater durch den Tod verloren,
Und die Thebaner in die Knechtschaft kamen,
Hat sie sich steter Wanderschaft verschworen.

21 In Nord-Italien – dort am Bergesrahmen
Der Alpen liegt ein See – von deutschen Landen
Tirols begrenzt und Benacus mit Namen.

22 Aus tausend Quellen sich zusammenfanden
Im Tal Camonica und Garda's Weite,
Wo sie vereint im See verschwanden.

23 Ein Ort inmitten, wo die Kirchenleute
Veronas Brescia, und von Triente
Ihn segnen könnten, gleicherweis' auch heute.

24 Es liegt am flachen Ufer im Gelände
Die Festung Peschier stark und kampfbereiter
Wie Bergamo auch Brecia es nicht könnte.

25 Hier sich die Wasser sammeln, müssen weiter
Zum Benacus und die, die überfließen
Durch grüne Weiden eilten sie befreiter.

26 Die Wasser neuen Lauf entstehen ließen.
Und Mincio im Weiterströmen heißen
Sich bei Governo in den Po ergießen.

27 Oft in der Ebne ausgedehnten Kreisen
In feuchten Sommern Sümpfe sich verbreiten,
Wie große Ernteschäden es beweisen.

28 Und dorthin ließ sich jenes Weib verleiten,
Und fand ein Land in Sümpfen mitten drinnen
Noch völlig unbekannt bei allen Leuten.

29 Sie war bestrebt den Menschen zu entrinnen,
Mit Dienern übte sie die Kunst alleine;
Dort lebte sie und dort ging sie von hinnen.

30 Dann bildet langsam sich die Klein-Gemeine,
Der Ort war sicher, fruchtbar seine Gründe,
Umringt vom Sumpfe waren Feld und Raine,

31 Sie bauten Mantua, die Stadt, sie künde,
Daß diese Frau den schönen Ort entdeckte,
Der Name sich an ihren Namen binde!

32 Sie war einst blühend, sich zum Ruhme reckte,
Bevor die Dummheit Casalods gewesen,
Und sie Verrat der Piemont befleckte.

33 Drum wisse, solltest Du was andres lesen
Vom Ursprung dieser Stadt, darf keine Lüge
Dich wirren, sei's im Guten sei's im Bösen!"

34 Und ich: „O Meister, Zweifel ich besiege,
Ich bin der Wahrheit sicher, dank der Rede,
Ein anderes verlöscht, und ich nicht wiege!

35 Doch sage mir, die Leute, die dort stete
im Kreise, gibt es einen unter ihnen,
Der wert zu nennen in der Geister Fehde?“

36 Er sagte: „Unter denen dort, die sühnen,
Sieh jenen, dem am Rücken niederfallen
Des Bartes Haar, er war, als dort die kühnen,

37 Erfahrnen Männer Griechenlands vor allen
Schon fehlten, ein Augur; mit Kalchas sagte
Er in Aulis, wann die Taue sollten fallen:

38 Eurypylus: „Von jenem, der dies wagte,
Berichtet mein Gedicht an einer Stelle,
Du kennst sie wohl, du lasest das Gesagte.

39 Sieh Scotto, kennt Magie aus dunkler Quelle,
Ist dort der Hagere: ein Zaubermeister
Der Magierspiele mit Verstandes Helle.

40 Guido Bonatti, Ascende – Tuch und Kleister –
Sie wünschten jetzt, daß sie dabei geblieben,
Zu spät erkannten es die Handwerksmeister.

41 Die Nadel, Schifflein, Spule nicht mehr lieben
Die Armen, sieh, die der Magie sich beugen
Und Hexerei mit Bild und Kräutern trieben.

42 Doch komme: Schon berührt im Niedersteigen
Jenseits Sevilla zwischen beiden Welten
Kain das Meer mit seinen Dornenzweigen.

43 Des Vollmonds Strahlen geistern schon, erhellten
Die Nacht; „sie wird Dir die Erinnrung bringen
Als in dem Wald sich Hilfe ließ vermelden,“

44 Sprach er zu mir, indess’ wir weitergingen.

XXI. GESANG

1 Von Brücke gings zu Brücke und die Rede
Sprach vieles an, doch ichs im Lied nicht sage
Nun hielten oben wir, bis Sicht sich böte

2 Auf andre Gruben, andrer Sünder Lage,
Wo deren Tänen gleich vergeblich fließen.
Um alle floß ein Dunkel seltsam vage.

3 Wie auf Venedigs Docks und Pechverliesen
Die Fischer Peche kochen miest im Winter,
Das Schiff zu teeren und das Leck zu schließen,

4 Die nicht zur See mehr tüchtig und nicht minder
Das Holz für neue Schiffe sich bestellen,
Die alten fester machen und geschwinder,

5 Am Bug die einen, wo die salzgen Wellen
Geschabt, am Heck die andren, Ruder, Tauen,
Dort Segel raffen, daß sie wieder schwellen.

6 Doch hier läßt Gottes Kunst die Peche brauen,
Die heißer kocht den Brei als irdisches Feuer,
Verpechte Ufer sie dem Breie bauen.

7 Ich sah das Pech – es war ein Blasenspeier,
Die Hitze ließ in Schüben Blasen steigen,
Die alle platzten, und schon kam ein neuer.

8 Mein Führer wollte mir jetzt etwas zeigen,
Hat mich von meiner Stelle weggezogen:
„Sieh nur!“ Ich solle mich hinüber beugen,

9 Da wandt' ich mich, der ich schon weggebogen,
Wie einer, der im Fliehn noch sehen wollte,
Doch dem vor Schrecken war der Mut verflogen,

10 Noch schauen will, obschon er eilen sollte:
Sah einen schwarzen Teufel aufwärts jagen,
Im Laufschritt über jene Brücke tollte.

11 Die Miene schien nur Unheil anzusagen,
Brutale Drohung prägte sein Verhalten;
Gespreizte Flügel, Beine leicht ihn tragen.

12 Auf seinen Schultern, spitz und quergespalten,
Hang mit den Hüften festgeklemmt ein Sünder,
Die Finger dessen Fesseln hart umkrallten.

13 Er rief: „He, Malebranche, Böse-Schinder,
Hier bring ich einen Herrn tief einzutunken,
Der Heiligen Zita ist er ein Verkünder.

14 Aus jener Stadt die voll von den Halunken,
Den dort betrügen – nicht Bonturo – alle, –
Das Nein wird dort zum Ja – Geld macht sie trunken.“

15 Hinunter warf er ihn mit Schwung im Falle –
Er lief zurück nach mehr auf schnellstem Wege,
Wie nach dem Dieb der Hund aus seinem Stalle.

16 Sie tauchten ihn, wie er auch wenden möge;
Die Brückenteufel aus verdeckter Stelle
Jetzt schrien. „ein heiliges Antlitz hier nicht pflege.“

17 Und anders als in Sericho ist die Hölle
Zum Schwimmen: um den Krallen zu entfliehen
So tauche tiefer noch ins Pech die Pelle.

18 Und hundert Haken sich um ihn bemühen,
Sie stießen ihn: „Im dunkeln mußt du tanzen!
Und wenn du kannst, such' eine mitzuziehen!“

19 Wie Küchenjungen um den Topf sich pflanzen,
Das Fleisch, das schwimmt, mit Gabeln runterdrücken,
So drücken sie die Sünder mit den Lanzen.

20 Der gute Meister: „Entzieh dich ihren Blicken
Eh sie Dich sehen, such' Dich zu verstecken.
Dort an der Brücke hinter Felsenstücken.

21 Mit was auch immer sei mich mägen schrecken,
sei unbesorgt – ich kenne diese Dinge,
Ich war schon einmal hier und kenn' die Kecken.“

22 Entschlossen schritt er hin zu jenem Ringe,
Den hohen Brückenweg zum sechsten Ufer,
O, daß sein Mut ihn in Gefahr nicht bringe!

23 Wie Hunde stürzen ungezähmt vom Rufer
Auf einen Bettler, der erst angekommen,
So stürzten auch hervor die Teufelshufer

24 Vom Brückenbogen, in die Mitte ihn genommen
Die Lanzen auf ihn richtend mit Geheule –
Er rief: „Zurück, kein Frevel wird Euch frommen.

25 Eh einer zücke Lanze oder Keule,
Mag einer vor mich treten und mich hören,
Könnt ihr mich fassen, ehe ich enteile!“

26 Sie schrieen: „Malacoda soll verhören.“
Hierauf ist einer aus der Schar getreten
Und frug: „Was willst Du hier? Willst du uns stören?“

27 „Nun Malacoda,“ hub er an zu reden,
„Glaubst Du wir könnten durch die Hölle steigen,
Ohn Schutz vor dem, was eure Künste böten,

28 Ohn’ daß sich Schicksalsmächte zu uns neigen?
Laß uns nur gehen – göttlich ist der Wille,
Mit ihm zu gehn, den wilden Weg zu zeigen.“

29 Da brach nun gänzlich seines Hochmuts Fülle,
Vor seine Füße fiel die Hakenlanze,
Sprach zu den andren: „Laßt ihn! Wahret Stille!“

30 Mein Führer rief: „Der in der Felsenschanze
Geduckt in Stellung – komm aus dem Verstecke!
Sei ohne Furcht vor Hakenspieß und Lanze!“

31 Da trat ich vor, zurück zu gehn die Strecke,
Doch alle Teufel gleich nach vorne drangen,
Ich fürchtete, daß dies Verrat bezwecke.

32 So sah ich einstmals wie in Furcht und Bangen
Soldaten, – die Caprona, paktgebunden,
Verließen, – fürchteten, daß sie gefangen,

33 Drauf ich mich eiligst bei ihm eingefunden,
Ich sah die Arglist in den Teufelsmienen,
Hab Angst, die in mir war, noch mehr empfunden.

34 „Soll ich ihn stechen?“ Einer frug von ihnen,
„Ihn streicheln, harken ihn von hinten?“
Der andre: „Ja, ihn stacheln wie die Bienen?“

35 Doch Malocoda wollt' es unterbinden,
Er sprach – der mit dem Meister erst geredet –
„He Scarmiglione, Ruhe! Laß das Schinden!“

36 Und dann zu uns: „Die Brücke ist verödet!
Geborstne Teile liegen auf dem Grunde,
Der Weg zum Sechsten ist versperrt, vergrätet!

37 Und wenn ihr trotzdem wollt bei dem Befunde
Zur sechsten Mulde, geht auf andren Wegen!
Bald kommt ein Riff, das festgefügt am Grunde.

38 Erst gestern wars – was alle hören mögen
Tausendzweihundertsechsundsechzig Jahre
Fünf Stunden später, seit dem Sturz der Bögen.

39 Ich schick dahin auch meine Ordnungspaare,
Zu sehn, ob einer wagt, sich Luft zu klauen,
Geht nur mit ihnen! Geht, sie tun das Wahre.

40 Alichino, Calcabrina hebt die Brauen!
Nun vorgetreten! Cagnazzo“ – rief er,
„Und Barbriccia soll auf Führung schauen!“

41 Und LiLicocco, Draghignazzo – der ein Küfer,
Ciriatto, Graffiancane mit den Hauern,
Fafrello, Rubicante, Pechgeziefer!

42 Ihr späht umher auf den gleimten Mauern!
Die Beiden schützt ihr bis zur nächsten Klippe,
Die unversehrt dies konnt überdauern.“

43 „Weh mir! Mein Meister! Laß doch die zurücke, “
Sprach ich, „nicht dieses schreckliche Geleite,
Wenn Du den Weg weißt, trau ich Deinem Glücke.

44 Die Vorsicht, die Dich lenkte stets, nicht meide!
Sieh doch wie fletschend sie die Zähne zeigen.
Die Brauen heben, Sehen uns als Beute!“

45 Und er, „Du darfst der Furcht Dich jetzt nicht beugen,
Daß sie auf ihre Art Grimassen schneiden
Es gilt vermutlich der Gepechten Reigen!

46 Sie schwenkten links und längs der Felsenseiten
Und einer gab das Zeichen anzutreten –
Mit Zungenschnalzen und mit Zähnegleiten.

47 Der letzte mit dem Hintern tät trompeten.

XXII. GESANG

1 Ich sah die Ritter sich zum Kampfe rüsten,
Sah Sturmangriffe, sah das Heer marschieren,
Sah Niederlagen sich als Rückzug brüsten,

2 Ich sah durch Kampfesfelder Streifen führen,
O Aretiner! Späher zum Erkunden,
Sah Zweikampf und den Streit in den Turnieren,

3 Sah ihn mit Horn und mit Geläut verbunden
Und Trommelwirbeln, hörte die Signale
Von hier und fremde in des Kampfes Stunden,

4 Doch die Begleitung gab es keinemale,
Bei einem Fußvolk nicht und Reitersleuten,
Daß so dem Schiffer Stern auf Erden strahle.

5 Zehn Teufel uns mit solchem Zug begleiten!
O böse Kumpanei! Man hält's mit Frommen
Beim Kirchgang, im Wirtshaus dann mit Schlemmerfreuden.

6 Mich zog's indessen zu dem Pech zu kommen,
Wie das Gebaren derer hier im Wehre,
Die in dem Peche hin und hergeschwommen.

7 Wie die Delphine auf dem hohen Meere
Durch Rückenwölben warnen vor Gefahren,
Daß Zeit zur Flucht für Schiff und Schiffer wäre –

8 So war – die Qual zu lindern, – das Gebaren
Der Sünder in des heißen Peches Teiche:
Nach Rückenzeigen im Nu getaucht sie waren.

9 An Flusses Ufer sieht man oft das Gleiche:
Die Frösche sitzen mit dem Maul im Freien,
Verbergend Beine und des Leibes Weiche.

10 So hocken überall der Sünder Reihen,
Bei Barbariccias Nahn sie gleieh verschwinden
Mit Blitzesschnelle in den heißen Breien.

11 Ich sah – noch kann mein Herz es nicht verwinden –
Als einer sitzen blieb wie bei den Fröschen,
Der schnell den Weg zu fliehn nicht konnte finden,

12 Daß Graffiacan, den Rachedurst zu löschen
Ihn faßte, ihn am Schopfe hochgezogen
Wie eine Otter – um ihn zu verdreschen.

13 Ich kannte ihre Namen, wenn sie nicht gelogen,
Ich merkte sie, als Malacoda sie gerufen –
Und sie sich selbst zum Dienst als Pechologen.

14 „Du Rubicante, Meister aller Stufen!
Sollst seinen Buckel mit dem Spieße spalten!" Rief jeder
Teufel mit und ohne Hufen.

15 Und ich: „Mein Meister, den sie krallten,
Wenn Du es kannst, befrag, wie er sich nannte,
Den seine Feinde so am Schopfe halten?"

16 Mein Führer, der sofort an ihn sich wandte,
Ihn frug, wer er denn sei? Und jener nickte:
„Bin aus Navarras, königlichem Lande.

17 Die Mutter in den Herrendienst mich schickte,
Ich war der Sprössling eines Großrebellen, –
Zerstörer seiner selbst, sein Gut zerpflückte.

18 Dann konnt' ich mich in Thebaldos Dienste stellen,
Des Guten, den ich mit Betrug umwoben,
Drum bin ich einer von den Pechgesellen."

19 Ciriatto, dem sich zwei Hauer schoben
Aus seinem Maule wie bei wilden Säuen,
Ließ sich die Güte ihres Bisses loben.

20 Die Maus befand sich wo die Katzen maien,
Doch Barbariccia schloß ihn in die Arme
Und schrie: „Zurück! Ich will ihn noch betreuen,

21 Drauf wandt' er sich, als ob es ihn erbarme,
Zum Meister, sprach: „Willst Du noch weitres wissen,
So frag eh er zerrissen wird vom Schwarme."

22 Der Führer: „Sag, ob welche büßen müssen
Hier aus Italien in dem Peche unten?"
„Von einem komm ich grad", sprach er beflissen.

23 „Ich war mit ihm einst nachbarlich verbunden.
O blieb ich drunten doch bei ihm im Peche,
Mit Spieß und Krallen würd' ich nicht geschunden."

24 Und Libicocco: „Lang sind die Gespräche!"
Und zog am Arme mit dem Hakenspieße,
Und riß in Fetzen eine Seitenfläche.

25 Auch Draghignazzo griff an seine Füße –
Der Oberteufel doch ließ es nicht gelten:
Er blickte wild umher, daß man es ließe.

26 Nachdem sie ruhig, Mienen sich erhellten,
Und der Verletzte auf die Wunden schaute,
Frug allsogleich Vergil den Bißentstellten:

27 „Wer war es, eh sich dieses Unheil braute,
Den Du verlassen auf gepechtem Grunde?"
„Fra Gomita," sprach er, „sein Name laute,

28 Der von Gallura, nur mit Trug im Bunde!
Dem aufgetragen war, den Feind zu hüten,
Doch gab er jedem eine frohe Kunde:

29 Geld nahm er an, ließ Ämter sich vergüten,
Ließ alle Feinde unbehelligt laufen –
Ein Großbetrüger, keiner von den Nieten.

30 Und mit ihm muß im heißen Peche schnaufen
Der Michel Sanche, der aus Logodoren,
Den Klatsch Siziliens sie sich verkaufen.

31 Weh mir! Sieh dort den mit geschlitzten Ohren,
Die Zähne fletschen! Ja, mehr würd ich reden,
Doch fürcht ich, dieser will den Grind mir bohren.

32 Schon war der Oberteufel hingetreten
Zu Farfarell – aufs Stechen immer wilde –
Und rief: „Dort drüben soll der Vogel flöten!"

33 „Wenns Euch gefällt," sprach schnell der Angsterfüllte,
„Ruf ich Tonscaner noch und Longobarden,
Von ihnen wimmelts hier im Pechgefilde.

34 Doch diese Teufel drüfen hier nicht warten,
Damit sie nicht die Rache fürchten müssen!
Ich bleibe hier und will sie hier erwarten,

35 Gleich sieben will ich rufen dann beflissen
Durch Pfeifen – so – wie wir's gewohnt hier oben,
Zu warnen, wenn wir einen oben wissen."

36 Cagnazzo hat die Schnauze jetzt erhoben,
Den Kopf sich schüttelnd: „Uns hereinzulegen!
Die Bosheit kenn ich: tauchend weg zu toben."

37 Doch jener, auch an Listen nicht verlegen,
Gab ihm zur Antwort, „daß den Schmerz ich mehre
Den Meinen, müßt ich seltne Tücke hegen."

38 Alichin kam den andren in die Quere
Und trotzte: „Willst Du in dem Pech verschwinden,
Dir nachzulaufen ich mich dann nicht schere.

39 Im Fluge, Freund, will ich Dich fangend schinden.
Wir gehn vom Damm, wir werden uns verstecken,
Will sehn, ob Du Dich unser kannst entwinden."

40 O Leser, neues Spiel wirst Du entdecken:
Sie wandten ab vom Damm die Augen alle,
Zuerst, wer die Bedenken wollte wecken,

41 Der Navarrese war in diesem Falle
Gescheiter, schloß die Beine fest zum Sprunge
Und sprang ins Pech, befreit der Teufelskralle.

42 Da hang den Teufeln aus dem Maul die Zunge,
Am längsten dem, der Schuld an dem Entweichen.
Der schrie: „ich komm" und flog ihm nach im Schwunge.

43 Umsonst: denn schneller als die Flügel streichen
War seine Angst: der Springer tauchte unter,
Eh ihn der Flieger konnte noch erreichen.

44 Wie eine Ente taucht, ist frisch und munter,
Wenn sie ein Falke will im Sturz erbeuten,
Verfehlt er sie, muß er vom Wasser runter.

45 Doch Calcabrina, hassend das Entgleiten,
Flog dennoch hin, war seines Zornes Beute.
Es drängte ihn mit dem Kumpan zu streiten.

46 Sobald der Sünder schwand zu dessen Freude,
Wandt er sich plötzlich um zu dem Kumpane
Und überm Graben ohne Halt und Leite

47 Der Kampf entbrannte; gleich gewitztem Hahne
Mit gutem Griff war jener, doch sie fielen
Ins heiße Pech, so dick wie alte Sahne.

48 Die Hitze trennte schnell von solchen Spielen.
Ans Weiterfliegen war nicht mehr zu denken:
Der Flügel Flattern war im Pech ein Wühlen.

49 Barbariccia, betrübt der Ungelenken,
Befahl zum andren Ufer hin zu fliegen
Mit Haken, Gabel, Spieß und Strickgehenken.

50 Sie flogen rüber in getrennten Zügen,
Und reichten dort den Zappelnden die Spieße,
Die arg verbrannt ans Ufer wieder stiegen.

51 Wir aber strebten fort vom Pechverließe …

XXIII. GESANG

1 Allein und ohne jene Pechstrategen
Wir hintereinander schritten tief im Schweigen,
Wie „Mindre-Brüder“ stets zu gehen pflegen.

2 War’s dann nicht so – wenn auch Vergleiche eigen –
In Äsops Fabeln wie beim Teufelszanke,
Wie die vom Frosch und Mäuschen möge zeigen.

3 Wie zwischen „jetzt“ und „eben“ keine Schranke.
So zwischen dort und hier, was vorgefallen,
Ist Anfang und das Ende ein Gedanke,

4 Oft ist es wie ein Hall und Widerhallen,
Wenn sich Gedanken an Gedanken reihen:
So hat mich Angst jetzt doppelt angefallen.

5 Ich dachte so: daß wir die Schuldigen seien,
Und sie durch diesen Streich den Schaden litten,
Und werden drum nach Rache schreien,

6 Wenn Bosheit sich und Zorn in ihnen stritten –
Dann werden sie noch wilder nach uns hetzen,
Als Hunde Hasen je bei Treibjagdritten.

7 Schon fühlt ich rückwärtsschauend, wie Entsetzen
Mich packte und die Haare sich mir stellten –
Und sagte: „Meister, uns nun abzusetzen

8 Vom Weg, zu bergen uns vor den Geprellten
Ist hohe Zeit, ich höre, glaube schon zu sehen,
Wie sie den Weg, ja alle Wege schon umstellten.“

9 Und er: „Erkenn’ aus Deiner Worte Flehen –
Dein Innres schneller, als in einem Spiegel
Dein äußres Bild von Dir ich könnte sehen.

10 Und ich erkenne: Der Gedanken Flügel
Zu gleichem Punkte lenken, gleich Gesichte
Wir beide ziehen hier an einem Zügel,

11 Daß uns ein Weg am rechten Hang sich lichte,
Ich hoffe, wir zum nächsten Graben finden,
Dann sind wir frei der Jagd der Bösewichte.“

12 Kaum sprach er dies, da sah ich sie schon hinten,
Sie flatterten mit weit gespannten Flügeln
Uns einzuholen ehe wir entschwinden.

13 Der Führer nahm – um meine Angst zu zügeln –
Mich an der Hand wie eine Mutter, die erwachte,
Wenn nebenan die Flammen sich schon spiegeln,

14 Ergreift das Kind und flieht, ohn' daß sie achte
Auf sich – kann nur an des Kindes Rettung denken,
Kaum daß sie eiligst an das Hemd noch dachte.

15 Wo sich die Ufer nicht so steil zur Tiefe senken,
Ließ er sich an dem Felsen niedergleiten,
Um in dem nächsten Graben einzulenken.

16 In Rinnen, die aufs Mühlrad Wasser leiten
– Auch in der Nähe nicht der Schaufelräder –
Sind größer nicht Geschwindigkeiten

17 Als die, mit der mein Meister in erhöhter
Gefahr zum Grunde glitt mit mir im Arme,
Als wär ich Kind der besten aller Väter.

18 Bald hörten wir den Lärm vom Teufelsschwarme,
Der drohend über uns am Rand erschienen,
Doch nicht zu fürchten mehr in ihrem Harme.

19 Denn hohe Vorsehung verwies es ihnen,
Den Dienst im fünften Graben zu verlassen.
Wohin für immer sie bestimmt zu sühnen.

20 Was wir dann unten sahn, war schwer zu fassen,
Dort kamen Angemalte, möcht ich sagen;
Sie weinten, zogen müden Schritts die Straßen,

21 Sie trugen Mäntel mit Kapuzenkragen,
Die tief um Stirne sich und Augen legen,
Ein Schnitt, wie ihn die Clugny-Mönche tragen.

22 Das Äußre glänzte der Vergoldung wegen,
Doch innen Blei, daß ihr Gewicht sich mehre,
Die Mäntel Friedrich's wären Stroh dagegen.

23 Weh! Mäntel ewig mit des Bleies Schwere!
Wir haben uns nach links wie sie gewendet,
Und hörten ihrer Klagen Trauermäre.

24 Durch ihre Last und weil vom Schein geblendet,
Zog langsam hin der Zug, daß wir beim Gehen
Sie alle überholten, eh der Zug geendet.

25 Ich sprach zu meinem Führer: „Laß uns sehen,
Ob einen Du hier kennst mit Nam' und Taten,
Halt Ausschau doch indess vorbei wir gehen.

26 Und einer, der das Toskanerwort erraten,
Rief hinter uns: „Hemmet eure Schritte,
Die ihr so eilet auf so dunklen Pfaden!

27 Vielleicht kann ich erfüllen eure Bitte!"
Mein Führer bat mich, ihm Gehör zu spenden:
„Halt an und richte Dich nach seinem Tritte!"

28 Ich wartete und sah, wie zwei sich wenden
Zu kommen, – in den Blicken lag ein Sehnen,
Doch Last und Enge läßt ihr Wollen enden.

29 Wir mußten uns an ihren Schritt gewöhnen.
Sie sahn uns an aus ihres Mantels Spalte,
Und sagten zu sich leise – war wie Stöhnen –:

30 „Den einen, den ich höre, ich für lebend halte –
Doch wenn sie tot und ohne Mantel gehen –
Muß ich mich fragen welche Fügung walte."

31 Und dann zu mir: „Da wir Dich gehen sehen,
Toskaner, lebend bei den Heuchlern weilen –
Magst, wer du bist, zu sagen nicht verschmähen!"

32 Und ich: „Die Stadt, durch die die Wasser eilen
Des Arno ist mir Heimat, bin geboren
Dort, kam hierher in meinem Leib, noch heilen.

33 „Wer seid Ihr, Ihr vom Tränenglanz umfloren,
So sehr, daß Wangen und Gesicht verquellen,
Sagt, welche Strafe ist euch zuerkoren?"

34 Er sprach: „wir wandeln hier in gelben Fellen
Ganz harten Glanzes, doch die Innenhüllen
Sind Blei, die unsre Waage ganz verstellen.

35 Wir; „Lustige Brüder“ aus Bologna’s Villen,
Er Loderingo, ich Catalano heiße,
Von Deiner Stadt gerufen, ihret Willen –

36 Wie auch ansonsten der Betrauung weise
Den Frieden bleibend in die Stadt zu tragen
Doch wie? Gardingo das Ergebnis preise.

37 Ich sprach: „O Brüder, Euer böses Fragen ...“
Und schwieg; denn einer sich am Boden krümmte,
Den mit drei Pfählen sie ans Kreuz geschlagen –

38 Als er mich sah – den alles jäh ergrimmte,
Begann der seufzend in den Bart zu fauchen,
Des Catalans erklärend Wort bestimmte:

39 Den sie mit Pfählen dort gekreuzigt schlauchen,
Riet Pharisäern um des Volkes Willen,
Die Juden eines Menschen Marter brauchen.

40 Nun liegt er quer am Weg und ohne Hüllen.
Du siehsts – nun fühlt er selbst was er geraten,
Bleilast und Tritte sich an ihm erfüllen.

41 Ihm gleich sein Schwäher und auf andren Pfaden
Die Räte alle in dem Loche büßen
Die böse Saat den Juden aufgeladen.

42 Ich sah Vergil sich wundern über diesen,
Der ausgespreizt, gefählt in Kreuzeslage
So schmachvoll in den ewigen Verliesen.

43 Zum Bruder sprach er dann die Worte: „Sage
So Dir’s genehm erlaubt zu sagen
Ob man zur rechten Hand den Ausgang wage,

44 Ohn’ daß wir noch die schwarzen Engel fragen
Und wir uns selbst im Weitergehn bemühen,
Den Ausgang aus dem dunklen Grund zu wagen.“

45 Er sagte: „Die Kreise, die zur Tiefe ziehen,
Sind überbrückt von schmalem Felsenstege,
Auf ihm kann man des Wegs Gefahren fliehen,

46 Nur hier, an dieser Stelle sind die Wege
Zerstört, auf Trümmern müßt ihr abwärts steigen,
Die überall hier liegen im Gehege.

47 Der Führer neigt das Haupt um nicht zu zeigen,
Daß er enttäuscht und sagte: „Anders unterrichtet
Hat uns der Angler, ließ es uns bezeugen.

48 Der Bruder: „In Bologna wird berichtet
Des Teufels neue Sünde: Vater aller Lügen
Sei er, und der auf's Lügen nie verzichtet.“

49 Verhalten lag jetzt Zorn in seinen Zügen,
Dann schritt voran Vergil mit festen Tritten,
Auch ich nahm Abschied von den Mantelriegen.

50 Und folgte treulich seinen treuene Schritten.

XXIV. GESANG

1 Zur Zeit des frühen Jahrs, wenn in den Wellen
Des Wassermann ihr Haar die Sonne windet,
Und Tag und Nacht sich in die Waage stellen.

2 Und auf den Feldern zarter Reif sich findet,
Geschwisterlicher Schnee und Schnee'es Schauer
Der schon nach erstem Sonnenstrahle schwindet

3 Erhebt sich früh, weil Vorrat fehlt, der Bauer,
Er geht und schaut, sieht schneebedeckte Saaten,
Schlägt in die Seiten sich bedrückt vor Trauer,

4 Zu Hause Not und keiner kann ihm raten,
Er klagt und jammert, weiß nicht, was noch werde;
Da faßt er sich und Hoffnung spornt zu Taten,

5 Verwandelt sieht er jetzt die gute Erde;
Und fröhlich greift er dann zum Hirten-Stabe
Und auf die Weide treibt er seine Herde,

6 Mir schien ein gleiches ich verursacht habe
Im Meister, daß ihn Bitterkeit erfüllte,
Doch schnell erfuhr ich auch der Heilung Labe.

7 Denn als wir dann das Trümmerfeld, das wilde
Gesehn, sah er mich an mit gutem Blicke,
Mit dem er damals mich am Berg umhüllte.

8 Nach kurzem Zögern hielt er mich zurücke.
Den Trümmerhaufen heil zu überwinden,
Umfaßt er fest mich, daß es uns auch glücke.

9 Wie einer, der gewohnt aus Vorsichtsgründen
Sein Tun erwägt, den Blick nach vorne richtet,
Bemüht für mich den sichren Weg zu finden,

10 Hob er zur Klippe mich, die er gesichtet,
Indess er schon zur nächsten hingewiesen:
„Dort halt Dich an! Sieh, ob sie fest geschichtet!"

11 Dies wär' kein Weg für die in Bleiverliesen.
Wir schafftens kaum, er leicht und ich mit Schwere
Von Klipp' zur Klippe mit den müden Füßen.

12 Und wenn der Weg hinauf so lang noch wäre
Als abwärts, um den Graben zu erreichen –
Ob's nicht nur mich, auch ihn doch mehr versehre?

13 Jedoch da alle stetig tiefer reichen,
In Stufen abwärts sich die Gräben senken,
Die Dämme zwingt sich ihnen anzugleichen,

14 Muß Damm um Lamm zur größren Tiefe lenken;
Wir kamen endlich hin zur Bogenhöhe
Der letzten klippe ohne Gliedverrenken.

15 Kurzatmig, zweifelnd, ob ichs überstehe,
Hielt ich erschöpft – und konnte nicht mehr weiter.
Ich setzte mich sofort und mir war wehe.

16 Da sprach mein Führer, der zu gehn bereiter:
„Du mußt die Müdigkeit in Dir besiegen,
Denn der Bequeme ist kein Ruhm-Erstreiter!

17 Die ohne Ruhm sich im Genusse wiegen,
Vergehn wie Schaum auf Wellen – dies empfinde!
Die Erdenspur wird wie ein Rauch verfliegen.

18 Erhebe Dich: Beklemmung überwinde!
Der Geist besiege Deines Leibes Schwere,
Mit ihm sich aller Schlachten Sieg verbinde.

19 Und daß die Zahl der Stufen sich noch mehre
Muß sein; Weils nicht genug nur aufzubrechen,
Versteh' mich nur und nimm mein Wort als Lehre!"

20 Da stand ich auf, nicht achtend der Gebrechen
Und tat, als könnt ich atmen freier,
„So geh, bin mutig, stark" wagt ich zu sprechen.

21 Er ging und ich – der kaum des Weges Steuer –
Folgt mühsam nach auf Klippen voller Tücken,
Und die Gefahren waren ungeheuer.

22 Ich sprach – um zu verbergen mein Bedrücken –
Im Gehn, da klang vom Graben eine Stimme,
Doch Worte formen wollte ihr nicht glücken.

23 Ich weiß nicht, was sie sprach, doch schien sie schlimme
Und helle Wut in sich im Klang zu bergen,
Obwohl ich oben stand auf hoher Krümme.

24 Ich sah hinab, doch nichts war zu bemerken,
Im Dunkel ließ sich keine Sicht erzwingen,
Drum sprach – und um den Wunsch noch zu verstärken –

25 Ich bat den Meister „Laß uns tiefer dringen!
Laß uns zum nächsten Damme niedersteigen.
Hier will kein Sehn und kein Verstehn gelingen."

26 „Die Antwort soll sich durch die Tat bezeugen",
Sprach er zu mir, „denn jeder rechten Bitte
Sei die Erfüllung gleich gewährt im Schweigen."

27 Es führten von dem Brückenkopf die Schritte
Bis an des achten Grabens Ansatz nieder.
Dort sahn den Abgrund wir grad in der Mitte.

28 Ich sah – dort unten zuckten Schlangenglieder
Im Durcheinander, schreckliches Gedränge,
Mich schauderts, wenn ich daran denke wieder.

29 Man kann in Lybien nicht in solcher Menge
An Wasserschlangen, Ottern, Ringel-Arten,
An Vipern in Äthiopien nicht gelänge

30 Gewürm zu sehn, als hier im Tal sich scharten,
Auch nicht in dem Gebiet am Roten Meere
Und wo sich sonst noch Schlangenpaare paarten.

31 Und mitten in dem wilden Schlangenheere
In bleichem Schrecken nackte Leute rannten
Und fanden nicht, was ihnen Schutz gewähre.

32 Der Sünder Hände sie im Rücken banden
Und fraßen sich durch Lend und Eingeweide
Nach vorn, verschlingend sich zum Knoten fanden.

33 Grad vor uns wurde einer ihre Beute:
Sie fiel ihn an und gänzlich ihn durchbohrte
Dort zwischen Hals und nah zur Schulterbreite.

34 Es kann, was jetzt geschah an diesem Orte
So schnell das A und I ein Mensch nicht lesen,
Wie der in Flammen aufging und verschmorte;

35 Doch daß sich Asche selber aufgelesen
War unerhört, der schon zu Staub verbrannte,
Trat wieder neu hervor, wie er gewesen.

36 So stirbt – wie Menschengeist schon früh erkannte –
Der Phönix um der Auferstehung willen –
Eh der Fünfhundert Jahresring sich wandte.

37 Nicht Korn, noch Gräser seinen Hunger stillen,
Ihn nähren Weihrauch, Tränen und Amome –
Myrrhe und Narde ihn zuletzt umbüllen.

38 Wie einer sinkt und weiß nicht wie – im Strome
Des Dämons Macht, ob Erdenschwere drücke,
Ob andre menschenlähmende Symtome –

39 Dann sich erhebt verwirrt von dem Geschicke
Am Leibe zitternd von erlebten Schrecken,
Aufseufzend um sich schaut mit irrem Blicke.

40 So dieser Sünder nach dem Neuerwecken!
O Allmacht Gottes! Daß durch Deine Strenge,
Uns solche Schläge strafend niederstrecken!

41 Vergil – bevor d e n neue Glut versenge –
Ihn frug, wer er gewesen: „War Toskaner,
Fiel erst vor kurzem in die Schlangen-Menge.

42 Ich lebte als vom Menschsein Abgetaner,
Als ein Bastard, gezeugt im Sumpf der Sünde,
Bin Vanni Fucci und ein Pistojaner.

43 Und ich: „Sag, daß er bleibe und ergründe
Durch welche Schuld ihn Minos hergewiesen,
Ich kannte ihn, er war voll Blut und Sünde.“

44 Der Sünder, der verstand – frei im Entschließen –
Nun sagte, Scham und Trauer in den Blicken:
„Daß Du mich trafst in diesen Schmachverliesen,

45 Mich so gesehn, so arm, so in Bedrücken,
Mein ganzes Leid so vor Euch ausgebreitet,
Ist größre Qual für mich als mein Entrücken.

46 Ich kann nicht leugnen, was mir dies bereitet:
Ich stahl in einer Kirche Meßgeräte,
Ein andrer doch die Strafe dafür leidet.

47 Doch andres noch verrate meine Rede,
Damit mein Anblick Dich nicht nur erfreue –
Wenn Du verlassen kannst der Hölle Nöte:

48 Was ich Dir sage, nicht zu hören scheue:
Pistoja wird von Schwarzen ganz gesäubert,
Florenz beherrscht ein Anderer, der Neue!

49 Im Magratale Mars verheerend räubert,
Und finstre Nebel werden Unheil brüten,
Bis ein gewaltger Sturm dann alles säubert.

50 Auf Picens Feldern wird der Kampf dann wüten
Und alle Nebel werden schnell vertrieben –
Und keinen Weißen kann man mehr behüten.

51 Ich muß es sagen Dir, Dich zu betrüben!“

XXV. GESANG

1 Nachdem der Dieb so sprach, hob er die Hände
Und formte mit den Daumen Fingerfeigen,
Und lästerte: „Dies Deinem Gott ich sende!“

2 Von nun an will ich mich vor Schlangen neigen;
Ihm hat sich eine um den Hals geschlungen,
Als wollt' sie sagen: „Nunmehr mußt Du schweigen.“

3 Noch eine andre hat ihn angesprungen,
Sie fesselte die Arme fest nach vorne
So fest, daß ihm kein Zucken mehr gelungen.

4 O Pistoja, vernichte Dich im Zorne,
Dich selbst: Du übersteigst das Maß des Bösen,
Das je schon kam aus Deiner Ahnen Borne,

5 Denn nirgends sah ich von den Höllenwesen
Auch eines nur, daß Gott so schrecklich höhnte,
So schlecht war der Thebaner nicht gewesen.

6 Er floh, kein Wort mehr solcher Rede tönte,
Denn ein Zentaur kam in weiten Sprüngen
„Wo ist der Wüstling“ schrie er, daß es dröhnte.

7 Die Sümpfe von Maremma glaub' ich, bringen
An Schlangen nicht hervor, als an ihm hangen
Und bis zu Halses Ansatz ihn umschlingen.

8 Ein Drache, dessen Flügel weithin schwangen,
Saß auf der Schulter ihm und Feuer speite
Nach allen, die zu nahn sich unterfangen.

9 „Sieh Caccus“, sprach Vergil an meiner Seite,
„Der einen ganzen See von Blut vergossen
Am Aventin wo Hügelland und Weide,

10 Hier sühnt er – anders als die Artgenossen,
Den Diebstahl, den er listig oft begangen
An Herden, die sich nahten jenen Rossen.

11 Doch schnell vertrieb ihm solch verkehrt Verlangen
Herakles: durch hundert Hiebe mit der Keule,
Schon waren Zehn genug, die er empfangen.

12 Weil der Zentaur an uns vorbei in eile,
Und das Gespräch die Umsicht ließ ermatten,
Bemerkten wir erst nach geraumer Weile

13 Wer unsern Weg gekreuzt: wir sahn drei Schatten
Und mit dem Ruf: ‚Wer seid ihr‘, unser Reden
Beendend, unsern Blick gefesselt hatten.

14 Ich kannte keinen, doch wie's oft im steten
Geschehn aus Zufall oder auch Versehen,
Das Nennen eines Namens ist von nöten.

15 So hört ich jetzt: „Ist Cianfa was geschehen?“
Drauf, weil ich ihn erkannt, gab ich mit Zeichen
Sofort dem Führer dieses zu verstehen.

16 O Leser, so jetzt Zweifel Dich beschleichen
An dem was folgt, kann ich zugut begreifen:
Was ich gesehn, mich selber ließ erbleichen.

17 Sechsfüßige Schlange sah ich nach ihm greifen;
Sie stürzte sich auf ihn, umgriff ihn vorne
Und presste ihn an sich mit ihren Läufen.

18 Als ob der Arme Pressen mehr sie sporne,
Umschlang den Bauch sie mit den Mittelfüßen,
Durchbiß die beiden Backen, wie im Zorne,

19 Die Hinterbeine längelang sich schließen
An beide Schenkel, zog dann durch seine
Den Schwanz, um dann am Rücken hochzuschießen.

20 Kein Efeu kann und keine Schlingenleine
Je einen Baum und Mast so fest umschlingen,
Wie dieses Ungeheuer Menschenbeine.

21 Und dann die beiden sich wie Wachs durchdringen,
Verschmelzen ganz mit Haut und Haar und Narben,
Für immer ineinander übergingen.

22 So wie am Rand Papier in Feuerfarben
Verbrennt und rings das Dunkle schreitet,
Bis daß die weißen Felder langsam starben.

23 Die andren sahn mit Augen, schreckgeweitet,
Dem zu und schrien: „Weh! Agnel! Verwandlung
Hat Dich aus zwein zu einem überhäutet.“

24 Die Köpfe unterlagen gleicher Wandlung.
Die Züge der Gesichter sich verloren,
Nur ein Gesicht verblieb nach der Verschandlung.

25 Vier Arme zu zwei neuen sich verbohren;
Aus Füßen, Brust und Rippen, Bauch und Lende
Ward niegeschaute Neugestalt geboren,

26 Die frühre Form der Beiden ging zu Ende.
Von zwei blieb keins, ein neues war vorhanden:
Die Mißgeburt schlich träge vom Gelände.

27 Wie oft bei großer Hitze in den Landen,
Eidechsen blitzesschnell die Straße queren,
Die Seite wechselnd, wo Gebüsch sie fanden,

28 So sah ich eine sich zu jenen kehren,
Die voll Entsetzen vor der Feuerschlange,
Gefleckt, als ob es Pfefferkörner wären.

29 An jener Stelle – Ersternährungsgange
Für uns – hat sie den einen angebissen,
Er fiel und lag dann vor ihr längelange.

30 Er sah sie an, ließ jedes Wort vermissen.
Er gähnte und bewegte keine Glieder,
War wie in Fieber oder Schlaf gerissen.

31 Er sah zur Schlange, sie auf jenen nieder,
In Schwaden strömte Rauch aus seiner Wunde,
Mit dem aus ihrem Maul sich mischend wieder.

32 Nun möge Lukan schweigen mit der Kunde
Von des Sabellus und Nassidius Nöten:
Er höre was ich sah aus meinem Munde.

33 Nun mag Ovid auch schweigen mit den Reden
Von Kadmus und der Arethusa Wandeln
Zur Schlange und zum Quell – mag er vertreten!

34 Denn niemals sah Natur ein solch Verwandeln,
Daß zwei bereit zu wechseln ihre Formen,
Die eignen Teile wie im Tausche handeln.

35 Abweichend ganz von Leibes Maß und Normen
Begann der Schwanz in Beine sich zu spalten
Die des Gebissenen zum Schwanz sich formen. –

36 Und so vollkommen sah ich dies gestalten,
Daß schon nach kurzer Zeit Verwandlungsspuren
Nicht sichtbar waren, Narben oder Falten

37 Und der gespaltene Schweif zeigt die Konturen,
Die dort schon schwanden, gleiches im Entstehen,
Hier Hüllen Weiche, Härte dort erfuhren.

38 An Schultern sah ich Arme bald vergehen,
Die bei der Echse wuchsen aus den Beinen,
Nach Maßen wie wir dort sie schwinden sehen.

39 Aus Hinterfüßen sah ich dann erscheinen
Das Glied, das Männer gern verbergen.
Zwei Füße dann dem Ärmsten aus dem Seinen.

40 Indess der Rauch sich schien noch zu verstärken,
Von neuer Farbe wuchsen einem Haare,
Beim andern doch war Kahlheit zu bemerken.

41 Der steht, wenn jener liegt, wie ich gewahre,
Verfolgen immer sich mit starren Blicken
Und tauschten das Gesicht gleich einer Ware!

42 Der stand, begann sich das Gesicht zu drücken
Zur Schläfe: Aus dem Wulste wuchsen Ohren,
Was dann noch blieb, verschwand in andren Lücken.

43 Und was noch seitlich hing, ging nicht verloren,
Draus formten Nasen sich und wulst'ge Lippen,
Was nötig war, war schnelletens so geboren.

44 Dem Liegenden begann nach vorn zu kippen
Die Schnauze, Ohren zogen sich nach innen,
Wie Schnecken ihren Fühler einwärts wippen.

45 Die Zungen die Verwandlung jetzt beginnen,
Die ganz war, hat in zweie eich gespalten –
Und die Gespaltene verlor die Rinnen.

46 Der so Verwandelte durch die Gewalten
Des Bösen fauchend floh aus diesem Schachte:
Der andre nach ihm spuckte, Flüche hallten.

47 Zur Wendung er den neuen Rücken brachte,
Zum Dritten sprach: „Buoso ist jetzt Schlange,
Nun muß er kriechen, so, wie ich es machte."

48 Was ich hier sah ist immerfort im Gange:
Sich wandeln und verwandeln – das Unerhörte,
Verzeiht – die Feder zügern ließ so lange.

49 Wenn dieser meine Augen auch verstörte,
Den Geist verwirrend ans Geschehen bannte –
Den heimlich Fliehenden ich dennoch hörte:

50 Den Puccio Sciancato ich erkannte.
Er war der Einzige von jenen dreien,
Der sich nicht wandelte, nicht brannte.

51 Gaville kann durch den Andren sich nicht freuen.

XXVI. GESANG

1 Dess' freu Dich Florenz was so groß Dich machte!
Denn Deine Fahnen wehn auf Meer und Lande,
Dein Name selbst der Hölle Freude brachte.

2 Dort fand ich bei den Räubern fünf Bekannte
Von Deinen Bürgern, Scham mich tief erfüllte,
Daß Dir so wenig Ehre bringt die Schande.

3 Doch was so oft der Morgentraum enthüllte:
Das wirst Du bald in kurzer Zeit erfahren.
Was Prato führt – und andere im Schilde.

4 O tönten doch schon morgen die Fanfaren,
O wär's doch heut, da es doch unvermeidlich.
Ich trüg es schwer, geschäh es erst in Jahren.

5 Wir gingen weiter, aufwärts ging es leidlich,
An steilen Stellen half mir stets mein Meister,
Bald zog er mich, bald stützte er mich seitlich.

6 Bei scharfen Klippen, Trümmerhaufen heißt er
Mich fest zu halten und die Hand erkunde
Wo Absturz drohte, auf Gefahren weist er.

7 Dort traf ein Schmerz mich, schmerzt mich noch zur Stunde,
Bedenk ich das Geschaute, ihn noch mehre,
Den Geist ich zügeln muß zu festem Bunde,

8 Daß er der Zucht und Tugend nicht entbehre,
Und daß wenn gute F;ächte meinem Sterne
Ein Gutes dachten – selbst es nicht versehre.

9 So wie der Bauer auf dem Hügel gerne,
Zur Zeit wenn auf der Erde Sonnenstrahlen
Am längesten leuchten, ruht, der Herbst noch ferne,

10 Schon Mücken tanzen, Fliegen sich empfahlen,
Leuchtkäfer schwirren drunten, wo im Tale
Er pflügt und erntet, Trauben las schon öftermalen,

11 So sah ich leuchten dort im Flammenstrahle:
Es war die achte Mulde der Verbannten,
Am Grund erkannt ich sie trotz Dämmerfahle,

12 Wie der, dem Bären rächend beigestanden
Elias Wagen sah am Himmelsbogen,
Bald das Gespann die Augen nicht mehr fanden,

13 Weil Pferd und Wagen sich dem Blick entzogen –
Ein Flämmchen nurmehr in der Himmelsrunde,
Das schwebend wie ein Wölkchen hingeflogen,

14 So sah ich Flammen schweben in dem Schlunde,
Doch keine zeigte, wer der Flamme Beute,
Obwohl sie Sünder barg am Flammengrunde.

15 Zur Tiefe schaut ich von der Brückenleite,
Hätt' ich an ihr mich klammernd nicht gehalten,
Ich wär' gestürst auch ohne Stoß ins Weite.

16 Vergil – er sah in mir Verwirrung walten –
Er sagte: „Alle Flammen bergen Seelen –
Die Flamme richtet sich nach den Gestalten."

17 „O Herr, mit Fragen wollt ich Dich nicht quälen,
Nun Du Gewißheit gabest dem Vermeinen,
So möcht ich jetzt nur eine Frage wählen:

18 Wen birgt die Flamme dort, die statt des einen
Zwei Gipfel zeigt, die ähnlich ist dem Feuer –
In dem Eteokles und Bruder mußten weinen."

19 Da sprach mein Meister zu mir, mein Getreuer,
„Odysseus, Diomedes sinds – verbunden
In Strafe – wie im Haß und Abenteuer.

20 Hier büßen sie die List in Flammenrunden,
Vom Pferd, öffnend Trojas Heldenpforte,
Durch die den Weg der Römer Ahn gefunden.

21 Und gleichviel büßen sie die bösen Worte,
Die Deidamea um Achill betrogen,
Und des Palladium Raub von seinem Orte."

22 „O, der Du immerfort mir so gewogen –
Wenn diese Seelen zu uns reden können –
Sag, darf ich warten bis sie hergezogen?

23 Wenn diese Flammen solche Namen nennen,
Will ich Dich bitten, tausendmal Dich bitten,
Weil Sehnsucht und Verlangen in mir brennen."

24 „Mein Freund, Erfüllung sei Dir nicht bestritten,
Ich achte Deinen Wunsch, er macht mir Freude,
Doch bitt' ich, schweige, wenn sie hergeschritten.

25 Laß mich nur sprechen, sei Du nur Geleite.
Weil sie vielleicht auch Deine Sprache scheuen,
Du kennst sie ja, sie waren Griechen beide!"

26 Sie kamen näher mit den Flammenreihen
Nach Ort und Zeit, wo wir schon wartend standen;
Dann sprach Vergil die Worte zu den Zweien:

27 „O, ihr zu zweit, umloht von gleichen Branden,
Wenn ich Geringes mir um euch verdiente,
Verdienste wenig oder mehr sich fanden,

28 Als ich zum Hohen Liede mich erkühnte,
So haltet an und einer von Euch sage,
Wo er, verloren, – mit dem Tode sühnte!"

29 Ein Zittern ging durch sie bei dieser Frage,
Wie wenn ein Windstoß sie zum Flackern brächte,
Es schien, die größere die Antwort wage:

30 Als Zunge züngeld wie lebendige echte,
Und daß sie sprechen wollte ich erkannte
Und was sie sagte ich berichten möchte:

31 „Als ich von Kirke ab zur Fahrt mich wandte,
Von Gaeta wo sie ein Jahr mich festgehalten,
Bevor Äneas diesen Namen nannte, –

32 Nicht Vaterglück, nicht Sohnes Ehrfurcht galten
zum alten Vater, noch die schuldige Liebe,
Das Glück Penelopes mit zu gestalten,

33 Nichts bändigte die ungestümen Triebe,
Das Fremdland zu erforschen, alle Ferne,
Der Menschen Last und Wert im Weltgetriebe,

34 Aufs offne Meer nur im Geleit der Sterne
Fuhr ich mein einziges Schiff mit Kameraden,
Die niemals mich verlassen hätten gerne.

35 Sahn Spanien mit wechselnden Gestaden,
Marokkos Küsten und Sardiniens Lande,
Und viele Inseln, meerumwogt, wir nahten.

36 Wir waren alle alt, schon Abgespannte,
Als ich zum Punkte kam der Meeresenge,
Die Herakles den Menschen warnend nannte,

37 Daß dieses Zeichen sie zur Rückkehr dränge,
Vorbei wir rechtsseits an Sevilla waren,
Sahn linkerseits schon Ceuto Uferhänge,

38 „O Brüder, ihr in tausenden Gefahren“
Sprach ich, „bewährt: Wir sind im Okzidente
Am Abend fast von unsren Lebensjahren,

39 Mit wachen Sinnen, derer noch kein Ende,
Sollt ihr das Fremdland zu erforschen wagen,
Der Sonne folgend, unbekannte Strände.

40 Bedenkt – und möget Eure Ahnen fragen:
Ihr seid nicht sinnlos da, lebt nicht wie Wilde,
Nach Wissen, Ruhm und Tugend sollt ihr jagen.“

41 Die Herzen der Gefährten ich erfüllte
Nach dieser kurzen Rede mit Begierde,
Und alle drängten mich, daß ich sie stillte.

42 Wir wandten unser Schiff, nach links ichs führte,
Die Ruder schwangen wir zum wilden Fluge –
Und fuhren auf dem Wege, den ich kürte.

43 Des Südpols Sterne sahen wir beim Buge
Bald über uns, der Nordstern war verschwunden,
Und nie mehr stieg er auf bei unsrem Zuge.

44 Schon fünfmal schwanden hin die Stunden
Des vollen Monds im Auf- und Untergange,
Seit wir uns dieser hohen Fahrt verbunden.

45 Da stieg vor uns ein Berg von steilem Hange
In dunkler Ferne, von gewaltiger Höhe,
Für den kein Auge war, das ihn umfange.

46 Wir jubelten – doch bald ergriff uns Wehe,
Denn von dem neuen Lande stürzten Wogen
Und schüttelten das Schiff in irrer Drehe,

47 Die Wasser dreimal wirbelten und sogen,
Beim vierten Male ging das Heck nach oben,
Der Bug nach unten, unsrer Macht entzogen,

48 Und wir versanken in der Fluten Toben. …

XXVII. GESANG

1 Schon stand die Flamme aufgerichtet stille
Und sprach nicht mehr – dann ging sie ihrer Wege
Denn freier Abschied war des Dichters Wille.

2 Gleich wurde eine andre Stimme rege –
An ihrer Spitze unsre Blicke hangen,
Gab einen Laut, als ob sie sprechen möge.

3 Wie des sizilianschen Stieres Klagen klangen
Erst aus dem Munde dessen, der ihn feilte
Aus Erz – vielleicht, daß ihm zu recht ergangen –

4 So mit der Stimme des Gequälten heulte,
Als ob der Erzene es selber wäre,
Und alle Schmerzen des Betroffnen teilte.

5 So schien es hier, wenn der vom Geisterheere
In Flammen wandelnd erst mit Flammenzeichen
Die Schmerzen nennt, der Sprache noch entbehre;

6 Erst muß die Schwingung bis zur Spitze reichen,
Die Spitze nach dem Durchgang züngeln lassen,
Um sich der Geistersprache anzugleichen.

7 Wir hörten sagen: „Unser Wort erfassen
Sollst Du, der Du lombardisch sprachst gerade –
Ich will dich ungehindert gehen lassen."

8 Und kam ich auch so spät auf Deinem Pfade
Verschmähe trotzdem nicht mit mir zu reden,
Wenn ich, der Brennende, zum Bleiben laden,

9 Und wenn du erst die blinde Welt betreten,
Und aus italisch Lande Du gekommen,
Wo ich die Schuld gehäuft zu meinen Nöten,

10 Sag, ist in der Romagna Krieg entglommen,
Ist Friede? Denn ich komme aus den Bergen
Urbinos, von wo des Tibers Wasser kommen."

11 Ich beugte mich – die Sicht zu ihm zu stärken –
Dahin, indess' mein Führer mich berührte:
„Er ist Latiner, sprich;" tat er bemerken.

12 Und ich, der ich die Worte schon erkürte,
Ich sprach: „O Seele, die im Feuerball verborgen:
Krieg die Romagna stets im Herzen führte,

13 Dafür ganz sicher die Tyrannen sorgen,
Zwar ist im Augenblick kein offnes Schlagen,
Doch weiß es niemand, ob es nicht schon morgen.

14 Ravenna steht so wie in alten Tagen,
Polentas Adlerschwingen sie behüten,
Und Cervias Sicherheit ist mitgetragen.

15 Die Stadt verdient nach ihren Kämpfen Frieden,
Sie schlug Franzosen erst in blutgen Runden,
Ist mit dem Schutz der „Grünen“ jetzt zufrieden.

16 Und von den alten und den neuen Hunden
Verucchios kommt Unheil, und sie bohren
Die Zähne in Montagna’s alte Wunden.

17 Die Städte am Lamon, Santerno – erkoren
Vom Löwen sind, dem auf dem weißen Felde,
Der wechselnd seinen Anhang oft verloren.

18 Und die – die Stadt ich noch am Savio melde, –
Der zwischen Berg und Tale fließend, ist die Trenne –
Die Freiheit tauscht oft mit Tyrannenschelte

19 Ich bitte! Nunmehr Deinen Namen nenne!
Sei jetzt nicht härter als die andren alle,
Falls Deinen Namen unsre Welt noch kenne.“

20 Ein Zittern sah ich in dem Feuerballe,
Wie sonst, wenn er die Worte formen wollte.
Es war, als ob die Stimme dumpfer halle.

21 „Ich müßte schweigen, wenn ich glauben sollte,
Daß der zu dem ich spreche, ruck wird kehren
Zur Welt, die Flamme keine Antwort zollte.

22 Jedoch da keinem je ein Wiederkehren
Vergönnt, Verdammten aus dem düstren Grunde,
Will ohne Furcht ich meine Schmach erklären:

23 Erst Kriegsmann ging ich bald zum Ordensbunde
Der Franziskaner, hoffend so durch Buße,
Daß einst mir schlüge der Vergebung Stunde.

24 Hätt' mich der Pfaff – die Hölle ihm zum Gruße
Nicht wieder hingeführt zur alten Sünde,
Wie und warum zu hören habe Muße!

25 Seit die Gestalt die Mutter gab dem Kinde,
War so das Trachten aller meiner Werke,
Als ob nur Fuchs, nicht Löwenart sich künde.

26 Die List, die Schliche waren meine Stärke,
Ich übte sie mit Kunst und mit Vergnügen,
Im Land und außerlands, im Tal, am Berge.

27 Als ich schon in die Jahre kam zu liegen,
In denen man die Segel streichen sollte,
Die Taue sammeln, sich nicht mehr belügen,

28 Da reute mich, was ich sonst nie bereuen wollte.
Ich beichtete und war bereit zu büßen,
Ach, jeder hätt' verziehen, der mir grollte.

29 Der Fürst – Neu-Pharisäer im Beschließen –
Der Selbstgerechte führte Krieg am Rande:
Nicht Juden – Christen seine Feinde hießen.

30 Ja, Christen, höre diese seine Schande!
Und keiner war bei Akkon je gewesen,
Und keiner Kaufmann in des Sultans Lande!

31 Das Amt, die Weihen opfert er dem Bösen,
Hat meinen Klostergurt für nichts erachtet,
Obwohl Gegürtete sich leicht vom Specke lösen.

32 Wie Konstantin, der einst im Grind geschmachtet,
Geheilt ward am Sorakte durch Sylvester.
So hat der jetzt nach mir dem Arzt getrachtet,

33 Die Herrschsucht heilen, sei sein Wunsch, sein fester;
Er bat um Rat, ich schwieg und wollte schweigen,
Sein Wort schien Trunkenheit der Hohn sein größter.

34 Worauf er sprach: „Dein Herz soll Mut jetzt zeigen,
Sei ohne Furcht, will Dich von Schuld befreien:
Wie kann ich Penestrino nieder beugen?

35 Ich kann verdammen, kann auch benedeien –
Du weißt, ich hab' die Schlüssel in den Händen.
Mein Vorfahr schätzte wohl nicht sehr die zweien.

36 Ich hatte Gründe, zwingend, mich zu wenden:
Doch schlimmer war mein Schweigen mir erschienen
Und sagte: „Vater, Deine Worte spenden

37 Vergebung mir, muß ich Dir frevelnd dienen,
Mein Rat: ‚verspreche viel und halte wenig,
Dein Thron wird siegen – Du mit guten Mienen'.

38 Franziskus kam beim Tod, des Bundes König,
Mich zu geleiten, doch ein schwarzer Engel
Ihm wehrte : ‚Mein ist er, mir untertänig!

39 Muß mit den Knechten in den Sünden-Sprengel!
Seit er den trügerischen Rat gegeben,
Folgt seinen Spuren ich durch jed' Gedrängel!

40 Ohn' Reue wird Vergebung nie im Leben!
Bereun und Tun zugleich – das kann kein Täter,
Das muß am innren Widerspruch sich heben.'

41 Ich Elender! Es half mir kein Gezeter!
Als er mich faßte: ‚scheinst es nicht zu wissen,
Daß ich ein Logiker im Denkgeräder!'

42 Er schleppte mich zu Minos hin beflissen.
Der ringelt seinen Schweif um Leib und Rücken
Achtmal und hat vor Wut sich selbst gebissen,

43 Und schrie: ‚Will den zur Diebes-Flamme schicken.'
So hat mich diese Kugel eingefangen –
Muß wandelnd mich mit diesem Kleide schmücken."

44 Drauf ist er seufzend seinen Weg gegangen,
Umhüllt von Flammen flackernd, ohne Frieden,
Aus denen immerfort die Klagen klangen.

45 Wir schritten weiter, nachdem wir geschieden,
Am Grat des Felsens bis zum nächsten Bogen,
Der jenen Graben deckt mit neuen Müden,

46 Die durch die Saat der Zwietracht sich betrogen.

XXVIII. GESANG

1 Wer könnte je mit armen Worten, Bildern
Was ich an Blut und Wunden hier gesehen,
Wenn es auch oft geschäh' erschöpfend schildern?

2 Denn jede Zunge muß sich eingestehen
Der Sprache Raum, der Geist kann es nicht fassen,
Ohnmächtig ist das Wort vor dem Geschehen.

3 Vereint man die Völker, Menschenmassen,
Die in Apuliens glücklich schönem Lande
In Blut und Qual ihr Leben mußten lassen;

4 Und die seit Troja – wie Livius erkannte –
Die Zahl der Toten nach der Zahl der Ringe
Gezählt – und übertrieben keiner nannte –

5 Die Völker dann, die Robert Giscard's Klinge
Getötet, brechend alle Widerstände,
Gebeine jener, die der Fund erst bringe –

6 Bei Ceperano, wo Verrat das Ende
Apuliens, bei Tagliacozzo Sieg des Alten
Des waffenlosen Erhard zwang zur Wende.

7 Wie die zerrissnen Glieder, die Gestalten
Verstümmelter – wär wenig im Vergleiche
Was hier dem neunten Graben vorbehalten.

8 Wie an dem Faß das Daubenholz aus Eiche
Und Spund verlor, sah aufgeschlitzt ich einen
Vom Kinn herunter über Leibesweiche,

9 So hang ihm pendelnd zwischen seinen Beinen
Das Eingeweide, Herz, die traurigen Wege
Des Darms, wo das Verdaute muß erscheinen.

10 Indess ich seinen Anblick noch erwäge,
Sah er mich an und riß mit Handgewalten
Die Brust sich auf: „Sieh, wie ich mich zerlege!

11 Sieh' Mahomet sich selbst gespalten halten!
Sieh' Ali vor mir weinend auf dem Wege!
Er ist vom Haupte bis zum Kinn gespalten!

12 Und alle, die hier laufen auf dem Stege,
Sind Spalter, Zwietrachtstifter auf der Erde,
Gespalten hat sie Beil- und Schwertesschläge.

13 Dort hinten steht er mit dem scharfen Schwerte,
Beliebig teilt er jeden in zwei Teile,
Er schwingt es jäh mit grausiger Gebärde,

14 Er steht und wartet bis nach einer Weile
Geheilt die Wunden, wir den Kreis vollendet,
Daß er uns neu zerspalte, neu zerteile.

15 Wer bist Du, der vom Felsen hergewendet,
Noch zögert seine Strafe anzutreten,
Zu der Dich Dein Verbrechen hergesendet?"

16 „Er ist", begann mein Führer nun zu reden,
„Nicht tot! Ihn führt zur Qual auch kein Verschulden,
Nein! Der Erfahrung wegen ist er hergebeten.

17 Und ich, der tot ist, führt ihn durch die Mulden,
Von Kreis zu Kreis durch alle die Verliese.
So wahr ich spreche, und so wahr sie dulden."

18 Da blieben – wohl an die hundert – alle diese
Verwundert stehn, vergessend ihre Leiden,
Erstaunt es sahen, daß ich hier nicht büße.

19 „Sag Fra Dolcin, er rüste sich beizeiten,
Wenn du zurück kehrst zu den Sonnenauen,
Sonst muß er sich zur Höllenfahrt bereiten!

20 Zum Winter sich nach Speisen umzuschauen,
Sonst wird er nicht den Kampf bestehen
Was Navaresen sonst nicht zuzutrauen."

21 Den Fuß schon hebend wieder fortzugehen,
Sprach Mahomet die Worte noch beflissen,
Ihn niedersetzend, war er schon im Gehen,

22 Ein andrer, dem die Grugel aufgerissen
Dem seine Nase fehlte bis zum Grunde
Auch eins der Ohren war ihm abgebissen –

23 Stand staunend da mit offnem Munde,
Mit der gespaltnen Kehle blutumrötet
Sprach er – es war wie Gurgeln aus dem Schlunde:

24 „O Du, den eigne Schuld noch nicht getötet,
Und den ich in Italien schon gesehen,
Wenn mich die Ähnlichkeit nicht überredet,

25 Gedenk – kannst Du zur Heimat wieder gehen –
Der Peter Medicina aus den Gauen
Bei Marcabo bis zu Vercelli's Höhen,

26 Zwei Herrn aus Fano wolle anvertrauen
Dem Guido, Angiolelli – besten Mannen,
– So ich nicht irre Künftiges zu schauen –

27 Ins Meer wirft sie der schlimmste der Tyrannen,
Nah bei Cattolica zum Sack gebunden,
Wie schnöde Tücke und Verrat ersannen,

28 Nie hat ein größrer Frevel stattgefunden
Von Cypern bis Mallorca – bei Piraten
Auf Neptuns Meeren, Argonautenrunden,

29 Denn der Verräter, der zur List geraten
Einäugig Herrscher ist, wo mein Gefährte
Sich jetzt verwünscht den Gang auf dessen Pfaden,

30 Läd zum Gespräch mit heuchelnder Gebärde
Und wird so tun, daß man um gute Winde
Am Focara Gebet entbehren werde."

31 Und ich zu ihm: „Zeig mir und sag geschwinde
– Soll ich von Dir auf Erden noch berichten –
Dem bitter diese Sicht – wer ists? Verkünde!!"

32 Ich sah ihn schnell sich zum Gefährten richten,
Riß ihm nach unten hart die Kieferlade
Und schrie: „Der ists! Er redet jetzt mitnichten!

33 Verbannt dient' er dem Caesar einst im Rate
Dess' Zweifel überwindend, als er sagte:
Daß dem Gerüsteten das Zögern schade."

34 O wie an Curio doch Verzweiflung nagte!
Ihm schnitt man seine Zunge aus dem Schlunde,
Ihm, dessen Wort einst alle überragte.

35 Dann geb' ich noch von einem andren Kunde:
Mit abgehackten Händen, hob zur Höhe
Die Stümpfe, sudelnd Blut um Kinn und Munde,

36 Und schrie: „Gedenket Mosca! Seinem Wehe,
Der einst gefordert: Tat nur führt zur Wende!
Weshalb Toscana ich im Unheil sehe."

37 Und ich ergänzt: „Und Deines Hauses Ende!"
Drauf lief er fort in lautem Schmerzgebaren,
In Gram und Wahnsinn torkelnd durchs Gelände.

38 Ich aber blieb und blickte auf die Scharen,
Sah Dinge, deren Meldung gern ich scheute,
Weil die Beweise kaum zu bringen waren.

39 Doch mein Gewissen sei mir das Geleite,
Das Sicherheit dem Menschen immer gäbe,
Sein Tun mit dem Gefühl der Reinheit kleide.

40 Ich sah, und ich es immer noch erlebe:
Wie ohne Kopf ein Rumpf dort kam geschritten,
Im Trauertroß mit andren vorwärts strebe.

41 Er trug das Haupt vom Rumpfe abgeschnitten,
Am Haar gefaßt – so hing es als Laterne,
„Weh mir," sprach er, als er uns sah inmitten.

42 So wurde er sich selbst zum Lenkungssterne:
Es waren zwei in einem, eins in zweien,
Der es befahl, er weiß, wie's war im Kerne.

43 Als er zur Brücke ankam in den Reihen,
Hob er den Arm empor mit seinem Haupte,
Daß seine Worte nah zu hören seien.

44 Sie waren: „Du, dem atmend man erlaubte
Im Totenreich die Strafen anzuschauen –
Sieh her, ob einer schlimmer sich beraubte

45 Des Heils, ob größer einer Strafe Grauen
Als meiner: Bin Bertram de Born gewesen,
Riet jungem König bösem Rat zu trauen.

46 Ich machte Vater-Sohn zu feindlich Bösen,
Achitophel war nie zu Absalone
Ihn stachelnd gegen David so gewesen.

47 Weil ich getrennt den Vater von dem Sohne,
Muß ich getrennt das Hirn vom Rumpfe halten,
Daß es getrennt von seinem Ursprung wohne.

48 Sieh der Vergeltung strafende Gewalten!“

XXIX. GESANG

1 So vieles Volk, so viel an Wunden, Tränen
So meine Augen dunkeln, daß dem Weinen
Sie nahe, Trost und Ruhe sich ersehnen.

2 Da sprach Vergil: „Was kann Dein Starren meinen?
Da Deine Blicke schon so lange weilen
Bei den Verstümmelten an Kopf und Beinen?

3 Bei andren Mulden sah ich Dich beeilen,
Bedenk' das Übermaß kannst Du nicht wissen,
Das ganze Tal hat zweiundzwanzig Meilen.

4 Der späte Mond weicht bald den Finsternissen,
Schon geht die Zeit, die uns noch bleibt, zu Ende,
Und viele Dinge wir noch schauen müssen."

5 „Wenn Du", sprach ich, „den Grund erfährst – ich könnte
Vielleicht Dein Einverständnis dafür haben,
Daß ich mich nicht so schnell von jenen trennte!"

6 Er ging – ich folgte ihm, entlang dem Graben,
Im Gehen überlegend, was ich sage.
Ich sprach: „Bei jenen, die dort unten traben,

7 Ist einer, den ich kaum zu nennen wage,
Und der so lange bannte meine Blicke,
Mit mir verwandt, büßt dort für ewige Tage

8 Die Schuld, in die ihn stürzte Mördertücke."
Da sprach mein Meister: „Überlasse jenen
Nun seinem Los. Dein Sinn sich nicht verstricke.

9 Ich sah ihn ja am untren Bogen lehnen
Er wies auf Dich mit drohender Gebärde,
‚Geri del Bello' hörte ich erwähnen,

10 Dich hielt zu sehr gefangen der Versehrte,
Der Herr von Autafort und sein Erscheinen,
Du sahst ihn nicht, drauf er sich weiter scherte."

11 „O Meister, sein gewaltsam End' beweinen
Muß er, daß sich kein Rächer noch gefunden,
Ich sei mit andren schuldig – wird er meinen.

12 Drum ist im Zorn er schnell verschwunden,
Wie ich vermute, Wortlos sich beschwere,
Ich bin im Mitleid ihm drum mehr verbunden.“

13 So redend kamen wir zur Felsenkehre,
Bis dahin, wo die freie Sicht zum Grunde
Des andren Tals, wenn es nur heller wäre.

14 Wir standen schon am Kreuzgang vor dem Schlunde
Des Malebolge, wo wir die Genossen
Wie Klosterbrüder wandeln sahn am Grunde.

15 Da trafen Schreie mich gleich Pfeilgeschossen
Des Mitleids scharfer Eisenspitze,
Daß ich zum Schutz die Ohren hielt verschlossen.

16 Wie wenn bei Juli- und Septemberhitze
In Valdichiana, an Sardiniens Hängen
In der Maremma, der Spitäler Sitze,

17 Bis zum Geheul geballt die Schreie klängen,
So war es hier, Gestank kam hochgezogen,
Aus faulen Gliedern Blut und Eitermengen.

18 Wir stiegen nieder von dem Brückenbogen
Auf langem Felsenweg zur linken Seite,
– Die Sicht ward besser, Bilder nicht mehr trogen. –

19 Im Grunde drunten findet ihre Beute
Gerechtigkeit, die unfehlbare, richtet:
Des Herren Botin straft der Fälscher Meute.

20 Dies Elend hat kein Auge noch gesichtet,
Nicht in Ägina, wo die Seuche währte,
Und das Lebendige aus der Luft vernichtet,

21 Die Wesen bis zum letzten Wurm verheerte –
Die alte Menschheit gänzlich war verloren,
Wie uns der Dichter zuverlässig lehrte.

22 Doch neu aus Emsen Keimen ward geboren,
– Wie ich es sah, was in dem düstren Tale
An Fülle kranker Geister war beschworen –

23 Die einen lehnten wie an einem Pfahle,
Sich an des Nachbarn Rücken, diese lagen
Und jene krochen in dem Trauertale.

24 Wir gingen langsam ohne was zu sagen,
Wir forschten nur wo Kranke sich befänden,
Die aufgerichtet nicht zu gehen wagen.

25 Und zwei aus Angst wohl, daß sie fallen könnten,
Sich lehnten Rück an Rück', wie Pfann' an Pfanne,
Mit Aussatz voll am Leib, an Fuß und Händen.

26 Kein Knecht kann schneller striegeln das Gespanne,
Um seinen Herrn, der wartet, wegzufahren,
Noch der nicht will, das Schlaf ihn übermanne,

27 Als diese hastig wild beim Kratzen waren,
So unerhört quält sie der Krätze Beißen,
Daß es wie Wahnsinn war ihr ganz Gebaren.

28 So sah ich sie den Grind herunterreißen,
Wie Fische ihrer Schuppen man entkleidet,
Mit ihren Nägeln, gleich, wie groß sie heißen.

29 „O Du, der mit den Fingern sich enthäutet,
Hat da der Führer einen angesprochen,
Als Zange sie zu nutzen nicht vermeidet,

30 „Sag – so Du willst auf Deine Nägel pochen,
In Ewigkeit damit den Grind zu lichten:
Ist einer aus Italien zugekrochen?"

31 „Wir sind es selbst in diesen Leidensschichten,
Die so entstellt,„ sprach er in bittren Klagen,
„Doch wer seid ihr, die Fragen an uns richten?"

32 „Ich bin,„ begann mein Meister ihm zu sagen,
„Mit diesem Lebenden zur Höll' gekommen,
Sie ihm zu zeigen ist mir aufgetragen."

33 Da rissen sie, kaum daß sie dies vernommen,
Sich voneinander, zitternd mich umrungen
Mit andren, die es auch noch mitbekommen.

34 Vergil zu mir: „Du hörst der Heimat Zungen,
Sprich Du und frag, wer sie gewesen seien!“
Ich frug in meiner Sprache ungezwungen:

35 „Soll das Gedenken an euch sich erneuen,
Im Geist der Menschen nicht so schnell vergehen,
Vielmehr noch vieler Sommer sich erfreuen,

36 So sagt mir, wer ihr seid, trotz eurem Wehe
Und böser Strafe, stammt aus welchem Volke,
Ganz furchtlos jeder mir es frei gestehe.“

37 „Bin aus Arezzo, wo in einer Wolke
Von Rauch ich aufging: mich verbrannte
Albert von Siena – doch demzufolge

38 Bin ich nicht hier: Im Scherz ich einst bekannte
Ich könne fliegen, durch die Luft mich heben,
Und er, der wenig Geist sein eigen nannte,

39 Bedrängte mich, ich sollt' ein Beispiel geben:
Und weil ich ihn zum Dädalus nicht machte,
Ließ er mich prompt dem Feuer übergeben.

40 Doch wer mich hier in diesen Graben brachte
War Minos, der nie irrt, mich hierher jagte,
Weil ich der Alchimie mein Herz vermachte.“

41 Ich sprach zum Dichter: „Sieh, noch keiner sagte,
Daß jemand eitler als die Sienesen –
Ihr Ruf Franzosen selber überragte.“

42 Der Kranke, der so lange stumm gewesen,
Zu mir sich wandte: „Stricca ausgenommen,
Der pflegte milder das Verschwendungswesen.

43 Und Niccolo: Aus seinem Garten kommen
Die Nelken, wo ihr Same kann gedeihen,
Und wo die Sitte Üppigkeit erklommen.

44 Und dann auch ausgenommen jene Reihen,
Bei denen Caccia Berg und Wald verspielte,
Abbagliato ließ den Geist zerstreuen.

45 Doch daß Du weißt, wer mit Dir zielte
Auf diese Sienesen, hefte Deine Blicke
Auf mein Gesicht, es sagt Dir, was ich fühlte,

46 Als ich Dich sah: Erkenn' in dem Geschicke
Cappochio, den Fälscher der Metalle,
Erkenne weiter – denke nur zurücke:

47 Gut äfft' ich die Natur in jedem Falle …"

XXX. GESANG

1 Zu jener Zeit, da Juno gegen Theben
Sich wegen Semele aus Rache wandte –
Wovon so viele Dichter Zeugnis geben –

2 In Athamas der Wahnsinn so entbrannte,
Daß er beim Anblick seines Weibs und Kinder,
Die sie in Armen hielt und er verkannte,

3 Aufschrie: „So fängt die Löwin und nicht minder
Der Löwin Brut und laßt die Netze stellen!“
Er griff mit Riesenpranken eins der Kinder –

4 Learchus – ihn am Felsen zu zerschellen –
Und schleuderte mit Schwung ihn an die Mauer,
Die anderen ertranken in den Wellen.

5 Als Troja sank und überall nur Trauer,
Und das Verhängnis ward herauf beschworen,
Das Reich zerfiel und mit ihm sein Erbauer.

6 Und Hekuba, die Priam schon verloren,
Polyxena am Strande fand erschlagen
Und Polydorus tot vor Trojas Toren,

7 Des Leides Übermaß war nicht zu tragen,
Da heulte sie im Wahn wie tolle Hunde,
Umnachtet ganz, nicht menschlich war ihr Klagen.

8 Doch weder Thebens, noch auch Trojas Kunde,
Erreicht an wilder Tollheit das Geschehen
An Tier und Menschen in dem Höllengrunde:

9 Zwei Schatten waren nackt im Lauf zu sehen,
Sie fletschten mit den Zähnen um sich beißend
Wie Schweine fliehn, wenn Ställe offenstehen.

10 Der eine biß Cappochio, ihn zerreißend,
Tief in den Nacken, zog ihn durchs Gelände,
Des Bauches Haut zerkratzend und zerschleißend.

11 Der Aretiner blieb und rang die Hände,
Er schrie: „Der Schicchi ists, der tolle Kranke,
Er fällt die andren an, daß er sie schände. –“

12 „So lange dieser,“ war jetzt mein Gedanke,
„Dich fletschend nicht zerfleischt – wer er gewesen,
– Eh er zu fern – zu sagen jetzt nicht wanke.“

13 Er sagte: „Myrrha's Seele ist's gewesen,
Die alte, die mit ihrem Vater buhlte,
Sie sann, des Kindes Bande aufzulösen.

14 Sie, die sich ganz in dieser Sünde suhlte,
Hat sich in Truggestalt ihm hingegeben,
Wie jener, der dort schleicht, der Umgespulte.

15 Um nach dem besten Stück des Stalls zu streben,
Sich fälschlich Buose Donati nannte,
Als solcher sich ein Testament gegeben.

16 Als dieser, wie der andre Fortgerannte,
Verschwunden war, auf den ich vorher schaute,
Ich wieder mich zu andren Sündern wandte,

17 Da sah ich einen ähnlich einer Laute,
Nur Bauch, wie wenn die Beine abgeschnitten,
Weil er getrommelt dick den Blick verbaute.

18 Der wohl an schwerer Wassersucht gelitten,
Die uns entstellt durch schlecht gebraute Biere,
Gesicht und Glieder war der Form entglitten.

19 Und aufgestülpt wie eine Flügeltüre,
Die Lippen sind nach oben und nach unten,
Wie oft bei Fieberkranken im Delire.

20 „Die ihr,“ sprach er, „der Strafe scheint entbunden,
Warum – mir unbekannt im Schmerzenslande –
Betrachtet mich nur unumwunden,

21 Zu welcher Strafe Adamo man sandte,
Ich hatte was ich wollte, reich zu leben,
Jetzt fehlt der Tropfen Wasser meinem Brande.

22 Die Bäche hör ich, die von Grün umgeben
Vom Casentino hin zum Arno rauschen,
Und kühl und weich durch sanfte Moose streben.

23 Und immer muß ich dem Gemurmel lauschen,
Dies höhlt mich mehr als alle die Gebrechen,
Die mir Gesicht und Wange dunsend bauschen.

24 Gerechtigkeit, die Strenge muß sich rächen,
Sie mimmt die Zeichen oft vom Ort der Sünde,
Daß schneller Seufzer aus der Seele brechen.

25 Dort liegt Romena! Die Tat ich nie verwinde,
In falsches Gold des Täufers Bild zu prägen,
Wofür der Feuertod mir ward geschwinde.

26 Doch säh' ich, daß die Schnöden hierorts zögen –
Sei's Guido, Alex, sei's des Bruders Seele –
Die Branda-Quelle ließ ich ihretwegen –

27 Ich hörte, daß sich eine hier schon quäle,
Wenn mir die Schreckensgeister Wahres künden,
Allein: Ich blieb gebannt an meine Höhle.

28 Denn könnt' ich nur – wärs auch ein schrecklich Schinden,
Daß ich in hundert Jahren einen Zoll nur ginge –
Ich wäre nicht zu halten, ihn zu finden!

29 Obwohl ich dieses eklen Volkes Ringe, –
Elf Meilen weit dehnt hin sich seine Länge,
Und anderthalb die Breite – nie bezwinge;

30 Durch ihre Schuld bin ich bei dieser Menge
Denn sie verführten mich, daß ich den Gulden
Mit drei Karaten Kupfer gut vermenge."

31 Und ich zu ihm: „Wer sind die, die hier dulden
Und dampfen wie im Winter unsre Hände,
Und die so starr sich neben Dir vermulden?"

32 „Ich fand sie hier – ich sah noch keine Wende
An ihnen, seit ich hier im Pfuhle schmachte.
Die Starrheit wird wohl dauern ohne Ende.

33 Die eine ist, die Joseph einst verlachte,
Der andre Sinon, jener falsche Grieche,
Und den Gestank das Fieber bringt und brachte."

34 Und einer – dem Geduld wohl ging in Brüche,
Dems wohl nicht paßte, daß er Namen nannte,
Hieb auf den Bauch mit Wucht und spuckte Flüche,

35 So daß es dröhnte, wie die Trommel, die gespannte.
Doch Herr Adamo mit der Faust nicht minder
Dem ins Gesicht gleich einen Fausthieb sandte

36 Und sagte: „Bin ich auch kein guter Sprinter
Mit meinen wasserschweren dicken Beinen,
Sind umsomehr die Fäuste doch geschwinder."

37 Der sagte drauf: „Zum Scheiterhaufen will mir scheinen,
Gingst Du nur widerwillig, hast gezappelt,
Zum Münzenschlagen schnellren wüßt ich keinen!"

38 Der Wassersüchtige: „Hast wahr geschwabbelt,
Doch als man Dich vor Troja treulich fragte,
Hast Du die Wahrheit heuchlerisch verbabbelt."

39 „Was Du geprägt war falsch, falsch was ich sagte,„
Sprach Sinon, „ich vertrete, büße eine Sünde –
Was Du gewagt, der Teufel selbst nicht wagte!"

40 „Erinnre Dich des Pferds, des Trugs, geschwinde!"
Sprach jener mit dem aufgedunsnen Leibe,
„Und gifte Dich, denn man erriet die Gründe!"

41 „Dein Durst sich mehre, Dich vor Ärger sträube,
Die Zunge platze und der Fäulnis Wasser
Den Bauch vor Deinen Augen höher treibe!"

42 Der Münzer drauf: „Reiss auf das Maul noch krasser,
Wie Dus gewohnt, das Lästern ist Dein Wesen,
Und wenn ich dürste und mein Bauch noch nasser,

43 Haust Dir im Kopf das Fieber, Brand des Bösen,
Ich brauch' Dich nicht mit vielen Worten laden,
Im Spiegel des Narziss Dein Bild zu lesen!"

44 Ich war gespannt, was sie sich weiter raten,
Da rief mein Meister aus: „Ich muß doch bitten!
Fast hätt' ich Grund zu tadeln ohne Gnaden."

45 Er sprach im Zorn, der mir in's Herz geschnitten,
Voll Scham ich mich zu ihm dann wandte,
Und Scham und Reue lange in mir stritten.

46 Wie der im Traum von Unheil übermannte,
Im Traume sehnlichst wünscht, er möchte träumen,
Und das Erlebte gern als Traum erkannte,

47 So war ich ganz verwirrt und schien zu säumen,
Mich zu entschuldigen und konnt nicht sprechen,
Doch dadurch schien Vergebung aufzukeimen.

48 „Geringre Scham kann schon Verschulden brechen,"
Mein Meister zu mir sprach, „als Dein Vergehen,
So lasse die Gedanken, die Dich schwächen!

49 Vergiß nicht, daß wir hier zusammenstehen!
Wenn Dich der Zufall führt zum Streite wieder,
Soll uns das Höhere verbunden sehen!

50 Denn Niederes befleckt und zieht uns nieder."

XXXI. GESANG

1 Die Zunge, die zuerst mich so versehrte,
Daß vor Beschämung meine Wangen glühten,
Mir die Arznei zur Heilung auch gewährte.

2 So hört ich, daß die Lanze des Peliden
Vom Vater einst, sie habe gleiche Gaben:
Zuerst nur Trauer, stiftete sie Frieden.

3 Dann wandten wir uns ab vom Elendsgraben
Den Ringwall übersteigend in der Quere,
Kaum, daß wir Worte noch gesprochen haben.

4 Nicht Nacht, nicht Tag, als ob sich Zwielicht mehre,
So daß die Blicke nicht ins Weite drangen,
Da scholl ein Horn als ob es Donner wäre,

5 Vielleicht noch stärker seine Töne klangen.
Ich lenkte meine Blicke nach der Gegend,
Und frug mich selbst von wo sie ausgegangen

6 Nach jener Niederlage, schmerzbewegend,
Die Karl des Großen Heilige Schar erlitten,
War Rolands Horn nicht schrecklicher erregend,

7 Indess jetzt kurz die Blicke dorthin glitten,
Schien mir als ob sich Turm an Türme reihte,
Und rief: „O Meister was ist dort inmitten?“

8 Und er zu mir: „Gib acht bei dieser Weite,
Denn wenn das Aug’ zu lang ins Dunkel schaute,
Geschieht es, daß das Bild an Schärfe leide.

9 Erst wenn Dein Schritt sich in die Nähe traute,
Kannst Du erkennen, ob die Sinne trogen,
Drum gehen wir dahin woher die Laute.“

10 Nahm freundlich meine Hand, bevor wir zogen,
Und sagte: „Doch um Irrtum auszuschließen,
Fühl ich zur Antwort mich schon jetzt bewogen.“

11 Drum hör: „Nicht Türme sinds – es sind die Riesen
Bis Nabelhöhe sie im Brunnen stehen,
Zusammen alle in dem Brunnen büßen.“

12 Und so, wenn schon der Nebel im Verwehen,
Die Sicht allmählich durch den Dunst gedrungen,
Und das Verborgne wieder ist zu sehen,

13 So war auch hier die Täuschung bald bezwungen,
Der schwarzen Lüfte, die am Brunnen hingen,
Doch wuchs die Furcht je mehr wir vorgedrungen.

14 Und wie bei Monterreggions Mauerringen
Im Umkreis Riesentürme stehen,
Den gleichen Eindruck wir vom Schacht empfingen.

15 Wie dort die Türme, hier die Leiber stehen
Rund um den Schacht der schrecklichen Giganten,
Die nur den Donner fürchten aus den Höhen,

16 Bald das Gesicht des einen wir erkannten,
Die Brust, die Schultern und vom Bauche Teile,
Und Arme dann, die starr nach unten standen.

17 Natur hat recht, daß sie sich nicht beeile
Der Welt solch Ungetüme zu gebären,
Dem Mars nicht mehr die Henker für die Keule,

18 Daß Wale sich und Elefanten mehren,
Zeigt uns Natur der Schöpfung weise Wege:
Wir müssen sie bewundern und verehren.

19 Doch wenn die Urteilskraft des Geistes rege,
Sich mit dem bösen Willen noch verbindet,
Die Gegenwehr der Menschen nichts vermöge,

20 Das Angesicht war lang und dick, man findet
Ein Gleiches auch am Zapfen von Sankt Peter,
Unmaß der Glieder sich entsprechend kündet.

21 Der Teil, der überragte viele Meter
Den Brunnenrand, der Oberteil des Riesen,
Der war – und diese Größe hatte jeder –

22 Im Maß fast größer als drei lange Friesen,
Wohl an die dreißig Spannen hoch sie wähnen,
Von seiner Mitte bis zum Kragenschließen.

23 „Rahel mai amech azubi“, die Worte dröhnen
Aus wilder und geborstner, rauher Kehle,
Aus der wohl niemals süße Lieder tönen.

24 Der Führer sprach zu ihm: „Du arme Seele,
Blas’ in Dein Horn, denn Blasen wird Dir ziemen,
Wenn Zorn Dich überkommt in Deiner Höhle.

25 An Deinem Halse pendelt es am Riemen,
Verworrene, mit sich verfallne Seele,
Du kannst, da es Dich ziert, des Horns Dich rühmen.“

26 Zu mir: „Sein Schicksal ich Dir kurz erzähle:
Denn Nimrod ists, des Sprachgewirrs Erreger,
Er wollte, daß man viele Sprachen wähle,

27 Wir lassen ihn, den angeklagten Kläger!
Sprich nicht mit ihm, er kann uns nicht verstehen
Weil er nur einer – seiner – Sprache Träger.

28 Wir sahen dann vor uns im Weitergehen
Den nächsten Riesen, kaum auf Pfeilschußlänge,
Noch mächtiger und böser anzusehen.

29 Wer kennt den wohl, der solche Kraft bezwänge?
Ich nicht. Es schien, daß Arme an der Kette,
Der rechte vorn, der linke hinten hänge.

30 Es war als ob ein Gott ihn so gefesselt hätte:
Vom Hals spiralig abwärts bis zur Lende
Lief fünfmal sie und band ihn an die Stätte.

31 Er legte einst an Jupiter die Hände
Im Frevel – Übermut des Kampfes-Tollen,
„Und dies“ – er wies auf jenen – „war das Ende!

32 Ephialtes heißt er, und die Götter sollen
Gebangt sich haben vor der Kraft des Riesen.
Bewegungelos büßt er in diesem Stollen.“

33 Und ich: „Wärs möglich, wenn wir ihn verließen
Und Briaräus, den Mächtigen, noch sähen,
Den sie den Wildesten der Riesen hießen?“

34 Und er: „Den Anteus sieh daneben stehen,
Er kann auch sprechen, geht herum als Freier.
Er wird zum Grund uns tragen von den Höhen.

35 Und der, nach dem Du frägst, das Ungeheuer
Dort weiter drüben, gleicht ihm ist gebunden,
Voll wildem Zorn sein Sinn und nicht geheuer.

36 Er kann noch Deinen Ruhm auf Erden künden,
Da er noch lebt und lange wird noch leben,
Wird Gnade nicht ein andres Los befinden."

37 So sprach Vergil. Schon schien er nachzugeben,
Er langte nach Vergil mit starken Händen,
Die Herkules schon spürte einst im Leben.

38 Vergil sich sorgend, daß wir uns nicht trennten,
Rief schnell zu mir: „Komm her, daß ich Dich fasse!"
Und faßte fester mich um Leib und Lenden.

39 Genau wie Garisendas Turmes Masse,
Die überhängt, zieht eine Wolke drüber,
Man täuschend glaubt, er fiele auf die Straße,

40 So sah ich plötzlich Anteus vorneüber,
Herab sich beugen und in dem Momente,
hab ich gewünscht, ich wär' ihm ferne lieber.

41 Doch hob zum Grund er leicht uns und behende,
Der Luzifer und Judas hat verschlungen,
Doch blieb er nicht in so gebückter Wende:

42 Er hat sich wie ein Mastbaum hochgeschwungen.

XXXII. GESANG

1 Wenn mein Gesang hier rauh're Klänge hätte
Gerecht des Abgrunds Düster zu beschreiben,
Der Hölle aller Felsenwege Stätte,

2 Ich würde alles aus dem Stoffe treiben,
Doch weil mir ihm gemäße Worte fehlen,
Kann ohne Furcht nicht meine Rede bleiben.

3 Ich kann nicht spielerische Worte wählen
Des Weltalls Höllengrund zu offenbaren,
Wie Eltern ihren Kindern es erzählen,

4 Ja, gäb' es Frauen wie in fernen Jahren,
Die Amphion halfen Theben aufzubauen,
Als Tat und Worte noch im Einklang waren!

5 O ihr gezeugt zum Wurf ins Höllengrauen,
Zum Ort verwiesen, der so schwer zu fassen,
O wäret ihr Geis und Schafe nur auf Auen!

6 Den dunklen Brunnenrand bestrebt zu lassen
Vom Riesen wegzukommen, tief und tiefer,
Sah ich noch einmal hoch die Felsenmassen,

7 Da hört' ich: „Acht' auf Deine Schritte," rief er,
„Geh so, daß Du nicht jedem triffst die Nase.
Du trittst auf müdes brüderlich Geziefer."

8 Ich wandte mich, den suchend, der so rase:
Sah einen See vor mir erstarrt zum Eise,
Doch glich er nicht dem Wasser, glich dem Glase.

9 Nie auf der Donau auf der Winterreise
Durch Österreich nicht dickre Eise lagen,
Am Don nicht unter frostigen Himmelkreise,

10 Wenn Tambernik darauf mit Wucht geschlagen
Pietrapana auf die Eisgebiete,
Die hätten keinen Riß davon getragen.

11 Oft sitzen Frösche so im Sumpf und Riede –
Zur Zeit wenn schon die Fraun beim Ährenlesen –
Das Maul heraus nun ragt zum Quakenliede,

12 So stecken sie bis zur Scham nach Leibesgrößen
Vor Kälte blau die Sünder in dem Eise,
Wie Störche klappernd oder blödem Dösen.

13 Sie senkten das Gesicht, ob jung, ob Greise,
Und aller Mund war kälteschmal und strenge,
Das Herz, das Auge ihres Leids Beweise.

14 Und bei Betrachtung der vereisten Menge –
Schaut ich zu meinen Füßen zwei Verbannte.
Es schien als ob sich beider Haar verfänge.

15 „O ihr, zwar doppelt hier in eins Gerannte,
Wer seid ihr denn?“ Sie hoben ihre Nacken,
Bevor ich das Gesicht noch recht erkannte,

16 Entströmten, eh’ sie innerlich versacken,
Den Augen Tränen, Lippen schloß die Kälte,
Das Tränen-Eis ließ sie zusammenbacken.

17 Nie eine Klammer Holz an Holz gesellte
So fest, hoch Böcke aufeinander prallen
Vom Zorn gepackt, daß Kopf an Kopf sich stellte:

18 Den Blick gesenkt, sprach einer jetzt von allen,
– Ihm waren beide Ohren abgefroren –
„Uns zu begaffen, scheint Dir zu gefallen,

19 Und willst du wissen, wer im Eis verloren:
Bisenzo-Tal gehörte einmal ihnen,
Nach Vater Albert; wir sind dort geboren

20 Aus einem Leib durchschreite ganz Kainen,
Durchforsche sie, Du findest keine Geister,
Die mehr als diese dieses Eis verdienen.

21 „Dort jenen nicht“ – auf einen andren weist er –
Den Artus mit der Lanze einst durchstoßen,
Focaccia nicht, dess’ Schatten dreist und dreister

22 Die Sicht so sehr verstellt, mich zu erboßen,
Ist Sassol Mascheroni einst gewesen –
Du bist Toscaner, weist von seinen Losen.

23 Doch – mich von weitrem Fragen zu erlösen –
Camicion Pazzi war ich – sollst du wissen;
Ich warte auf Carlin, mich abzulösen:“

24 Und tausend andre fletschend sich verbissen,
Vor Kälte blau-Gesichter: am Eissee zitternd,
Stand ich und schaudernd innerlich zerrissen.

25 Indess ich weiter ging die Mitte witternd, –
Es mündet ewig in sie alle Schwere –
Traf mich die ewige Düsternis erschütternd.

26 War's Schicksal, Wille, unbewußte Wehre –
Ich weiß es nicht – als schreitend durch die Reihen
Der Schädel einen stieß und ihn versehre:

27 „Was trittst Du mich?“ Hört ich ihn klagend schreien,
„Wenn Du die Rache nicht willst weiter mehren
Für Montaperti – weshalb mir noch dräuen?“

28 Und ich: „Mein Meister, mögest mir gewähren
Zu warten, daß ich hier die Zweifel löse.
Ich will, willst Du's in Eile wiederkehren.“

29 Der Führer hielt; zu jenem der mir böse
Sprach ich, der immer weiter gräßlich fluchte:
„Wer bist Du, der so schimpfte mit Getöse?“

30 „Wer bist Du, der die Antenor besuchte?“
Frug er als Antwort – „stößt mich ins Gesichte
So hart, als ob ein Lebender hier wuchte.“

31 „Ich lebe, Dir zur Freude ichs berichte,“
Sprach ich, „denn wenn der Ruhm Dir oben teuer,
Nenn' Deinen Namen ich im Erdenlichte.“

32 Und er: „Das Gegenteil – nicht Ruhmesleier!
Geh weg, geh weg von mir, von meinem Kopfe,
Was soll in diesem Loche Dein Geseier?“

33 Drauf faßt ich ihn an seinem Hinterschopfe
Und rief: „Du sollst mir Deinen Namen nennen,
Wenn nicht, befrei ich Dich von Deinem Zopfe.“

34 Und er zu mir: „Nie will ich ihn bekennen!
Magst Du mir Haare raufen, tausend Schläge
Versetzen: Du wirst nichts erfahren können!"

35 Schon griff ich fester zu und glaub' es möge
Ein Bündel oder mehr schon ausgerissen,
Er bellte, fauchte, daß ich nicht mehr zöge,

36 Da hört ich einen rufen: „Bocca, müssen
Die Teufel Dich mit neuen Strafen quälen?
Was bellst Du denn? Was schreist Du so verbissen?„

37 Drauf ich: „Nun brauchst Du mir nichts mehr erzählen.
Ich kenne Dich, Du schändlicher Verräter!
Und Deine Schande werd' ich nicht verhehlen!"

38 „Nun fort von mir, erzähl' es oben später!
Doch schweige nicht von dieser flinken Zunge
Da oben: Mörder war er, war hier jeder!

39 Er weint hier über Frankreichs Silberdunge:
Berichte, daß Du da Duera hast gesehen,
Er wird gehalten hier in frischem Schwunge.

40 Und frägt man, wer noch muß im Eise stehen
Von Beccheria steht hier an der Seite,
Dem Florenz nicht vergaß die Gurgel zuzudrehen.

41 Dort drüben siehst Du eine andre Meute:
Soldanier, Tebaldello, Ganelone,
Der Faenza öffnete zu Feindes Freude"

42 Schon hatten wir verlassen die Spione,
Da sah ich zwei vereint im Eisverliese,
Als ob der Kopf im Hut des andren wohne.

43 Wie einer, den der Hunger zwingend wiese
Ins Brot zu jagen gierig seine Zähne,
Biß dieser jenem ins Gehirn wie ins Gemüse.

44 So nagte einst Tydeus, wie ich wähne,
An Menalippus' Schädel, an den Wangen
Auffressend ihn aus Haß im Wutgestöhne.

45 „Wenn Kannibalen aufeinander drangen“
Sprach ich, „welch’ furchtbar tierisches Gebaren
Ich sehe, sag: wie hat dies angefangen,

46 Und ich verspreche – so es Gründe waren,
Und Du ein Recht geglaubt für die Verbrechen,
Will droben Deinen Ruf ich gerne wahren,

47 Muß nicht die Zunge mir im Mund verlechen.“

XXXIII. GESANG

1 Der Sünder hob den Kopf vom wilden Mahle,
Den Mund sich wischend mit des andren Haaren,
Dem er's Genick zerfraß und Hirnes Schale –

2 Und sprach: „Ich soll erneut Dir offenbaren,
Die wilden Schmerzen, die mein Herz bedrücken,
Wenn ich's nur denke, was mir widerfahren.

3 Doch wenn es armen Worten könnte glücken,
Die Schande des Verräters aufzuzeigen,
Du würdest mich in Tränen nur erblicken.

4 Was Dich bewog, zur Hölle tief zu steigen,
Ich weiß es nicht und weiß nicht Deinen Namen,
Die Sprache doch ist Florentinern eigen.

5 Graf Ugolino war ich, mit im Rahmen
Hier Ruggieri, Erzbischof der Schande,
So höre, wie wir uns so nahe kamen.

6 Daß er durch Tücke in den Tod mich sandte,
Als der Verrat in seine Macht mich brachte,
Bedarf des Sagens nicht, weil's jeder kannte.

7 Doch was er mit mir vor dem Tode machte,
Und Du nicht hören konntest auf der Erde –
Dies höre, wie er alle Qual verlachte.

8 In eines Turmes Höhle er mich sperrte
– Nach meinem Tod man „Hungerturm" ihn nannte –
Dort mancher zerrt an Ketten, wo ich zerrte.

9 Durch eines Spaltes Öffnung ich erkannte,
Daß ich schon Monde hier, als ich im Traume
Das Künftige kommen sah mit seiner Bande.

10 Als Herr und Meister zog er hier am Zaume,
Trieb Wolf und Wölflein hin zum Bergeshange,
Der Pisas Sicht auf Lucca stört im Raume.

11 Mit magren Hunden, die dressiert zum Fange
Und A Gucalandi, Sismondi, Lafrachi hießen,
Begann die Hetze, nahm uns in die Zange.

12 Nach kurzem Lauf die Kräfte uns verließen,
Ich sah der Kinder Flanken aufgerissen,
Als scharfe Hauer in die Weichen stießen.

13 Aufwachend in des morgens Dämmernissen,
Hört ich im Schlafe meine Söhne weinen,
Im Schlaf erflehend eines Brotes Bissen.

14 Wenn Du nicht hartgesotten und Du keinen
Der Schmerzen fühlst, nicht ahnest was uns drohte,
Wenn hier nicht, sag, wann dann kannst Du weinen?

15 Sie waren wach: es war, daß sie die Brote
Um diese Stunde uns zu bringen pflegten,
Doch jeder war bedrückt durch Traumes Bote.

16 Da hört ich wie sie unten schlugen, sägten:
Das grausige Tor vernagelten die Feinde,
Sah auf die Söhne stumm, die sich nicht regten.

17 Ich weinte nicht – mein Inneres versteinerte,
Sie aber weinten: Anselm, mucio mich fragte:
„Was schaust Du so, o Vater," und er weinte.

18 Ich weinte nicht, zu sprechen ich nicht wagte,
Den ganzen Tag, die Nacht ich stumm verbrachte,
Bis auf der Welt ein neuer Tag schon tagte.

19 Als sich ein blasser Schimmer stahl zum Schachte,
Und ich die Kinder sah im Licht dem fahlen,
Mich selber sah am Eindruck, den ich machte,

20 Zerbiss ich beide Hände mir vor Qualen,
Sie aber, wähnend, daß vor Hunger ich es täte,
Sie sprangen auf, die schon vom Hunger Schmalen

21 Und sagten: „Vater nimm," die Bitte flehte –
„Was Du uns gabst das arme Fleisch – Dir Härte
Des Hungers mindernd, mindert uns auch Tröstung böte.

22 Ich schwieg, damit nicht mehr noch Trübnis werde
Den Tag, den nächsten mußt ich schweigen immer,
Du tatest Dich nicht auf, o harte Erde!

23 Schon kam der nächste Tag mit mattem Schimmer
Da warf sich Gaddo schluchzend mir zu Füßen:
„O Vater hilf mir doch, bat sein Gewimmer

24 Und starb! Ich sah – so wahr ich hier muß büßen,
Sie nacheinander in des Todes Schauer,
Am fünften, sechsten Tag sie mich verließen.

25 Schon blind kroch tastend ich entlang der Mauer,
Ich rief und rief die schon zwei Tage Toten,
Dann war der Hunger stärker als die Trauer."

26 Nach diesen Worten – o – die Augen furchtbar drohten –
Biß er sich wilder ein in dessen Schädel,
Und nagte wie ein Hund an Knochen oder Broten!

27 O Pisa! Volkes Schande! Niemals edel!
Im Lande, wo das „si" sie schmeichelnd sprechen!
Straft Dich der Nachbar nicht in feigem Wedel,

28 Soll Capraja und Gorgona sie rächen!
Der Arno Wasser sollen brandend stauen,
Ersäufen alle sie für das Verbrechen!

29 Denn wenn Graf Ugolino das Vertrauen
Dir brach, und die Kastelle hat verraten,
Warfst Du die Söhne in des Todes Grauen,

30 Die schon dem alter nach nichts Böses taten,
Du neues Theben! Zwei ich Dir schon nannte,
So nenn' ich hier noch Hugo und Brigaten."

31 Wir gingen, die die Macht des Eises bannte
Am Rücken liegend eingefroren scheinen
Da jeder sein Gesicht nach oben wandte.

32 Und Weinen hemmte selbst das Weiterweinen!
Es kann der Schmerz nach außen nicht mehr dringen.
Und staut die Angst im Innern vor den Peinen.

33 Denn wenn die Qualen erste Tränen bringen,
Gefrieren sie, zu Klumpen dann verbunden,
Aus Augenhöhlen Eiseszapfen hingen.

34 Es war – wie Kälte oft die Haut empfunden,
Daß wie bei Schwielen fehlt das Tastempfinden –
Aus meinem Antlitz das Gefühl verschwunden.

35 Und dennoch schien ein Wehn sich anzukünden,
Ich frug: „Wieso, woher kommt dieses Wehen?
Muß unten hier nicht jeder Hauch entschwinden?“

36 Mein Meister zu mir: „Bald wirst Du verstehen,
Wenn wir an jene Stelle angekommen –
Wird Dir es offenbar, wie dies geschehen!“

37 Und einer, der vom Eise übernommen,
Der schrie uns an: „Ihr grausam harten Seelen,
Die ihr zum letzten Höllenloch gekommen,

38 Nehmt mir das Eis von meinen Augenhöhlen
Daß mir der Schmerz des Herzens frei entströme,
Eh sich durchs Eis die Tränen müssen quälen!“

39 Drauf ich: „Die Hilfe, die Du hoffst, sie käme,
Wenn Deinen Namen Du mir mögest nennen,
Ich will zur Tiefe, wenn ichs Dir nicht nehme!“

40 „Als Bruder Alberigo sie mich kennen
Dort oben, der die Früchte gab vom Bösen;
Jetzt Feigen sie und Datteln hier mir gönnen!“

41 „O“, sprach ich, „bist Du wirklich schon „gewesen?“
Und er: „Wie's oben meiner Leibesschwere
Ergeht, die Frage kann ich Dir nicht lösen.

42 Der Tolomea Vorzug ist's und Ehre,
Daß hierher öfter Seelen runterfallen,
Eh Atropos geschwungen ihre Schere.

43 Und daß Du noch mit schnellerem Gefallen
Die Tränenkruste brichst mir vom Gesichte,
Vernimm: Die Seele, die in des Verrates Krallen

44 Wie ich ihn tat, muß weg vom Erdenlichte,
Vom Teufel wird der Leib solang besessen,
Bis völlig seine Erdenfrist zunichte.

45 Sie stürzt zur Tiefe, wie die hier: Indessen
Der Leib noch oben wandelt in den Sünden,
ist sie schon in dem Eise eingesessen.

46 Du kommst von oben, weißt von dem Befinden:
Es ist Herr Branca D'Oria, schon lange
Ist er in diesen kühlen Dauergründen."

47 „Ich glaub'", sprach ich, „Du bist noch in dem Drange
Zu lügen: Branca D'Oria lebt noch oben,
Er ißt und trinkt und schläft, hat Kleid und Spange."

48 Er sprach: „Der Michel Zanche war da droben
Im Malebranche noch nicht angekommen,
Als dieser schon im Eise aufgehoben.

49 Ein Teufel hat von ihm Besitz genommen,
Ließ im Verwandten gleichfalls einen Bösen,
Der am Verrate mit ihm teilgenommen.

50 Doch meine Augen jetzt vom Eis zu lösen,
Erfleh' ich." „Nein", sprach böse ich im Wenden,
Mir schiens noch höflich, daß ich hart gewesen.

51 Ihr Genueser Warum nach allen Enden
Der Welt seid ihr noch nicht vertrieben wegen
Der vielen Laster, die das Antlitz schänden?

52 Die schlimmsten muß wohl die Romagna hegen,
Denn eine Seele fand ich schon im Eise
Des Kozytus vor Euch – Verrates wegen –

53 Indess' ihr Leib noch auf der Erdenreise.

XXXIV. GESANG

1 Des Höllenfürstenfahnen wehn dort vorne
Und kommen auf uns zu und weiterdrängen,
Erkenn ihn!“ sprach Vergil, „Die Blicke sporne.“

2 Wie dichte Nebel uns die Sicht verhängen,
In Finsternisse hüllt die Hemisphäre
Und einer Mühle Drehn in Windesfängen

3 So schien’s als ob ein Bau zu sehen wäre.
Der Wind trieb mich zurück zu meinem Meister,
Da sonst kein Ort war, der mir Schutz gewähre.

4 Schon war ich mitten eingefrorner Geister –
Mit Grauen nur und Furcht kann ich es sagen –
Wie Splitter Glases Haufen Eingeeister,

5 Die einen hochgereckt, die andren lagen,
Verrenkte Glieder ragten kreuz und quere,
Die Beine bis zum Kopfe hochgeschlagen.

6 Dem Meister schien es, daß er mir erkläre
Zur günstigen Zeit mir jenen jetzt zu zeigen,
Der einst der schönste war im Engelheere.

7 Er hieß mich weiter noch nach vorne beugen
Und sprach: „Dies ist der DIS! An diesem Orte
Muß Zuversicht die Tapferkeit bezeigen.“

8 Wie selber ich zu Eis nach solchem Torte,
O Leser, frage nicht, und ich nicht schreibe,
Kaum fassen das Geringste meine Worte.

9 Ich war nicht tot, nicht von lebendigem Leibe,
Denk, Leser, ob nicht jede Einsicht weiche,
Wenn einer tot und doch lebendig bleibe.

10 Der Herrscher in dem schmerzensvollen Reiche,
Stak bis zur Brustes Mitte tief im Eise!
Wenn mit dem Riesen ich mein Maß vergleiche,

11 Nur auf des Armes Länge ich verweise;
Der war viel größer als der ganze Riese.
Bedenk, wenn schon ein Teil so riesig heiße.

12 War er so schön wie häßlich im Verliese,
Doch gegen seinen Schöpfer hob die Braue,
Erklärt, daß alle Trauer aus ihm fließe.

13 O, vor Verwunderung kaum den Augen traue,
Daß drei Gesichter sich erkennen ließen:
Als blutig rotes ich das vordre schaue,

14 Die andren zwei an dieses so sich schließen,
Daß jedes grad zur Schultermitte ziele
Zu einem Scheitel dann zusammenstießen.

15 Am rechten weiß und gelb im Farbenspiele,
Das linke aber war nur zu vergleichen
Dem dunklen Angesicht des Volks vom Nile.

16 Zwei Flügel breit aus jeder Schulter reichen,
Wie große Segel – solchem Vogel eigen –
Für Schiffe, die auf weiten Meeren streichen.

17 Und diese Schwingen keine Federn zeigen,
Es war die Flügelart der Fledermäuse,
Durch dreifach Flattern sie den Wind erzeugen,

18 Durch den der Kozytus erstarrt zum Eise!
Es rannen aus sechs Augen blutige Tränen,
Und Blut und Speichel rann um Kinnes Kreise.

19 In jedem Maul zermalmt er mit den Zähnen
Den Sünder – war wie brechend Flachs zu hören –
Und aus drei Mäulern quoll der Sünder Stöhnen.

20 Ich sah beim vorderen – fast möcht ich schwören –
Wie Krallengriff die Haut vom Rücken häuten,
Vor Qualen klang sein Stöhnen wie ein Röhren.

21 „Am schwersten Judas, der Verräter leidet,"
So sprach mein Führer, „er, der Erzverräter!
Den Kopf im Maul – die Beine weit gespreitet"

22 Vor beiden andren – gleich Verrates Väter –
Hängt Brutus mit dem schwarzen Schopf nach unten
Und windet sich in stummer Qual; wie jeder

23 Wird auch der starke Cassius geschunden.
Jedoch es naht die Nacht – und von den Dingen
Der Hölle sahn wir alles in den Schlunden.

24 Wie er's verlangte, tat ich ihn umschlingen,
Und er – die Zeit beachtend und die Stelle,
Als weit die Flügel auseinander schwingen, –

25 Da faßt er sich mit festem Griff im Felle,
Und stieg herab im dichten Zottenwalde
Jetzt zwischen Eiseskrusten tiefer, schnelle,

26 Und angekommen an der Leistenfalte,
Wo Schenkel in die Hüfte übergehen,
Schiens mir, daß er in Sorge innehalte.

27 Den Kopf hinwendend wo die Füße stehen,
Am Fell sich haltend ging er wieder weiter,
Zur Hölle schien er wieder rück zu gehen.

28 „So halt' Dich fest, denn über solche Leiter
Kann man allein des Übels Ort verlassen,"
Sprach jetzt erschöpft, schweratmend mein Begleiter.

29 Er kroch durch einen Spalt der Felsenmassen
Und setzte mich am Randgesteine nieder,
Schwang leicht sich nach, um sichren Halt zu fassen.

30 Ich sah nach oben, denkend, daß dort wieder
Auch Luzifer in gleichem Stand zu sehen,
Allein – nach *oben* reckte er die Glieder.

31 Wohl ist es schwer, der Wirrung zu entgehen,
Allein bedenk' – was Stumpfe nicht bedenken,
Durch welchen Punkt der Durchgang war geschehen!

32 „Nun auf," sprach er „und laß Dich weiter lenken,
Der Weg ist weit, des Weges Ziel noch weiter.
Die dritte Stunde will sich niedersenken."

33 Es waren Treppen nicht die Wegbereiter,
Wo wir jetzt gingen, sondern rauhe Wege,
Durch Höhlen schwachen Lichts und ohne Leiter.

34 „Bevor ich mich dem Abgrund ganz entzöge,“
Sprach ich zum Meister, der bereit zu gehen,
„Möcht’ ich, daß sich mein Irrtum klären möge.

35 Das Eis ist plötzlich nirgends mehr zu sehen,
Und Die verkehrt gestellt – und Sonn’ und Sterne
Sich jetzt von Abend gegen Morgen drehen.

36 Er sprach: „Du glaubtest Dich dem Punkte ferne,
Dem Mittelpunkt, als ich mich drehend wandte
Vom Bösen, der die Welt durchlöchert; lerne:

37 Indess’ ich abstieg, sahst Du das Bekannte,
Mich drehend ging an Dir der Punkt vorüber,
Der alles Schwere allseits an sich bannte.

38 Zur andren Hälfte bist Du mit hinüber,
Die der entgegen ist vom großen Lande,
Wo einst der *Mensch* erstarrt im Todesfieber,

39 Der rein gelebt und nie im Sündenstande –
Du stehst genau jetzt auf dem kleinen Kreise,
Der Gegenkreis umgrenzt des Judas Schande,

40 Und umgekehrt ist hier der Sonne Reise
Und der, an dem wir uns hinüber hoben,
Steckt tief da drinnen, wie vorher im Eise.

41 Auf dieser Seite stürzte er von oben.
Das frühre Land von unsrer Erdensphäre,
Hat sich zur andren Hälfte hin verschoben,

42 Zum Berge hoch sich wölbend aus dem Meere,
Aus Furcht vor ihm; Vielleicht, daß man ihm weiche,
Entstand die Höhle und der Höhle Leere.“

43 Wie Grabes-Länge in dem Satansreiche,
So lang ist auch die Höhlung ausgebreitet,
Man sieht sie nicht, hört sie nur durch das gleiche

44 Verhaltne Rauschen eines Bachs, der gleitet
In seinem Bett durch sie, das er gegraben,
Gewundnen Laufs und sich verborgen weitet.

45 Und in der Höhle wir gefunden haben
Den einen Weg zurück zur lichten Erde,
Eh daß uns Müden Ruhe durfte laben.

46 Er stieg voran, ich folgte, sein Gefährte,
Wir sahen schon die schönen Bilder ferne,
Die durch ein Rund der Himmel uns gewährte,

47 Dann traten wir hinaus und sahn die Sterne.

FEGEFEUER / I. GESANG

1 Auf bessrem Wasser ich die Segel hisse,
Auf neuen Kurs mein Geistesschifflein weiche,
Ein Meer verlassend grauser Bitternisse,

2 Und singen will ich von dem zweiten Reiche,
Wo Menschengeistes Reinigung geschehe,
Daß er den Himmel würdiger erreiche.

3 Die tote Dichtung nunmehr auferstehe!
Ihr heiligen Musen, denen ich verschworen,
Kalliope, ein Wegstück mit mir gehe.

4 Daß meinem Liede jener Klang erkoren.
Der Pieros' Töchter einst zu Elstern machte,
Die jede Hoffnung auf Pardon verloren.

5 Des Morgenlandes Saphir Bläue lachte,
Verströmend Heiterkeit im Bild der Freude,
In reiner Luft der erste Kreis ewachte.

6 O, meiner Augen süße Augenweide!
Seit sie der stickig-toten Luft entzogen,
und ich befreit von tränenschwerem Leide.

7 Der schöne Stern, nur Liebenden gewogen,
Erstrahlte lächelnd überm ganzen Lande,
Die Fische bleichend selbst am Himmelsbogen.

8 Zum Südpol ich mich rechter Hand jetzt wandte,
Dort sah ich hellsten Strahles die vier Sterne,
Die nur das erste Menschenpaar noch kannte.

9 Der Himmel sieht ihr Leuchten sichtlich gerne.
O Norden, du verwaistes Erdgefilde!
Dir bleibt für immer solcher Anblick ferne.

10 Wie ich mich löste dann von ihrem Bilde
Nur wenig mich zum andren Pol zu drehen,
Wo tiefer schon der Wagen sich verhüllte,

11 Sah einen Greis ich vor mir stehen,
Sein Anblick ließ wohl Erfurcht jeden fühlen,
Mit der der Sohn den Vater sollte sehen.

12 Sein Bart, in den schon weiße Fäden spielen,
Dem Haupthaar gleichend silberhellen Haaren,
Geteilt zu Flechten, die zur Schulter fielen.

13 Des heiligen viergestirnes Strahlen waren
Um ihn, Gestalt und Angesicht umflossen
Als würde Sonnenlicht es offenbaren.

14 „Wer seid ihr, die den ewigen Geschossen,
– Dem dunklen Strom zum Trotze – seid entronnen?“
Den Bart sich streichend sprach er unverdrossen.

15 „Wer führte Euch, welch Licht von welchen Sonnen
Verhalf euch durch die tiefe Nacht zu trotten,
Die immerdar die Hölle hält umsponnen?

16 Kann das Gesetz des Abgrunds denn verrotten?
Will denn der Himmel neuen Rat bedenken,
Daß ihr, Verdammte, kommt zu meinen Grotten?

17 Mein Führer wollte gleich mich darauf lenken,
Daß Wort und Geste mir bedeuten sollen:
Das Knie zu beugen und den Blick zu senken.

18 Er sprach: „Ich komme nicht aus eignem Wollen:
War Bitte einer Frau aus hohen Sphären
Hier diesem Hilfe, meinen Schutz zu zollen.

19 Indess', da mehr zu wissen Dein Begehren,
Will ich vom Stand und unsrem Sinn berichten,
Die Antwort Deinen Fragen nicht verwehren.

20 So höre: Dieser überschritt mitnichten,
Des Todes Schwelle: Da ihn der Wahnsinn bannte,
War wenig Zeit aus dem Verderb zu flüchten.

21 Schon sagt ich Dir: Die Frau zu ihm mich sandte.
Zu retten ihn allein auf diesem Wege –
Und keine andre Hilfe sie mir nannte.“

22 Er sollte sehn, wie hart der Hölle Schläge.
Nun soll er auch die Läuterung erkennen
An jenen Geistern, die in Deiner Hege.

23 Doch will ich, weil zu lang, das Wie nicht nennen,
Die Kraft von oben half, als ich ihn führte
Zu dir, er wird nun auf dich hören können,

24 Daß seinem Kommen Deine Gunst sich rührt!
Er sucht die Freiheit, die uns allen teuer,
Dies weiß, wer selbst sich opfernd sie erkürt.

25 Du weißt, Dir wars kein bittres Abenteuer
In Utica der Tod, wo Deine Hülle
Erstrahlen wird am jüngsten Tag zur Feier.

26 Es herrscht auch noch des ewigen Spruches Wille:
Der lebt, und mich kann Minos dort nicht binden,
Ich bin vom Kreise, wo die Augen stille,

27 Auch Marzias die gleiche Bitte künden:
Dir heiliges Herz, blieb ihrer Liebe Glühen,
Bei dieser, Vater laß Gewähr uns finden!

28 Laß uns durch Deine sieben Reiche ziehen:
Zum Dank will ich von Dir ihr Kunde geben,
Wenn wir berichten dürfen Dein Bemühen.

29 „Maria war so viel in meinem Leben“
Sprach er, „daß ich ihr alle Wünsche gerne
Erfüllte einst, ihr Glück war mein Bestreben.

30 Nun wohnt sie hinter'm dunklen Strome ferne
Und rührt mich nicht, wie das Gesetz entschieden
Und mir erlaubte, daß ich mich entferne,

31 Doch jede Schmeichelrede sei gemieden:
Wenn jene Himmelsfrau Die hierher sandte,
Erfüllt sich jede Bitte Dir hinnieden.

32 So gehe denn, umgürt' ihn mit dem Bande
Aus weichem Schilf und wasche sein Gesichte
Von aller Schwärze frei, vom Höllenbrande.

33 Denn es geziemt sich nicht zum reinen Lichte
Des ersten Engels trüben Augs zu treten,
Der hier des Paradieses Lenk' und Richte.

34 Dort auf der Insel, deren Strand vom steten
Geschaukel sanfter Wellen ist umgeben,
Wächst weiches Schilfrohr in des Schlammes Beeten.

35 Es kann kein anderes Gewächs dort leben
Mit festen Zweigen, Holz kann nicht gedeihen,
Das nicht verträgt der Wellen wechselnd Heben.

36 Ihr kommt hierher zurück nicht, und es seien
Die Sonnenstrahlen Weiser eurer Pfade
Zum Berg hinan, zu reinen Höhn der Freien."

37 Und er verschwand, und ich erhob mich, nahte
Dem Führer schweigend mich, an seine Seite,
Mit Blicken forschte ich nach seinem Rate.

38 Er aber sprach: „Mein Sohn, mit mir nun schreite,
Den ebnen Weg gehn wir zurück zur Kehre.
Dort öffnet sich der Plan zur Meeresseite."

39 Schon schien's, daß sich zum Tag der Morgen kläre.
Die Trübe wich – am weiten Strandgelände
Fern glitzerten die Wellen auf dem Meere.

40 Wir gingen auf verlassnem Plan behende
Den Weg zurück und wie verloren beide,
Den wir schon einmal gingen vor der Wende.

41 Dort wo im Morgentau noch lag die Seite,
Nur langsam vor dem lauen Windhauch schwindet,
Und mit den Sonnenstrahlen noch im Streite,

42 Mein Führer, der dort naßes Gras noch findet,
Tat sanften Drucks auf dies die Hände legen –
Und ich – wohl wissend, was er damit kündet,

43 Hielt ihm mein tränenfeucht' Gesicht entgegen:
Nun endlich wusch er rein die Farbe wieder,
Um jeden Fleck der Hölle wegzufegen.

44 Wir gingen zum verlassnen Strande nieder,
Der niemals fahren sah auf seinen Wellen
Ein Menschenschiff, das hierher kehrte wieder.

45 Dort gürtet er mit Schilfrohr mich, dem hellen
So wie der Herr es wollte – welch ein Wunder!
Die Demutspflanze wuchs im gleichen, schnellen

46 Entstehen nach, wie er sie brach herunter …

II. GESANG

1 Schon sank die Sonne tief am Horizonte,
Ihr Mittagskreis Jerusalem umspannte,
Vom höchsten Punkte grad die Stadt besonnte.

2 Indess die Nacht, die ihr sich gegenwandte,
Vom Ganges wandert in der Hand die Waage,
Die ihr entfällt, wenn Schlaf sie übermannte.

3 Aurora, wo ich war, floh vor dem Tage
– In weiß und rot schon ihre Wangen spielten,
Als ob die Zeit an ihrer Schönheit nage.

4 Wir immer noch am Strande zögernd hielten,
Gleich jenen, die im Geiste zwar schon gehen,
In Wahrheit aber noch gehemmt sich fühlten.

5 Wie oft am Morgen und durch Nebelwehen
In dunstiger Ferne Mars mit rotem Schimmer,
Im Westen oft in Meereshöh' zu sehen –

6 So sah ich, und als sähe ichs noch immer,
Ein Licht sich fliegend nähern auf dem Meere,
Noch schneller sah ich andre Flüge nimmer.

7 Indessen ich mich kurz zum Führer kehre,
Um ihn nach der Erscheinung schnell zu fragen,
War's mir, als ob's schon wieder heller wäre. –

8 Viel höher schien es in den Raum zu ragen,
Und an den Seiten war ein weißer Schimmer,
Ein breiter Lichtstrom schien vom Meer getragen.

9 Mein Meister schwieg bei diesem Licht noch immer,
Erst dann als er den Lotsen gut erkannte,
Die weißen Flügel sah im Glanzgeflimmer,

10 Rief er: „Knie nieder schnell! Der dort Gesandte
Ist Gottes Engel – Du wirst seinesgleichen
Von seinen Dienern öfter sehn im Lande.

11 Er steuert nicht nach menschlichen Gebräuchen
Mit Segeln, Rudern schnell und langsam wieder,
Mit Flügeln fernste Ufer zu erreichen.

12 Und siehe – wie er schwenkte auf und nieder,
Die Lüfte teilend mit den heiligen Schwingen,
Die niemals wechseln müssen ihr Gefieder."

13 Indessen sie ihn nah und näher bringen,
Den Vogel Gottes, strahlten sie so helle, –
Daß sie die Augen wegzuschauen zwingen, –

14 Ich schlug sie nieder. Und zur Landestelle
Bewegte sich die leichtgebaute Fähre,
So leicht, als ob sie tanzte auf der Welle.

15 Am Hinterschiffe stand der Selig-Hehre,
Der Himmelsbote und die Zahl der Geister
Schien mir, als ob sie mehr als Hundert wäre.

16 „in exitu..." So hört ich mit dem Meister
Vereint den ganzen Psalm sie alle sangen,
Wie eine Stimme klang's vom Mund der Geister.

17 Und als die letzten Töne bald verklangen,
Macht er des Kreuzes Zeichen, als sie knieten.
So schnell er kam, so schnell war er gegangen,

18 Und jene die geblieben, nun sich mühten
An diesem Orte sich zurecht zu finden,
Die unverhofft in fremdes Land gerieten.

19 Es war kein Ort am Himmel mehr zu finden,
Den nicht die Sonne traf; von ihrem Lichte
umloht ließ selbst den Steinbock sie verschwinden.

20 Da wandten sie uns zu ihr Angesichte,
Die neuen Pilger: „Sagt, kennt ihr die Wege
Hinauf zum Berg, wohin die Schar sich richte?"

21 Vergil: „Ihr möget glauben, diese Stege,
Sie seien uns bekannt, doch dies mitnichten!
Wir sind hier fremd, wenn's auch nicht scheinen möge.

22 Auf andrem steilren Weg – laßt mich berichten –
Sind wir erst kurz vor euch hier angekommen,
Dies scheint uns Spiel, was wir an Steigung sichten."

23 Die Seelen, die es bald wahrgenommen
Allein am Atmen, daß ich noch am Leben,
Befiel Bestürzung, machte sie beklommen.

24 Wie Menschen eiligst sich dahin begeben
Wo mit dem Ölzweig sie das Neue künden,
Sich drängend, hastig in die Nähe streben –

25 So sah ich diese sich an mir entzünden;
Ihr Blick hat nur an meinem Mund gehangen
Zur Läutrung keine Eile mehr empfinden.

26 Ich sah wie einer eiligst kam gegangen
Und mich mit solcher lieb umarmen wollte,
Daß ich in mir gefühlt ein gleich Verlangen.

27 O Schatten, der nur Schein dem Auge zollte,
Ich habe dreimal seine Brust umschlungen,
Und dreimal ich ein Nichts umfangen sollte.

28 Da hat mich Bläße, glaub ich, angesprungen.
Der Schatten lächelte und ist gegangen,
Ich drängte doch sein Wort hat mich bezwungen,

29 Mir mild bedeutend: „Lasse dies Verlangen".
Da merkt ich wer er war und bat er möge
Verweilen, ein Gespräch noch anzufangen.

30 Und er: „Was mir ein Warten auferlege:
Wie ich den Sterblichen geliebt im Leben,
Lieb ich den Schatten. Sag mir Deine Wege?"

31 „O mein Casella, so es mir gegeben,
Will ich zur Erde, wisse, wiederkehren,
Doch sag, was hemmte Dich am Höherstreben?"

32 Und er: „Die Überfahrt mir zu verwehren,
Schon mehrmals war durch ihn zu recht geschehen;
Er wählt und läßt – Gerechtigkeit zu ehren –

33 Sein Wollen muß aus wahrem Grund erstehen;
Uns sieh: seit kurzem nahm er, die es wollten,
Ließ alle friedlich auf sein Schifflein gehen.

34 Auch ich stand, wo auch andre stehen sollten
Am Mund des Tiber, salzigem Meeresstrande;
Er hat Geduld mit Überfahrt vergolten.

35 Zu jener Mündung er die Flügel spannte
Dort sammeln sich die abgeschiedenen Seelen,
Die nicht zum Acheron Verdammnis sandte."

36 Und ich: „Wenn gegen neue Satzung du zu fehlen
Nicht drohst, der Liebe Lieder zu gedenken,
Die alles Weh und Sehnen mir erzählen,

37 Du würdest meiner Seele Tröstung schenken,
Die mit dem Leib und Last der Erdenzwänge
Bis hierher kam nach soviel Leidversenken."

38 „Die Liebe, die im Geiste mir entspränge"
Begann er also gleich das süße Singen;
Lang klangen in mir nach die süßen Klänge.

39 Mein Meister, ich und alle ihn umringen,
Wir waren von dem süßen Tone ganz gefangen,
Nichts andres konnte in die Sinne dringen.

40 Gebannt vom Klange war es uns entgangen,
Daß sich der Greis genaht, der edle Hüter,
Er rief: „Was tut ihr, was ist vorgegangen?

41 Ihr trägen Geister, lässige Gemüter!
Hinauf zum Berg die Flecken abzuseifen,
Die euren Blick zu Gott verfinstern wieder."

42 Und wie die Tauben auch die Flucht ergreifen,
Die friedlich sich auf Feldern niederlassen,
Und pickend ab ihr stolzes Wesen streifen.

43 Doch wenn dann plötzlich Angst sie will erfassen,
Und andre größre Sorge sie befallen,
Aufrauschend alles Futter liegen lassen –

44 So hat der strenge Ruf sie angefallen:
Den Sang zu lassen und zum Berg zu fliehen
War eins: schnell wollten sie zum Berge wallen!

Auch wir nun eilig mußten weiter ziehen.

III. GESANG

1 Es schien, daß sie sein Wort zur Flucht beflügelt,
Sie eilten auseinander im Gelände
Des Bergs, wo Reue sie und Einsicht striegelt.

2 Ich dachte: kaum den Weg allein ich fände,
Gern schloß ich mich ihm an, der mir Geleite,
Wer sonst auch wäre, der mich führen könnte.

3 Es schien mir, daß ihn irgend etwas reute:
O würdiges empflindliches Gewissen,
Dem solche kleine Fehle wird zum Leide!

4 Als wir uns ruhigeren Schritts beflissen –
Das Übermaß der Eile ihm gemäß nicht wäre –
Hat sich mein Geist, noch eben starr verbissen,

5 Befreit und öffnete sich neuer Sphäre,
Zur Bergeshöhe sich die Blicke stahlen,
Der mächtig vor uns aufstieg aus dem Meere.

6 Im Rücken glühten rot die Sonnenstrahlen,
Doch ihren Durchgang hemmten Hindernisse,
Und auch von meinem Leib sie Schatten malen.

7 Und jäh durchfuhr es mich: denn ich vermisse
Vergil – und glaubte mich von ihm verlassen;
Ich sah nur meine eignen Schattenrisse.

8 Mein Tröster: „Will denn Mißtraun Dich erfassen?"
Um dann mir völlig zugewandt, zu sagen:
„Glaubst Du – ich könnte Dich alleine lassen?

9 Dort ist jetzt Nacht, wo er zu Grab getragen
In Brindisi. Mein Leib gab gleichen Schatten.
Neapel wollte ihn in spätren Tagen.

10 Nicht mehr erstaune, daß ich ohne Schatten,
Als über Himmel und die lichten Wesen,
Wo Strahlen nie gehemmten Durchgang hatten.

11 Wie sie die Glut, die Kälte, Qual des Bösen
Ertragen – will die Kraft nicht wissen lassen,
Was dies bewirken mag in Schattenwesen,

12 Ein Narr, der hofft, wir könnten es erfassen,
Endlosenn Weg zu laufen fähig wären,
Der nur dem Dreigestalten-Wesen überlassen.

13 Das „daß“ o Menschen muß genug erklären!
Denn könnt' ihr alles sehen und verstehen,
Ihn brauchte nicht Maria erst gebären.

14 Ihr habt die fruchtlos Dürstenden gesehen,
Wohl wert, daß der Erfüllung Sonne scheine,
Nun ewig trauern und verhalten flehen

15 So Plato, Aristoteles ich meine
Und viele andere –“, die Stirne senkend
Sprach er nichts mehr, betrübt, verstört, alleine.

16 So redend schritten wir zum Hange lenkend,
Voll Schreck erkannte ich des Felsens Steile,
‚Hier finden keinen Halt die Füße“ denkend.
Wie zum Vergleiche dacht' ich eine Weile
An Turbia und Lerice: dort der Schroffsten eine
Wär' hier bequemes Treppengehn mit Eile!

17 „Wenn man nur kennte flachre Felsensteine“
So sprach er leise, hemmend seine Schritte,
„Hinauf zu steigen ohne Flug und Leine?“

18 Indess Vergil im Geiste Tritt um Tritte
Noch überlegte und die Blicke senkend
Sah ich, mich lösend von des Felsens Mitte,

19 Jetzt eine Seelenschar nach links hin schwenkend
Und schien gerade auf uns zu zu halten,
Auffällig langsamer nach vorne lenkend,

20 „Schau auf und frag' die um den Felsen wallten,
Ob sie den Weg, den Du nicht kennst, uns sagen,“
Sprach ich, „um Rat von ihnen zu erhalten.“

21 Er schaute auf und gab auf meine Fragen
Die ruhige Antwort. „Gut! Die Schar jetzt nahte!
So komm', mein Sohn, ich hoffe, daß sie's sagen:“

22 Noch waren sie recht weit von unsrem Pfade,
Erst als wir tausend Schritte schon bezwungen,
Und sie in guten Wurfes Weite grade
War sie zum, Felsmassiv schon vorgedrungen,
Dann dort vorm steilen Riffe angehalten,
Gehemmt, als ob sie Zweifel angesprungen,

23 Da sprach Vergil: „Erwählte Geistgestalten,
Vollendete , bereit zu jenem Frieden,
Der allen Euch sich herrlich wird entfalten,

24 Sagt uns, an welchem Ort des Berges bieten
Sich Möglichkeiten ihn auch zu besteigen?
Der's weiß, er sag es uns, sei schnell entschieden."

25 Wie Schafe aus der Hürde kommend zeigen:
Bald eins, bald zwei, zu Dreien sie entweichen,
Und andere den Kopf zur Erde beugen,

26 Und alle sind bestrebt, sich anzugleichen,
Zusammenrücken, ratlos stehen blieben,
Unwissend, still mit der Verschüchtrung Zeichen,

27 So sah ich's wie auch diese zu uns trieben.
Die Spitze dann der auserwählten Herde
Voll Scham und schüchtern vor uns stehen blieben.

28 Doch als sie sahn, daß gleich wie auf der Erde,
Zur Rechten mir das Licht sich brach am Wege,
Den Felsen streifend schattende Gebärde,

29 Da stockten sie und Staunen wurde rege –
Und nacheinander staunten sie dann alle;
Sie wußten nicht wie solches kam zuwege.

30 „Ihr seht" begann Vergil, „eh Frage falle,
Daß dies ein Menschenleib, ihr könnt es sehen,
Drum bricht sich Licht an ihm vom Sonnenballe.

31 Nicht wundern, glauben müßt ihr das Geschehen,
Nicht ohne daß ihn Himmelsmacht beschütze,
Versucht er über diese Wand zu gehen."

32 So sprach Vergil – ich sah – es war uns nütze:
„Kehrt um,“ So sagten sie, „dann gradaus immer.“
Die Richtung wies uns einer von der Spitze.

33 Und einer aus der Schar: „Wer Du auch immer
Nun seist – o wende Dein Gesicht und schaue
Mich an – ob in Dir ein Erinnerungsschimmer?“

34 Ich wandte mich, und prüfte aufs Genaue:
Blond war er, schön, von edlem Angesichte,
Doch spaltete ein Hieb die eine Braue.

35 Bescheiden ich die Wahrheit ihm berichte:
Daß ich ihn niemals sah. Er sprach: „o siehe,“
Und an der Brust ich eine Wunde sichte.

36 Er sagte lächelnd: „Manfred bin ich – ziehe
Mit dieser Schar – der Kaiserin Konstanze
Der Enkelsohn – und machts Dir keine Mühe,

37 So bitt' ich herzlich – weilest Du im Glanze
Der Heimat wieder – suche die, die Ehre
Siziliens gebar und Aragon's: Konstanze –

38 Such meine Tochter! Sag, die hahrheit wäre:
Zweimal getroffen, gab ich meine Seele
Dem Allerbarmer, weinend bittre Zähre.

39 Denn grauenvoll war meiner Sünden Fehle,
Doch jeden wird sein gütiger Arm erreichen,
So er nur seiner Gnade sich empfehle.

40 Und hätt' Cosenza's Hirt' die Gotteszeichen –
Ihn hetzten Clemens Schergen – recht verstanden,
Er wußte wohl der Suche auszuweichen,

41 Es wären die Gebeine noch vorhanden
Bei Benevento dort am Brückenschachte,
Wo sie im Schutz der Steine Ruhe fanden.

42 Nun peitscht der Regen sie bei Tag und Nachte
Im Sturm am Verde-Strand – dem Reiche ferne –
Wohin er bei gelöschtem Licht sie brachte.

43 Kein Bannstrahl dunkelt ewiger Liebe Sterne,
So lange noch ein Fünkchen Hoffnung wäre,
Naht uns noch Hilfe, auch dem Ärmsten gerne,

44 Nur muß ein jeder – traf ihn Bannes Schwere
Der heiligen Kirche, reut's ihn auch am Ende –
Hier warten, darf nicht in die höh're Sphäre

45 Des Bergs, eh dreißigmal die Zeit entschwände,
Solang' er in der Sünde Trotz sich hüllte,
Wenn nicht Gebete bringen frühre Wende.

46 Du siehst, daß froh und glücklich ich mich fühlte,
Bringst Du der guten Tbohter von mir Kunde,
Wie Du mich sahst, wie ein Gebot mich hielte, –

47 Gebete drüben lindern manche Wunde."

IV. GESANG

1 Wenn Schmerzen oder Freude uns bewegen,
So sehr, daß jede Kraft davon gefangen,
Gefesselt hält der Seele ganz vermögen,

2 Kann andres – wie es scheint – nie Macht erlangen
Drum irrt wer glaubt, daß in uns viele Seelen,
Und jede könnt getrennt die Welt empfangen.

3 Drum magst Du hören oder sehen wählen –
Wenn das Geschehn die Seele tief er bindet,
Die Sinne füllt, sind Stunden nicht zu zählen.

4 Wenn eine Kraft sich durch das Hören kündet,
Ruht unbewußt die andre in der Seele:
Frei wirkt die eine, und die andre schwindet.

5 Erfuhr es an mir selbst, was ich erzähle:
Die Sonne war schon fünfzig Grad gestiegen
Seit dem Gespräch, wie man den Weg nicht fehle,

6 Doch merkt ich's nicht, nur wir dem Schritt uns fügen.
Und plötzlich hielt die Schar an einer Wende,
Und rief: „Dort wird der Weg hinauf sich biegen."

7 Der Spalt war schmal – ein Bündel Reisig könnte
Mit einer Gabel ihn der Bauer schließen –
Zur Zeit, wenn Traubenreife im Gelände.

8 Am Hohlweg uns die Geister gleich verließen.
Mein Meister stieg als erster in die Spalte,
Ich hinter ihm mit erdenschweren Füßen.

9 Bezwing San-Leo, steige ab zur Halde
Bei Noli, Bismantova's Gipfelgrate
Zu Fuß: doch hier wohl gleich das Fliegen walte.

10 Ich meine: Schwung und Flug zum Höhenpfade
Der großen Sehnsucht – mit Vergil zu fliegen,
Der Hoffnung gibt und Licht mit seinem Rate.

11 Den engen Steinweg sind wir aufgestiegen
Und – seitlich drohten schroffe Felsenwände –
Doch Beine und die Hände ihn besiegen.

12 Bald sehen wir ein freieres Gelände.
Ich sprach, als wir am Rande oben standen:
„Sag Meister, wie man weiter gehen könnte."

13 Er sagte: „Tiefer darfst Du niemals landen,
Zur Höhe unverdrossen mit mir strebe:
Bis Kundige des Wegs wir wieder fanden."

14 Ich sah den Dipfel nicht: Dem Anstieg gebe
Ich mehr an Graden als vom Viertel Kreise
Die Hälfte, wenn ich ihn zum Maß erhebe!

15 Da ich schon müde, sprach ich in der Weise:
„O lieber Vater, schau zu mir nach hinten,
Wenn Du nicht wartest, ich alleine reise."

16 Er sprach: „Bis hierher mußt Du Dich noch schinden."
Und wies auf einen Felsen, wenig höher,
Dess' Rand sich um den Berg begann zu winden.

17 Sein Wort nun spornte meinen Willen jäher
Und zwang zum Klettern mich, ich folgt ihm wieder,
Bald war ich auch dem Felsengürtel näher.

18 Um Auszuruhen setzten wir uns nieder,
Zu sehen welchen Aufstiegsweg wir nahmen,
Und solche Rückschau freute uns dann wieder.

19 Zuerst sah ich hinab zum Uferrahmen,
Mich wendend dann zur Sonne: Welch Geschehen!
Die Sonnenstrahlen jetzt von linksher kamen.

20 Der Dichter konnte mein Verwundern sehen,
Ich starrte wie gebannt zum Sonnenwagen,
Der zwischen uns und Norden schien zu gehen.

21 „Castor und Pollux," hörte ich ihn sagen,
„Wenn sie jetzt vor dem Sonnenspiegel wären,
Da dessen Strahlen auf und abwärts jagen

22 Der rosa Tierkreis würde Dich belehren,
Sofern sich nicht die alte Bahn verschoben,
Daß er jetzt näher kreise bei den Bären.

23 Doch gleichviel, wie es auch geschehen oben –
Bedenk' in Deinem Innern: Zion wäre
Wo dieser Berg, der einst hier hochgehoben, –

24 Obgleich ein jed's auf andrer Hemisphäre,
Sie doch auf gleichem Horizonte stünden,
Der Weg – er brachte Phäton keine Ehre, –

25 Er muß – Du siehst's – vom Berge links sich finden,
Bei Zion doch erkennst Du, wie's geschehen, –
Sich an der rechten Flanke höher winden."

26 „Gewiß mein Meister", sprach ich, „will gestehen,
Nie konnt ich Klarheit in die Sache bringen,
Da es mein Geist nur mangelhaft gesehen.

27 Der Mittelkreis, der schnellste von den Ringen,
Den auch die Wissenschaft Äquator nannte,
Muß zwischen Sommer und dem Winter schwingen.

28 Aus gleichem Grund, der für des Nordens Lande
Zugleich im zweigestalten Reich der Sterne,
Er sich zum Süden zu den Juden wandte.

29 Doch wenn es Dir gefällt, ich hätte gerne
Gewußt: wie lang wir gehen, eh wir steigen,
Die Augen reichen nicht in solche Ferne."

30 Und er zu mir: „Dem Berge ist es eigen,
Am Fuße lastet immer mehr die Schwere,
Je höher, umso leichter wird das Steigen.

31 Hast Du den Eindruck, daß es schöner wäre,
Wird auch das Gehen leichter sich ertragen,
Wie flußabwärts das Schifflein dich belehre,

32 Dann wird das Ende Deines Weges tagen,
Wird dir verdiente Ruh nicht vorenthalten,
Ich will Dir nur die reine Wahrheit sagen."

33 Noch ehe seine Worte ganz verhallten,
Ertönte eine Stimme in der Nähe:
„Oder auch zum Sitzen angehalten."

34 Beim Klang der Stimme wandten wir uns jähe,
Sahn einen Felsenblock zur linken Seite,
Der keinem aufgefallen trotz der Höhe.

35 Wir gingen hin und sahen viele Leute,
Die hinter diesem Fels im Schatten saßen,
Wie es den Lässigen seit je erfreute.

36 Und einer, der mir über alle Maßen
Ermüdet schien, hielt seine Knie umschlungen,
Saß kopfgesenkt, nicht wie die andren saßen.

37 „O Herr, sieh diesen, dessen Huldigungen
Der Faulheit gelten, und es will mir scheinen
Wie einer, der als Schwester sie besungen.“

38 Der Träge hob die Blicke von den Beinen
Und schielte hoch zu mir und sprach die Worte:
„So gehe, wenn Du tüchtig willst erscheinen.“

39 Da wußt’ ich wer er war: Obwohl vom Torte
Des Kletterns noch nicht frei, das Atmen jäher,
Ging ich zu ihm, doch als ich dann am Orte,

40 Ihm nahe war, hob er den Kopf kaum höher
Und sprach: „Hat wirklich denn der Sonnenwagen
Nicht links gestanden und Dir rechts nicht näher?“

41 Die träg’ gesprochnen Worte, sein Behagen
Entlockten mir ein Lächeln, und ich sagte:
„Für Dich, Belacqua, Sorge noch zu tragen

42 Scheint nicht mehr nötig: „Doch“ so ich noch fragte
„Was sitzt Du hier? Erwartest Du Genossen?
Ist’s alte Neigung, die Dich wieder plagte?“

43 Und er, „was hilft’s zu klettern diese Sprossen,
O Bruder, denn zur Buße einzugehen
Verwehrt der Engel, der das Tor verschlossen.

44 Es muß so oft das Sternenreich sioh drehen,
Als ich an Jahren blieb im Sündenmeere,
Weil erst am Ende Reue war gesehehen,

45 Falls nicht ein reines Herz für diese Schwere
Die Zeit verkürzt durch Flehn im Stand der Gnade,
Da alles andre doch vergeblich wäre.“

46 Doch schneller schritt der Dichter auf dem Pfade
Und sprach: „So komm’. Schon sinkt am Mittagskreise
Die Sonne, Dämmrung naht schon vom Gestade,

47 Und auf Marokko sinkt die Nacht schon leise.

V. GESANG

1 Schon war ich von den Seelen fortgegangen,
Den Spuren meines Führers folgend wieder,
Als eine auf mich zeigend angefangen

2 Zu schrein: „Seht links zu jenem Wandrer nieder!
Er hemmt den Strahl der Sonne, will mir scheinen,
Mich dünkt lebendig regt er seine Glieder.“

3 Mich nach dem Klange wendend, sah ich einen,
Der sah auf mich, nur mich, auf meinen Schatten –
Daß ich ein Wunder wohl, schien er zu meinen.

4 „Wie kannst Du Deinem Geiste denn gestatten,“
Sprach nun mein Meister „Dich so zu verstricken,
Den Schritt zu hemmen, rührt Dich was sie hatten?

5 Mir folge – laß sie redend Dich zerpflücken,
Steh wie ein fester Turm, der nimmer wanken
Im Winde wird, sich nimmer läßt verrücken!

6 Denn jagen die Gedanken die Gedanken,
Rückt immer mehr das Ziel in weite Ferne,
Weil haltlos sie im Wurzellosen schwanken.“

7 Was konnt ich andres sagen: „Komme gerne,“
Mit der Beschämung Röte auf den Wangen,
Die uns Verzeihung bringt, bei gutem Kerne,

8 Indess kam eine Seelenschar gegangen,
Sie querten unsern Weg kurz vor dem Hange,
Im Wechsel sei das „Miserere“ sangen.

9 Als sie erkannten, daß das Licht sich fange
Am Körper, sie ein heiser „oh“ erheben,
Vom Sange lassend, hingezogen lange,

10 Zwei sah ich gleich vom Haufen zu uns streben
Als Abgesandte eilḡst uns zu fragen:
„Könnt’ ihr, was Euch betrifft uns Auskunft geben?“

11 „Geht ruhig wieder“, hörte ich den Meister sagen,
„Um denen, die euch sandten zu erzählen,
Daß dieser lebt und darf sein Fleisch noch tragen.

12 Wenn sie sich nur des Schattens wegen quälen,
Wie's scheint, mag dies sie sicher überzeugen:
So ehret ihn und Hilfe wird nicht fehlen."

13 Nie sah ich schneller heiße Dünste steigen,
Die Heiterkeit der frühen Nacht durchsetzen,
Noch – sinkt die Sonne – Wolken Risse zeigen,

14 Wie jetzt die Beiden zu dem Haufen hetzen,
Drauf alle sie sich wieder schleunigst wandten,
In zügellosem Laufe zu uns wetzen.

15 „Sie kommen, die durch Nachricht übermannten"
Sprach jetzt Vergil „zu fragen uns in Eile,
Geh weiter, gehend hör' die Hergerannten!"

16 „O Seele, auf dem Weg zum höchsten Heile
Noch in dem Leibe, wie im Erdenleben,"
So riefen sie „verhalte eine Weile.

17 Schau her, ob Dir Erinnerung gegeben,
Ob einen Du gesehn! Nach drüben Nachricht bringe!
O warte doch, kannst Du nicht rasten eben?

18 Nur durch Gewalt traf uns des Todes Schwinge,
Wir waren Sünder bis zur letzten Stunde –
Doch sahn wir Licht, eh uns gefaßt die Schlinge.

19 Als wir – bereuend schon in tiefstem Grunde
Auch schon verzeihend, sind dahingegangen,
Versöhnt, uns sehnend nach des Himmels Runde."

20 Und ich: „Entsprechend eurem heiß Verlangen,
So sehr ich auch in euer Antlitz schaue,
Nie hat ein Bild von Euch mein Aug' empfangen.

21 Doch sprecht den Wunsch, Erkorene, ich baue
Auf den, der hier mich führt, und jenen Frieden,
Den ich noch suche, wandelnd durch die Gaue."

22 Und einer sprach: „Dein Wort bedarf hinnieden
Des Schwures nicht, und gern wir dir Vertrauen –
Sofern Nicht-Können Dir es mag verbieten,

23 Vor andren will ich mich Dir anvertrauen,
Als ersten höre mich: „Kommst Du zum Lande,
Das zwischen Karls und der Romagna Gauen,

24 Nach Fano, daß dort Hilfe käm' zustande
Durch Deine Bitten fördernd die Gebete,
Daß bald ich sühnen darf der Sünden Schande,

25 Von dort ich stamme; doch die tiefe, schnöde
Verwundung schlugen jene aus dem Lande
Von Antenor – Verfolger nach der Fehde,

26 Und wo ich glaubte zu entgehn der Bande,
Die der von Este dang und dessen Hassen
Noch überstieg das Maß des Hassens Schande.

27 Wär' ich nach Mira, war ich nicht zu fassen,
Als sie bei Oriago mich überfallen,
Ich hätte nicht mein Leben schon gelassen.

28 Ich floh durch Sumpf und Schilf und lroor vor allen,
Verstrickte mich und taumelte zur Erde,
Dann sah ich noch mein Blut aus Adern wallen."

29 Ein andrer dann mit flehender Gebärde:
„Bei Deinem Wunsch am Berge mehr zu reifen –
O hilf', daß mir auch eher Hilfe werde.

30 Bin Buonconte aus Montefeltro's Streifen,
Von Gianna schon und andren lang vergessen,
Drum muß ich hier gesenkten Hauptes schweifen.

31 Und ich: „Sag welch' ein bös' Geschick, durch wessen
Verfolg aus Campaldino Du verschwunden,
daß keiner weiß, wo Du ein Grab besessen?"

32 „O" sprach er „wo am Casentino unten
Die Wasser, die am Apennin entspringen
Und zum Archiano ihren Weg gefunden,

33 Wo dessen Wasser in den Arno dringen,
O dorthin kam ich mit durchstochner Kehle
Noch blutend, fliehend, schon im Todesringen.

34 Dann losch das Licht – ein letztes Wort ich quäle
Aus mir: „Maria“ und dann war es geschehen –
Und stürzend –wo? – verließ den Leib die Seele.

35 Die Wahrheit bring’ den Menschen – dies mein Flehen:
Der Engel Gottes war mir dann erschienen. –
Die Hölle schrie: ‚Soll dieser mir entgehen?

36 Das Ewige muß Euch leider wieder dienen,
Um einer Träne willen darf er ziehen,
Mein ist der Rest und den entzieh’ ich ihnen.‘

37 Wenn, wie du weißt, sich feuchte Dünste mühen,
Zu hohen Höhen, dort sich sammelnd, steigen,
Um dann erkaltend Regen zu versprühen,

38 Sich Bösem, Rauch und Stürme mengend, beugen,
Wenn Überlegung sich mit ihm verbindet,
Gemäß der Kraft – ihm von Natur zu eigen,

39 Das Tal, das sich bei Pratomagno findet,
Bedeckt mit schwarzen Wolken, Tiefen, Höhen,
Luft und Bewegung finstre Drohnung kündet,

40 Aufladung sich entlädt in Sturmesböen,
Als Regenstrom, der alle Gräben füllet,
Verwandelnd alles rings in Flut und Seen,

41 So stürzte, dessen Wut kein Halten stillet
Zum königlichen Fluß der Archian nieder,
Sturm und Vernichtung speiend, heult und brüllet.

42 Mein Leib fand sich im Archian wirbelnd wieder,
– Gefroren treibend bis zum Arno Strande –
Und trieb, ihm lösend seiner Arme Glieder

43 Die ich gekreuzt, als Schmerz mich übermannte,
Vom Ufer werfend mich zum tiefen Grunde
Als Beute, eingehüllt ins Schlammgewande.“

44 Dann hört ich aus des dritten Geistes Munde:
„Wenn Du zurück von Deiner langen Reise,
Und ausgeruht in einer guten Stunde,

45 So denk' an Pia, ihres Todes Weise;
In Siena geboren, in Maremm' gestorben.
Der weiß es, dem ich Angetraute heiße,

46 Der Stein und Ring mit gab mit Trug umworben.

VI. GESANG

1 Wenn nach dem Würfelspiele alle gehen,
Verharrt nur der Verlierer noch in Trauer,
Nach Gründen forschend, wie es denn geschehen.

2 Und viele, sind dem Sieger auf der Lauer:
Die einen folgen, jene gehn nach vorne,
Der zupft am Arm ihn, frägt ihn noch genauer,

3 Er hört's nicht, wenn man ihn zum Bleiben sporne,
Er gibt die Hand und späht, wie er sich drücke,
Entweichen will dem Glückwunsch oder Zorne.

4 Ich war in gleichem zweifelhaften Glücke,
Mich zu befrein aus dichtgedrängter Menge,
Gab ich Versprechen, dahin, dorthin nicke.

5 Den Aretiner sah ich im Gedränge –
Den Ghin di Tacco wütend totgeschlagen –
Und einen, der ertrank beim Jagdgezwänge.

6 Sah Vieler Arme bittend nach mir ragen:
Fred Novello und aus Pisa einen,
An den Marzuccos Kraft sich konnte wagen.

7 Den Grafen Orso sah ich auch erscheinen,
Er starb – so sagt er – nur am Haß und Neide,
Die eigne Schuld am Tod will er verneinen.

8 Ich meine Pier von Brosse; und zur Beute
Droht auch die Herrin von Brabant zu fallen,
Wenn sie nicht bald erkennt den Trug der Meute.

9 Als ich mich nachher freigemacht vor allen
Die baten, andre mögen für sie bitten,
Zur heiligen Höhe schneller hoch zu wallen,

10 Da frug ich: „das ein Urteil unbestritten,
Wie ich es las, o Licht, in Deinem Buche,
Nicht ändern kann das Flehen oder Bitten

11 Sag diese hier auf ihrer Heiles Suche,
Ihr Flehen im Gebet – ist es vergebens,
Faß ich den Sinn nicht ganz im harten Spruche?“

12 Und er zu mir: „Nicht hoffnungslosen Strebens
Sind sie – und meine Worte auch nicht trügen,
Versteh' sie mit gesundem Sinn des Lebens.

13 Des Urteils Spitze kann man ab nicht biegen,
Was auch die Glut der Liebe mag vollbringen:
Wer hier sich läutert, muß sich selbst besiegen.

14 Als damals ich begann mein Lied zu singen,
War durch Gebet nicht sühnbar Tat und Sünde,
Es konnte nicht zum wahren Gotte dringen!

15 So hohe Fragen jetzt jedoch verwinde!
Erwarte sie: Sie sagt's wie Zweifel schwinden:
Ihr Leuchten Wahrheit und Verstehn verbinde!

16 Versteh' mich recht: Beatrice wird es künden!
Du wirst sie auf des Berges Gipfel sehen,
Du wirst sie lachend dort und glücklich finden."

17 Und ich: „O Meister laß uns schneller gehen,
Ich bin nicht mehr erschöpft, ich bin nicht müde –
Und sieh: Im Schatten stehen kaum die Höhen!"

18 „Wir werden", sprach er nun zu mir in Güte,
„Den Weg verfolgen bis zum Tagesende,
Doch der ist weiter als Dein Sinn erriete.

19 Bevor Du ankommst steht schon an der Wende
Die Sonne, die grad hinterm Berg verschwindet,
Bald brichst Du nicht die Strahlen im Gelände.

20 Doch schau: Die Seele die sich dort befindet
Allein und ruht, vielleicht sie uns erzähle,
Wo sich der beste Weg zur Höhe windet."

21 Wir gingen hin: „O Du Lombardenseele,
Wie sahst Du eisig nun und stolz entgegen,
Selbst die Verachtung – schien's – Dein Aug nicht hehle."

22 Nichts mochte sie zum Reden wohl bewegen,
Sie folgte unsrem Schritt durch Augenwenden,
Wie Löwen, die der Ruhe lässig pflegen.

23 Allein Vergil – der Blicke Spiel zu enden –
Ging hin zu ihr und bat den Weg zu zeigen.
Doch Antwort schien ihr nur ein Wortverschwenden.

24 Und dennoch brach die Seele jetzt ihr Schweigen:
Sie frug nach unsrem Land, wohin wir streben.
„Aus Mantua," begann ich anzuzeigen.

25 Mein Führer. Jene tat sich jäh erheben:
„Bin Mantuaner, bin aus Deinem Orte"
Umarmte ihn, „Sordell war ich im Leben."

26 Italien weh! Sklavin! Schmerzensorte!
Schiff ohne Steuermann auf Sturmes Wogen,
Nicht Herr von Ländern, nein! Der Dirnen Horte!

27 Und dennoch sah die Seele sich bewogen,
Den lieben Landsmann stürmisch zu begrüßen,
So hat der Heimat Klang sie angezogen.

28 Jetzt nie einander sie sich Ruhe ließen,
Sie führen mit sich selber immer Kriege,
Wenn auch die gleichen Mauern sie umschließen.

29 Such', Elende, wo sich ein Frieden füge:
Wend' Deine Blicke bis zum Meeresstrande,
Blick' dann ins eigne Innre: Haß und Lüge!

30 Was nützt der Zügel Straffung denn im Lande
Durch Justinian – da keiner lenken wollte?
Fast wäre ohne ihn geringre Schande.

31 O Volk, das doch nur willig folgen sollte!
Den Kaiser rufen müßte für uns alle,
Wenn es nur Gottes Wink verstehen wollte.

32 Sieh dieses böse Tier in Deinem Stalle!
Die Sporen fehlten, Lenkung zu erzwingen,
Obwohl die Hand schon an der Gürtelschnalle!

33 O deutscher Albrecht! Ließest zaumlos springen
Das Pferd – nun ist es störrisch ohne Lenke,
Du solltest Dich in seinen Sattel schwingen.

34 Gerechtes Urteil sich von Sternen senke
Nun auf Dein Blut, ganz neu sich offenbare,
Daß auch in Furcht der Erbe daran denke!

35 Du und Dein Vater ließen Jahr um Jahre
Die Habsucht herrschen in dem eignen Lande,
Indess im Reiche brach des Gartens Gare.

36 Sieh Filippeschi, Monaldi's Schande!
Montecchi und Cappelletti mußt Du sehen!
Von Sorgen und von Not schon übermannte!

37 Komm, Grausamer, und sieh das Kampfgeschehen
Der Edlen, komm, versöhne die Entzweiten,
Dann wird auch wieder Santafior erstehen!

38 Komm her, sieh Rom in bittren Leiden,
Das Tag und Nacht Dich rief, verwaist geblieben:
„Mein Kaiser – warum kamst Du nicht beizeiten?"

39 So komm und sieh wie Dich die Menschen lieben!
Fühlst Du kein Mitleid, rühren Dich nicht Klagen,
So komm, und schäm' Dich, daß Dein Ruf geblieben!

40 Allmächtiger! Ists denn erlaubt zu fragen:
Hat sich Dein Richterauge abgewendet,
O Höchster Du, für uns ans Kreuz geschlagen,

41 Hat sich die Vorbereitung nun vollendet,
Daß aus dem Abgrund neues Heil entsteige,
Geheimen Ratschluß uns ein Gutes sendet?

42 Daß sich Italien Tyrannen beuge
Erkenn': Marcellus wird ein jeder Bauer,
So er gefügig der Partei sich zeige.

43 O mein Florenz! Du freu' Dich! Spar die Trauer,
Es trifft Dich nicht mein Reden – dank es jenen,
Die klug sich tummeln hinter Deiner Mauer.

44 Im Herzen manche an das Recht sich lehnen,
Sie zielen, doch zu lange überlegen –
Die meisten sich im Recht vollmündig wähnen.

45 Und viele fliehn das Amt der Pflichten wegen,
Dein Volk gibt Antwort, ohne daß man fragte
Und schreit: „Laßt mich nur ran, ich will mich regen."

46 Doch Grund zur Freude hast Du wie man sagte,
Du hast ja Frieden, Geist, Du hast Vermögen:
Die Wirkung zeigt, daß ich die Wahrheit wagte.

47 Athen und Lakedaimon schufen Segen,
Nur kleine Schritte machend mit Gesetzen,
Ihr aber müßt die Paragraphen pflegen,

48 Und fein erdacht die Bürger zu ergetzen,
Was Du geschaffen in Oktobers Mitte,
Wird im November zum papiernen Fetzen.

49 Bedenk' wie oft Du änderst Recht und Sitte,
Die Ämter, der Reformen jede Menge,
Daß die ‚Gesellschaft' sich zusammenkitte.

50 Bedenke: Schau auf Dich in dem Gedränge,
Du gleichst dem Kranken, der sich in den Kissen
Verwühlt, daß Schmerzen er und Qual bezwänge

51 Und dennoch jede Ruhe muß vermissen.

VII. GESANG

1 Nach der Begegnung würdigem Verehren,
Und frohe Worte sich einander gaben,
Erhob Sordell die Frage, wer wir wären.

2 „Eh Seelen auf dem Berg begonnen haben,
Sich läuternd würdiger zu Gott zu finden,
Ließ meinen Leib Octavian begraben.

3 Ich bin Vergil – so höre, nicht durch Sünden
verlor das Heil ich, nur der Glaube fehlte."
So wollte es mein Führer ihm begründen.

4 Wie einer, den ein Trugbild plötzlich quälte,
Erstaunt noch fragen will, weil Zweifel plagen
An allem was geschah, was man erzählte –

5 So fassungslos erschien mir sein Betragen,
Er nahte ihm mit demutsvollen Blicken,
Hat wie ein Kind den Arm um ihn geschlagen:

6 „O Ruhm der Römer" sprach er vor Entzücken,
„DU zeigtest unsrer Sprache ganzes Können,
Für ewig wirst Du unsre Heimat schmücken.

7 O unverdiente Gnade – Dich zu kennen!
So mögest Du für würdig mich befinden
Der Hölle Ort, von wo Du kamst, zu nennen!"

8 Durch alle Kreise in den Schmerzensgründen,
War seine Antwort, „Ich ging durch Höllenstraßen,
Die Kraft vom Himmel half, den Weg zu finden.

9 Durch tun verlor ich nicht, allein durch Lassen –
Der hohen Sonne Anblick – Dein Ersehnen –
Ich kam zu spät und mußte es verpassen.

10 Dort unten ist ein Ort im Reich der Tränen,
Doch ohne Qualen – nur erfüllt von Klagen,
In Dämmerung und Trübsal seufzend, stöhnen,

11 Mit Kindern, die in frühen Lebenstagen
Der Tod bezwungen, sind wir dort beisammen,
Die ungetauft die Erbschuld in sich tragen.

12 Mit jenen – früh und ohne Schuldverdammen –
Abgeschieden – eh das Heil sie kannten,
Mit Tugenden, die ihrem Volk entstammen.

13 Doch wenn Du kannst, zeig uns in diesen Landen
Den Weg, daß wir zu jenen schneller finden
Am Berg der Buße, die in Sühnebanden."

14 Und er: „Kein Ort kann uns mit Fesseln binden,
Mir ist erlaubt nach oben und auch rings zu gehen;
So ich's vermag, will ich den Weg ergründen.

15 Indessen schau, schon will der Tag vergehen
Und nachts kann man den Berg hinauf nicht streben
Drum sollten wir ein Lager uns erspähen.

16 Doch sieh, zur Rechten uns die Seelen eben –
Wenn Dus erlaubst, so führ ich Dich zu Ihnen,
Es wird Dich freun, wenn wir uns hinbegeben."

17 „So sag mir vorher, jene die hier sühnen,
Hemmt sie Verbot, des nachts hinauf zu schreiten
Durch andre – oder selbst sich nicht erkühnen?"

18 Sordell, der Gute, ließ den Finger gleiten
Am Boden: „sieh, Du könntest die Gerade
Nach Sonnenuntergang nicht überschreiten.

19 Der Wille stockt zu gehn auf dunklem Pfade,
Und Finsternis nimmt uns den Drang zur Höhe.
Nur Licht vermag, daß man mit Kraft sich lade.

20 Es ist nur möglich, daß man abwärts gehe
Und ziellos wandern an dem Bergesrande,
Eh nicht am Horizont der Tag erstehe."

21 Mein Meister, fast erstaunt, daß ers nicht kannte:
„Führ' uns, wie Du gesagt, zu diesem Orte
Wo wir, wo Freunde sind, zu ruhn imstande!"

22 Wir brachen auf, gelenkt von seinem Worte;
Nach kurzem Weg schon sahen wir die Senke
Und schritten wie durch eine Muldenpforte.

23 „Dorthin“ so sprach der Geist, „nun jeder lenke
Den Schritt, und wo am Hang das Tal sich weitet;
Wir bleiben bis der Tag sich neu uns schenke.“

24 Ein schmaler Pfad hat uns dorthin geleitet;
Bald standen wir am Eingang vor dem Tale,
Der Saum hat sich zur Fläche ausgebreitet.

25 Scharlach und Silber, Bleiweiß und Opale
Und Gold und indisch Holz, lebendig heiter,
Smaragd, gebrochen frisch im Morgenstrahle,

26 War übertroffen von der Farbenleiter,
Der tausend Blumen in dem grünen Rasen
Das ganze Tal bedeckend und noch weiter.

27 Doch die Natur noch mehr sich solchermaßen
Verschwendete: so unbekannte Süße
Des Dufts die Blumen niemals je besaßen.

28 „O Königin – Dir gelten unsre Grüße“
So klang es aus dem Chor der müden Seelen,
Der hinterm Walle saß der Blumenwiese.

29 „Laßt uns zum Sitzen diesen Stein erwählen!“
Sprach nun Sordell, „bevor die Sonne schwindet:
Laßt unser Hiersein ihnen noch verhehlen,

30 So könnt Ihr hören, was ein jeder kündet.
Und besser sehen ihr Gesicht und Mienen,
Als wenn Ihr selbst im Tal vor ihnen stündet.

31 Seht dort den höchsten Sitz hat unter ihnen
Der schweigt, läßt deutlich am Gesicht erkennen,
Was er versäumt, Versäumtes nun muß sühnen,

32 Ist Kaiser Rudolf – hätte heilen können
Italiens Wunden, die’s zum Abgrund brachten –
Den Retter wird man erst viel später nennen.

33 Und der, dess’ Blicke tröstend ihn betrachten
Kommt aus des Moldau-Flusses grünem Lande,
Dess’ Wasser durch die Elbe meerwärts trachten.

34 Ist Ottokar Sein Sohn war eine Schande,
Hieß Wenzel mit dem Barte, der nur praßte
In eklem Nichtstun protzendem Gewande

35 Daneben, der sich an die Nase faßte,
Die kurze – mit dem Glütigen zu Rate –
War Frankreichs Blüte – auf der Flucht verblaßte.

36 O seht wie er sich selber ohne Gnade
Die Brust zermartert, einer ihm daneben
Das Haupt mit Händen seufzend stützt gerade:

37 Sie waren Schwäher und auch Vater einst im Leben,
Vom Bösen stammen sie aus Frankreichs Gauen,
Die Schande kennend läßt sie so erbeben.

38 Und jener dort so kräftig anzuschauen,
Mit ihnen singt, der mit der starken Nase,
Der wollte sich an Tugenden erbauen –

39 Wär' nur sein Sohn gefolgt in gleichem Maße,
– Der Jüngling sitzt dort hinter seinem Rücken –
So wanderte der Wert von Vas' zu Vase.

40 Auch andren Erben wollte es nicht glücken,
Denn Friedrich, Jakob erbten zwar die Reiche,
Doch war es für das Erbe kein Entzücken.

41 Denn selten, daß der Sproß dem Spender gleiche
An Redlichkeit, was ja des Gebers Wille,
Daß vom Empfangenden ihn Dank erreiche.

42 In dieses Wort ich jene gleichwohl hülle:
Den lang Be'nasten, Peter auch beim Singen:
Sieh der Provences, Apuliens Leidesfülle!

43 So wenig seinem Sproß die Lieder klingen,
So sehr Konstances Gattens Ruhm erblühte,
Wie Bea' nicht und Margret ihn erringen

44 Seht dort den König, einfach von Gemüte,
Ist Englands Heinrich, sitzt dort ganz verlassen,
Der mehr sich um der Söhne Glück bemühte.

45 Der, den dort tiefer unsre Blicke fassen,
Nach oben schaut, ist Wilhem der Marchese
– In Alexandria sie ihn bitter hassen –

46 Weint Monferrat und mit ihm Canavese.

VIII. GESANG

1 Schon war die Stunde, da ein wehes Sehnen
Der Schiffer Herz bewegte vor Heimverlangen,
Der Freunde Abschiedsstunde unter Tränen,

2 Des neuen Pilgers Stunde, der voll Bangen,
Hört er der fernen Heimat-Glocken läuten,
Wie Weinen um den Tag, der hingegangen.

3 Kein Singen hört ich mehr, kein Wort von Leiden.
Sah eine Seele drüben sich erheben,
Sah, wie sie Zeichen gab nach allen Seiten.

4 Sie hob und faltete die Hände eben.
Die Augen andachtsvoll nach Osten wandte
Als wollt sie sagen: „Gott bin ich ergeben!"

5 Und sie begann das Lied „Te lucis ante …"
So mild und süß hat mir der Klang geklungen,
Daß Selbstvergessenheit mich übermannte.

6 Und alle haben innig mitgesungen
Die Hymne fromm und demutsvoll zu Ende,
Die Augen blicktem hoch voll Huldigungen.

7 O Leser, schärfe jetzt dein Aug' behende,
Nun hat der Schleier sich so sehr gelichtet,
Daß man das Kommende fast greifen könnte.

8 Ich sah wie sie den Blick zur Höh' gerichtet,
Blaß das Gesicht und demutsvoll die Mienen,
Als ob das Aug' das Kommende schon sichtet.

9 Ich sah aus ferner Höh' zum Tal zu ihnen
Zwei Engel mit dem Flammenschwerte schweben,
Die an den Spitzen abgebrochen schienen.

10 Der Farbe jungen Grüns – der Pflanzen Leben –
War ihre Kleidung, grün auch das Gefieder
Im Flug wie Schleier flatternd sie umgeben.

---

* Im Gedenken an Matz
Mathias Schäfer
des Bruders 10. 6. 81 †

11 Der eine ließ sich in der Nähe nieder,
Der andre schwebte hin zur Gegenseite,
In Tales Mitte blieb der Haufen Müder.

12 Ich sah: sie hatten blonde Haare beide –
Doch ihr Gesicht die Augen mir verwirrte,
Weil mit dem Übermaß der Kraft im Streite.

13 Sordell: „Die Engel mit dem Schwertgegürte
Marias Bote sind das Tal zu schützen,
Und weil wohl bald die Schlange kommen würde."

14 Nicht wissend, welchen Weg sie wollte nützen,
Schaut' ich mich um, geschüttelt schon von Schaudern,
Und sucht an treuen Schultern mich zu stützen.

15 Sordell: „Laßt uns nicht länger zaudern.
Laßt uns zum Tale zu den Schatten gehen.
Es wird sie freun wie wir uns freun zu plaudern."

16 Schon nach drei Schritten blieb ich unten stehen.
Nicht weit von mir erblickt ich plötzlich einen,
Der tat, als ob er früher mich gesehen.

17 Es war schon dunkel: nur im letzten Scheinen
Des Tages glaubten wir uns zu erkennen:
Wie er an meinen Augen, ich an seinen.

18 Wir kamen aufeinander zu und nennen
Die Namen: „Richter Nino – welche Freude,
Als nicht Verdammten Dich hier sehn zu können."

19 Die liebsten Grüße tauschten wir nun beide.
Er frug: „Wann durftest Du am Berg erscheinen,
Von unten durch die fernen Wasser heute?"

20 „O" sagt' ich, „aus der Hölle ewigem Weinen,
Kam ich heut' früh, bin noch im ersten Leben,
Den Weg zum zweiten – wandernd such' ich einen!"

21 Kaum, daß ich diese Antwort ihm gegeben,
So wich Sordell und er vor mir zurücke,
Erschrocken fast von der Eröffnung eben.

22 Der eine wandte zu Vergil die Blicke,
Zu einem Sitzenden der andre rief: „Begebe
Dich, Konrad, her und schau, was Gnade schicke.“

23 Zu mir: „Daß einer solche Huld’ erlebe
Durch den, der das Warum für uns verschlossen,
Zu ihm Dein Dank sich überströmend hebe;

24 –Kommst Du zur Erde rück vom Meer umflossen,
So sag Johanna, daß sie für mich bete,
Der Reinheit ist Erfüllung je entsprossen.

25 Ich glaub’ nicht – von der Mutter ich jetzt rede –
Daß sie mich liebt – sie schob das Weiß beiseite,
Sie wirds im Elend missen, wenn’s zu späte.

26 An ihr erkennt man, wie ichs Dir jetzt deute,
Wie lang im Weibe glüht der Liebe Feuer,
Wenn Hand und Auge es nicht schürt und leite.

27 So schön wird nicht für sie die Todesfeier
Einst durch die Schlange, die in Mailands Felde –
Wie sie dem Hahne von Gallura teuer.“

28 So sprach er, und der Widerschein der Schelte
Lag auf dem Antlitz: redliches Bemuhen,
Das maßvoll seines Herzens leid erhellte.

29 Allein zum Himmel wo die Sterne glühen,
Ging jetzt mein Blick, die um den Pol sich drehen
Wie um die Achse Nab’ und Speiche ziehen.

30 Vergil: „Was mußt Du stets nach oben sehen?“
Und ich zu ihm: „Ich sehe dort drei Sterne,
Es scheint der Pol durch sie in Brand zu stehen.“

31 Und er: „Das Viergestirn ist lange ferne,
Das Du am morgen sahst – es sank zur Tiefe,
An seiner Stelle leuchten jetzt drei Sterne.“

32 Ich hört’ Sordell, es war, als ob er riefe,
Er sagte: „Sieh, die Feindin kommt, die Schlange!“
Und zeigte mit dem Finger wo sie liefe.

33 Und als er dies gesagt, darauf nicht lange,
Erschien sie schon an einer offnen Stelle
Es war die gleiche ewige Eva-Schlange!

34 Durch Gras und Blumen schlich sie wendig schnelle:
Sie wandte ab und zu den Kopf zum Rücken,
Wie Tiere tun beim Putzen ihrer Felle.

35 So abgelenkt entging es meinen Blicken,
Wie beide Engel aufgestiegen waren.
Ich sah sie fliegen und die Schwerter zücken,

36 Allein schon bei dem Flug- und Schwertgebaren,
Entwich die Schlange, und sie kehrten wieder
Zur Stelle wo sie vor dem Fluge waren.

37 Nun sah ich jenen Schatten vor mir wieder,
Den Richter Nino rief und dessen Blicke,
Die ganze Zeit mir folgten wie ein Hüter.

38 „Bei jenem Lichte, das zu höchstem Glücke
Dich gnädig führen will, daß Nahrung finde
Dein Geist, daß er nicht sinke jäh zurücke,“

39 So sprach er „Gib mir Botschaft, wahr mir künde
Von Val di Magra, seinen Nachbarauen,
Denn dort war ich der Herr der reichsten Gründe!

40 Den Konrad Malaspina kannst du schauen
Zwar nicht den Alten, doch von seinem Stamme;
Mein Sinn, der sich hier läutert, galt den Gauen.“

41 „Wenn ich aus eurem Lande auch nicht stamme,
Und ich dort nie gewesen – doch vom Ruhme
Europa weiß, der jedes Herz entflamme.

42 Der Ruf geht weit von Eurem Führertume,
Des wahren Herrn der blühend schönen Lande,
Wo man noch pflegt und heget jede Krume.

43 Ich schwöre Euch, so wahr zum Heimatstrande
Ich kehre: Euer Haus kennt noch die Ehre,
– Wohltat und Preis des Schwerts im Kampfgewande.

44 Wie Sitte und Natur auch hier die Welt belehre
– Wenn auch das Welthaupt lieber ab sieh wende –
Daß der gerade Weg das Gute mehre.“

45 „Nun geh – bevor das siebte Jahr zu Ende“
Sprach er „die Sonne steht im Bild des Widder –
Umgreifend sie umarmt im Weggelände –

46 Wird Wirklichkeit das Wort vom edlen Ritter,
Mit Nägeln in den Kopf Dir eingetrieben,
Das stärker als der andren Wortgeflitter!

47 Falls nicht der Lauf der Welt gehemmt geblieben.“

IX. GESANG

1 Die Schläferin der Nacht, den Tag verkündend,
Erhebt von Tithon sich, dem uralt-alten,
Des süßen Freundes Armen sich entwindend.

2 Von ihrer Stirne strömt zu Sterngestalten
Der Perlen Licht und Glanz von Edelsteinen
Zum Skorpion, den uns so strengen kalten.

3 Bald wird das Ende dieser Nacht erscheinen,
Schon ist sie mit zwei Schritten aufgestiegen,
Zum Dritten senkte sie der Flügel einen,

4 Da schien mich Adams Schwere zu besiegen
Im Tal die Müdigkeit und Schlafbegehren,
Ließ mich ins weiche Gras und Blumen schmiegen.

5 Zur frühen Stunde, da nach alten Mären,
Die Schwalben klagen in den nahen Morgen,
Und der Verwandlung Weh' im Lied verklären,

6 Da losgelöst der Mensch von seinen Sorgen,
Sein Geist befreit von seines Fleisches Schwere,
Wie in Gesichten,drinnen Gott verborgen.

7 Und traumversunken glaubte ich: es wäre
Ein Adler über mir im Flug zu sehen
Mit goldnen Federn, grad zum Sturz sich kehre.

8 Mir war, mir soll's wie Ganymed ergehen:
Als dieser ward den Seinen weggetragen
Zum Rat der Götter in die höchsten Höhen.

9 Und ich erwog: Vielleicht will er nur jagen
In seinem Reiche hier: an andren Stellen
Verschmäht er es mit Krallen zu zuschlagen.

10 Dann unterbrach er seinen Flug in Wellen.
Sah plötzlich ihn auf mich zur Tiefe sausen,
Riß mich empor zu fernen Feuerquellen.

11 Um uns war jählings wildes Flammenbrausen,
Mit ihm zugleich ich in dem Feuer brannte.
So sehr, daß ich erwacht' aus Traumes Grausen,

12 Achill erging es so in seinem Lande:
Erwachend er erstaunte Augen machte,
Und er, verwirrt, nichts mehr um sich erkannte,

13 Als ihn die Mutter einst nach Skyros sachte
Den Schlafenden aus Chirons Haus getragen,
Bis ihn sein Volk zur Heimat wieder brachte.

14 Es war das Gleiche jetzt von mir zu sagen:
Vom Schlaf erwachend ich vor Schreck erbleichte,
Gleich einem, dem die Angst ins Herz geschlagen.

15 Allein ein Trost Vergils mich noch erreichte,
Ich sah, die Sonne war schon hochgestiegen,
Vom nahen Meer roch ich die Meeresfeuchte:

16 „Sei ruhig, laß durch Furcht Dich nicht besiegen!
Sei sicher nun, wir sind auf gutem Wege.
Nicht eng, ins Weite laß die Blicke fliegen.

17 Denn hier beginnt die Reinigung, die Fege,
Sieh dort den Felsen, der den Ort umschlossen,
Und sieh den Eingang dort zum Felsenstege.

18 Im Morgengraun, eh sich das Licht ergossen
Als Deine Seele noch vom Schlaf gefangen.
Im Tale unten, wo die Blumen sprossen,

19 Kam eine Frau: ‚Bin Lucia‘ sprach sie – gegangen,
‚Laßt diesen, der hier schläft, mit mir jetzt nehmen!
Soll meine Hilfe für den Weg empfangen.

20 Sordell blieb bei den andren edlen Schemen.
Sie trug Dich – ehe dieser ’Tag erschienen
Empor, ich folgte ihres Lichtes Strömen.

21 Hier legte sie dich hin, ich sah’s an ihren Mienen,
Und ihre Augen wiesen auf die Pforte;
Des Traumes Bilder schwanden, sie mit ihnen. –“

22 Wie einer, der erlöst durch solche Worte
Befreit von Angst, Bedrückung abgefallen,
Als ich die Wahrheit sah an diesem Orte

23 Schien neue Kraft aus Schwäche sich zu ballen,
Er sah mich sorglos, neuen Schwung erlebe,
Begann verwandelt nach ihm hoch zu wallen.

24 O Leser, sieh: wie ich den Stoff erhebe –
Sei nicht so sehr verwundert vom Gesange
Mit größrer Kunst ich seine Form erstrebe.

25 Bald standen – weiter schreitend – wir vorm Hange,
Was mir erschien von fern wie eine Spalte,
Ein Riss war, felsentrennend breit und lange:

26 Ich seh ein Tor, umrahmt von den Basalte,
Dreifarbige Stufen hoch zum Eingang lenkten,
Ein Pförtner, wartend, daß des Amts er walte.

27 Als meine Blicke schärfer sich in seine senkten
– Ich sah ihn auf der höchsten Stufe sitzen –
Ertrug ich's nicht, da sie mich fast versengten.

28 Ein blankes Schwert schien in der Hand zu blitzen,
Ich war vom Widerscheine ganz geblendet,
Ein öftres Hinsehn konnte mir nichts nützen.

29 „Bleibt wo ihr steht!" Rief er uns zugewendet.
„Wer lenkt euch, sagt, und was ist das Begehren?
Habt acht, daß euer Zug im Leid nicht endet!"

30 „Es tat uns eine Himmelsfrau belehren"
Gab meines Meisters Antwort zu bedenken,
„Hier sei das Tor – uns Einlaß zu gewähren!"

31 „Er möge Gutes eurem Schritte schenken."
Hat freundlich er die Antwort uns gegeben.
„So kommt, zur untren Stufe könnt ihr lenken."

32 Und gleieh begannen wir dahin zu streben.
Die erste war aus Marmor – spiegelreine,
Gab jedes Antlitz Bild wie es im Leben!

33 Die zweite leuchtete im Purpurscheine,
Doch war sie längelang und quer gespalten,
Und schien aus rauhem und verbranntem Steine.

34 Die Dritte, die von beiden war gehalten,
War Porphyrfarben und so rot wie Feuer,
Wie Ströme Blutes, die aus Adern wallten,

35 Auf ihr die Füße ruhn, darüber freier
Der Engel Gottes saß: es war die Schwelle,
Voll diamant'nen Glanzes, sprühend Feuer.

36 Und da hinan zur ersten Stufen-Stelle
Führt mich mein Meister: „Nun in Demut frage,
Ob er das Schloß uns öffne dieser Zelle."

37 Und voller Demut ich die Bitte sage,
Hinknieend vor dem Engel auf dem Sitze.
Und dreimal vorher an die Brust mir schlage.

38 Er schrieb dann sieben P mit Schwertes Spitze
Auf meine Stirne: „Geh und wasche wieder
Die Wunden drinnen ab, die ich Dir ritze!"

39 Und aschefarbnes Kleid deckt seine Glieder.
Wie trockne Erde möchte ich es nennen,
Und ihm entnahm zwei Schlüssel jetzt der Hüter,

40 Der eine war als golden zu erkennen,
Der andre silbern, einmal mit dem einen,
Dann mit dem andren war das Tor zu trennen.

41 „Versagt ein Schlüssel – kann ich keinen
Nach Maßen drehn, so bleibt das Tor verschlossen"
So sprach der Engel – war sein strenges Meinen.

42 Noch ist der Preis dess', der in Gold gegossen,
Doch ist der silberne der Preis der Preise,
Des Knotens Lösung ist dem Geist entsprossen.

43 Von Petrus hab' ich beide, doch erweise
Ein Zweifel sich, dann lieber nicht verschließen,
So knieend einer Demut mir beweise.

44 Dann öffnet' er des Tores Flügelriesen
Und sagte: „Tretet ein! Jedoch bedenket
Wer rückwärts schaut, wird wieder ausgewiesen."

45 Als jeder Flügel nun zur Seite schwenket,
Aus starkem und aus tönendem Metalle,
Die Mächtigen die Angel sicher lenket,

46 Da war das Tönen lauter noch als alle
Der andren Tore: Auch Tarpeia's 'Türe,
Die mit Metell', dem Wächter kam zu Falle.

47 Hinwendend glaubt ich, daß mein Ohr erführe
Ein Singen: „Herr wir loben Dich!" im Klange
Verhaltne Süße, die wohl jeden rühre,

48 Beschwört den Klang wie Orgelion im Sange,
Wie oft ichs hörte von den Leuten singen,
Wenn Worte sich mit Tönen mischen bange,

49 Und Worte mit den Tönen sanft verklingen …

X. GESANG

1 Als wir des Tores Schwelle überstiegen,
– Die Seelen bösen Sinn's sie gern verschmähen –
Weil sie den krummen Weg zum graden biegen,

2 Begann das Tor sich knirschend zuzudrehen.
Und wendete ich jetzt zurück die Blicke,
Wär mir Vergebung für mein Fehl geschehen?

3 Wir stiegen auf durch eine Felsenlücke –
In Wellbewequng schienen beide Seiten:
Als ob im Wechsel jede sich verrücke.

4 Vergil: „Hier muß man jetzt mit Vorsicht schreiten,
Der Wände Schlängelung sich anzupassen,
Die hier zu eng und dort sich wieder weiten.

5 Drum haben wir beim Gehn uns Zeit gelassen,
Zu lange schon: Der Mond war tief im Sinken,
Die schmale Sichel wollte schon verblassen,

6 Da sahen wir des Weges Ende winken,
Doch als wir frei und offen oben standen,
Will uns des Berges Rund schon enger dünken –

7 Da war nur Müdigkeit in mir vorhanden,
Unsicher hielten wir auf ödem Plane,
Der Weg war einsam wie in wüsten Landen,

8 Vom Rande ab, wo ich die Tiefe ahne,
Zum Fuß des Felsens dreimal Menschenlänge,
So glaubt' ich, war die Breite vom Altane,

9 o weit ich jetzt nach rechts, nach links auch gänge,
Und mochten auch die Blicke weiter dringen,
Nur gleiche Breite sah ich, gleiche Enge.

10 Indess' wir zögernd dennoch weiter gingen,
Erkannt' ich ringsum an den hohen Wänden,
Daß diese Hürde niemals zu bezwingen.

11 Dort haben Bilder an den Marmorwänden
In solchem Glanz dem Aug' sich dargeboten,
Wie es Natur und Polyklet nicht könnten.

12 Den Engel sah ich, ihn, des Heiles Boten,
Der uns den lang erweinten Frieden brachte,
Den Himmel öffnend, uns so lang verboten.

13 Sein Bild ihn vor uns so lebendig machte,
Und im Gesicht ein Ausdruck solcher Milde,
Daß man wahrhaftig sich ihn sprechend dachte.

14 Mir war, als hört ich „Ave“ aus dem Bilde,
Denn die Begnadete war auch zu sehen,
Die uns den Durst nacn höchster Liebe stillte.

15 Aus Haltung sprach es, ließ jed’ Wort verstehen:
„Dies ist die Magd des Herrn!“ Der Lipp’ Bewegen
Wie’s oft in Wachs geprägt im Bild zu sehen.

16 „Nicht nur an einem Ort sei Dir gelegen!“
Sprach nun Vergil, ich ging an seiner Seite,
Wo sich des Menschen Herzen Schläge regen.

17 Ich riß mich weg von meiner Augenweide,
Sah nach Maria an des Felsens Steile,
Wohin er wollte, daß den Blick ich leite,

18 Ein Marmorbild; ich bin zu ihm in Eile
Vorbei am Meister, näher hingegangen,
Das Bild genau zu sehen eine Weile.

19 Ich sah hier in des Marmors weißen Prangen
Den Rinderwagen mit der Bundeslade,
Die jene gestraft, die sich im Amt vergangen.

20 Daneben standen Leute an dem Pfade
In sieben Chören – ob Gesang im Bilde,
Ob Sprecher, ging ich noch mit mir zu Rate,

21 Und Weihrauch sie in eine Wolke hüllte,
Die, eingemeißelt für das Aug’ und Nase
Und rätselhaft den ganzen Raum erfüllte.

22 Ich sah sie schreiten vor der heiligen Lade
Voran zum Tanz bereit der Psalmen-Sänger
Der nicht mehr schien als König auf der Straße.

23 Das Fenster dort war meines Blickes Fänger:
Mikal ich sah aus dem Palaste schauen
Verhöhnend alles, höhnend die Bedränger.

24 Dann wollt' ich mich am nächsten Bild erbauen
Und wand mich ab – nach Mikal sah ich's strahlen.
Ich trat noch näher, um dem Blick zu trauen.

25 Dort war ein Stein mit eingravierten Malen
Der alten Römer: Über Tugend, hohen Ruhme
Las ich, durch die auch Gregor's Siege strahlen.

26 Von Trajan sprech' ich seinem Kaisertume:
Wie ihn an Pferdeszügeln festgehalten
Ein Weib in Tränen, Qual im Witwentume.

27 Um ihn herum sah ich die Ritter halten,
In dichten Scharen – sah auf goldnem Grunde
Die Adler flatternd sich im Wind entfalten.

28 Es schien: als sprach die Frau mit bittrem Munde
„Herr, schaff' Vergeltung dem verlornen Sohne,
O, nimmer wird verheilen diese Wunde."

29 Er schien zu sagen : „Wart' vor meinem Throne
Wenn ich zurück"; „O Kaiser" wollte sie verzagen
Wie jemand, den der Schmerz wohl nimmer schone.

30 „O Kaiser, wenn du bleitst" und er „Dies wagen
Wird dann ein andrer!" Sie: „Was sollen Taten,
Die fremd und nimmer deinen Namen tragen?"

31 „So tröste dich, ich tu's wie deine Worte baten,
Will hier sogleich jetzt meine Pflicht erfüllen,
Wie es Gerechtigkeit und Mitleid raten."

32 Er, dem nichts unbekannt – und unsertwillen –
Hat diese Bilder in den Stein gehauen,
Die Bildersprache will die Lücke füllen.

33 Indess ich die Gestalten durtte schauen,
Die ihres Schöpfers Kunst, uns Demut zeigen,
Ihm Ruhm und uns ein Ewiges anvertrauen,

34 Brach leise flüsternd jetzt Vergil das Schweigen
„Sieh dort die Scharen, wie sie langsam schleichen,
Sie sagen uns den Weg, um hochzusteigen."

35 Schon forscht ich selber nach den neuen Zeichen,
Ich war begierig alles hier was neu zu sehen –
Und wendete Vergil gleich zu erreichen.

36 Laß Leser, nicht Verdrossenheit entstehen,
Laß dir den guten Vorsatz nicht entwenden,
Wenn du erkennst wie weit die Strafen gehen.

37 Nicht ob befremdend Marter sich hier fänden –
Bedenk: Die Buße wird im schlimmsten Falle,
Wenn früher nicht, am jüngsten Tage enden

38 So sagt ich: „Meister, was ich sehe – alle
Erscheinen nicht als Menschen – bin jetzt irre –
Und frage, was dem Auge nicht gefalle."

39 Und er: „Das Los der Büßer, das so wirre,
Es zwingt hier ihren Buckel tief zu beugen,
Ich frug mich selber, ob es Stein-Geschirre,

40 Doch blicke schärfer hin: Du wirst eräugen,
Daß diese Steine wimmernd sich bewegen,
Denn unter ihnen wird ein Mensch sich zeigen!"

41 Hochmütige Christen! Nur auf Elendewegen!
Verstandes Auge bald schon im Erblinden!
Nur falschem Weg sich anvertrauen mögen!

42 Wir sind nur Larven – könnt ihr's nicht empfinden?
Geboren nur zu Engels-Scometterlingen,
Selbst schutzlos zur Gerechtigkeit zu finden?

43 Wie wollet ihr den Geist zur Höhe bringen;
In Wurmgestalt im Übergang zur Raupe –
Bestrebt in falscher Form sie zu erringen

44 Wie im Gesimse, Giebel oder Gaube
Figuren sitzend Steingewölbe tragen
Mit angezognen Knien im Dreck und Staube,

45 Sah ich die Büßer dort in gleichen Lagen,
Ein Bild, das echtes Mitleid in mir weckte,
Zur Erde tief gebeugt und fast erschlagen.

46 Und keiner unter gleichem Steine steckte,
Sie waren wechselnd kleiner, größer, breiter,
Je nach der Schuld ein andrer Stein sie deckte.

47 Doch jeder stöhnte auf: „Ich kann nicht weiter."

XI. GESANG

1 O Herr – die letzte Bitte gelte allen -
– Die Abgeschiednen können sie entbehren –
Die auf der Erde müssen weiter wallen.“

2 So beteten die Büßer; unter schweren
Gesteines Lasten kamen sie gezogen,
– So können Träume unser Herz beschweren, –

3 Umher ermüdet um den ersten Bogen.
Sich läuternd von der Erde Rauch und Sünden.
Wo sie sich einst in leerem Wahn betrogen.

4 Wenn drüben Sie das Gute für uns künden,
Was kann für die Verstorbenen geschehen,
Wo doch Ihr Wollen wächst auf guten Gründen.

5 Wohl muß man helfen, sie mit Kraft versehen,
Sich rein zu waschen von den Erdenflecken,
Bis sie geläutert auf zum Himmel gehen.

6 „Hört, die gerechterweise Mitleid wecken,
Das bald euch allen Flügel leihen möge,
Dahinzufliegen auf der Sehneucht Strecken,

7 So zeigt uns welcher Hand des Aufstiegs Wege
Und sich der Weg ins Weite nicht verliere.
Doch zeigt uns nicht den steilsten dieser Stege.

8 Denn der, der mit mir kommt und den ich führe,
Ist stark behindert durch des Fleisches Bürde –
Auch wenn er wollte, daß er’s nicht verspüre!“

9 Wer jetzt von ihnen Antwort gab – ich würde
Mit Sicherheit es nimmer sagen können.
Auf unsre Frage, wo die kleinste Hürde –

10 Sie war: „Dort rechts könnt ihr den Weg erkennen,
Doch kommt mit uns, wir wollen ihn euch zeigen,
Der auch für Lebende als leicht zu nennen.

11 Würd’ mich der Felsblock nicht zum Boden beugen,
So tief als hoch den Nacken ich getragen,
Ich könnte selber gleich mich überzeugen

12 Ob den, der lebt, ich kenn' aus Erdentagen,
Ich kann den Blick auf ihn kaum höher heben,
Mitleid zu bitten, weil wir Steine tragen

13 Ich war Lateiner und bekannt im Leben:
Aldobrandesco's Sohn war ich, Toskaner,
Des großen, kenntet ihr den Namen eben.

14 Aus altem Blute, kühner Taten Planen,
Berühmt – dies machte mich zum Arroganten,
Auf unsrer aller Mutter, jedem Mahner,

15 Verachtung lag und Hohn auf den Verwandten.
So starb ich, wie die Sienesen wissen,
Selbst in Campagnatico die Kinder kannten.

16 Ich bin Umberto, stolzen Muts beflissen,
Und habe auch – von Hochmut angefressen –
Ins Unglück die Gefährten mitgerissen.

17 So trag ich diesen Stein als Folge dessen
So lang es Gott gefällt, da ichs nicht lebend,
Muß ich mich büßend mit den Toten messen."

18 Ich sah – noch ganz dem Hören mich ergebend
Wie einer – nicht der eben sich beklagte –
Den Kopf – ihn seitlich weg vom Steine hebend –

19 Zu mir gewandt: erkannte mich, doch es nicht sagte,
Hat müde nur den Blick zu mir erhoben,
Den mehr als andre wohl das Tragen plagte.

20 „O" sagte ich „so seh ich dich hier oben,
Bist Du nicht Oderisi – jener Künste Meister,
Die die Pariser ‚Illuminieren' loben?"

21 „O Bruder" sprach er – heller, dreister
Sind Franco's Bilder jetzt des Bolognesen.
Ich bin jetzt kleiner, er ist jetzt der Meister.

22 Ich wäre kaum so milde einst gewesen,
Als ich noch lebte! Ruhm war mein Bestreben,
Von blindem Ehrgeiz konnt' ich mich nicht lösen.

23 Dem Hochmut wird die Strafe hier gegeben!
Ich wäre noch nicht hier auf diesen Wegen,
Hätt' Gott ich nicht gefunden noch im Leben.

24 O eitler Ruhm, was Menschen auch vermögen!
Das Grün zum Gipfel sich nur kurz gesellte,
Wenn sich die Zeiten nicht zu träge regen –

25 So glaubte Cimabue im Malerfelde
Hält er sich lang: jetzt feiert Gioto Feste,
Der ihn auch überschatten wird in Bälde.

26 Ein Guido ist vorm andren schon der Größte,
Der in der Richtung reichen Ruhm gefunden,
Bald kommt herauf, der beide stößt vom Neste.

27 Der Ruhm der Welt ist wie der Wind verschwunden,
Der hierher, dorthin weht, der seinen Namen
Und die Richtung wechselt, Flüchtigem verbunden.

28 Wird dich im Alter größrer Ruhm umrahmen,
Wenn du dahin, Dich Glücklicher denn preisen,
Als die, die nur zum Kinderlallen kamen –

29 Nach tausend Jahren? Mehr kann es nicht heißen.
Ein Wimpernschlag an Ewigem gemessen:
Verglichen mit dem Gang von Sternenkreisen.

30 Der dort so langsam schleicht am Hang, von dessen
Ruf ganz Toskana rühmend einst gesprochen,
Heut ist er in Siena fast vergessen.

31 Als Herr von Siena hat er den Stolz gebrochen
Der Florentiner, die – noch damals mächtig,
Wie heute niedrig – ihm zu Kreuze krochen.

32 Des Menschen Ruhm ist wie das Gras erst prächtig.
Es kommt und geht, die Sonne bleicht die Farbe,
Sprießt neu dann aus der bittren Erde trächtig."

33 Ich sprach: „Dein Wort ist gut, reißt auf die Narbe
Der Demut, entschwellend die Geschwulst bei allen.
Doch sag, wer ist's, der einst so reich, nun darbe?"

34 „Es ist Salvani, der so tief gefallen,
Der Provenzan“ sprach er „die Sienesen
Wollt’ er zu eigner Macht zusammenballen.

35 Er starb, ist seither ruhelos gewesen,
Er muß hier wandern, denn mit solchem Gelde
Bezahlen alle ihr vermessnes Wesen.

36 Ich frug: „Trifft einen Geist die gleiche Schelte,
Und wartet mit der Buße bis zum Ende,
Am Fuß des Berges bleibt, nicht steigt in Bälde,

37 Sofern Gebete nicht erflehn die Wende –
Drum bleiben muß solang er unten lebte –
Wie kam’s, daß dessen Aufstieg so behende?“

38 Er sprach: „Im höchsten Ruhm, den er erstrebte,
Freimütig auf Siena’s Markt sich stellte
Der Scham nicht acht, Gefahr, in der er schwebte,

39 Für seinen Freund erbettelnd die Entgelte,
Das Lösegeld für ihn, den Karl gefangen,
Zwar zitternd, dennoch ihn die Angst nicht fällte.

40 Genug! Wenn dunkel auch die Worte klangen,
– Von Nachbarn wird Dir Gleiches bald geschehen,
– Mehr Klarheit wirst Du Dir durch sie erlangen –

41 Dies Werk ließ ihn die Wege aufwärts gehn …“

XII. GESANG

1 Wie Ochsen unterm Joche langsam schreiten,
Ging ich mit dem Beladnen im Gespanne,
So lange es mein Meister mochte leiden.

2 Doch als er sprach: „Verlasse ihr Gewanne,
Hier mußt Du selber Deine Segel hissen,
Dein Schifflein vorwärts treiben ohne Panne.“

3 Da hab ich mich zur Höhe hochgerissen,
Aufrecht zu gehen, wenn auch die Gedanken
Bekümmert und gebeugt noch bleiben müssen.

4 So ließ ich ihn allein denn weiter wanken,
Und ging ganz leicht an meines Führers Seite.
Mir war, als ob Gewichte von mir sanken.

5 Er sprach: „Den Blick jetzt auf den Boden leite,
Es gilt, daß wir den Weg in Ruhe gehen,
Und auf den Tritt der Sohlen achten beide.

6 Auf Gräbern kann man oft die Bilder sehen,
Die ihren Toten zum Gedächtnis galten –
Die Abbild sind von irdischem Geschehen,

7 Von der Erinnerung Stachel wach gehalten,
Die Angehörigen sie dort beweinen,
Die fromm des Angedenkens sorglich walten.

8 So will auch hier mit großer Kunst erscheinen
Das Dargestellte in der ganzen Runde,
Als Bilder eingemeißelt in den Steinen.

9 Ich sah dort jenen aus dem Gottesbunde
– Einst edelster von allen Engelwesen –
Im blitzesschnellen Sturz zum Höllengrunde.

10 Ich sah dort Briareus von jenen Bösen
Der Riesen, der – durchbohrt vom Götterpfeile –
Die Erde drückte und schon starr gewesen.

11 Ich sah Appollo, Mars noch mit der Keule,
Pallas Athena um den Vater stehen,
Betrachtend der Erschlagnen Gliederteile.

12 Ich konnte Nimrod vor dem Turme sehen,
Verwirrt und düster vor der Völker Heere
Bei Sennaar, noch Stolz auf das Geschehen.

13 O Niobe – sah Deines Leides Schwere
In Augen, deren Tranen nie versiegen,
Der zweimal sieben Kinder Blick ins Leere.

14 O Saul, wie sah ich Dich entseelt hier liegen
Bei Gilboa – gefällt von eignem Degen -
Das drum beraubt des Taus und Regenzügen.

15 O Arachne, sich selbst das Netz zu legen,
Als halbe Spinne in des Netzes Fängen,
Das Werk ein Fetzen Deiner Torheit wegen!

16 O Roboam, Du drohst nicht mehr den Mengen
In diesem Bild, Dich führte schon ein Wagen
Hinweg eh sie Dich selbst zum Fliehen drängen.

17 Dann noch auf hartem Boden aufgetragen:
Wie für das unheilvolle Halsgeschmeide
Alkmäon einst die Mutter ließ erschlagen.

18 So zeigte Sanherib er in dem Streite
Mit seinen Söhnen dort, die ihn erschlagen
Und liegen ließen in dem Bet-Gebäude.

19 Er zeigte wie nach Cyrus Niederlagen
Zu ihm nach grausem Mord Tomiris sagte:
„Du wolltest Blut, so fülle Deinen Magen.“

20 Er zeigte, wie man die Assyrer jagte
Nach Holofernes Tod in alle Winde
Und auch, was übrig blieb das Bild beklagte.

21 Ich sah in Flammen Troja, Asche, Schlünde!
O Ilion – so tief in Schmach und Schande
Ich Dich auf diesen scharfen Bildern finde!

22 Wer von den Zeichnern, wer im Malgewande,
Kann solche Linien zeichnen, solche Schatten,
Daß sie der hellste Geist ein Wunder nannte?

23 Wie sie das wirkliche gesehen hatten,
Und Tote tot, und Leben schien zu leben,
Sah ich gebeugt betretend diese Platten!

24 Erhebt das Haupt! Laßt euer Herz nicht beben
Ihr Söhne Eva's! Schaut nicht tiefer nieder,
Schaut weg vom Weg, schielt nicht auf euer Streben!

25 Es war die Sonne schon gesunken wieder,
Und mehr vom Berge hatten wir umschritten
Als ich gedacht, zwar abgelenkt, nicht müder;

26 Als jener, der in des Geschehns Mitten
Stets auch nach vorne achtet, plötzlich sagte:
„Heb Dein Gesicht, geh jetzt mit freien Schritten.

27 Sieh dort den Engel, dem es schon behagte
Zu uns zu kommen: Sieh am Sonnenstande,
Daß schon die sechste Stunde seit es tagte.

28 Sei Du bereit, putz' Miene und Gewande,
Damit er uns zur Höhe gerne sendet,
Bedenk: Kein Tag kommt mehr, wie der gesandte!"

29 Ich war gewohnt, daß er kein Wort verschwendet
Wenn Zeit nicht dränge, folgte ihm drum gerne,
Ihm war mein Wille willig zugewendet.

30 Der Engel kam – schon war er nicht mehr ferne –
In weißem Kleide, schimmernd im Gesichte,
War wie im Widerschein vom Morgensterne.

31 Die Arme und das Schwingenpaar, das lichte,
Entbreitet er und rief: „So kommt geschwinde!
Die Stufen steigt nunmehr im Leichtgewichte.

32 Nicht viele kommen, wenn den Ruf ich künde!
O Menschen ihr – bestimmt zu höhrem Steigen!
Was werfen euch schon um die schwächsten Winde?"

33 Er führte uns dahin den Spalt zu zeigen,
Berührte meine Stirne mit den Schwingen.
Versprechend sichren Gang jetzt aufzusteigen.

34 Wie rechter Hand dort jenes Berges Ringen
Von Rubaconte hin zur Kirche führen –
Die bessre Sicht der guten Stadt erbringen –

35 Ließ man die Stufen; durch den Felsen führen,
Die Steile aufzubrechen, dies zu Zeiten
Wo Elle und Gewicht noch Lob gebühren. –

36 So muß am Berg auch hier die Treppe leiten,
Und kann so leicht zum nächsten Kreis gelangen,
Doch beiderseits sich scharfe Felsen breiten.

37 Indessen wir zur Höh' hinangegangen,
Hört ich „beati, pauperes" erklingen,
Und unbeschreiblich schön die Stimmen klangen.

38 Wie anders diese Kreise uns empfingen
Als in der Hölle! Tönen hier Gesänge,
Muß dort Geheul die düstre Nacht durchdringen.

39 Und schon erstiegen wir die heiligen Gänge,
Mir schien als ob um viel ich leichter wäre,
Als je ich hatte an Gewichtes Menge.

40 So frug ich: „Meister, was denn zehre
An mir, daß mir die Last ist abgenommen:
Beim Aufstieg spür ich kaum des Leibes Schwere!"

41 „Erst wenn die P.," so hab ich ihn vernommen,
„Die noch verblieben, obschon blaß zu nennen,
So wie das erste vom Gesicht genommen,

42 Wirst Du Dich mit den Beinen sputen können
Bei gutem Willen – und das Aufwärtsgehen
Wird Dir zur Lust, zum Drang hinaufzurennen."

43 Da schien es mir wie jenem zu ergehen,
Der fühlt und weiß, daß er am Kopf was trage,
Das er nicht selber, doch die andren sehen.

44 Nimmt seine Hand zu Hilf' in solcher Lage,
– Den Grund zu finden hat sie diesen Weg beschritten
Da eigne Augen nicht gelöst die Frage.

45 Ich tastete auf meine Stirne mitten,
Doch fand ich nur sechs Zeichen dort wie Rinnen,
Die mir der Engel in die Stirn geschnitten.

46 Und lächelnd sah mein Führer mein Beginnen.

XIII. GESANG

1 Wir waren schon am Ende der Spirale –
Wo sich zum zweitenmal das Rund verenge
Des Bergs der Löschung aller Sündenmale.

2 Hier zog ein Band um ihn fast gleicher Länge,
Als Gürtel ähnlich dem im ersten Kreise,
Nur daß der Umgang schneller uns gelänge.

3 Dort war kein Schatten, noch der Bilder Weise –
Der Boden war wie eine platte Plane,
Gestein in Farbgemisch von Blei und Gneise.

4 „Daß wir hier warten müssen – ich schon ahne,“
So sprach der Dichter, „weil der Unbekannte
Wohl lange fehle, der den Weg uns bahne.“

5 Drauf er die Augen fest zur Sonne wandte,
Um festen Punkt der rechten Seite drehte
Die linke schwingend sich aus ihrem Stande

6 „O süßes Licht, in Deinen Schutz ich trete
Vertrauend Dir – führ uns auf neuem Wege,
Wie hier es sei“, kam meines Führers Rede:

7 „Das Licht bist Du der Welt, ihr warm Gehege,
Wenn wir nicht abgelenkt aus andrem Grunde,
Allein Dein Strahl zu lenken uns vermöge.

8 Wir gingen eiligst weiter in der Runde.
Ich schätze hier fast eine gute Meile,
Weil uns der Wille trieb zu später Stunde. –

9 Da kamen Geister auf uns zu in Eile
Zwar nicht zu sehen, doch wir hörten Worte,
Uns ladende: ‚mit uns das Fest der Liebe teile.‚

10 Der erste flog vorbei an unsrem Orte,
„Sie haben keinen Wein“ hat er gesprochen,
Und wiederholte hinter uns die Worte.

11 Schon kam die andre Stimme ungebrochen,
Eh noch die erste ferne war verklungen,
„Ich bin Orest“ hat fliehend er gesprochen.

12 „Die Stimmen, Vater, die zu uns gedrungen,
O, sag, wer sind sie?“ Und schon hört’ ich’s weiter
„O liebet eure Feinde!“ war erklungen.

13 Der gute Meister: „Hier büßt jeder Schreiter
Die Schuld des Neids; drum flocht sich hier aus Liebe
Die Halterpeitsch’ zur Züchtigung der Neider,

14 Doch mischen sich darein noch andre Hiebe,
Nur umgekehrt: vor der Vergebung Schwelle
Wirst du es hören, was und wer sie übe.

15 Doch blicke scharf, daß sich Dein Blick erhelle:
Dort vorne sitzen vor uns viele Leute.
Und alle an der Wand der Felsenstelle.

16 Und als ich schärfer noch dorthin die Blicke leite
Sah ich: sie saßen da am Grau-Gesteine
In grauen Mänteln, saßen Seit- an Seite.

17 Und als wir näher kamen, glaubt ich eine
Der Stimmen: „Hilf Maria“ sagen hören,
Und „Petrus, Heilige, Michael ich meine.“

18 Was ich noch sah, läßt Mitleid mich beschwören
Bei allen, die noch wandeln auf der Erde
Und sich nicht teilnahmslos im Nichts verlören.

19 Denn als ich näher kam, ich die Gebärde,
Der Büßer alle ihres Leids erkannte,
Da weint ich schluchzend vor der Schmerzen Härte.

20 Sie saßen da in härendem Gewande,
Sah jeden eng sich an den andren lehnen,
Und alle lehnten an der Felsenkante.

21 Wie Blinde, arm, die sich nach Hilfe sehnen,
An Straßenecken Gaben sich erflehen,
Die Köpfe über’nander beugend, stöhnen,

22 Daß Mitleid doppelt rühre, die es sehen,
Nicht nur durch Hören ihrer bittren Klagen,
Auch durch das Sehn, soll Mitgefühl entstehen.

23 Wie Blinde stumm die Dunkelheit ertragen,
Nie Sonne sehn! So müssen hier die Wesen
Des süßen Himmelslichtes ganz entsagen!

24 Denn allen war das Aug' vernäht gewesen
Mit Draht, wie wirs am armen Sperber sehen,
Des Freinatur zerstört der Geist des Bösen.

25 Mir schiens nicht recht, wenn wir zu ihnen gehen,
Und wir sie sehen, doch sie uns nicht erblicken,
Und ratlos wollt' ich mich zum Meister drehen.

26 Er wußte wohl zu deuten mein Bedrücken.
Ließ keine Zeit mir, lange erst zu fragen: –
„So sprich! sei klug und kurz“, sprach er mit Nicken.

27 Vergil ging dort, wo ich es nur mit Zagen
Tun könnte: er ist am Abgrund lang gegangen –
Zur andren Seite wo die Büßer lagen,

28 Und andre saßen längs der Wand, der langen,
Mit zugenähten Augen, durch die Nähte
Die Tränen perlten, netzten ihre Wangen.

29 Ich wandte mich zu ihnen: „Die Gebete
Die sicher auch das hohe Licht erbringen
Für Euch, in Sehnsucht immerzu erflehte,

30 Sobald durch Gnade sich dem Schaum entringen
Gewissen kann, sich reinigt – alle Quellen
Entsühnten Geistes ihm allein entspringen,

31 So sagt mir – ob denn nicht an diesen Stellen
Zur Freude mir Lateiner sind zu finden,
Vielleicht, daß ich auch Gutes kann bestellen.“

32 „O Bruder sieh – wir sind in diesen Gründen
Die gleichen Bürger – doch Du wolltest sagen,
Ob Pilger aus Italien hier sich finden?“

33 Nur diese Antwort hört ich auf mein Fragen.
Doch hab ich sie von weiter vorn vernommen.
Ich ging dahin woher der Ruf getragen.

34 Er schien zu warten, bis ich angekommen.
Auf seinem Antlitz war ein „wie“ zu lesen,
Das Kinn nach Blindenart war hoch genommen.

35 „Der sich zum Aufstieg rüstet, will genesen,“
So sprach ich ”Mögest deinen Namen nennen,
Wenn’s Deine Antwort war, o Geisterwesen!“

36 „War Sienesin“ sprach es jetzt mit Flennen,
Mit andren büße ich das falsche Leben,
Vom Herrn erflehend, daß wir steigen können.

37 Mein Name ‚Weise‘, den man mir gegeben,
Ich sage Dir – nie war ich jemals weise,
Mich konnte Schadenfreude nur erheben!

38 Ich gebe dafür, daß Du’s glaubst, Beweise:
Ich sage selbst wie töricht ich gewesen:
Schon senkte sich der Bogen meiner Reise.

39 Als dann einst bei Colle unsre Seinesen
Zum Feind gestoßen und zum Kampf entbrannten,
Bat Gott ich: Tue wie’s Dein Wunsch gewesen.

40 Doch sie verloren schrecklich und sie wandten
Zur Flucht sich: aber ich, als ichs gesehen
War froher nur, daß sie Vernichtung fanden.

41 So sehr, daß frech und höhnend das Geschehen –
Zu Gott ich rief: ‚Dich fürchten sei vergessen‘
Die Amsel singt, wenn milde Lüfte wehen!

42 Ich suchte dann mit Gott den Frieden, dessen
Geduld so groß; in letzter Lebensstunde
Kam Reue: nicht verziehn wär mein Vermessen,

43 Wenn nicht der Pier Pestignan erkannt die Wunde,
Nicht mein gedacht in heiligen Gebeten,
Gefleht nicht hätte mit des Mitleids Munde.

44 Doch wer bist Du, der Du zu uns getreten,
Du frägst und scheinst wie Sehende zu schreiten
Und – wie ich glaube – atmest noch beim Reden?“

45 „Die Augen werden den Verschluß erleiden“
So sprach ich, „doch hoffen – nicht für lange,
Nur wenig lag mir, andre zu beneiden,

46 Doch meiner Seele macht ein andres bange,
Ich spüre schon die Lasten auf mich drücken:
Der Sünde Buße in dem untren Hange.“

47 Der Geist: „Wer tat dich den nach oben schicken
Zu uns, wenn du nach unten müßtest kehren?“
Und ich „Der schweigt – ich folgt’ ihm mit Beglücken!

48 Ich bin lebendig, Deine Bitten wären,
Erlesner Geist, bei mir in guten Händen –
Sofern Du möchtest – Deinen Ruf zu mehren.“

49 „Daß solch’ Erstaunliches wir hören könnten
Ist faßbar nicht“ sprach er „Gott muß Dich lieben,
Mag Dein Gebet sich gern für mich verwenden!

50 Auch bitt’ ich Dich, Toskaner, bist Du drüben
Bei dem was Du am liebsten magst begehren,
Sprich zu den Nachbarn, die noch dort geblieben,

51 Die dort bei jenem eitlen Volk verkehren,
Die „Talamone“ bauen in dem Tale:
Die Pläne sinnlos wie bei „Diana“ wären –

52 Doch mehr verlieren noch die Admirale.“

XIV. GESANG

1 „Wer wandelt dort umher auf unsrem Kreise,
Bevor er anhub zu dem Todesfluge –
Die Augen öffnet, schließt in freier Weise?“

2 „Ich kenn’ sie nicht, es scheinen zwei im Zuge,
Du bist ja näher, mögest Du sie fragen
Damit sie reden, frage höflich, kluge.“

3 Zwei Geister hört ichs zueinander sagen,
Sich zugewendet, gleich zu meiner Rechten.
Dann hoben sie das Kinn mich zu befragen.

4 Der eine sprach: „Verbunden noch den Mächten
Im Erdenleib – o Seele – dennoch gehen
Zum Himmel will – sag – was wir wissen möchten

5 Zu unsrem Troste: *wie* kann dies geschehen?
Wer bist Du, dem so unerhörte Gnade
Zuteil? Noch nie ward ähnliches gesehen.“

6 „Bei Falterona bilden sich die ersten Pfade
Des Flüßchens, ihn sättigen nicht hundert Meilen
Durch die Toskana: Dort an dem Gestade

7 Bin ich geboren, dies ist mitzuteilen,
Doch wer ich bin – unwichtig wärs zu sagen,
Mein Name spricht noch nicht aus vielen Zeilen.“

8 „Will ich den Schluß aus Deinen Worten wagen
Mit meinem Geist: Der Arno ist’s gewesen!“
Sprach jener, der zuerst gestellt die Fragen.

9 Der andre sprach zu ihm: „So wollte dieses Wesen
Den Namen dieses Flußes uns nicht nennen?
Als ob die Rede wäre nur vom Bösen?“

10 Des Schattens Antwort, die wir hören können –
Sie war: „Ich weiß es nicht – doch ich will meinen,
Man sollte sich von diesem Namen trennen!

11 Vom Ursprung an, wo sich die Quellen einer –
Getrennt vom Peloro, – zum Fluße fließen
– So reich an Wasser mag kein Tal erscheinen –

12 Um dann ins ferne Meer sich zu ergießen,
Dann wieder rück Ersatz die Wolken bringen,
Und so der Wasser Kreislauf wieder schließen,

13 In dieses Tal wird niemals Tugend dringen.
Es wird gemieden gleich der Natter-Schlange
Sei's Fluch des Orts – sei's wegen andren Dingen.

14 Schon ist Verwandlung aller dort im Gange,
Die dieses Jammertal und Hang bewohnen.
Sie tummeln sich auf Circes Feld schon lange.

15 Vom Ursprung kommt er durchs Gebiet der Drohnen
Dann führt er bald durch Orte wüster Schweine,
Die besser fressen sollten Eichelbohnen.

16 Dann trifft er Kläffende in tiefrem Raine –
Die mehr noch kläffen als sie Kräfte haben.
Schnell wendet er sich ab vom Trug und Scheine. –

17 Aus Hunden werden Wölfe – siehst sie traben –
Er fließt und schwillt, der Fluß wird immer breiter
Im elenden, vermaledeiten Graben.

18 Sodann durchfließt er Felder giftger Neider
Trifft Rudel Füchse, die der Arglist Garde,
Die keiner schrecken kann: sie sind gescheiter.

19 Ich laß das Wort nicht, gleich wer's hört, das harte!
Einst wird's ihm gut tun, kann er daran denken,
Was mir der Geist der Wahrheit offenbarte.

20 Ich seh'e den Nachfahr durch die Täler lenken.
An allen Ufern diese Wölfe jagen –
Auf dies Geschlecht wird sich Entsetzen senken.

21 Lebendiges Fleisch wird er zu Markte tragen –
Das Leben raubt er vielen – sich die Ehre,
Wie arme Rinder wird er sie erschlagen.

22 Mit Blut besudelnd sich und Wald und Beere
Tritt er hervor – und in Aeonen nimmer
Wächst wieder rein der Wald und rein die Ähre!"

23 Wie ein Gesicht, daß ohne Hofinungsschimmer
Voll Schmerzen sich verdunkelt ob der Kunde
Bei drohender Gefahr, woher auch immer,

24 Sah ich die Seele, die aus Geistermunde
Dies hörte, jetzt zum Spreehenden gewendet,
Erschüttert von dem Sinn und seinem Grunde.

25 Gesicht des einen, Wort, das so geendet,
Bewogen mich, den Namen zu erkunden,
Und habe bittend mich an sie gewendet

26 Der Geist, der vorher schon das Wort gefunden,
Gleich wieder sagte: „Was Du selbst verschwiegen“
Er lächelte, „soll mir zu sagen munden.

27 Da aber Gott es will, daß Gnade siegen
Und leuchten soll, will ich mich nicht verschließen,
Ich bin Guido del Duca, muß hier liegen,

28 Weil mich des Neides Bilder nie verließen
Wenn ringsherum die Freudenfeuer lohten,
War's Neid und Mißgunst, die mich stießen.

29 Was dort ich säte, ernt' ich bei den Toten!
O menschliches Geschlecht, dess' Herz sich richtet
Just darauf, wo Verteilung sich verboten.

30 Dies ist Rainer, dem Hause einst verpflichtet
Da Calboli zu dessen Ruhm und Ehre,
Auf deren Wert der Erbe schon verzichtet,

31 Doch nicht nur ab dem Reno bis zum Meere,
Vom Po zum Berge ist das Gut verschwunden,
Das für das Heil der Menschen nötig wäre,

32 Denn in dem Lande wuchert ungebunden
Ein giftiges Gestrüpp, es auszureißen
Käm' wohl zu spät, daß Saaten noch gesunden.

33 Kann man auf Luzio den guten weisen?
Ein Traversar, Mandari, Carpigna – noch käme?
Ihr Romagnolen sollt Bastarde heißen!

34 Wann, daß aus Bologna ein Edler käme?
Ein Fabbro? Ein Fosco aus Faenz' erscheine,
Aus unscheinbarem Stamm den Aufstieg nähme?

35 Ich weine Tosker, staune nicht, ich weine,
Wenn ich da Prata, Ugolin gedenke,
Die mit uns einst im Erden-Sonnenscheine,

36 Wenn ich an Tignoso, seiner Schar ich denke,
Des Hauses Traversar, der Anatagi – Leute,
Geschlechter ohne Erben – dies bedenke!

37 An edle Frau'n und Ritter, Leid und Freude
Wo Liebe ward geweckt und edle Pflichten,
Wo heute Bosheit nur und Hohn für beide!

38 O Brettinoro, willst Du dich nicht richten
Danach, daß all die Deinen schon gegangen,
Dein Volk schon flieht, sich selbst nicht zu vernichten.

39 Bagnacaval hat's besser angefangen!
Doch Castrocaro, Conio umso schlimer,
Weil solche Grafen ihnen noch entsprangen!

40 O schön ist's wenn Pagani geht für immer,
Daß sein verruchter Dämon nie mehr kehre,
An seinem Namen bleibt ein trüber Schimmer.

41 O Ugolin de Fantolin die Ehre,
Bleibt ungetrübt! Es wird ja niemand kommen,
Der noch Gefahr für Deinen Namen wäre.

42 So geh nun Tosker, nimmer wird mir frommen
Die lange Rede – möchte lieber weinen,
Denn vom Gespräch ist mir das Herz beklommen!"

43 So gingen wir des Berges Wege einen
Und dachten: Beide hören es und schweigen,
Des Weges Richtung sie für recht wohl meinen!

44 Und einsam war's – kein Geist schien sich zu zeigen,
Da hat ein Blitz jäh durch die Luft gezündet,
Und dröhnend hört ich aus den Wolkenreigen:

45 „Erschlagen wird mich jeder, der mich findet“
Und schon verhallte es wie Donnergrollen,
Das jäh’ anhebt, dann mühlich wieder schwindet.

46 Dann Schlag auf Schlag – eh Ruh dem Ohr zu zollen –
Die zweite Stimme kam: uns traf das harte
Gedröhn, war tosender noch angeschwollen.

47 „Ich bin Aglaurus, die zu Stein erstarrte,“
Beim Dichter sucht’ ich Schutz und hielt im Schritte,
Dann wandt’ ich mich zu ihm, der meiner harrte.

48 Es war kein Ton mehr, der die Luft zerschnitte. –
Da sprach Vergil: „Dies ist der harte Striegel,
Damit der Mensch nicht ab vom Ziele glitte.

49 Euch aber lenkt des alten Feindes Zügel
Den Köder schnappend von der Angelleine,
Da helfen wenig Rückruf oder Prügel.

50 Der Himmel ruft ihr blickt in seine Reine,
Will kreisend seine Schönheit zeigen,
Ihr aber blickt zur Erde, wie gebannt vom Scheine.

51 Drum muß der Allessehende Euch beugen!“

XV. GESANG

1 Was bis zum Ende noch der dritten Stunde
Vom Tagesanfang bliebe in der Sphäre –
Ein kindlich Spiel erscheint die Sonnenrunde. –

2 Soviel war übrig bis es Abend wäre
Vom Weg der Sonne, war der Tag vergangen,
Hier Mitternacht und dort der Vesperkehre.

3 Da traf es wie aus hellstem Sonnenprangen
In mein Gesicht – als wir nach einer Wende,
Den Berg umkreisend, westwärts sind gegangen.

4 Ich fühlte, daß ein Licht mich plötzlich blende,
Viel stärker war der Glanz des Strahls als eben –
Ich staunte, was an Neuem sich hier fände!

5 Nach oben zwang es mich die Hand zu heben,
Ich hob sie bis zum obren Brauenrande
Vorm Übermaß den Augen Schutz zu geben.

6 Auf Spiegeln, Wasserflächen das Bekannte:
Trifft sie ein Strahl, eilt er zur Gegenseite,
Zu der er sich in gleicher Weise wandte,

7 Kunst und Erfahrung lehrt uns dieses heute
So wie er einfiel, wird er wieder fliehen
Vom Lote aus in gleicher Winkelbreite.

8 So schien ein rückgestrahltes Licht zu glühen,
Mich treffend schien es überall zu scheinen,
Ihm zu entgehen war vergeblich' Mühen

9 „O Vater, sag – wie läßt es sich vereinen,
Was mir den Schutz der Augen so erschwere –"
Frug ich, „und auf uns zukommt, will mir scheinen?"

10 „Sei nicht erstaunt – wenn Gleiches sich noch mehre, –"
Sprach er, „es ist vom Himmel ein Gesandter,
Der zeigen soll, wo hier der Aufstieg wäre;

11 Schon bald wird solch Geschehen Dir bekannter
Und leicht erscheinen, ja, erlesne Freude –
Soweit Du selbst im Wesen ein Verwandter."

12 Bald standen wir vorm heiligen Engel beide:
Der sprach mit froher Stimme: „Tretet näher
Zur Treppe, die euch sanft zur Höhe leite!“

13 Wir stiegen, schneller als ich dachte höher,
Da hört ich „beati misericordes“ milde singen.
„Freu’ Dich des Sieges“ ferne klang es eher.

14 Indess’ der Meister und ich weiter gingen
Nach oben, dachte ich im Weitergehen,
Daß ein Gespräch mir könne Klarheit bringen.

15 Ich sprach: Meister, vieles was geschehen
Ist unklar: Wie wollte die Romagna-Seele
„Verteilung“ und „Verboten“ denn verstehen?“

16 Und er zu mir: „Durch seine größre Fehle
Kennt er den Schaden: mindern will er Klagen
Wenn er sie rüge, uns sie nicht verhehle.

17 Wenn wir in Sehnsucht nach den Dingen fragen,
Die wir durch Teilung gern vermindert sähen,
Bläst Neid den Blasebalg zu unsren Klagen.

18 Doch wurde Liebe zu den höchsten Höhen,
Und Sehnsucht sich nach Gottes Nähe zeigen,
Im Herzen könnte niemals Neid entstehen!

19 Je mehr wir uns zu diesem Gute neigen,
Wird mehr im höchsten Kreis die Liebe brennen,
Um soviel mehr wird uns auch davon eigen.“

20 „Jetzt muß ich größre Zweifel noch bekennen
Als ich Dich bat, daß mich Dein Wort belehre,
Die mein Verstand und Geist nicht lösen können.

21 Wie kann es sein, daß sich Besitztum mehre,
Wenn wir dasselbe unter vielen teilen,
Als wenn es wenigen geblieben wäre?“

22 „Kannst Du bei Erdendingen nur verweilen,“
Sprach er, „wirst Du das wahre Licht vermissen,
Wirst Du die Dunkelheit der Dinge teilen.

23 Das Unsagbare grenzenlose Wissen
Das Gute oben Liebe so erfahre,
Wie Leuchtendes zum Lichte wird gerissen,

24 Wenn in uns Liebe, brennende und wahre,
So daß, wo immer sich auch Liebe findet,
Ihr ewiger Wert vermehrt auch offenbare!

25 Je mehr das Höchste so die Menschen bindet,
Um soviel mehr wird Liebe sie verbinden:
Der gibt und nimmt, wer sich am Licht entzündet.

26 Noch mehr wird Beatrice Dir verkünden
So meine Worte Dir nicht ganz genügen,
Das Wunderbare wird sie Dir begründen.

27 Du mußt nur eines: selber Dich besiegen,
Daß nach den Zwei'n sich noch fünf Wunden schließen,
Dies kann nur schmerzliches Bereuen fügen!

28 Ich wollte sagen: „Zweifel mich verließen!"
Da sah ich mich schon in dem neuen Kreise,
Die neuen Dinge nun mich schweigen ließen.

29 Dort war mir: Mich ergriffe trunkne Weise,
Ein Traumbild hat mich gänzlich hingerissen:
Ich sah viel Volk im Tempel Gott zum Preise.

30 Und eine Frau trat vor von Schmerz zerrissen
Und sagte: „O mein Sohn", mit süßer Stimme
„Was ließest Du so lange Dich vermissen?

31 Des Suchens Schmerz hat uns zermürbt der grimme,
Mich und den Vater!" Als sie jäh geendet,
War auch das Bild verschwunden, schwieg die Stimme.

32 Darauf erschien mir weinend zugewendet
Gleich eine andre Frau und ihr Erscheinen
War so wie einer, die der Zorn verblendet.

33 „Bist Du der Herr der Stadt," sprach sie im Weinen,
„Um deretwillen sich die Götter stritten,
Und die die hohen Wissenschaften meinen,

34 So strafe Pisistratos! – hör mein Bitten! –
Den Frechen, der die Tochter keck umfaßte!“
Der Herr dagegen – sanft und mild inmitten –

35 Sprach drauf mit einer Miene, die nicht haßte:
„Wie sollen Feinden wir entgegen treten –
Wenn jene, die uns lieben, ich belaste?“

36 Dann sah ich Leute – zornentbrannt zu töten –
Die Steine werfend schrien: „Er sei erschlagen“
Auf einen Jüngling, der in Todesnöten,

37 Bereit in Demut solchen Tod zu tragen:
Und sich ergebend schon zur Erde neigte –
Doch in den Augen fernste Himmel tagen.

38 Sein Geist vor seinem Höchsten Herrn sich beugte,
Ihn bittend seinen Feinden zu vergeben,
In seinem Antlitz sich nur Mitleid zeigte.

39 Schon bald begann mein Geist zurückzustreben
Zu dieser Welten andren Wirklichkeiten
Aus seltsamem nicht falschem Geist-Erleben.

40 Mein Führer sagte, der mich sah beim Schreiten,
Und wohl auch merkte all mein Schwanken:
„Was hast Du denn – willst Du zu Boden gleiten?

41 Was bist Du so verstört und in Gedanken,
Schon eine Weile seh’ ich Dich wie trunken,
Gleich jenen, die zuviel vom Weine tranken!“

42 „O lieber Vater, daß ich so versunken,
So Du es hörest, möcht’ ich gern verkünden,
Warum die Beine wankten wie betrunken!“

43 Und er: „Verstecke hinter Masken, Binden
Dein Angesicht Dein Inneres zu verschließen,
Sieh – die Gedanken könnt’ ich doch ergründen.

44 Die Wasser solltest sehn – des Friedens fließen,
Heilwasser sind es, für des Menschen Seele,
Die von der ewigen Quelle sich ergießen.“

45 Ich frug nicht, daß Dich mein „warum“ nur quäle
Wie jene, die mit toten Augen sehen,
Und deren Leib sich mit dem Staub vermähle.

46 Ich frug, daß stärker wirke das Geschehen
Aufstacheln muß man die Bequemen, Trägen,
Daß sie, geweckt, im Wachsein auch bestehen:

47 Schon wollte sich der Tag zur Ruhe legen,
Wir sandten unsre Blicke in die Runde
Und gingen stumm dem letzten Strahl entgegen.

48 Da kam ganz langsam wie aus dunklem Grunde
Ein schwarz’ Gewölk zu uns heran gedrungen.
Ohn’ Ausweg preisgegeben schwarzem Munde

49 War bald das Licht, die reine Luft verschlungen.

XVI. GESANG

1 Der Hölle Dunkel und die Finsternisse
Sternloser Nächte – ärmste Himmelsfeier –
Geballter Wolken Schwärze, Düsternisse,

2 Nahm nicht so sehr die Sicht wie dieser Schleier
Des dichten Rauches, der uns hier umhüllte,
Der auf dem Leibe brannte wie ein Feuer.

3 Daß ich die Augen nicht mehr offen hielte,
Weshalb mein Führer, wissend vom Geschehen,
Mir näher trat, bis ich die Schulter fühlte,

4 Wie Blinde mit den Augen andrer sehen,
Jed' Hindernis zu meiden auf dem Wege,
Auch oft Gefahr des Lebens zu umgehen,

5 So ging auch ich mit ihm die finstren Stege,
Vorsichtig schreitend hörte ich ihn sagen:
„Gib acht! Dein Schritt sich nicht verirren möge!"

6 Ich hörte Stimmen, und die waren Klagen,
Um Frieden und um Mitleid alle flehten
Zum Lamm, das unsre Schuld hinweggetragen,

7 Nur „Agnus Dei", so hört ich rufen jeden,
Das Wort, der Ton und Weisen einig klangen,
Und Eintracht schien bei allen eingetreten.

8 „Sind dies denn Seelen, Meister, die so sangen?"
Frug ich; und er: „Du hast es klar erraten,
Sie büßen hier, die einst vom Zorn gefangen!"

9 „Wer bist Du, der durch Nebelwolken waten
Und sprechen kann, als ob es ihm gegeben,
Den Tag zu zählen nach Kalenderdaten!"

10 So hörte ich's durch rauchige Lüfte schweben.
Mein Meister: „Gib ihm Antwort – und auch frage,
Ob Wege hier vielleicht nach oben streben?"

11 Und ich: „O Wesen, welches diese Tage
Der Läuterung hier verbringt, um aufzusteigen,
Wenn Du mir folgst zu hören, was ich sage,

12 Hörst Du ein Wunder!“ „Will bereit mich zeigen
Soweit ich darf“ sprach er „Ist’s Aug’ behindert,
Wird unser Ohr sich zu dem Sprecher neigen.“

13 Dann ich: „Ich darf noch in der Hülle gehen
Der Sterblichen: Durch alle Höllenkreise
Bin ich jetzt auf dem Weg zu Gottes Höhen,

14 So Gnade sich des Herrn an mir erweise,
Sein Reich zu schaun mir nicht verwehre,
Wenn auch für Menschen ungewohnte Reise,

15 Sag Deinen Namen, Deinen Stand, erkläre
Dein frühres Sein, Dein Wort sei uns Geleite
Und sag: ob hier ein Weg nach oben wäre!“

16 „War Marco der Lombarde, und die weite
Und schöne Welt ich liebte, wahren Werten
War ich ergeben, anders war’s als heute.

17 Dein Weg ist recht: er wird Dich nicht gefährden,“
Dann: „Mögen Deine Worte nicht vergessen,
Daß sie mich, bist Du dort, mit Namen ehrten.“

18 Und ich: „O dies versprech’ ich gern; indessen
Quält mich ein Zweifel – wenn ich ihn nicht sage,
Wird der mein Innres sicherlich zerfressen.

19 Zuerst nur wenig hat er ohne Frage
Jetzt doppeltes Gewicht nach Deiner Rede
Ob sich dies Wort mit dem davor vertrage?“

20 Ich weiß: es ist die Welt verderbt und öde,
Fern aller Tugend und von Bösem trächtig,
Bedeckt von Finsternis, verstrickt in Fehde;

21 Ich bitte sag’ die Gründe, die verdächtig!
Der sucht sie in des Himmels trägem Schweigen,
Und der in Menschen sie, die übermächtig.“

22 „O Bruder – wehe – will es Dir bezeugen:
Die Welt ist blind – Du kommst ja wohl von unten“
Er sprach wie einer, den die Schmerzen beugen.

23 „Ihr, die ihr lebt, Ihr habt das Wort erfunden,
Schuld sei der Himmel – als ob er alleine
Geschehen an Notwendigkeit gebunden.

24 Wenn dem so wäre: Schuld – es wäre keine! –
Der freie Wille wäre ganz vernichtet,
Belohnt nicht Gutes, straft nicht das Gemeine.

25 Den Anstoß gibt der Himmel, doch ihn richtet
Der freie Wille, welchen Weg er nehme,
Wenn er das Gute oder Böse sichtet.

26 Der freie Wille – eh' ihn Sternenkraft noch lähme
Wenn er den ersten Einfluß gut verwunden,
Mit eigner Kraft zu seinem Siege käme.

27 Ihr seid der besseren Natur verbunden,
Doch grade dieses schafft des Geistes Mächte,
Die frei sind von der Kraft der Sternenstunden.

28 Wenn nun die Welt verlassen will das Rechte,
So liegt der Grund in Euch, ist dort zu lesen,
Und dies ich jetzt genau begründen möchte.

29 Die Seele kommt – aus Schöpfers Hand entlassen –
Zum Seienden, beginnt ihr eignes Leben
Im kindlich Weinen, Lachen, Spielerfassen.

30 Der Welt in reiner Einfalt hingegeben,
Nur ihrem Schöpfer folgend auf dem Pfade,
Will gern die Dinge, die sie freun, erstreben.

31 Und froh der Güter, erst von kleinem Grade –
Obwohl getäuscht, – läuft sie nach ihnen gerne,
Wenn bessre Lenkung nicht zur Umkehr lade!

32 Drum muß es, daß man durch Gesetze lerne,
Und daß die Herrscher wahre Stadt erkennten,
Die Türme wenigstens als Führungssterne!

33 Gesetze gibt es – doch sie anzuwenden
Wagt keiner und der Hirt gewählt voranzugehen,
Wird, wiederkäuend, nur in Feigheit enden!

34 Kann nur das Volk den eignen Führer sehen
Nach Speise langen, die es selbst erstrebte,
Ist's satt, will nicht auf weitre Suche gehen.

35 Erkenn', daß nicht Natur Verhängnis webte,
Die schlechte Führung bringt die Welt zum Bösen
Und machte, daß ihr Fundament erbebte.

36 Einst hatte Rom, das Vorbild uns gewesen,
Zwei Sonnen und sie zeigten klar zwei Wege: –
Den Weg der Welt, den Weg zu Gott, den Wesen.

37 Nun sind sie im Verlöschen, kaum mehr rege;
Sind Hirtenstab und Schwert in sich verbunden,
Und nicht getrennt, sind sie im Handeln träge,

38 Einander fürchtend können sie gesunden.
Wenn Du's nicht glaubst, sieh auf die Ähre,
Am Samen kann man Pflanzen-Art erkunden.

39 Im Land von Etsch und Po – ein Beispiel lehre,
Wär' Tapferkeit und Rittersinn noch heute,
Wenn Friedrich's Papststreit nicht entstanden wäre.

40 Durchgammeln können sicher solche Leute,
Das Land – die nie das Gute gern gesehen,
Weil's Scham geweckt – jetzt macht es ihnen Freude.

41 Zwar kann Dein Aug' drei Alte noch erspähen,
Die wie ein Vorwurf sind den neuen Zeiten,
Sie warten drauf, daß sie zum Himmel gehen,

42 Currado da Palazzo und die beiden
Gehrarde – Guido da Castel – den gerne
Die Worte „einfacher Lombard" begleiten.

43 Du kannst nun sagen, daß die beiden Sterne
Von Rom – vereinigt stürzen auf die Erde,
Tief in den Schmutz, brutal, vefault im Kerne.

44 „O Marco" sprach ich, „was Dein Wort mich lehrte
Ist richtig, nun versteh ich, daß man Söhnen
Von Levi das Besitztum streng verwehrte.

45 Doch sag Gehrardo, über den sie stöhne,
Als Vorwurf blieb den sittenlosen Zeiten –
Wer ist es, den die Guten sich ersehnen?"

46 „Willst Du mich prüfen, Täuschung mir bereiten,"
Sprach er, „nach Deinem Laut spricht ein Toskaner,
Gehrardos Name will Dir nichts bedeuten?

47 Mit diesem Namen kenne ich den Mahner.
Vielleicht noch Töchter Gaia von den Seinen,
Nun Gott mit Euch, sucht neuen Wegesbahner.

48 Schon läßt der Rauch die Dämmerung erscheinen,
Dort kommt der Engel schon, und ich muß gehen,
Ich darf nicht vor ihn treten, vor den Reinen!"

49 Verstummte jäh und schwand im Rauchverwehen.

XVII. GESANG

1 Denk' Dir, o Leser, wenn im Alpentale
Dich Nebel überfallen, wird Dein Sehen
Wie das des Maulwurfs, schleiertrüb und fahle.

2 Erst wenn die feuchten Nebel im Verwehen,
Die Sonnenstrahlen mit den Dünsten ringen,
Kann man die Scheibe mählich klarer sehen.

3 So wird die Vorstellung Dir leicht gelingen,
Wie ich das Bild der Sonne jetzt empfange,
Der es gelang den Nebel zu durchdringen,

4 So aus der Wolke, angepaßt dem Gange
Des treuen Führers, trat ich vor im Lichte
Der Sonne, die schon tief am Bergeshange.

5 O Kraft, Du reißest uns vom Inngesichte,
Von Menschen merkbar nicht in fernste Ferne,
Nicht tausend Tubas machen Dich zunichte.

6 Woher wenn Sinne ruhn im teifsten Kerne?
Ist es ein Licht im himmlischen Geschehen,
Von selbst, wirkt Wille hin zum Erdensterne.

7 Die Spuren der Verwandlung konnt' ich sehen,
Des Vogels mit dem lieblichsten Gesange,
Das ganze Bild verfolgend im entstehen.

8 Verschlossen war mein Geist dem äußren Gange
Der Dinge, lösend in mir die Verquickung,
Des Innenbilds Klarheit ich erlange.

9 So fiel in hohe Schau mir der Entrückung
Ein Mann am Kreuz: Im Antlitz wilde Fehde,
Verachtung ganz: So starb er in Verstrickung.

10 Wie um ihn Ahasver und Esther treten
Sah ich, auch Mordoch noch, der so Gerechte,
Und ohne Tadel stets in Tat und Reden.

11 Als dann das Bild im Schaun sich mählich schwächte,
Und bald zerstob, wie eine Seifenblase,
Weil Wasser fehlte, das sie perlend brächte,

12 Sah ich ein Mädchen gleich – mir war, es rase!
Sie klagte und sie schrie in heftigem Weinen:
„O Königin – was trieb Dich auf die Todesstraße?

13 Lavinia zu verlieren war Dein meinen,
Nun hast Du mich verloren und ich weine
Um Deinen Tod noch mehr als um den seinen.

14 So wie der Schlaf zerbricht im grellen Scheine,
Wenn Strahlen auf geschlossne Lider fallen,
Noch einmal zuckt eh' er zu Ende scheine,

15 So sah ich alles, was ich sah, zerfallen,
Weil sich ein Licht so jählings um mich ballte,
Das stärkste, das ich hier geseh'n von allen –

16 Ich wandte mich zu sehen, wo ich halte,
Als eine Stimme sprach: „Hier könnt ihr steigen",
Befreit fühlt ich: kein andrer Vorsatz walte!

17 Woher der Klang, und wem die Stimme eigen,
Verlangt es mich zu wissen – ihn zu sehen;
Nicht ruhend mehr, bis er sich würde zeigen.

18 Es schien der eigne Glanz ihn zu verwehen
So wie die Sonne, wenn ihr Licht uns blendet:
Hier konnte meine Sehkraft nicht bestehen!

19 „Dies ist ein Himmelsgeist, der uns gesendet,
Nach oben uns zu leiten ohne Bitte,
Verhüllt im eignen Licht, das er verschwendet.

20 Er tut mit uns, als ob er's selbst erlitte:
Denn wer bei Not noch wartet auf das Flehen,
Will schon das Nein, nicht gern zu Hilfe schritte.

21 Nun wollen wir nach seiner Weisung gehen;
Wir stiegen auf solang des Tages Helle;
Die Dunkelheit zwingt uns sofort zum Stehen."

22 So sprach mein Führer, suchte dann die Stelle,
Wo eine Treppe uns nach oben führte.
Doch als ich mich genaht der letzten Schwelle,

23 Wie Flügelschlagen ich ein Wehen spürte,
Um mein Gesicht und hörte „Frieden“ sagen:
„Dem Heil, wer ohne bösen Zorn ihn kürte!“

24 Schon wich das Licht hinauf in höhre Lagen;
Die letzten Strahlen schwanden im Gelände,
Und frühe Sterne schon zu blitzen wagen.

25 „O meine Kraft – erlahmst Du so behende?“
Erschrocken ich in Angst mich selber fragte,
Mir war als ob die Kraft den Beinen schwände.

26 Dort, wo die Treppe höher nicht mehr ragte,
Da standen wir, gleich einem Schiff am Strande,
Das angelangt zur Weiterfahrt noch zagte.

27 Ich wartete, ob was zu hören ich imstande,
Ob sich was regte in dem neuen Kreise.
Doch dann ich mich zu meinem Meister wandte:

28 „O guter Vater, sag, auf welche Weise
Sie büßen müssen, hier, wo wir jetzt stehen?
Du könntest sprechen, ruht derweil die Reise.“

29 Und er: „Vergessne Pflicht ist ihr Vergehen,
Die Liebe sie zum Guten neu erlernen,
Das träge Ruder soll beschwingter gehen.

30 Doch lenk' – eh wir uns nach der Rast entfernen,
Den Blick auf mich, denn du empfangest heute
Noch gute Früchte, reif auch in den Kernen“.

31 „Nicht Schöpfer, nicht Geschöpfe – keine Seite –“
Sprach er „mein Sohn, war jemals ohne Liebe,
Ob der Natur, ob die des Geists – Du weißt es – beide!“

32 Nie irrt die Natur in ihrem Lebenstriebe –
Es kann der Geist im Zielerstreben fehlen,
Wenn er im „Viele“ im „Wenig“ maßlos bliebe.

33 Mag einesteils sie gute Wege wählen,
In andren sich in rechten Grenzen halten,
Wird man sie ohne Grund zum Bösen zählen.

34 Doch zeigt sie – Böses planend – im Entfalten
Des Guten Trägheit oder hastiges Trachten
Ist beides gegen schöpferisches Walten.

35 So kannst Du denn die Liebe auch betrachten:
Sie legt den Keim in Euch zu allem Guten,
Doch auch zu Taten, die sie strafbar machten.

36 In Wesen nun, die in der Liebe ruhten,
Sie können ihr Gesicht nicht von sich wenden,
Drum sind sie ohne Eigenhasses Gluten.

37 Es kann kein Wesen die Verbindung enden
Mit seinem Ursprung und allein bestehen,
Drum kann es auch dahin den Haß nicht senden.

38 Es bleibt – kann ich die Weit'rung richtig sehen –
Verfälschte Liebe muß dem Nächsten schaden,
Aus dreimal Bösem muß ein Sumpf entstehen.

39 Das eine: Freude fühlen beim Mißraten
Des Nächsten Planen, seines Lebens Streben,
Am Sturz sich labend, Mißgeschick der Taten.

40 Das zweite: er verlöre Macht im Leben
Und Gnade, Ehre, wenn sein Nächster steige.
Er wird der Bosheit seine Liebe geben.

41 Das dritte: glaubt, daß ihn Verletzung beuge,
Sodaß ihn Rachegeister nie verließen;
Es drängt ihn immer, daß er Böses zeige.

42 Dreifache Liebe sie hier unten büßen.
Von jener Liebe noch will ich berichten,
Die Gutes will, doch Böses läßt entsprießen.

43 Wir möchten gerne in das Gute flüchten,
Weil auszuruhen jeder Seele Sehnen,
Des Innern Aufruhr endlich in uns schlichten.

44 Doch wenn wir träg', an Trägheit uns gewöhnen,
Nach diesem Gut nicht streben – hier im Kreise –
Läßt ihn die Strafe, läßt ihn Reue stöhnen.

45 Es gibt ein Gut, jedoch von andrer Weise –
Ist für das Glück des Menschen nicht erlesen;
Denn Gutes ist nicht immer Frucht und Speise,

46 Will Liebe allzusehr an ihm genesen:
Im obren Kreise müssen sie's beweinen.
Doch da auch diese dreifach ist im Wesen –

47 Will ich jetzt schweigen: sage selbst dein Meinen!“

XVIII. GESANG

1 Mit diesem Worte endete die Lehre
Des hohen Meisters; forschend im Gesichte,
Sah er mich an, ob ich zufrieden wäre.

2 Und ich, zwar wünschend, daß er mehr berichte,
Ich zögerte und schwieg und in mir dachte,
Daß ich zu viele Fragen an ihn richte.

3 Jedoch mein guter, wahrer Vater, machte
Mir Mut zu sprechen, weil er gleich gesehen,
Daß ich aus Schüchternheit zu schweigen trachte.

4 Da sprach ich: „Meister, besseres Verstehen
Verdank ich Deinem Lichte; ich erkenne,
Es klären Deine Worte das Geschehen.

5 Doch bitt' ich Dich mein guter Vater, nenne
Die Gründe mir: wie denn aus dieser Liebe
Das Gute und das Böse kommen könne."

6 Er sprach: „Blick nur auf mich, Verscheuch' die Trübe,
Dem scharfen Aug' des Geistes will ich zeigen,
Wie sie mit Trug uns führen, blindem Triebe.

7 Des Geistes ist, in Liebe sich zu beugen,
Hingebend sich den Dingen, die ihm passen,
Sobald dem Wohlgefallen Weckkraft eigen.

8 Könnt ihr den Sinn vom wahren Sein erfassen,
Wird sich am Seienden der Geist entfalten,
Sein Abbild in die Seele prägen lassen,

9 Die sich – ihm zugewandt – wird mitgestalten:
So ist dies Liebe, ist Natur-Verstehen,
Und wird nun neu in allen Dingen walten.

10 Und wie die Flamme züngelt nach den Höhen,
Die Form erstrebend, daß sie nicht zerstiebe,
In ihrem Stoffe länger zu bestehen,

11 Treibt Geist, verhaftet seiner Sehnsucht Triebe,
Als Geist-Bewegung rastlos, bis sich füge
Zur Einung hin in Freude Geist und Liebe

12 Du wirst verstehen, daß man sich betrüge,
Der Wahrheit ferne ist, wenn Menschen meinen,
Daß Liebe schon, nur weil sie ist, genüge.

13 Denn mag an sich der Stoff als gut erscheinen,
Doch ist des Geistes Siegel oft verschieden,
Obgleich geprägt auf gutem Wachs und reinen."

14 Ich sprach: „Ich folge Dir im Geist: es bieten
Ja Deine Worte die Erklärung dessen
Was Liebe, doch in mir noch Zweifel brüten.

15 Wird Liebe nur von außen her bemessen,
Die Seele nicht erfaßt auf andren Wegen,
Bleibt recht und falsch des eignen Seins vergessen."

16 Und er: „Soweit Vernunft es kann erwägen,
Will ich's Dir sagen, doch auf Glaubensfragen
Die Antwort wird Beatrice vermögen."

17 „Die Wesensformen", fuhr er fort zu sagen,
Getrennt im Stoff, sind einheitlich verbunden,
Weil sie zur Art die Kräfte in sich tragen.

18 Doch wird ihr Sosein seiend nicht empfunden,
Es kann sich nur an dem Erfolg erweisen,
Wie Leben Pflanzen durch das Grün bekunden.

19 Wie das geschieht und wann, in welchen Gleisen
Der erste Anstoß, kann der Mensch nicht wissen,
Noch auch um was die ersten Wünsche kreisen.

20 Vergleich's dem Drang der Bienen, die beflissen
Den Nektar sammeln – dieses erste Wollen –
Wir frei von Lob und Tadel sehen müssen.

21 Wie wir erst alles andre gleichfalls sollen,
Ist Urteilskraft den Menschen mitgegeben.
Ob Zustimmung, ob Nein dem Drang zu zollen.

22 Sie ist der Ursprung, ihm entspringt das Streben
Rechtfertigung, Verdienst zu finden,
Den Unterschied von gut und bös' im Leben.

23 Und die, die forschend wahres Wissen künden,
Erkennen, daß die Freiheit eingeboren,
Auf sie muß Sittlichkeit der Welt sich gründen.

24 Selbst wenn sie aus Notwendigkeit beschworen,
Daß eine Liebe zueinander glühe,
Sie festzuhalten bleibt Euch nicht verloren,

25 Daß jenem edle Kraft der Willensfreiheit blühe:
Gib acht – so wird sie Beatrice heißen –
Wenn ihre Rede sich auf sie beziehe.

26 Der Mond, gleichsam auf späten Mitt-Nacht Gleisen,
Bleicht schon den Himmel und das Licht der Sterne,
Ist einem Kessel gleich aus glühend Eisen.

27 Er lief den Weg, dem Sonnenweg nicht ferne,
Den Römer leuchten sahn beim Sonnensinken
Auf Korsika und in Sardinien gerne.

28 Der edle Schatten dessen Sterns Erblicken
Mehr in Poietola als Mantua zu finden,
Gab mit der Antwort Durstigem zu trinken.

29 So klare Antwort läßt die Zweifel schwinden,
Hinträumend froh des Fragens nun entbunden,
Schlaftrunken wollte Schlaf mich überwinden.

30 Doch eine Schar im Rücken uns empfunden,
Verhinderte mein Träumen zu vertiefen:
Laut lärmend lief sie ihre Runden.

31 Asop und Ismenus – sie konnten prüfen
Am Strande nachts der Furien Gedränge
Als die Thebander wild nach Bacchus riefen.

32 Im Wirbelschritte nahte sich die Menge
Jetzt schneller auf uns zu in diesem Kreise,
Als ob sie Trieb und guter Wille zwänge.

33 Bald waren sie bei uns nach solcher Reise,
Denn schnellen Laufes lief der große Haufe,
Zwei vorne weinten, schrien in lauter Weise:

34 „Maria zog zum Berg in eiligem Laufe“
Und: „Caesar hat, damit Ilerda falle
Marseille umstellt, nahm Spanien ohn’ Verschnaufe.“

35 „Und schneller schnell, daß keine Zeit verfalle,
Durch träge Liebe“ schrieen andre hinten,
„Es mehrt die Gnade, wer mit Eile walle.“

36 „O Volk“ sprach nun Vergil, „Der Trägheit Sünden
Wollt ihr durch Feuereifer nunmehr sühnen,
Wie euer Schrei’n und eifrig Laufen künden.

37 „Der hier, der lebt, sieht noch die Erde grünen,
Er will hinauf, solang es hier noch helle,
Kennt ihr den Durchlaß?“ Forscht Vergil bei ihnen.

38 Auf seine Frage sagte einer schnelle:
„So komm“ er war voll Eifer weg zu laufen
„Komm nach – ich zeige Dir des Durchgangs Schwelle,

39 Zur Buße willens läuft der ganze Haufen
Verzeih, wenn wir nicht lange uns verweilen,
Denn unsre Buße duldet kein Verschnaufen.“

40 „San Zenos Abt war ich sprach der im Eilen,
„Einst in Verona als noch Barbarossa thronte,
Um den man heut’ noch klagt in Trauerzeilen.

41 Der Mann, der gleichfalls in Verona wohnte
Schon mit dem einen Bein im Grab – wirds reuen,
Wird weinen, wie er seinem Kloster lohnte:

42 Daß er dem Sohn – es ist nicht zu verzeihen
An Leib entartet, schlimmer noch am Geiste,
Das Kloster gab, anstatt dem Herrn zu Treuen.“

43 Ich weiß nicht ob er schwieg, es ging das Meiste
Verloren, weil er schneller lief und weiter.
Was ich gehört, bewahr’ ich gern im Geiste,

44 Und der, der immer half, der sagte heiter:
„Nun wende Deinen Blick, dort nahn zwei Seelen,
Die auch die Trägheit tadeln – wahre Streiter!“

45 Die riefen hinter allen: „Sie erzählen,
Die meisten starben in des Meeres Wogen,
Die Erben mußten sich zum Jordan quälen."

46 Und: „Jene, die mit Aeneas nicht weiter zogen,
Mühsal nicht tragen mochten bis zu Ende,
Die haben selbst sich um den Ruhm betragen."

47 Als bald die Schatten schwanden im Gelände –
Soweit auch mochten meine Augen dringen –
Erfuhr mein Denken eine andre Wende.

48 Gedanken kamen und Gedanken gingen,
Bald war mein ganzes Sinnen in mir trunken,
Ich schloß, sehnsüchtig Ruhe zu erringen

49 Die Augen: Bin in Schlaf und Traum gesunken.

XIX. GESANG

1 Zur Stunde, wenn des Nachts die mondne Kühle
Der Tageswärme weicht, sich Kälte mehre,
Durch Erdenfrost und wenn Saturn im Spiele,

2 Sterndeuter forschen ob im Sternenheere,
Ihr „größtes Glück“ im Osten schiene balde
Auf dunklem kurzen Weg eh Dämmerung kehre,

3 Erschien im Traum mir eine Frau, die lallte,
Mit scheelen Augen und mit krummen Beinen,
Bleich und zur Faust sie ihre Hände ballte.

4 Ich schaut' sie an und wie beim Sonnenscheinen
Nach kalter Nacht auftaun die klammen Glieder,
So meine Blicke sie zu wärmen scheinen.

5 Es löste sich der Zunge Starre wieder,
Bald überzog ein Rot die blassen Wangen,
Zur Liebe lockten ihre Blicke wieder.

6 Bald hat sie auch zu singen angefangen.
Ihr Singen süß ein Sang von solcher Schöne,
Daß Lied und Stimme in die Sinne drangen.

7 „Ich bin“, sang sie „die lieblichste Sirene,
Bezaubre Schiffer auf dem hohen Meere,
Daß jeder sich für immer nach mir sehne,

8 Odysseus lockt ich, daß er zu mir kehre
Die Irrfahrt ende; wer sich auch zu mir wende,
Der bleibt, der Liebe Freude ihm gewähre.“

9 Kaum daß sie mit dem Singen war am Ende,
Kam eine andre Frau vom Paradiese,
Sie zu verwirren und mir Hilfe spende.

10 „O mein Vergil, Vergiß – wer ist denn diese?
Sprach sie ihm näher tretend, streng im Zorne,
Der kam, bereit zu tun, was sie ihn hieße.

11 Er griff nach ihr, den Rock aufreißend vorne,
Entblößte sie und ihren Bauch mir zeigte:
Gestank, mich weckend, verströmte die Verworrne.

12 Ich wandte mich: Vergil sich zu mir beugte,
„Schon dreimal rief ich Dich – wir müssen gehen!
Hier ist das Tor, wie jener Geist bezeugte.“

13 Da stand ich auf, und ringsum konnt ich sehen:
Der heilige Berg war ganz vom Licht umflossen,
Die neue Sonne schien schon hoch zu stehen.

14 Folgt’ mit gesenkter Stirn dem Weggenossen,
Gebeugt den Rücken, halb ein Brückenbogen,
Als hielt mich Traumes Schwere noch umschlossen.

15 Doch bald, nachdem wir stumm dahingezogen,
Hört eine Stimme ich: „Hier sind die Wege!“
Ihr Klang besänftigte des Innern Wogen.

16 Er wies, der so gesprochen von dem Stege,
Mit offnem Flügeln – wie von Schwänen –
Den Spalt der Wand, hoch und ohne Schräge.

17 Ich spürt’ der Flügel Wehn, als wollt er jenen,
Der kam mich segnen: „Macht zum Trost gegeben
Ist ihnen, die bedrückt, ihr Herz in Tränen!“

18 Kaum war der Engel vor uns im Entschweben,
Sprach schon Vergil: „Mußt Du zu Boden schauen
Noch immer – willst Du nicht die Stirne heben?

19 Ich sprach: „Der Zauber täuschte mein Vertrauen
Verführend Traumgesicht hielt mich im Banne:
Nachsinnend glaub’ ich’s immer noch zu schauen.“

20 „Du sahst die Hexe eine Zeitenspanne,
Um ihretwillen sie hier oben weinen,
Du sahst den Weg, wie sich der Mensch ermanne.

21 Nun gut, genug! Nun geh mit festen Beinen.
Richt’ Deinen Blick nach oben, sieh den Boten
Des ewigen Königs kreisend in den Rainen!“

22 Ich tat dem Falken gleich, wie ers geboten,
Der kennt kein Grübeln, lößt die Blicke schweifen,
Läßt durch den Ruf sich in die Tiefe loten.

23 Und ich begann nun schneller auszugreifen,
Ging durch den Spalt zur Höhe bie zum Rande
Des neuen Kreises hin auf schmalem Streifen.

24 Ich trat hinaus zum fünften Kreis, erkannte,
Daß vor mir Leute lagen und die weinten,
Und keiner seinen Blick vom Boden wandte.

25 Sie sangen: „Geist wir mit dem Staube einten!"
Und hörte Rufen rings und tiefes Stöhnen,
So sehr, daß schwer verständlich, was sie meinten.

26 „Erwählte ihr des Herrn in Leid und Tränen,
Die Hoffnung und Gerechtigkeit versüßen,
Zeigt uns den Weg, den wir zu gehn ersehnen."

27 „Wenn ihr gekommen nicht umd hier zu büßen
Und ihr nach oben wollt auf schnellstem Wege,
So haltet immer rechts mit euren Füßen."

28 Die Antwort kam als ob sie im Gehege
Von einem kam, verborgen in der Nähe,
Und ihn zu suchen, wünschte ich mir rege.

29 Ich wandte mich zum Meister, ob ers sehe;
Allein, der gab mir schon ein freundlich Zeichen,
Er las ja vom Gesicht mein Wohl und Wehe.

30 Nun konnte ichs mit eignem Tun erreichen,
Trat ganz heran an das vermutet Wesen,
Dess' Worte dem Gehörten würden gleichen.

31 Ich sprach: „o Geist, dess' Weinen zum Erlösen
Dich reift, allein vermag zu Gott zu lenken,
Halt ein und sage: wer bist Du gewesen?

32 Und darfst Du mir zulieb Dein Wissen schenken,
Müßt ihr den Rücken denn nach oben kehren?
Soll auf der Erde Deiner ich gedenken?"

33 „Des Himmels Wille will ich Dir erklären"
Sprach er, der uns den Rücken umgewendet,
Erst hör': „Ich saß auf Petri Stuhl in Ehren,

34 Dort zwischen Chiaver' und Sestri sendet
Zum Fluß der Hang die Quellen, dessen Name
Den höchsten Ruhm auch meinem Hause spendet.

35 Nur einen Mond gelangs gewaltsame
Und schmutzige Flut vom Mantel abzuhalten
Wogegen andre Lasten leicht und zahme.

36 Doch meine Umkehr ließ sich schwer gestalten,
Erst als ich Oberhirt von Rom gewesen,
Sah ich verlognen Lebens böses Walten.

37 Ich sah, das Herz bleibt ruhelos im Bösen,
Und niemals kann es je zur Hölle finden,
Und neu zu dieser wollte ich genesen.

38 Davor lebt, ich getrennt von Gott mit Sünden
Beladen, elend, arm, dem Geiz verfallen,
Hier büße ich dafür aus guten Gründen.

39 An denen in den Staub gestreckten allen
Erkenne: wie der Mensch durch Habsucht endet
So bitter wohl sind keiner Strafe Krallen.

40 Das Auge, einst von falschem Glanz geblendet,
Sich heftend nur auf eitle Erdendinge –
Gerechtigkeit es hier zum Staube wendet.

41 Und wie der Geiz bestrebt, daß er bezwinge
Die wahre Liebe, gute Tat verwehre,
Hält uns Gerechtigkeit hier in der Schlinge.

42 Die Fesselung Verstockten Einsicht lehre,
Solang der Himmel es für gut befinde.
Lang hingestreckt zu sein, die Strafe mehre!"

43 Die Kniee beugt' ich vor ihm, wollt geschwinde
Mi meinem Wort die Achtung ihm bezeugen,
Gleich am Beginn die Abwehr ich empfinde!

44 „Aus welchem Grund willst Du dich tiefer beugen?"
Frug er. Und ich „um Deiner Würde willen –
Läßt mein Gewissen mich vor Dir verneigen."

45 „Erhebe Dich mein Bruder! Wir erfüllen
Nur ein Gebot des Herrn. Wir sind in seinem Reiche
Nur Diener, sei's im Großen, sei's im Stillen.

46 Das Wort der Bibel nehme zum Vergleiche,
Das sagt: „Sie werden wie die Engel leben!"
Entnimm der Rede, ob ich'e je erreiche.

47 Nun gehe weiter! Hindre nicht mein Streben
Zur Reife – wie Du selbst gesagt – durch Weinen!
Und was Du wolltest, hab ich Dir gegeben.

48 Noch eine Nichte gibt es von den Meinen,
Alagia, sofern sie vom Geschicke
Des Hauses frei, wird sie Dir fromm erscheinen.

49 Sie blieb auf Erden noch allein zurücke …"

XX. GESANG

1 Dann hört ich: „Lebtest in der Armut Plage,
Du suchtest einst im ärmsten Hirtenstalle
Die Krippe, die Dein Heiliges Kindlein trage."

2 Und: „O Fabritius, Vorbild Du für alle,
Bist lieber arm doch tugendbaft geblieben.
Dich brachte kein Geschenk, kein Geld zu Falle."

3 Ich war so sehr gedrängt dies Wort zu lieben,
Daß ich die Schritte suchend hingewendet
Zu jenem Geist, von dem sie hergetrieben.

4 Er sprach noch mehr, was Nikolaus gespendet
Den frommen Jungfraun, weil sie treu geblieben,
Die Ehre ihrer Jugend nicht geschändet.

5 „O Seele, deren Worte nie zerstieben,"
Sprach ich – „sag' wer Du warst, warum alleine
Du diese Lobeshymne scheinst zu lieben.

6 Du bleibst nicht ohne Dank, wie ich es meine,
Da ich zurück zum Erdenleben kehre,
Das sich schon neigen will im Abendscheine!"

7 „Dir sag ichs", sprach er, „nicht daß Lohn sich mehre,
Dort unten, sondern weil in solchem Glanze
Dann Gnade strahlt, eh er gestorben wäre.

8 Ich war die Wurzel jener bösen Pflanze,
Die alle Christen schon im Keim verdorben,
Und gutem Wollen selten gab die Chance.

9 Und wenn sie könnten, die durch mich gestorben
Sie schrieen „Rache": Dunai, Lille und Gente
Und Brügge – wofür beim Richtgott ich geworden,

10 Bin Hugo Capet – und nach meinem Ende
Sie alle kamen Ludwige, Philippe,
Im neuen Frankreich rühren sie die Hände.

11 Bin aus Paris vom Stamm der Schlächtersippe
Und als die Könige des alten Stammes schwanden –
Der „graue Mantel" Letzter mit der Strippe –

12 In meine Händen sich die Zügel fanden
Des Königshauses mit Befug zum Throne
Und Neuerwerb, den Freunde anerkannten,

13 Daß sie dem Sohne die verwaiste Krone
Aufs Haupt gesetzt – der Anbeginn der Route
Gesalbter Fürsten folgend meinem Sohne

14 Solang die Erbschaft der Provence dem Blute
Die Scham noch hielt, zwar wenig doch genüge,
Daß sie das Böse noch nicht überflute

15 Dann aber setzte mit Gewalt der Lüge
Sein Raubzug ein, natürlich nur als Sühne:
Die Normandie – Ponthieu – Gascogner Züge.

16 Karl kam dann nach Italien wie zur Sühne
Enthauptet Konradin, den Staufer Erben,
Schickt Thomas dann zum Himmel, auch als Sühne.

17 Schon seh ich neuen Tag herauf sich färben
Aus Frankreich wird ein andrer Karl spazieren
Und Wind für sich und für die Seinen werben.

18 Ihn wird allein die blanke Lanze zieren,
Die Lanze Judas' ausersehn die Flanke
Von Florenz aufzuschlitzen vor den Türen.

19 Gewinnt kein Land, nur Sühne Schand' um Schande,
Die beide in sich umso schwerer wiegen
Als leichter in ihm selber der Gedanke.

20 Der andre, den sie mit der Flotte kriegen,
Seh ich sein eignes Fleisch und Blut verkaufen,
So wie Korsaren Sklavinnen betrügen.

21 O Geiz, was willst Du alles noch erraufen,
Du tatest doch schon eignes Blut verscheuern
Und ließest gar das eigne Haus versaufen.

22 Sah alt' und neue Taten sie verschleiern,
Die Lilie müßte nach Alagna trotten
Den Stellvertreter selbst durch Zwänge steuern.

23 Sah wie sie IHN zum zweitenmal entgotten,
Und sah IHN Essig trinken und Galle,
Sah zwischen den Verbrechern IHN verspotten.

24 Ich sah Pilatus neu vom grausen Falle,
Denn Habgier trieb ihn ohne Urteil geile
Zum Tempelraub: er plünderte sie alle.

25 O Du mein Herr, hör ich das Strafgeheule
Zur Freude mir der Richttag angebrochen,
Wenn nicht Dein Zorn geheimnisvoll noch weile.

26 Das, was ich von der einzigen Braut gesprochen,
Des Heiligen Geistes und Dich hat bewogen
Auf die Erklärung meines Worts zu pochen

27 Ist, die auf unsre Bitte sich bezogen,
Die Antwort, nur so lang des Tages Helle,
Denn nachts wird unsre Übung umgebogen;

28 Pygmalions Name tönt an dieser Stelle
Dann neu, den unersättlich Goldbegehren
Zum Mörder machte, des Verrates Quelle.

29 Des Midas Elend wird hier wiederkehren,
Das er sich schuf durch gieriges Verlangen;
Nie kann die Welt des Lachens sich erwehren,

30 Vom tollen Achan, der die Tat begangen,
Spricht jeder von der Beute-Unterschlagen –
Und muß sich neu vorm Zorn Josuas bangen,

31 Saphira und den Gatten anzuklagen
Beginnen wir, und Heliodors Erjagen
Zur Strafe loben wir. Die Schande tragen

32 Muß Polymnestor,der Polydor erschlagen,
Rings um den Berg. Zum Schluß wir „Crassus“ schreien:
„Sag; wie bekam das Gold denn Deinem Magen?“

33 Wir rufen wechselnd Taten zu bereuen,
Je nach der Liebe, die zum Rufen sporne,
Daß große oder kleinre Schritte seien.

34 Drum war ich rufend nicht alleine vorne
Am Tage jetzt – nur weil ich näher eben,
Erhob die Stimme ich, nur ich im Zorne!

35 Wir hatten uns schon von ihm fortbegeben,
Bemühten uns allein den Weg zu finden,
So weit es noch erlaubt war unsrem Streben.

36 Da schütterte der Berg in seinen Gründen,
War wie ein Stürzen, war wie tiefes Beben,
Mir war, als müsse mir das Leben schwinden.

37 Wahrhaftig! Kaum war größer das Erbeben
Der Delos Insel mit Latona's Bette
Als sie den Himmelsaugen gab das Leben!

38 Dann aber drang ein Schrei zu dieser Stätte,
Daß sich der Meister sorgend zu mir neigte,
„So fürchte nichts, Du weißt, daß ich Dich rette!"

39 „Gloria in excelsis Deo!" es beugte
Sich jeder vor dem Ruf in unsrer Nähe,
Und dort, wo sich sein Widerhall noch zeigte.

40 Wir blieben stehen, wie die Hirten jähe.
Die einst ihn hörten in der Nacht der Weihe
Bis Bebens Ende und des Rufs der Höhe.

41 Den heiligen Weg verfolgten wir aufs neue,
Wir sahn die Seelen alle wieder liegen
Am Boden, jammernd, weinend und in Reue.

42 Nie war der Drang Nichtwissen zu besiegen
So übermächtig, konnte ihm kaum wehren –
So mich Erinnerung nicht möge trügen.

43 Noch sinnend sich die Rätsel in mir mehren,
Doch weil vor Eile Fragen mir entsanken –
Auch Augen mich nicht konnten gleich belehren,

44 Ging ich bedrückt, voll Furcht in den Gedanken.

XXI. GESANG

1 Der angeborne Durst, der nun zu stillen
Mit Wasser, das der Herr gereicht aus Gnade
Der Samariterin um ihrer Bitte willen,

2 Der quälte mich auf wechselvollem Pfade,
Dem Führer folgend, Eile, Mitleid trieben,
Bedenkend der gerechten Strafe Grade.

3 Und siehe wie es Lukas uns beschrieben,
Daß Christus, der dem Grabe erst entstiegen,
Am Weg erschien den Zweien seiner Lieben,

4 So schien ein Ähnliches sich hier zu fügen:
Von rückwärts kommend trat zu uns ein Schatten
Der auf die Büßer schaute, die hier liegen.

5 Er sprach, kaum daß wir ihn gesehen hatten:
„O meine Brüder, Gott gebe Euch den Frieden!"
Vergil sich wandte, Dank ihm zu erstatten

6 Und sprach: „Dir wird der selige Rat ihn bieten,
Wenn Du vor seinem wahren Hof gerufen,
Der mich zum ewigen Exil beschieden."

7 „Wer", frug er, dem die Worte Staunen schufen,
„Wenn jener Gott der Höh' Euch nicht gewogen,
Wer führte Euch so hoch auf seinen Stufen,

8 Mein Dottore: „An der Stirne Bogen
Die Zeichen prüfe, die der Engel prägte,
Dann weißt Du, daß das Gute mitgezogen.

9 Da die, die tags und nachts das Rad bewegte,
Doch seinen Rocken noch nicht abgesponnen,
Den Klotho jedem dreht und auferlegte,

10 So hätte, schwesterlich zwar uns gesonnen,
Den Weg die Seele nicht allein gefunden,
Weil keine Sehkraft sie wie wir gewonnen.

11 So ward ich hergeholt vom Duhkel unten
Der Hölle, ihn zu führen, will ihn führen,
Solang mein Wissen und ich ihm verbunden.

12 Doch sag uns nun, woher ein solches Rühren
Des heiligen Bergs, daß alle Seelen
Erschütterung in allen Tiefen spüren?“

13 Die Frage traf – ich will es nicht verhehlen –
Geheimen Wunsch grad in der Öre Mitte,
Und schon schien mich der Durst nicht so zu quälen.

14 Und er: „Kein Ding der Berg von außen litte,
Daß fremde Kraft die heilige Ordnung störe,
Und nichts geschieht, was nicht am Berge Sitte.

15 Der Berg ist frei, denn Trübe sich verlöre.
Nur wenn im Himmel selbst das Neue wäre,
Mitschwingend auch der Berg dazu gehöre:

16 Und frei bleibt immer seine höchste Sphäre:
Kein Schnee, kein Hagel und kein Reif und Regen,
Die dreigeteilte Stufe je versehre!

17 Dort ist kein Raum, wo Wolken sich bewegen,
Kein Regenbogen, Blitz und Sturmesboeen,
Die drüben häufig über Länder fegen,

18 Selbst trockner Dunst kann niemals höher gehen
Als bis zu jenen Stufen, die ich nannte,
Wo Petri des Vertreters Füße stehen.

19 Wohl geht ein Beben über tiefre Lande,
Und wechselt nach des Windes Druck und Stärke,
Doch nie – ich weiß nicht wie – sich höher wandte.

20 Er bebt nur dann, wenn nach der Reinigung Werke
Die Seele wert sich fühlt um aufzusteigen,
Dann folgt und tönt der große Ruf am Berge.

21 Der Wille muß die Läuterung bezeugen,
Der, frei den Ort zu wählen nach Belieben,
Die Seele drängt: Dies Drängen läßt sie steigen.

22 Erst will sie wohl, doch was sie einst getrieben
Zur Sünde, treibt sie nach gerechtem Willen,
Die Sühne gleichen Maßes auch zu lieben.

23 Und auch für mich will sich die Zeit erfüllen,
– Fünfhundert Jahre dauert schon die Buße –
Zur bessren Welt geh ich nach freiem Willen.

24 Drum höret ihr das Beben schon am Fuße
Des Bergs der Seelenscharen Ruf erdröhnen:
Daß bald der Herr sie lade nach der Buße.“

25 So sprach er zu uns: Meines Geistes Sehnen
Schien nun gestillt: frohlockte nun in Freude,
Wie vorher ich im Druste mußte stöhnen.

26 Der Führer sprach: „Ich seh’ der Läutrung Leite,
Das Netz, in dem wir selber euch gefangen,
Warum es bebt, warum das Beben Freude.

27 Wer aber bist Du? Stille dies Verlangen,
Was war der Grund, daß Du so lange unten,
Daß hunderte von Jahren hingegangen?“

28 „Zur Zeit des guten Titus, der verbunden
Dem höchsten König in den ganzen Landen
Verrat des Judas rächend, Blut und Wunden,

29 Sie mich mit ehrenvollem Namen nannten,
Der weiter dauert“, sprach der Geist zu ihnen,
„Noch ohne Glauben, doch mich anerkannten.

30 So lobenswert die Lieder ihnen schienen,
Daß aus Tolouse nach Rom ich kommen wollte,
Man ließ um meine Stirn die Myrte grünen.

31 Und Ruhm dem Namen Statius man zollte,
Besang Achilles Größe, sang von Theben,
Ich fiel als ich das Werk vollenden wollte.

32 Mein Feuer konnte nur von Funken leben,
Die aus dem großen Feuer übersprangen,
Das Tausenden den Zündstoff hat gegeben.

33 Die Aeneis mein ich, der ich angehangen,
Als meiner Mutter, die mein Dichten nährte,
Längst wär ich ohne sie zu Nichts vergangen.

34 Kein größres Sehnen jemals mich verzehrte
Als jener Wunsch zur Zeit Vergils zu leben,
Die Buße gern ich um ein Jahr noch mehrte."

35 Ich sah Vergil das Haupt zu mir hin heben,
Mit einem Blick er schweigend sagte: schweige!
Doch alles kann der Wille nicht erstreben:

36 Denn Weinen oder Lachen oder andre Neige
Kann der, der offen ist nur schwer verbergen,
Daß mehr als er gewollt unwissend zeige. –

37 Ein leichtes Augenzwinkern ließ ich merken,
Weshalb der Schatten schwieg, sich zu mir wandte,
Sah in die Augen mir, die nichts verbergen.

38 „Wenn schon Dein Wille alles in Dich bannte"
Sprach er, „was war's, das über Dein Züge
Den leisen Anflug eines Lächelns sandte?"

39 Ich schien ertappt – so wie bei einer Lüge –
Von beiden Seiten: Reden soll ich, schweigen.
Bereit einjeder, daß er eines rüge.

40 Vergil verstand mich, sprach: „Willst Du's bezeugen
So scheu Dich nicht, Du kannst ihm alles sagen,
Da solcher Eifer, Wissensdrang ihm eigen."

41 Ich nahm das Wort: „Hat Dein verwundert fragen,
Antiker Geist, mein Lächeln wohl bewogen,
Ein Wunder – sieh – wird alle Wunder schlagen.

42 Denn dieser hier, der mit mir hergezogen,
Ist der Vergil, der Dir geweckt Dein Wesen,
Daß du die Kraft aus seinem Werk gesogen.

43 Du irrst, wenn Du gedacht, draus mehr zu lesen
Als aus dem Lächeln war für Dich zu sehen,
Ich glaub' nur Deine Worte sinds gewesen!"

44 Schon kniet er vor ihm, um im Niedergehen
Die Beine zu umarmen, doch der Weise
Sprach: „Buder, laß, wir sind nur Schattenwehen."

45 Und er erhob sich: „Sieh, zu ihrem Preise
Ichs sage wie mich Liebe übermannte,
Vergessen ließ, daS wir im Geisterkreise.

46 Nur Schatten sind, nicht Geist im Leibgewande.“

XXII. GESANG

1 Schon war der Engel hinter uns geblieben,
Der Engel, der zum sechsten Kreis gewiesen,
Der Male eines tilgend von den sieben

2 Und dessen Worte jene „glücklich“ priesen,
Die immer nach Gerechtigkeit verlangen,
Doch mit „… sie dürsten“ seine Rede schließen.

3 Und ich – viel leichter bin ich jetzt gegangen –
Den schnellen Geistern folgte ich behende,
Fast ohne Mühe wir nach oben drangen.

4 Sodann begann Vergil: „Der Liebe Brände,
Durch Tugend angefacht, stets weiter zünden,
Sofern nach außen sich ein Weg nur fände.

5 Drum war es Freude Juvenal zu finden,
Im Vorgehöft der Hölle Dämmerscheine,
Der Deine Liebe wollte künden.

6 Daß unsre Freundschaft fester sich jetzt eine
Ist selten, wenn man niemals sich gesehen,
Dafür der Stufengang zu kurz mir scheine.

7 Doch sage mir, als Freund wirst Du's verstehen,
Und auch als Freund sollst Du mit mir jetzt sprechen,
Sollt ich zu weit mit lockren Zügeln gehen.

8 Wie kommt es, daß so mißliches Gebrechen,
Der Geiz in Deiner Seole Raum gefunden,
Um Weisheit so besorgt und solche Schwächen?“

9 Und Statius, dem ein leises Lächeln sich entwunden,
Gab also Antwort: „Alle Worte zeigen,
Daß Du in wahrer Liebe mir verbunden.

10 Doch muß man oft sich der Erkenntnis beugen,
Daß manches Ding zweideutig muß erscheinen,
Wenn wir die Hintergründe nicht eräugen.

11 Nach Deiner Frage scheinst Du ja zu meinen,
Daß ich in Geiz gelebt im Erdenleben,
Weil Du mich siehst in diesem Kreis erscheinen.

12 Doch sieh: Dem Gegenteil war ich ergeben!
Für diese Übertreibung mußt ich büßen,
Viel tausend Monde, ehe mein Erheben.

13 Hätt' ich, wenn mich auch Mühen nie verließen,
Dein Mahnwort nicht vernommen, wie es grollte,
Bestürzt wie sich die Mensch-Natur erwiesen:

14 – „Was führst Du heiliger Hunger nach dem Golde
Nicht zur Beherrschung menschliches Begehren," –
Als Elender ich durch die Hölle trollte.

15 Da merkt ich erst, was Deine Worte lehren:
Ein gleich Vergehn sind maßlos offne Hände!
Und dem und andrem konnt' ich reuig wehren.

16 Wie viele werden einst am Weltenende,
Die einsichtslos mit kahlem Kopfe stehen,
Die ohne Reue blieben ohne Wende.

17 Und wisse: einer Schuld entgegen gehen
Bekämpfend sie mit ihrem Gegenteile
Ihr Grün kannst du zusammen welken sehen.

18 Darum, wenn ich bei diesen Leuten weile,
Die hier zur Läuterung den Geiz beweinen,
Mit ihnen der Verschwendung Schuld ich teile."

19 „Als Du die blutgen Waffen, will mir scheinen,"
Hub an der Dichter der bukolischen Lieder –
„Jokastes Doppeltrauer Du besangst ihr Weinen,

20 Was Klio gab und Du im Lied ihr wieder –
War Dir noch nicht der wahre Glaube eigen,
Ohn den ein Mangel haftet, drückt uns nieder,

21 Drum sage, welche Sonne konnte zeigen,
Und welche Kerze Dir den Weg erhellen,
Daß Du gewagt, dem Fischer Dich zu beugen?"

22 Und er: „Erst trank ich aus des Parnass Quellen,
Wohin Dein Werk und Wink mich früh gewiesen;
Du führest mich zu Gottes ersten Schwellen.

23 Nachtwandler glichest, der das Licht gepriesen,
Es rückwärts hält, des Strahlen andre lenken,
Nach vorne aber Dich im Dunkel ließen.

24 Du sangst: „Neu Jahrtausend will sich senken!
Asträa kehrt, es kehrt die Urzeit wieder,
Ein neu Geschlecht wird uns der Himmel schenken!

25 Christ ward ich, Dichter ich durch deine Lieder,
O daß ich es noch klarer malen könnte,
Das Bild der Zeiten – oder schrieb es nieder."

26 Schon wartete die Welt auf eine Wende,
Voll der Verkündigung vom ewigen Heile
Wahrhaften Glaubens – altes sank behende.

27 Das Wort von Dir, verbindend alle Teile
Zu einem Bild für mich, die neue Lehre
Macht, daß ich bei den Kündern mehr verweile.

28 Und als Domitian mit grauser Schwere
Sie dann verfolgte, fühlt ich mich verbunden,
Da weinte ich als ob ein Christ ich wäre,

29 Solang ich lebte meine Erdenstunden
Hat mich gerührt die arme, reine gute Sitte,
Von allen andren Abscheu nur empfunden.

30 Eh ich die Griechen in Gesanges Mitte
Vor Theben führt, die Taufe mich erfreute,
Doch bliebs geheim aus Furcht noch, daß ich litte

31 Durch die Verfolgung, blieb nach außen Heide,
Die Feigheit hat den Aufstieg hier verschoben,
Im vierten Kreis vierhundert Jahr bis heute.

32 Doch du, der mir die Decke weggehoben,
Von dem verborgnen Heile, das ich nannte,
Derweil noch dauern wird der Weg nach oben,

33 Erzähl von jenen aus antikem Lande?
Von Terenz, Caecilius, Plautus gebe Kunde!
Von Varius – verdammt und wo – im Bußgewande?"

34 „Mit Persius und mir im Dämmergrunde“
Sprach da mein Führer und bei jenem Griechen,
Der Musen-Liebling in der Dichterrunde.

35 Im blinden Kerker und vor Kummer siechen
Wir dort – und sprechen oft von jenem Berge,
Wo noch die Musen sind wie je der Griechen,

36 Euripides und Antiphon, auch sie vermerke,
Simonides und Agathon und noch so viele
Für die der Lorbeer blüht um ihrer Werke!

37 Dort sind auch Argia und Deiphile
Antigone ist in der Dämmersphäre,
Ismene wie sie lebt’ im Leidgefühle,

38 Die Langia’s Quelle wies die Zahl noch mehre.
Theiresias Tochter Thetis und mit ihnen
Zu nennen Deidamia mit den Schwestern wäre.

39 Die Dichter schwiegen und auf ihren Mienen
Lag Obacht jetzt auf Wand und Weggelände,
Doch diese frei und ohne Steigung schienen.

40 Vier Dienerinnen sind vom Tag behende
Dahin – die fünfte will den Wagen ziehen,
Die Deichsel ragt schon in des Mittags Brände.

41 Da sprach mein Führer: „Sieh – bei dem Bemühen
Den Berg wie wirs gewohnt sind zu umranden,
Weist rechts nach außen, die Gefahr zu fliehen.“

42 Wie durch Gewohnheit unsre Zweifel schwanden,
Und auch die Sicherheit in allen Stücken
Zu gehen, wir durch seinen Ratschlag fanden.

43 Sie gingen vorn, ich hinter ihrem Rücken,
Daß was ich hören möge auch verstünde,
Was jeden Geist und Dichter kann beglücken.

44 Doch das Geschehen endete geschwinde,
Denn plötzlich stand ein Baum in Weges Mitte
Voll Früchten süßen Ruchs im Blattgewinde.

45 Wie einer Fichte wuchs nach oben schritte,
Wuchs dieser Ast um Ast gereiht nach unten,
Ich glaube, daß er kein Ersteigen litte.

46 Da wo verschlossen wir den Weg gefunden,
Floß klares Wasser aus des Felsen Härte,
Versprüht von oben auf die Blätter unten.

47 Zum Baume tretend, der den Weg versperrte
Rief eine Stimme aus des Baumes Krone,
Sie rief: „Die Speise euch noch teuer werde."

48 Und auch: „Daß es der Hochzeit würdig lohne
Maria sorgte, nicht dem eignen Munde,
Der jetzt zu euch gesprochen mit dem Tone."

49 Von alten Römerinnen geht die Kunde,
Sie tränken klares Wasser und gleich diesen
Zog Daniel die Weisheit vor dem Schlunde.

50 Im ersten Alter, das sie golden hießen,
Genügten Hungernden die Eichel-Bohnen,
Quellwasser Durstige als Nektar priesen.

51 Heuschrecken, Honig so dem Täufer lohnen,
Dem in der Wüste sie die einzige Nahrung,
Und dessen Ruhm und Größe noch betonen

52 Die Evangelien als Offenbarung.

XXIII. GESANG

1 Indes das Aug' sich noch am Baume weidet,
Im dichten Grün zu forschen noch beflissen,
Gleich dem, der vogelsuchend Zeit vergeudet.

2 Sprach der, der mehr als Vater mir im Wissen,
„So komme nun – die Zeit, die uns gegeben
Verlangt, daß wir sie besser nützen müssen."

3 Ich wandt mich, den Weisen nachzustreben,
Die also redeten; ich sah das Gehen,
Schien ohne große Mühe sich zu geben.

4 Da hörte ich ein Weinen, singend Flehen:
„O Herr, Du öffnest meine Lippen," klang es,
Ließ Lust und Schmerz in gleichem Maß entstehen.

5 „O Herr, was singen sie so weh? Wer sang es?"
Frug ich und er: „Die Schatten, die hier ziehen
Den Knoten lösen während ihres Ganges."

6 Wie Pilger trachten ihres Wegs zu ziehen,
Nur wenig zögern wenn sie Unbekannten
Begegnen und zum Hinschaun kurz sich mühen,

7 Da kam als wir uns rückwärts wandten
Uns überholend eine Schar von Seelen,
Doch bald demütigen Schrittes schweigend schwanden.

8 Die Augen lagen tief in ihren Höhlen,
Bleich das Gesicht, die Haut so mager finde
Daß sie die Knochenform nicht kann verhehlen.

9 Ich glaube nicht, daß solche trockne Rinde
Erychtons Antlitz kaum besessen,
Noch grausamer des Hungers Grauen künde.

10 Nur ein Gedanke kam beim Anblick dessen:
So sah das Volk – verschlossen hinter Toren
Jerusalems Miriam am Sohne fressen,

11 Und in den Ringen, die den Stein verloren,
Will man im Menschenantlitz „Omo" lesen,
War klar das „M" im Bilde mitbeschworen.

12 Wer dachte, daß geheim in diesen Wesen
Des Wassers Anblick und der Duft der Früchte
Vermag die Gier nach ihnen auszulösen?

13 Verwundert noch, was solchen Hunger züchte,
Und wie man solche Dürre sich erkläre
Und was die Haut Verschrumple und verschichte,

14 Traf mich aus einer Augenhöhle Leere,
Aus Kopfes Tiefe scharf ein starres Blicken
Und rief: „O solche Gnade möglich wäre?"

15 Ihn zu erkennen konnte mir nicht glücken,
So sehr der Hunger sein Gesicht zerquälte,
Nur seine Stimme füllte diese Lücken.

16 Blitzartig das Gedächtnis sich erhellte,
Und ich erkannte ihn am Rest der Züge:
Es war Forese, der so schwer Entstellte.

17 „Sei nicht verwirrt, die Krätze Dich nicht trüge,"
Sprach jener, der zur Magerkeit Gepresste,
„Wenn fleischlos ich, die Haut in Falten liege,

18 Berichte mir" bat der vom Fleisch Entblößte
„Von Dir und jenen, die Dich hier begleiten!
Geh so nicht fort," bat mich der Unerlöste.

19 „Dein Antlitz, das ich einst nach Todesleiden
Beweint, gibt jetzt nicht weniger Grund zu weinen,"
Sprach ich, „ich sehe solche Gräßlichkeiten.

20 Sag mir, bei Gott, was läßt Euch so erscheinen?
So lang ich so erschüttert, laß mich schweigen,
Schlecht reden kann, wer nahe ist dem Weinen!"

21 Und er: „Nach ewigem Rat, dem wir uns beugen,
Wirkt eine Kraft im Wasser und im Baume,
Die läßt die Zehrung in uns mächtig steigen.

22 All jene, die dort singen wie im Traume,
Die frönten einst dem Schlunde übermäßig,
Nun hängen sie am Durst- und Hunger-Zaume.

23 Nach Trank und Speise langen wir gefräßig,
Durst weckt des Wassers Sprudeln schon und sprühen
Die Tropfen, die von Blättern rollen gläsig.

24 Es wird nicht einmal, wenn wir ringsum ziehen
Die Pein geweckt, das wird sie vielemale,
Ich sage Pein, wo Freude müßte glühen.

25 Es treibt uns Sehnsucht zu der Atzung Schale,
Wie Christum zum ersehnten Eli-Rufen,
Erlösend uns von Sünden in dem Jammertale."

26 Und ich zu ihm: „Forese, seit die Stufen
Du stiegst zum Berg nach Deinem Erdenleben,
Flohn nicht fünf Jahre auf der Zeiten Hufen,

27 Was konnte Dich so schnell zur Höhe heben?
Dem früher doch der Sünde Einsicht fehlte,
Dem bis zum Ende fremd der Reue Streben,

28 Bis Gott Dich heilsam mit dem Schmerz vermählte?
Zur Buße wähnt ich Dich an tiefster Stelle,
Wo man die Bußzeit nach den Sünden zählte!"

29 Und er: „ Die Tränen meines Weibes Nelle,
Die ließen mich den Wermut schneller trinken,
Ihr frommes Flehen war der Kürzung Quelle.

30 Dem Wartestrand, wohin ja alle sinken,
Enthob ihr Bitten mich, auch andren Kreisen,
So konnte mir Befreiung früher winken.

31 Und umsomehr mag Gnade Gott erweisen,
Als sie in ihrer Güte ganz alleine.
Ich will sie, die ich liebte, immer preisen.

32 Denn in Sardiniens wilder Raubgemeine
Herrscht bessre Zucht der Fraun und bessre Sitte
Als in dem Sumpf, wo ich sie ließ, die Reine.

33 O Bruder, was vermag noch meine Bitte?
Ich seh die Zukunft schon vor meinen Sinnen,
Die Stunde ist nicht fern, ich hör' die Tritte,

34 Daß von der Kanzel Florentinerinnen
Ihr schamvergessnes Tun gebrandmarkt werde,
Weil sie die Früste zeigen frei von Linnen.

35 Gabs je Barbarenfrauen auf der Erde
Und andre, die – die Naupen auszutreiben –
Die Drohung brauchten und der Strafe Härte?

36 Doch wenn sie wüßten, was dem schamlos Treiben
Der Himmel ihnen jetzt schon vorbereitet,
Die Mäuler würden heulend offen bleiben,

37 Denn wenn Vorausschau mich nicht irre leitet
Sind sie bestraft, noch ehe auf der Wange
Des Knäbleins eich der Flaum hat ausgebreitet,

38 Jetzt aber Bruder, warte nicht mehr lange,
laß Dich erkennen, alle Leute schauen,
Wie sich Dein Schatten mitbewegt beim Gange.“

39 Drauf ich zu ihm: „Versuche aufzubauen,
Was Dir und mir das Leben ist gewesen,
Wir mußten beide uns vor vielem grauen,

40 Nur dem gelangs mich aus Gefahr zu lösen,
Der vor mir geht, vorgestern erst zu Nachte,
Als deren Bruder nur das Licht gewesen.“

41 Und wies zur Sonne „er allein mich brachte
Durch jene tiefe Nacht der wahren Toten
Mit dieses Leibes Fleisch, das er bewachte.

42 Von dort – der immer mir den Trost entboten –
Hat er mich hergeführt zu diesem Berge,
Der da ist eure Sünden auszuroden.

43 So lange ist er Stütze mir und Ferge,
Bis er mich Beatrice übergeben,
Dann bleib’ ich ohne ihn und seine Stärke.

44 Und dieser ist Vergil – und ihm daneben,“
– Ich wies auf jenen, – „der ist jener Schatten,
Der Ursach’ war des heiligen Berges Beben –

Weil seine Zeiten sich vollendet hatten!“

XXIV. GESANG

1 Daß Gehn nicht Reden, Reden nicht das Gehen
Behindert, zeigt wie wir vorangeschritten,
Dem Schiffe gleich wenn gute Winde wehen.

2 Die Schatten, die schon mehr als Tote litten:
Aus ihren Augenhöhlen Staunen starrte,
Daß einzig ich Lebendiger inmitten.

3 Und ich, der auf das Reden noch beharrte,
Sprach drum: „Er wird wohl später aufwärts gehen,
Vielleicht, daß er aus andrem Grund noch harrte.

4 Doch sag' was mit Piccarda noch geschehen,
Und sag, von denem die mich so betrachten
Ist einer als Berühmter anzusehen?"

5 „Piccarda meine Schweste; ihr erbrachten
Im Himmel Güte, Schönheit eine Krone,
Ich kann nicht sagen, was dort mehr zu achten."

6 Dann fuhr er fort: „Hier darf man jeden ohne
Geringste Scheu mit seinem Namen nennen,
Man weiß, daß Hunger die Gestalt entthrone."

7 „So wirst Du Bonagiunta kaum erkennen,"
Sprach er, „aus Lucca. Hinter ihm der Hohle –
Muß mehr als andere vor Hunger brennen,

8 Der einst die Kirche nicht zu ihrem Wohle,
Umarmte, er war aus Tours und muß hier büßen,
Die Aale von Bolsena in der Bowle."

9 Er ließ noch viele mit den Namen grüßen,
Und jeden freute es genannt zu werden,
Die Mienen Unmut nicht erkennen ließen.

10 Der Hunger zwang zu kauenden Gebärden,
Ubaldin della Pila, Bonifatze,
Als Bischof lenkt er viele einst auf Erden.

11 Dort der Marchese auf dem trocknen Platze,
In Forli war sein Trinken nie so trocken.
Ein Dürstender war er mit einer Glatze.

12 Doch wie man schaut und wählen soll, gerät ins Stocken,
Ich wählte den aus Tucca, der mich kannte,
Und wollte ihn zu dem Gespräch verlocken.

13 „Gentucca“, er als erster murmelnd nannte –
Es kam aus hungerndem und durst’gem Munde,
Um den Gerechtigkeit die Male brannte.

14 „O Seele“ sprach ich „willig in der Runde
Mit mir zu sprechen, laß es mich nur wissen,
Und Freude das Gespräch für uns bekunde.“

15 „Es ist geboren schon“ sprach er beflissen,
„Dort eine Frau, sie lehrt Dich meine Heimat lieben,
Wenn man auch glaubt sie immer schmähn zu müssen.

16 An die Vorausschau denke, wenn Du drüben,
Stellst Du in Frage, was ich hier Dir sage,
Die Zeit wird’s klären, vieles sieben!

17 Doch sag, bist Du der Sänger jener Tage
Aus dessen Munde süß die Verse klangen:
„Verstehende Liebe bei den Fraun erfrage.“

18 Und ich zu ihm: „Wer Liebe je empfangen,
Ihr Anhauch sich im Innern dargeboten,
Dem auch die Lieder aus der Seele drangen.“

19 „O Bruder, nunmehr sehe ich den Knoten
Der Guitton, den Notar und mich ihm ferne
Gehalten, uns den neuen Stil verboten.

20 Ich sehe Euren Spuren folgt man gerne,
Daß Euer Wort sich mit dem Schaun vermähle,
Dies fehlte uns, drum strahlten keine Sterne.

21 Wer weiter sucht, sich selbst den Fund nicht hehle,
Wird sehn, daß zwischen beiden Stilen Leere.“
Er schwieg, doch sah ich, daß es ihn nicht quäle.

22 So wie die Vögel bei des Winters Kehre
Zu Scharen sich versammeln, fliehn zum Nile
In eil’gem Zuge aus Angst, daß spät es wäre.

23 So haben weggewandt von uns sich viele –
– Vor lauter Hunger wankten ihre Schritte – –
Gerufen immerdar vom fernen Ziele

24 Und einer – ferne schon der Wandrer Mitte –
Sie ziehen ließ und blieb, des Trottes müde,
Zu ruhn, bis er das Steigen besser litte.

25 So ließ Forese auch, der sich bemühte,
Bei mir zu sein – die heilige Herde ziehen,
Frug mich sodann, ob Wiedersehn sich biete.

26 „Ich weiß es nicht“ sprach ich „wann mein Verblühen,
Doch sicher eilt mein Wunsch voraus zum Strande,
Eh selber ich zu ihm mich müsse mühen.

27 Denn sieh – wo ich geboren in dem Lande
Hat Böses schon so überhand genommen,
Daß ihm jetzt nah der Untergang in Schande.“

28 „Nun geh’ und den, von dem die Übel kommen“
Sprach er „schleift bald ein Tier zu jenem Tale,
Dem keiner zur Erlösung je entkommen.

29 Und schneller rennt das Tier mit jedem Male
Sich immer steigernd rennt es bis zum Fallen,
Verstümmelt liegen bleibt, wie zum Fanale.

30 Nicht lange werden mehr die Sterne wallen“
– Er wies zum Himmel – „und die Sphären kreisen
Bis es geschieht, was noch geheim ist allen.

31 Bleib nun zurück, ich muß mich jetzt befleißen.
In diesem Reich ist kostbar jede Stunde.
Und viel verlör ich lang mit Dir zu reisen.“

32 Gleich wie ein Reiter aus der Reiterrunde
Sich reißt gestreckten Laufs dahin zu jagen,
Im ersten Angriff er den Feind verwunde,

33 So lief er weg, in Sprüngen hingetragen,
Ich blieb zurück mit beiden auf dem Wege,
Den beiden Dichtern, groß zu allen Tagen.

34 Kaum, daß das Aug' es noch zu sehn vermöge,
War er schon weit voraus gelenkt vom Zaume
Der Buße, lang sein Wort den Geist hielt rege.

35 Da sah ich nah an einem andren Baume,
Ganz schwer die Früchte hingen an den Ästen
Erst jetzt, derweil ich abgelenkt im Raume.

36 Und Leute sah ich – o die vielen Unerlösten –
Sie riefen etwas, hoben ihre Hände,
Wie Kinder tun bei den Bescherungsfesten.

37 Mir schien, daß keine Bitte Antwort fände,
Das was sie wünschten war so klar zu sehen –
Die Gier und Weh zu schärfen ohne Ende.

38 Ich sah sie dann bekümmert wieder gehen,
Indess wir kamen zu dem großen Baume,
Der soviel Tränen konnte widerstehen.

39 „Geht weiter! Tretet weg von diesem Baume!
Er ist's, von dem den Apfel Eva pflückte,
Denn dieser ist ein Holz von jenem Baume!"

40 Vergil und Statius und ich – ein jeder rückte
Vom Baume ab, als es so scholl im Laube,
Und seitlich uns der Weg nach oben glückte.

41 Erinnert Euch, die alle jetzt im Staube,
Mit Doppelleib im Wolkenheer geboren,
Im Rausch und Gier dem Theseus zum Raube.

42 Gedenk der Juden, die sich im Trunk verloren,
Und Gideon sie nicht für Wert empfunden,
Als er sich Kämpfer für die Schlacht erkoren.

43 So näherten wir uns den beiden Runden
Und hörten das Geständnis ihrer Sünden,
Wie Unmaß seine Strafe hier gefunden.

44 Dann kamen einsam wir zu breitren Gründen
Und waren tausend Schritte schon gegangen,
Und schweigend nur bestrebt den Weg zu finden.

45 „Was hält euch Drei die Sinne so gefangen?“
Sprach eine Stimme da, ich fuhr zusammen,
So wie ein Tier, das plötzlich einen Schlag empfangen.

46 Ich hob den Kopf zu sehn, woher sie stammen,
Und wer uns diese Worte zugerufen:
Noch niemals sah ich solche Farben flammen.

47 Um einen, der jetzt sagte: „Solche Stufen,
So ihr die Steigung wollt, sind hier zu finden,
Sucht ihr den Frieden und auch, die ihn schufen.“

48 Sein Anblick ließ die Augen fast entzünden,
Die Blendung zwang mich von ihm wegzuwenden
Nur dem Gehör zu folgen, wie die Blinden.

49 O Morgenröte, kündend Lichtverschwenden
Und voll der Düfte von den Maienblüten,
Die frisches Gras und alle Blumen spenden –

50 So fühlt ich, wie sie mir entgegenglühten:
Mir war, als ob die Stirne treffen würde
Ein Flügelschlagen mit Ambrosia-Blüten.

51 Dann hört ich: „Seligkeit sich der erkürte,
Dem Gnade lenkte seiner Wünsche Steuer,
In seiner Brust nicht rauchend die Begierde,

52 Nur immer brennt als ein gereinigt Feuer.

XXV. GESANG

1 Zum schnellren Aufstieg drängte diese Stunde;
Die Sonne überließ den Mittagsbogen
Dem Stier, die Nacht dem Skorpion die Runde.

2 Und wie ein Mensch, den nichts zum Stehn bewogen,
Der seine Wege geht, was auch geschehe,
Zum unbedingten Ziele hingezogen.

3 So drangen wir auf schmalem Weg zur Höhe,
Nur hinteinander auf der Treppe Enge,
Da sie uns zwang, daß jeder einzeln gehe.

4 Und wie das Störchlein in des Nest's Gedränge
Den Flug schon proben will mit Schwingen-Wiegen
Es wagen dürfe, ob es schon gelänge,

5 So auch mein Wunsch, der kam, tat gleich verfliegen,
Ich wollte fragen – zeigte nur die Geste –
Dann lieber mich mit Schweigen zu begnügen.

6 Doch er – mein lieber Vater – wollt' das Beste;
Trotz schnellen Ganges sollt' ich nichts entbehren:
„Der Bogen ist gespannt, der runde, feste

7 So schieß! „Erfreut mir Fragen zu gewähren,
Frug ich: „Kann es zu Magerkeit denn führen,
Hier, wo es nicht nötig sich zu nähren?"

8 „Denk an Meleager beim Feuer-Schüren,
Der sich verzehrte mit dem Zweig im Feuer,
Dann wird die Schwierigkeit sich gleich verlieren.

9 Und wenn Du denken würdest, daß wie Euer
Bewegen sich im Spiegel mitbewege,
Das Dunkel lichtete sich klarer, freier,

10 Doch daß sich Deine Unruh' wieder lege,
Sieh Statius hier, ihn ruf ich, will ihn bitten,
Daß Deine Wunden er jetzt heilen möge."

11 „Wenn ich," sprach Statius, „jetzt hier inmitten
Die ewige Sicht statt Deiner soll erklären,
Verzeih, wenns keinen Widerspruch erlitten.

12 Dann fing er an: „Kann Dich mein Wort belehren,
Vermag Dein Geist den wahren Sinn zu fassen,
Wird auch das „wie“ sich dem Verstehn nicht wehren.

13 Vollkommnes Blut, das Adern nicht erfassen,
An seinem Orte ruht, an keinen Sog sich hefte,
Wie Nahrung auf dem Tisch zurückgelassen.

14 Empfängt vom Herzen die Gestaltungskräfte,
Die zur Entwicklung treiben alle Glieder
Im Kreislauf fließend kraftgeladne Säfte,

15 Gewandelt neu zur Stelle strömt es wieder,
Die gern verschwiegen wird, sich zu vereinen
Mit fremdem Blute: quillt zum Schoße nieder,

16 Und duldend, schaffend sich zu Einem einen,
Ein jeder gibt und nimmt, will Neues bilden,
Da beide am vollkommnen Ort erscheinen.

17 Bald wirkt das Neue in dem Krafterfüllten,
Vereinigt sich zuerst und ist schon Leben:
Die Teile das lebendige Ziel enthüllten.

18 Aus dieser Kraft wird sich die Seele heben,
Wie die der Pflanze; eins nur ist verschieden:
Die ist und *jene* muß ihr Selbst erstreben!

19 Und sie nun fühlt sich, regt sich im Erblühten,
Dem Meerschwamm gleich, entwickelnd das Vermögen,
Was vorgeformt, zu werden und zu hüten.

20 Und fortan kann, mein Sohn, die Kraft sich regen,
Die aus des Zeugers Herzen selbst geflossen,
Wo von Natur der Formen Keim gelegen.

21 Doch wie vom tierischen das Kind entsprossen,
Kannst Du nicht sehen in des Werdens Spielen;
Dies blieb auch Weiserem als Dir verschlossen,

22 Der lehrte, daß in den Entwicklungszielen
Möglicher Verstand getrennt sei von der Seele
Weil kein Organ vorhanden von den Vielen.

23 Nun öffne Deine Brust – denn ich vermähle
Dich mit der neuen Wahrheit. Du sollst wissen –
Daß schon des Leibeswerdung Anfang zähle:

24 Wenn das Gehirn gebildet – neigt beflissen
Der Erstbeweger sich zum Wunderwesen,
Das durch den Anhauch wird der Nacht entrissen.

25 Der alles Wirkende zu sich erlesen:
Geweckt von seinem Wesen wächst die Seele
Und lebt und fühlt und kreist im eignen Wesen.

26 Will Dir mein Wort verwunderlich erscheinen,
Sieh – wie die Sonnenwärme perlt im Weine,
Kann sie sich mit dem Rebensaft vereinen.

27 Wenn Lachesis die Stunde ruft, die eine –
Den Flachs versponnen, und sich trennt die Seele,
Bleibt Menschliches und Göttliches alleine,

28 Sind nur die Sinne stumm und stumm die Kehle,
Es bleibt Gedächtnis ihr, Verstand und Wille,
Ja, inniger mit neuem sich vermähle.

29 Sie landet ohne Zögern in der Stille,
Und wunderbar an eines Ufers Stelle,
Erkennt nun ihren Weg, es fällt die Hülle,

30 Umgrenzt vom Raum, wohin sie trug die Welle,
Umstrahlt Gestaltungskraft sie, wunderbare,
Wie einst sie war noch vor des Todes Schwelle.

31 So wie die Luft, die feuchte, regenklare
Durch andre Strahlung, die sich in ihr spiegelt
In Farben leuchtet, neuen Glanz erfahre,

32 Wird auch die Luft, die sie umgibt, entriegelt
Zu jenen Formen durch die Kraft der Seele,
Die ihr geblieben, neues Bild besiegelt.

33 Und dann – wohin sie auch die Wege wähle –
Wie eine Flamme folgen muß dem Feuer,
Folgt neue Form dem Geiste und der Seele,

34 Nimmt die Gestalt jetzt an, die ihr einst teuer
Und heißt nun Schatten, lernt dann wieder sehen,
Und alle Sinne werden schärfer, freier,

35 So kommt es, daß wir reden, lachen, gehen,
Und daß wir seufzen müssen und auch weinen,
Wie Du's am Berge sah'st, und oft geschehen.

36 Und so, wie wir es fühlen, wir erscheinen
Und formen Leidenschaften und Begierde,
Dies war es, was so sehr verwirrt Dein Meinen,"

37 Zur letzten Kehre uns der Weg jetzt führte
Und sind zur rechten Seite abgebogen,
Doch bald ein neu Geschehn uns tief berührte.

38 Ich sah den Rand als Flammengurt gezogen,
Nach außen abgegrenzt durch schmale Wege,
Nach innen Schwaden Rauchs vom Felsen angesogen.

39 So blieben nur am Rand zu gehn die Stege,
Nach innen glühte breit die Feuerzone,
Und Angst vorm Absturz wurde in mir rege.

40 Mein Führer sprach: „Hier Vorsicht in Dir wohne,
Laß nicht der Augen Zügel lässig schleifen,
Der Absturz wäre Dir zum bösen Lohne."

41 Jetzt klang ein Singen aus dem Feuerstreifen
„O Gott, so reich an Milde," klangs im Sange
Ließ meine Blicke zu den Flammen schweifen.

42 Ich sah dort Geister in dem Feuergange,
Ohn Willen sah ich dann auf meine Füße
Sah wechselnd hin und her wie unterm Zwange

43 Und „virum non cognosco" – riefen diese
Und sangen wieder, nach des Liedes Ende
Begann es wieder neu im Glutverließe,

44 Und immerfort umglühten sie die Brände,
„Diana trieb Kalisto aus dem Haine,
Weil sie der Venus Gift für sich verwende."

45 Sie riefen wilder, sangen wieder eine
Der Melodien – Frauen, Männer nannten,
Der Keuschheit und des Ehebundes Reine.

46 Für jene – glaub ich – die im Feuer brannten
War ihre Übung dauernd nur die gleiche, –
Damit – wo solche Pflege ist vorhanden –

47 Die Wunden heilen und der Schmerz bald weiche.

XXVI. GESANG

1 Indessen einzeln wir am Rande schritten,
Hört ich des Meisters Wort des öftermalen:
„Hab Acht des Weges, vorsicht mit den Tritten!“

2 Die rechte Schulter trafen Sonnenstrahlen;
Sie wandelten des ganzen Himmels Bläue
Zu weißen Farben oder weißlich fahlen.

3 Ich machte – wo nur wandeln Schattenfreie,
Die Flammen hier im Widerscheine röter,
Was alle sei verwundern ließ aufs Neue.

4 Dies war genügend Anlaß, daß fast jeder,
Vielleicht auch alle durcheinander fragen:
„Der hat wohl keinen Schattenleib – so geht er!“

5 Und dann begannen sie sich vorzuwagen,
So weit es ging, mit Sorgfalt achtend immer,
Daß sie vom Feuerring nicht weggetragen.

6 „Du, der dort wandert mit dem dunklen Schimmer,
Aus Ehrfurcht wohl gewohnt hintan zu gehen,
Gib Antwort uns im Flamm- und Glutgeflimmer;

7 Du kannst hier alle gleichen Wunsches sehen,
Die mehr die Sättigung des Dursts ersehen
Als Inder, Neger frisches Naß erflehen.

8 Wie kommt es denn, daß wie bei Erdensöhnen
Dein Körper wirkt als Wand dem Sonnenstrahle,
Als ob Du noch nicht tot, wie wir es wähnen?“

9 So fragte einer dort im Flammentale,
Ich war dabei, daß ihnen ichs erkläre,
Doch kam was Neues auf mit einem male,

10 Denn mittenweges dieser Flammensphäre
Kam neues Volk jetzt jenem hier entgegen
Und waren voll Erstaunen wer ich wäre.

11 Von allen Seiten sah ich sie sich regen,
Sich grüßend wechselseitig flüchtig küßten
Und schienen fröhlich der Begegnung wegen.

12 Ameisenhaufen, die zum Aufbruch rüsten,
Und sich begegnen, gleich sich emsig regen,
Als ob sie Rat und Weg sich sagen müßten,

13 Doch ehe sie sich wieder fortbewegen,
Erbärmlich alle an zu schreien fingen,
Sich eifernd flogen Worte hin und gegen.

14 „Sodom und Gomorrha“ den Lärm durchdringen,
„Und Pasiphae ließ sich als Kuh verführen,
Ließ lüstern sich vom wilden Stier bespringen.“

15 Dann, wie die Kraniche zu den Quartieren
Zum Riff-Gebirge oder Wüste ziehen,
Daß sie nicht Gluten noch die Fröste spüren.

16 So nahen jene, andre wieder fliehen,
Und wiederholen immerfort die Lieder,
Das, was sie schreien mußten, immer schrieen.

17 Dann kamen sie wie vorher zu mir wieder,
Es waren jene, die zuerst mich fragten,
Mit Aug und Ohren mich verfolgten wieder.

18 Und ich, den sie schon zweimal drängend fragten,
Begann: „O Seelen, die Ihr – wann auch immer, –
Den Frieden erbt, Euch sicher zugesagten,

19 Bin nicht von welkem noch von grünem Schimmer –
Die Glieder sind durchströmt vom eignen Blute,
Und sind an mir, so wie sie drüben immer.

20 Nicht blind zu bleiben, geh ich höhre Route,
Durch euer Reich, noch irdisch ist die Hülle
Wie Gnade einer hohen Frau geruhte.

21 Doch daß sich bald die größte Sehnsucht stille,
So daß Euch oben höchste Wohnstatt hege,
Wo Raum und Zeit und reichster Liebe Fülle,

22 So sagt mir, wenn ich es verkünden möge,
Wer seid ihr? Wer dort hinter eurem Rücken
Der Schwarm, der eilig kam und geht so rege?“

23 Verdutzter kann ein Dorfmann nimmer blicken,
Wenn er zum erstenmal zur Stadt gefahren,
Und ihn Verstand zu sehr nicht möge schmücken,

24 Wie diese allesamt voll Staunen waren.
Doch haben sie es schneller überwunden,
Da sie von edlem Geist und mehr erfahren.

25 „Du Glücklicher, der so aus unsren Wunden
Erfahrung sammelt," sprach der Unbekannte,
„Und so zum bessren Leben will gesunden, –

26 Die Leute mit uns büßen dort im Brande,
Wofür auch Caesar einst den Schimpf ertragen,
Den Sieger man zur „Königin" ernannte;

27 Sie trennten sich und „Sodom" schreiend sagen,
Du hörtest sie die eigne Schande nennen,
Die Scham zu steigern, sie durch Flammen jagen.

28 Hermaphroditen-Sünde muß hier brennen,
Weil wir zerbrochen Menschenart und Wesen,
Um tierischen Gelüsten nachzurennen.

29 Im Zwang den Lohn der Schande einzulösen,
Begegnend jener Namen auszurufen,
Die im vertierten Holz ein Tier gewesen.

30 Nun kennst Du unser Tun, der Sünde Stufen,
Ich kann Dir unsre Namen nicht mehr nennen,
Die Zeit ist kurz, sie eilt auf schnellen Hufen.

31 Nur meinen werde ich Dir nennen können
Bin Guido Guinizilli und ich büße;
Weil ich bereute, darf ich früher brennen."

32 Mir war, mich träfen des Lykurgos Grüße:
Als die zwei Söhne ihre Mutter wiederfanden
Mit allen Schmerzen und mit aller Süße,

33 Als ich ihn hörte, ihn hier neu erstanden
Und aller Vater, die der Liebe Lieder
Mit neuem süßen Ton im Sang verbanden,

34 Betroffen ging ich, sah ihn an dann wieder
Und immer nur ihn sehend in Gedanken –
Das Feuer nur zu meiden sah ich nieder.

35 Für ihn, den die Betrachtungen umranken,
War ich bereit auch Hilfe hier zu schenken,
Mich für den Dienst am Liede zu bedanken.

36 Er sagte: „Alle Deine Worte senken
Die klaren Spuren in mein ganzes Wesen,
Trotz Lethe werd' ich ihrer stets gedenken.

37 Wenn aber Deine Worte wahr gewesen,
Dein Reden und Dein Schauen mir erkläre,
Warum ich draus nur Liebe konnte lesen."

38 Und ich: „Mein Dank für Deine Lieder wäre
Geringes nur: sie werden überdauern,
Und Buch und Blätter feiern ihre Kehre."

39 „O Bruder", sprach er „diesen Finger heben
Will ich" und er wies auf einen Schatten
„Ein beseren Schmied des Worts hat's nie gegeben.

40 Er, den sie niemals übertroffen hatten
Im Lied und im Erzählen, laß sie reden
Von Lemosi und andren vielen Matten.

41 Sie horchen auf Gerüchte, die sie säten,
Sie können nicht der Dichtung Wahrheit künden,
Weil sie Vernunft und jede Kunst zertreten.

42 Sie dachten in Guittone einst zu finden
Den Großen, priesen ihn von Mund zu Munde,
Bis ihn die Wahrheit wieder ließ verschwinden.

43 Da sich so großes Vorrecht Dir bekunde,
Der Gang zum Kloster sei Dir frei gegeben
Wo Christus Abt und vorsteht jenem Bunde,

44 Magst Du für mich vor ihm die Hände heben
Zu einem Vaterunser: wenn im Reiche
Wir auch vorm Sündenfalle nicht mehr beben."

45 Er schwandt, als ob er einem andren weiche,
Der neben ihm, um ihn zu mir zu lassen –
– Dahin im Feuer, wie der Fisch im Teiche.

46 Um jenen besser mit dem Blick zu fassen
Trat nah ich, sagte, daß er Wohnstatt hätte
In mir, mit andren freundlichen Insassen.

47 Und frohen Muts der in der Feuerstätte
Nun sprach: „So sehr erfreut mich Deine Bitte,
Daß gern ich sag, was ich verborgen hätte.

48 Ich bin Arnaut, einst in der Dichter Mitte,
Der singt und weint, tat oft sich selbst verscherzen;
Hier fleh' ich, daß ich Läutrung bald erlitte.

49 Bei jener Kraft, die gnädig ist dem Herzen,
Die Euch zur Höhe führt, zur höchsten Feier,
Erinnert Euch im Glück des Sängers Schmerzen!"

50 Dann schwand er in der Glut, im Fegefeuer.

XXVII. GESANG

1 So wie die frühe Sonne Strahlen sandte,
Dort wo des Schöpfers Blut einst ward vergossen
Indess die Waage überm Ebrolande

2 Von Mittagsglut des Ganges Glanz umflossen,
So stand die Sonne als der Tag sich senkte,
Hat Gottes Engel sich uns angeschlossen,

3 Der längs der Flamme seine Schritte lenkte,
Die Hymne singend „beati mundo corde“.
Wohl niemand solche Macht dem Sange schenkte.

4 Dann sprach er: „Ehe ihr an diesem Orte
Vom Feuer nicht durchglüht, könnt ihr nicht weiter.
Ihr höret drinnen Heiligen Sang und Worte!“

5 So sprechend nahte sich der Gottesstreiter.
Ich hörte ihn und war zu Tod erschrocken,
Mir war, als wär vor mir ein Grabbereiter.

6 Die Hände pressend ging ich, tat schon stocken,
Zum Feuer blickend, sah im Feuerbrande
Die Leiber brennnend, laufen, stehen, hocken.

7 Mein guter Führer gleich zu mir sich wandte,
Es sprach Vergil: „Hier kann man Qualen leiden,
Doch kommst Du nicht zu Tod in solchem Brande.

8 Denk' an Geryon, sein gefährlich Reiten
Durch Höllenlüfte! Dann in Gottesnähe
Sollt ich dir Hilfe nicht in Not bedeuten?

9 Was in der Flamme mit Dir auch geschehe
Und müßtest tausend Jahre drinnen bleiben,
Sei Du gewiß, kein Haar im Feuer löhe.

10 Und wenn du glaubst, ich würd' es falsch beschreiben,
Geh hin und überzeuge dich beflissen,
Tauch Deines Mantels Saum ins Feuertreiben!

11 Laß ab von Furcht, sei nicht vor Angst zerrissen,
Komm her, wir gehn, sei keiner der verzichtet!“
Doch blieb ich stehen gegen mein Gewissen.

12 Als er erstarrt mich sah und wie vernichtet,
„Die Mauer“, sprach er ernsten Tons und herben,
„Seh ich vor Beatrice aufgerichtet“

13 So hob die Lieder Priam einst im Sterben,
Den Namen Thisbe hörend, sie zu sehen,
Und sah den Maulbeerbaum sich blutverfärben.

14 So fühlt die Härte ich in mir vergehen,
Als ich den Namen hörte voll Entzücken,
Der in der Seele immer mir wird stehen.

15 Die Stirne senkend mit des Hauptes Nicken
Sprach lächelnd er „Wie? Wollen wir noch bleiben?“
Auch Kinder lockt man gern mit Apfel pflücken.

16 Dann stieg er mir voran im Flammentreiben
Und Statius nach mir, wie er gebeten,
Der ferne noch und sollte bleiben.

17 Als ich dann in das Feuer war getreten,
Wär' gerne ich in kochend Glas gesprungen;
Das Übermaß der Hitze abzutöten.

18 Mein guter Vater sprach mit Huldigungen
Von Beatrice als Trost im Feuerringen:
„Ich seh' die Augen, die Dich einst bezwungen.“

19 Wir hörten drüben eine Stimme singen,
Hinlenkend uns zu jener Feuerstelle,
Um uns durchs Flammenmeer zur Höhe bringen.

20 „Venite, benedicti patris mei“, tönt helle
Von dort jetzt eine Stimme aus dem Lichte.
Ich schloß die Augen vor des Glanzes Grelle.

21 „Ihr dürft nicht rasten in dem Angesichte
Des Abends – denn die Sonne will schon sinken,
Ihr seht sonst keinen Durchgang, keine Richte.“

22 Der Weg stieg grad empor, die Felsen trinken
Die letzten Strahlen, und von meinem Leibe
Gehemmt, nur über meinem Haupte blinken.

23 Nur wenige Stufen – ob auch Eile treibe –
Sind wir gestiegen – als am Schattenschwunde
Wir sahn: versunken war die Sonnenscheibe.

24 Eh noch Unendlichkeit die Himmelsrunde,
Der dunkle Mantel Bild um Bild umhegte,
Und Schritt für Schritt die Nacht entstieg dem Grunde,

25 Zum Schlaf sich jeder auf die Stufen legte,
Da nachts am Berg die Kraft zum Aufstieg schwindet
Und in der Seele sich kein Wollen regte.

26 So wie das Wiederkäun die Ziege bindet,
Die sonst auf Bergeshöhen wild, verwegen,
Und in der Sattheit ihre Ruhe findet,

27 Zu ruhn im Schatten fern den fels'gen Stegen,
Bewacht vom Hirten, auf dem Hirtenstabe
Gestützt, nun selber will der Ruhe pflegen,

28 Den Wächtern gleichend, die oft mit der Gabe
Gefahr zu wittern, nachts die Herde hüten
Vor wilden Tieren, nicht ins Abseits trabe.

29 Wir drei zusammen waren, rings vom Frieden
Der Nacht umgeben, ich nun Ziege – beide
Die Hirten, von der Schlucht durch Fels geschieden.

30 Wir sahn nicht viel mehr von des Himmels Weite,
Doch sah ich schimmern durch die Enge Sterne
Viel größer, leuchtender in Strahlenfreude.

31 Und mich versenkend in die Sternenferne
Sank ich in Schlaf, in seltne Schlafestiefe,
Die uns das Kommende verkündet gerne.

32 Mir war, als ob ich wache, nicht mehr schliefe,
Zur Stunde, als der Venusstern so strahlte,
Als ob die Herrliche zur Feier riefe.

33 Da sah ich – wohl der Traum es zaubernd malte –
Ein junges schönes Weib auf grüner Wiese,
Mehr als die Blumen, die sie pflücktge, strahlte.

34 Sie sang: „Wer mich auch frage, wie ich hieße,
Der soll den Namen von mir gerne wissen,
Die schönsten Blumen ich zum Kranze schließe.

35 Des schönen Spiegelbilds bin ich beflissen
Ich heiße Lea. Meine Schwester oben
Kann nie das Bild der schönen Augen missen.

36 Und sie heißt Rahel; muß die Schönheit loben;
Wie mich erfreut das Wirken meiner Hände,
Hat sie Versunkensein und Schau erhoben."

37 Schon kündet erster Morgenstrahl das Ende
Der Nacht – dies umsomehr den Wandrer freute,
wenn er der Heimat nah die Herberg' fände.

38 Die Nacht verschwand und in ein neues Heute
Erhob ich mich umglüht vom Morgenschimmer,
Schon lange waren auf die Meister beide.

39 „Die süße Frucht, die Menschen suchen, immer
In ewiger Sehnsucht und auf allen Wegen,
Wird heut den Hunger stillen Dir wie nimmer,"

40 Sprach nun Vergil zu mir, kam mir entgegen.
Nie konnte seiner Worte reiche Gabe
In mir ein solch' Gefühl der Tust erregen,

41 Und Wunsch, um Wunsch und alles, was ich habe
Trieb mich zum Aufstieg und mit jedem Schritte
War mir, als ob ich wie beflügelt trabe.

42 Und als wir oben auf dem letzten Tritte –
Mir war die Treppe schnellstes Höhensteuer. –
Traf mich ein Blick Vergil's, er hielt im Schritte

43 Und sprach: „Das Zeitliche und ew'ge Feuer
Hast Du gesehn, mein Sohn, wir sind zur Stelle,
Was drüben kommt, verbirgt auch mir ein Schleier.

44 Vernunft und Kunst war meiner Führung Quelle,
Von nun an sei Geleit der eigne Wille,
Der Aufstieg ist zu End' am Berg der Helle!

45 Sieh, auf der Stirne von der Strahlenfülle
Ein Sonneleuchten, Blumen, Bäume siehe,
Sie, was der Erde rein von selbst entquille,

46 Bis Dir das schöne Augenpaar erblühe –
Die Augen einst zu Dir mich weinend riefen –
Sei frei Dein Tun – drum ruhe oder ziehe,

47 Auf Winke warte nicht, mein Wirt nicht prüfe!
Gesunder freier Wille in Dir wohne,
Du fehltest, wenn Dein Sinn nach andrem liefe.

48 Ich kröne Dich mit Mitra und mit Krone …“

XXVIII. GESANG

1 Wie ich dem Gotteswald entgegenglühe,
Den dichten und lebendigen zu ergründen,
Der vor mir lag im Dämmerlicht der Frühe!

2 Ich ging behutsam in den grünen Gründen,
Doch ohne Zögern hoch am Bergeshange,
Umweht vom Duft der Blüten, Blatt und Rinden.

3 Ein sanftes Wehen streifte Stirn und Wange,
Unterbrochen war der Hauch von Blüten
Wie milder Winde Wehn im Frühlingsdrange.

4 In leises Zittern Halm und Gras gerieten,
Und alles neigte sich zum ersten Schatten
Des heiligen Berges, wenn die Strahlen glühten.

5 Doch diese nicht so sehr die Wirkung hatten,
Daß Bäume litten noch Gesang entfiele,
Der Vögel Künste zeigte kein Ermatten.

6 So singen sie im grünen Blattgewühle
Voll Fröhlichkeit in frühen Morgenstunden
Des Waldes Baß begleitet Lied und Spiele,

7 Wie ichs am Strand von Chiassi empfunden,
Der Pinien Wipfel rauschen, Sang inmitten,
Wenn Äolus den Südwind losgebunden ...

8 So ging ich den dahin mit leichten Schritten,
War in den alten Wald so weit gedrungen,
Daß auch der Eingang schon dem Blick entglitten.

9 Doch sieh, da hat ein Bach den Halt erzwungen,
Er floß nach links, er floß mit kleinen Wellen,
Drum war das Ufergras nach links geschwungen.

10 Die reinsten Wasser, hellsten noch der hellen –
Sie würden alle noch getrübt erscheinen,
Verglichen mit der Reinheit dieser Quellen.

11 Selbst dann noch bleiben sie die Makelreinen,
Wenn sie der ewigen Schatten Nacht durchfließen,
Ohn Mond- und Sonnenstrahl in tiefen Hainen.

12 Ich stand, die Augen nur hinübergrüßen
Zum andren Ufer hin, wo tausend Blüten
Verschwenderisch am Uferrande sprießen.

13 Indess mein Geist gebannt, die Sinne glühten,
Da kam – wie oft ein unerwart Geschehen
Ablenken kann und alles überbieten –

14 Jetzt eine Frau – sie war allein zu sehen –
Sie sang, sich Blumen pflückend süße Weise,
Sie schien den Blumenpfad entlang zu gehen.

15 „O schöne Frau, die in dem Strahlenkreise
Der Liebe lebt – wie ichs am Antlitz sehe,
Das oft verrät des Herzens Stand und Weise –

16 Kannst Du nicht näher kommen, wo ich gehe?“
Sprach ich zu ihr, „zu nahen Uferwegen,
Daß Lied und Worte besser ich verstehe?

17 So ging – wie es Erinnrung mag belegen –
Der Mutter einst Proserpina verloren,
Sie selbst verlor den Frühling Hardes wegen.“

18 Wie eine Frau, die froh zum Tanz erkoren
Mit beiden Sohlen auf dem Boden wendet,
Mit Anmut sich bewegt, die angeboren,

19 So zwischen Blumen, die die Erde spendet
So reich und zwischen gelben, roten Blüten
Wie eine Jungfrau fromm zu mir sich wendet,

20 Hat sie sich meiner Bitte gleich entschieden,
Trat näher noch heran zum Uferrande,
Daß Wort und Sang dem Ohr sich klarer bieten.

21 Da, wo der Wellengang das Gras vom Lande
Schon sanft bespült, gewähre sie das holde
Geschenk der Augen: zu mir die Blicke wandte.

22 Ich glaube nicht, daß solchen Strahl – einst zollte
Der Venus Aug' den Sohn nicht mehr versengten
Als er sie glühend traf – wenn gleich nicht wollte.

23 Und lächelnd sie entlang des Ufers lenkte
Und pflückte weiter in dem Blumenmeere,
Das hier der Berg auch ohne Säen schenkte.

24 Drei Schritte war des Baches Barriere
Am Hellespont von Verxes überschritten, –
Noch heut' dem Menschen-Hochmut Fessel wäre.
Hat einst Leander nicht so schwer gelitten,
Weil er ihm Sestos von Abitos trennte, –
Als ich an diesem Spann von wenigen Schritten.

25 „Ihr seid hier neu und drum man meinen könnte,"
Begann sie, „daß mein Lächeln Euch verwirrte,
Hier wo der Menschen Sitz einst Gottesspende,

26 Und Euch Verwunderung erregen würde;
Der Psalm ‚hast mich erfreut ...' zum Licht Dich lenke;
Kann Euren Geist befrein der Nebel-Hürde!

27 „Und Du, der vor mir bittend fragt – bedenke
Was ich schon sagte, weitre Fragen stelle,
Ich kam hierher, das ich Dir Antwort schenke.

28 „Das Wasser," sprach ich, „Waldesrauschen Quelle,
Mit meinem neuen Glauben stehn im Streite
Was ich gehört, das Gegenteil erhelle.

29 Und sie: „Was ist, sich zur Erkenntnis weite!
Ich sage Dir, was Dich so übermannte,
Und Wahrheit Dich vom Nebeldunst befreite.

30 Das höchste Gut, allein in sich erkannte,
Schuf gut den Menschen, schuf ihn nur zum Guten,
Der Ort sei ihm zum ewigen Friedens Pfande.

31 Es war nur kurz – da trieben ihn die Ruten
Hinaus der eignen Schuld, in Blut und Tränen
Verwandelt er die reinen Lebensfluten,

32 Damit die Trübung– feindlich allem Schönen –
Aus Dunst des Wassers und dem Dunst der Erde,
Der Strömung folgend sucht sich auszudehnen.

33 Und der sich zu erwehren Menschenherde
Nicht könnte – ward der Berg so hoch erhoben,
Die Erdendünste vor dem Tore sperrte.

34 Und da des ersten Kreises Drehung oben
Die Luft mit allem bringt in Kreisbewegung,
Wenn sie durch andren Grund nicht aufgehoben,

35 Trifft diese Höh' der Lebenelüfte Regung,
Und dieser Kreislauf bringt die Blätterkrone
Zum Rauschen und in zitternde Bewegung.

36 Erkenn' wie dieser ringsum wirkend lohne:
Bewegte Pflanzenkeime weithin driften,
Daß ringe im Kreise des neuen Wachstumszone.

37 Die sonstige Erde wird die Vielfalt stiften –
Ob aus sich selbst – verschiene Pflanzenwesen,
Ob aus verschiednen Kräften in den Lüften.

38 Und die die's wissen, wie es sich erlesen,
Wird es nicht wundern, wenn es wachse, sprieße,
Wo sichtbar nie ein Samen ist gewesen.

39 Du mußt auch wissen, daß die heilige Wiese
Da, wo Du wandelst birgt der Keime Fülle,
Aus der sich sonstwo Frucht nicht ziehen ließe.

40 Die Wasser, die da fließen in der Stille,
Sich nie von Niederschlag und Dünsten nähren,
Wie Flüße, wenn sie leer, der Regen fülle.

41 Die Quellen, die sich in dies Wasser leeren,
Entspringen Gottes festen, sichren Gründen,
Der sie ergänzt, wenn je versiegt sie wären.

42 Die Wasser mit der Gabe sich verbinden,
Hier böse Taten ins Vergessen sinken,
Dort die Erinnerung für gute finden.

43 Hier heißt sie Lethe, dort die wollen blinken,
Von Eunoe, Wirkung läßt sich nur erreichen,
Wenn man aus beiden Flüßen durfte trinken.

44 Der Wohlgeschmack läßt sich mit nichts vergleichen,
Wenn schon befriedigt wäre alles Denken
Und konnt ich auch das Meiste Dir schon reichen,

45 Will ich aus Gunst Dir einen Nachsatz schenken;
Ich glaub' die Worte werden Dich noch freuen,
Auch wenn sie über das Gefragte lenken.

46 Einst sangen alle Dichter, von dem freien
Und goldnem Alter und vom Glülck der Erde,
Des Parnass Gipfel solche Stätten seien.

47 H i e r war des Menschen Ursprung auf der Erde
Voll Unschuld und des ewigen Frühlings Früchte,
Voll süßen Nektars, Köstlichkeit der Erde."

48 Bei diesen Worten ich mich rückwärts richte,
Die beiden Dichter suchend mit dem Blicke
Und sah: sie hörten lächelnd die Berichte.

49 Zur schönen Frau wand' ich mich dann zurücke.

XXIX. GESANG

1 Beseeligt in der Liebe Sangesweise,
Sang diese Frau und sprach das Wort zuende:
„Die deren Schuld getilgt ich glücklich preise.“

2 Wie Nymphen ziehn im waldigen Gelände,
Die einen gern im hellen Sonnenscheine,
Die andren in der Bäume Schatten-Spende:

3 Trat sie hervor und schritt am Uferraine
Dem Wellenlauf entgegen – gleicher Höhe
An ihre kleinen Schritte, hielt ich meine.

4 Schon nach dem ersten Hundertschritt' ich sehe,
Daß sich der Fluß gewandt in weitem Bogen
Und seinen Lauf jetzt gegen Osten drehe.

5 Noch waren wir auch hier nicht weit gezogen,
Da sprach die Frau: „Mein Bruder“, und sich wandte,
„Dein Aug und Ohr sei Kommendem gewogen.“

6 Und sieh': Ein Leuchten wie von fernem Brande
Erstrahlte plötzlich in dem großen Walde,
Es war, als ob der Himmel Blitze sandte.

7 Doch kommen Blitze schnell und gehn auch balde,
Dies Leuchten aber mehr noch schien zu glühen,
Da frug ich in Gedanken: Was sich so verhalte?

8 Und Klänge kamen süße Melodien
Durch lichte Lüfte, daß mit Zornes Waffen
Ich Eva der Vermessenheit geziehen.

9 Denn kaum war sie zum Weibe erst erschaffen,
Wo Himmel und die Erde einig streben,
Da mußte sie des Schleiers sich entraffen.

10 Hätt' sie sich fromm der Demut doch ergeben,
Es wären diese unsagbaren Freuden
Viel früher und von Dauer zu erleben.

11 Indessen ich durch diese Herrlichkeiten
Der Erstlingswerke schritt, wuchs mein Verlangen,
Noch mehr zu sehen von den ewigen Freuden,

12 Hat jetzt vor uns ein Leuchten angefangen,
Wie Feuerschein im grünen Dom inmitten,
Und ich erkannte irgendwo sie sangen.

13 Ihr heiligen Musen, wenn ich je gelitten
Um euch, im Hunger wachte, Frost ertragen,
Genug der Gründe Dank von Euch zu bitten.

14 So fließe Helikon, ich will es wagen,
Urania im Chore jetzt nicht säume,
So schwer zu Fassendes im Lied zu sagen.

15 Und wenig weiter doch für diese Räume,
Schien zwischen dort und hier der Weg noch ferne,
Glaubt ich zu sehen sieben goldne Bäume,

16 Doch als sie näher kamen und ich lerne
Was mich verführte zu den Ähnlichkeiten
Und ich den Trug erkannte jetzt im Kerne,

17 Verstandes Kraft, was diese Wirklichkeiten:
Nunmehr als Bild von sieben Leuchtern sich enthüllte,
„Hosianna“ sangen Stimmen in Begleiten.

18 Darüber strahlte klar ein schönes Gebilde,
Viel klarer leuchtend als in Mitternächten
Des Vollmonds heitres Licht die Nacht erfüllte.

19 Und zu Vergil, dem Guten, mir zur Rechten,
Jetzt meine Blicke voll Verwundrung gingen,
Ich sah nicht minder staunt er vor den Mächten.

20 Dann sah ich wieder zu den hohen Dingen,
Sie zogen jetzt ganz langsam uns entgegen
Noch langsamer, als junge Bräute gingen.

21 Da schalt die Frau: „Erglühest Du nur wegen
Lebendigen Lichtes Anblick ganz alleine,
Kann das Gefolge dich nicht mehr erregen?“

22 Dort sah ich kommen in dem hellen Scheine
Viel Volk mit Führern, die im weißen Kleide.
Nie sah ich unten dieses Weiß so reine.

23 Das Wasser glitzerte auf Flußesbreite,
Und warf mein Bild zurück im Spiel der Wellen,
Sah wie im Spiegel meine linke Seite.

24 Dem Ufer näher wollte ich mich stellen,
Bis mich von drüben nur der Fluß noch trennte,
Die Sicht von bessrem Stand aus zu erhellen.

25 Ich sah jetzt kleine Flämmchen sich behende
Nach vorn bewegen, zogen Farbenstreifen,
Wie eine Malerhand sie malen könnte,

26 Hoch bei ihnen in den Luftraum greifen
Getrennt wie siebenfarbiger Regenbogen,
Wie oft um Mond und Sonne Farbenstreifen;

27 Nicht sichtbar war, wie lang das Band gezogen,
Zehn Schritte Breite wohl von Rand zu Rande,
So meine Augen mich im Maß nicht trogen.

28 Und mit dem schönen Himmel, den ich nannte,
Nahn vierundzwanzig Greise, zwei zu zweien
Ein Lilienkranz um jedes Haupt sich wandte.

29 Und alle sangen: „Dich wir benedeien
Von allen Töchtern Adams, wir nur Deine
Nur Deine Schönheit benedeien."

30 Als dann des frischen Grases Blumenraine,
Mir gegenüber frei am Ufer waren,
Kein auserwähltes Volk im grünen Haine,

31 Kam, wie sich Stern' um Sterne offenbaren,
Ein Vier-Gespann mit jungen, schönen Tieren
Gekrönt mit grünem Laub daher gefahren.

32 Sechs Schwingen hatte jedes von den Vieren,
Durchsetzt mit Augen: die des Arqus wären
– wenn er noch da – nicht schärfer als die ihren.

33 O Leser, ihre Form Dir zu erklären
Mir Zeit und Worte, reich genug, jetzt fehlen,
Das Neue naht, ich muß zu ihm mich kehren.

34 Lies Hesekiel, denn seine Worte hehlen
Dir nicht, wie er sie kommen sah aus Höhen,
Durch Sturm und Blitze ihre Wege wählen.

35 Wie er sie schildert, hab ich hier gesehen,
Doch hat Johannes anders ihre Schwingen
Beschrieben, wohl ist dies zu recht geschehen.

36 Die vier den Wagen des Triumphes bringen,
Ein Greif hat auf zwei Rädern ihn gezogen
An Zügeln, die des Greifen Hals umschlingen.

37 Die Flügel spannte er in weitem Bogen
Bestrebt, daß er die Seiten nicht versehre,
Als Trennstrich war ein Mittelstreif gezogen.

38 Sie reichten weiter als zu sehen wäre,
Des Vogels Glieder goldne Farbe tragen,
Das übrige als Weiß und Rot ich kläre.

39 Nicht nur, daß Rom je solchen Siegeswagen
Für den Augustus noch Scipio bespannte,
Den Sonnenwagen würd' er überragen.

40 Den Sonnenwagen, der entgleist verbrannte,
Als Jupiter auf demutsvolle Bitten
Das Recht der frommen Erde anerkannte.

41 Drei Frauen jetzt vorm rechten Rade schritten,
Sie kamen tanzend – purpurrot die eine,
Fast unsichtbar im Flammenrot inmitten.

42 Doch bei der andren waren die Gebeine,
Als ob sie mit dem Fleisch smaragden wären,
Die dritte war wie frischen Schnees Reine.

43 Wie sie im Wechsel sich zur Führung kehren:
Die weiße bald, die rote bald im Liede,
Den Schritt auch wechseln, leichten oder schweren,

44 Vier Frauen dann im Kleid der Purpurblüte,
Zur Linken, tanzten mit des Festes Reigen,
Im Takte derer, die aus drei Augen glühte.

45 Zwei Greise sich in würdigem Gange zeigen
Nach diesem Tanz, die Kleidung war verschieden,
Doch in der Haltung gleichen Sinn bezeugen.

46 Der eine, Freund des Hippokrat hinnieden,
Der einzige, den die Natur erlesen,
Die Menschen, die ihr teuer, zu behüten.

47 Der andre war von kriegerischem Wesen,
Sein leuchtend Schwert, obwohl um Flußes-Breite
Getrennt von mir, schien Furcht – noch einzuflößen,

48 Dann sah ich vier voll Demut im Geleite,
Mit ihnen einen, so als ob er träume,
Mit einsamem Gesicht, geschärft vom Streite.

49 Die sieben gingen durch die grünen Räume,
Vertraut mit denen, die schon vorher schieden,
Nur daß ein Lilienkranz die Stirn nicht säume.

50 Von Rosen und von andren roten Blüten,
Beim Anblick ihrer hätt' ich schwören wollen,
Daß alle über ihren Brauen glühten.

51 Als jetzt der Wagen schon im Näherrollen,
Erscholl ein Donnerton, der ohnegleichen,
Es war als ob die Edlen halten sollen.

52 Sie hielten drüben mit den ersten Zeichen.

XXX. GESANG

1 Sobald der Siebenstern vom ersten Ringe
Der keinen Aufgang kennt noch Untergänge,
Wenn andre Nebel nicht wie Schuld sie bringe.

2 Der jeden mahnt an seine Pflichten strenge,
Der Untere den Steuermann hinnieden,
Daß ihm die Fahrt zum Hafen auch gelänge.

3 Nun stand – hat sich das wahre Volk entschieden,
Das zwischen Stern und Greifen gleich sich wandte,
Zum Wagen – gleichsam suchend seinen Frieden.

4 Und einer wohl als himmlischer Gesandte
Rief: „veni sponza de Libanon" im Singen,
Und jeder dreimal sich zum Ruf bekannte.

5 So werden sie, die aus den Gräbern dringen,
– Wird einst der letzte aller Tage tagen –
Die neu erwachten Stimmen jubelnd klingen,

6 Wie hier, als ich entsteigen sah dem Wagen
Wohl hunderte – ad vocem tanti senis. –
Des ewigen Lebens Botschaft alle tragen;

7 Und jeder „Benedictus" rief, „qui venis"
Sie warfen Blumen rings nach allen Seiten,
„Manibus o date lilia plenis."

8 Zuweilen sah im Osten ich verbreiten
Ein Morgenrot in aller frühsten Frühe
Und heitre Klarheit aller Himmelsweiten,

9 Noch eh der Sonne Antlitz tief erglühe,
Wenn Dünste steigen, trübend ihre Helle,
Die ich ertrug bevor ihr Licht erblühe,

10 So einer Blumenwolke – Well' auf Welle
Entströmten Blumen aus der Engel Reigen –
Die Blüten regneten auf jede Stelle –

11 In weißem Schleier mit des Ölbaums Zweigen,
Sah ich in flammenfarbnem Kleid der Sterne,
Und grünem Mantel eine Frau entsteigen.

12 Mein Geist, der doch so lange von ihr ferne,
Da Staunen ihn und Beben übermannte,
Erschütternd ihn in seinem tiefsten Kerne,

13 Nun fühlt', wenn auch das Aug sie nicht erkannte,
Geheime Kräfte von ihr ausgegangen,
Der alten Liebe übermächtgen Brande.

14 Indess mich diese Liebe hielt gefangen,
Die – mich verwandelnd – schon so früh getroffen,
Eh noch das Knabenalter war vergangen.

15 Wandt ich mich im Vertrauen und Erhoffen
Zur Linken, wie's die Mutter kennt vom Kinde,
Wenn es sich fürchtet oder sonst betroffen,

16 Und sagte zu Vergil: „O ich's empfinde,
Kein Tropfen Blut ist in mir ohne Beben,
Bereit, daß sich die alte Lohe zünde."

17 Jedoch Vergil hat sich von uns begeben,
Vergil, mein süßer Vater, er, der Treue,
Vergil, dem ich zum Heile mich ergeben,

18 O nichts – Urmutter – nicht des Ortes Weihe,
Was sie verlor, nichts hindert mich am Weinen,
Auf taugewaschnen Wangen sich erneue.

19 „O Dante! Weine nicht – Du sollst nicht weinen,
Weil jetzt Vergil dabin – von Dir geschieden,
Du wirst aus andrem Grund bald bittrer weinen."

20 Wie Admirale auf dem Schiff gebieten
Zu Taten spornen, sie voranzutragen,
Um ihrer Schiffe Fahrt und Wohl zu hüten,

21 So sah ich stehend auf dem Blumenwagen
Als ich mich – meinen Namen hörend – wandte –
Notwendigkeit gebot ihn hier zu sagen,

22 Wie dort die Frau am linken Wagenrande,
Die vorher hinter Blumen halb Versteckte,
Jenseits vom Fluß zu mir die Blicke sandte.

23 Der Schleier zwar, der auch ihr Haupt bedeckte
Bekränzt durch der Minerva Laub und Zweige
War Ursach, daß ich sie nicht gleich entdeckte.

24 Doch königlich – wofür die Haltung Zeuge –
Wenn auch verhalten, war jetzt ihre Rede
Wie jemand, der sich noch gemäßigt zeige.

25 „Ich bin es! Beatrice! Zum Heil Erhöhte!
Wie konntest du den Berg zur Höhe steigen
Und wußtest nicht, daß sich das Glück hier böte?"

26 Ich blickte nieder in verlegnem Schweigen
Am Grase zupfend, sah im Wasserspiegel,
Daß nur Beschämung meine Züge zeigen!

27 Und sie erschien mir mit des Stolzes Siegel
Nicht bittrer wäre ihn bedrängend bange
Die Mutter, wenn dem Sohn sie strafft die Zügel.

28 Sie schwieg, dann sangen mit so süßem Klange
Die Engel: „Herr Du bist mein ganzes Hoffen."
Bei „pedes meos" hielten sie im Sange.

29 Wenn, wie es oft geschah, lebendig Holz getroffen,
vom Schnee und Froste auf Italiens Rücken,
Den Slawen-Winden preisgegeben offen,

30 Dann Südens Lande heiße Winde schicken,
Und wieder schmilzt und tropft zur Erde,
wie Wachs der Kerze durch der Flamme Zücken,

31 So war ich jetzt erstarrt von ihrer Härte,
Und ohne Tränen, eh ich hört das Singen,
Das immer gleich im ewigen Konzerte.

32 Und als ichs fühlte, mußt es mich bezwingen
Das Übermaß des Mitleids aus den Klängen
Als wollt es sagen: „Mußt du Leid ihm bringen?"

33 Da schmolz das Eis, das Herz ward frei von Zwängen,
Und überfließend Mund und Aug' von Tränen
Zerfloß ich ganz, zerrann auch mein Bedrängen.

34 Ich sah sie an der linken Seite lehnen,
Des Wagens noch, sie sprach mit allen Wesen
In frommer Weise, alle zu versöhnen!

35 „Ihr, die Ihr Wächter seid, es stets gewesen,
Der Welt im ewigen Licht, im Schlaf, am Tage,
Und alle Wege kennt des Guten, Bösen,

36 Drum ich mit Sorgfalt euch die Antwort sage,
Daß der mich auch versteht, der dort im Weinen,
Wie Schuld und Schmerz sich halten in der Waage:

37 Nicht nur durch Wirkung aus den höchsten Hainen,
Die das Lebendige bestimmt zum Ziele,
Wie auch die Sterne seine Bahn bescheinen.

38 Nein: Durch des Himmels Gnade die Gefühle
Im ewigen Tau der fällt, so reich sich mehren,
Kein Sinn es fassen kann, warum er fiele,

39 So hätt auch dieser sich schon früh bewähren
Gekonnt, durch die in ihn gelegte Gabe:
Entfaltet seine Werke herrlich wären.

40 Doch jeden Ackerbodens gute Labe,
Die hilft, kommt auch zugut dem bösen Samen,
Und wilder noch, je mehr er Kräfte habe.

41 Kurz stand ich einst in seinem Lebensrahmen,
Indem ich ihm die jungen Augen zeigte,
Und ihm durch mich der Wahrheit Bilder kamen.

42 Sobald ich mich zum zweiten Leben neigte,
Die Todesschwelle hatte überschritten,
Verließ mich dieser, sich vor andren beugte.

43 Als sich der Geist vom Fleische freigelitten,
An Schönheit wuchs und ward an Tugend reiner,
Hat er sich weniger um mich gestritten.

44 Er rannte Wunschgebilden nach wie keiner.
Er machte seinen Schritt auf falschem Wege,
Doch kein Versprechen je erfüllte einer.

45 Vergeblich fleht ich, daß sich Wandel rege
In ihm, daß er den Ruf der Träume höre,
Doch nichts verfing, sein Geist war schwach und träge.

46 Er fiel und fiel – war, daß er sich verlöre
In Nacht, kein Weg mehr war zu seinem Heile –
Als nur, wenn die Verlornen ich beschwöre.

47 Zum Tor der Toten ging ich drum in Eile
Und bat Vergil, ihn hierher zu geleiten.
Ich bat ihn weinend, daß er bei ihm weile.

48 Doch das Gesetz des Himmels war nicht zu vermeiden,
Daß keiner Lethes Wohltat darf genießen,
Den Trank Vergessenheit von Tat und Leiden,

49 Eh Reue ihn und Schmerz nicht läßt zerfließen.

XXXI. GESANG

1 „O Du, der dort am heiligen Flusse Lethe,“
So fuhr sie fort; ich fühlte mich getroffen
Jetzt mit der Spitze ihrer scharfen Rede,

2 Wie vorher mit der Schneide, „sag es offen,
Sag ob es Wahrheit?“ Frug sie, „Auf die Klage
Die Beichte folge schnellstens, will ich hoffen.“

3 War zu verwirrt und nicht mehr in der Lage
zu sprechen; hub wohl an – ich hauchte Worte,
Verstummte, eh der Mund die Laute sage.

4 Nach kurzem Warten hörte ich die Worte:
„So willst Du zögern? Willst Dich nicht des Bösen
Erinnern mehr? So sprich! Noch ist die Pforte

5 Durch Lethe nicht verschlossen. „Tief mein Wesen
Erfüllt von Furcht. „Ja“ aus meinem Munde
Wohl kam, doch konnten es nur Augen lesen.

6 Wie auch die Armbrust bricht aus häufigem Grunde,
Wenn man des Bogens Sehne überspannte,
Des Pfeiles Flug erlahmt aus Spannungsschwunde,

7 So hielt auch ich der schweren Last nicht stande,
Ein Seufzen brach aus mir, ein Strom von Tränen,
Ein Würgen meine Stimme übermannte,

8 Drum sprach sie jetzt: „Was lähmte denn Dein Sehnen
Nach mir, daß Dich zum Höchsten konnte heben?
Da sonst doch alles andere leeres Wähnen?

9 An welchen Ketten und in welchen Gräben
Lagst Du, die Dich gehemmt am Weiterschreiten,
Wozu doch gute Hoffung war gegeben?

10 Was war die Lockung denn zu Lustbarkeiten
Auf andren Stirnen, das als Vorzug scheine,
Vor ihnen tändelnd noch voranzuschreiten?“

11 Ein bittrer Seufzer sich entrang, ich eine
Aus innrer Not gepresste Antwort stöhnte,
Doch Lippen sich bewegten nur zum Scheine.

12 Dann sprach ich weinend: „Falsch war, was ich wähnte.
Seit Euer Antlitz ich nicht mehr gesehen,
Ich mich an falschen Glanz der Welt gewöhnte.“

13 Und sie: „Verschwiegest Du auch Dein Vergehen,
Verbergen kann durch Leugnen nicht gelingen,
Ein solcher Richter weiß die Schuld zu sehen,

14 Doch kann der Sünder selbst sich dazu bringen,
Vor unsrem Hof zu beichten hier vor allen,
Wird auch dem Schliff das Rad entgegenschwingen

15 Daß Du, der in so tiefen Graben war gefallen,
Nun künftig Scham empfindest im Verhalten
Wenn die Sirenen wieder lockend lallen,

16 Laß ab vom Weinen dem die Gründe galten
Und höre: wie nach mir zur Gegenseite
Dir noch zu helfen war, Dich zu entfalten.

17 Nie gab Natur und Kunst Dir größre Freude,
Als was in meinem Leibe Dir erschienen,
Von dem das Irdische der Erde Beute,

18 Und mußtest dieses Höchste auch beweinen
Durch meinen frühen Tod – was für ein Wesen
Gab Dir Ersatz dafür und was für einen?

19 Schon bei dem ersten Pfeile Dich zu lösen
Von falschen Dingen mußtest Dich erheben
Zu mir, die nicht von ihrer Welt gewesen.

20 Dem Sog nach unten mußtest widerstreben
Den Mädchen oder andren Nichtigkeiten,
Die nur zum tiefren Sturz den Stoß gegeben.

21 Dem jungen Vogel droht von allen Seiten
Gefahr, oft zwei- bis dreimal Tod von Pfeilen,
Die flüggen Augen können es vermeiden.“

22 Wie kleine Kinder stumm in Scham verweilen,
Geknickt zum Boden heftend ihre Blicke,
Die Rede hörend, stehn sie dicht vorm Heulen.

23 So stand auch ich. Sie sprach: „Wenn ich dich bedrücke
Mein Wort – so hebe Deinen Bart nach oben,
Die Schmerzen kommen schauend mehr zurücke!“

24 Mit kleinrem Widerstande wird gehoben
Aus der Verwurzelung der Baum vom Winde
Gleich ob sie hier, ob aus dem Norden toben.

25 Als ich das Kinn erhob beim Wort geschwinde
– Und wenn sie Bart, nicht das Gesicht mir nannte –
Sah ich den Stachel wohl und seine Gründe.

26 Nun denn ich mein Gesicht nach oben wandte,
Verlegen noch, doch, daß die ersten Wesen
Die Blumen nicht mehr streuten, ich erkannte.

27 Ich sah, wenn unscharf auch mein Aug’ gewesen,
Daß Beatrice zum heiligen Tier gewendet,
In dem die zwei Naturen sind zu lesen.

28 Von ihrem Glanz war ich noch mehr geblendet,
Umweht vom Schleier, stand sie dort am Strande:
Die Schönheit selbst sah ich in ihr vollendet.

29 Und scharf wie Nessel Reue in mir brannte,
Daß alles, was ich liebte nun verloren,
Ja, alles feindlich gegen mich sich wandte.

30 Wie die Erkenntnis mußte in mir bohren,
Zeigt, daß ich fiel; warum mir es geschehen,
Weiß sie allein, die es heraufbeschworen.

31 Als dieses schien mein Herz zu überstehen,
Sah ich die Frau, die ich am Rain gefunden,
„Halt dich an mir“, sprach sie, „mit mir zu gehen.“

32 Sie stieß ins Wasser mich am Flusse drunten,
Sie selber wie ein Spindel drüber schwebte
Mich ziehend, sank ich bis zum Hals nach unten,

33 Ich hört’ vom Ufer her, wohin ich strebte,
Daß sie „asperges me“ so lieblich sangen,
Daß Worte nicht mehr fassen das Erlebte.

34 Die Arme öffnend um mich zu umfangen,
Die Hände tauchten meinen Kopf nach unten,
Die Wasser wallend in den Mund mir drangen.

35 Das Bad beendend und der Flut entwunden
Führt sie mich zu den vier Fraun nicht ferne,
Die Arm in Arm mich mit dem Tanz verbunden.

36 „Wir sind hier Nymphen und am Himmel Sterne,
Eh Beatric für die Welt geboren,
Bereit zu ihren Dienerinnen gerne.

37 Dir zum Geleit zu ihr sind wir erkoren;
Ihr frohes Leuchten schärfer sehen lerne
Bei den drei Fraun, die Tieferem verschworen.

38 So singend führten sie mich hin nicht ferne,
Wo schon der Greif und Beatrice waren,
Die zu uns wandte ihrer Augen Sterne.

39 Sie sprachen: „Wolle nicht mit Blicken sparen
Sie die smaragdnen Augen, die wir nannten,
Aus denen Amors Macht Du einst erfahren.

40 Und tausend Wünsche flammenheiß entbrannten,
Verbanden sich mit ihrer Augen Strahlen
Dann ihre Blicke sich zum Greifen wandten.

41 Wie sich im Spiegel Sonnenbilder malen:
Sah ich darin das Doppeltier erstehen,
Bald dies, bald jenes wechselnd dort erstrahlen.

42 Ein Wunder, denk o Leser, was geschehen:
Ich sah das Wesen ohne sich zu rücken
Sich wandelnd in sein Urbild übergehen.

43 Indessen Staunen in mir und Entzücken,
Daß Sättigung die Wirkung solcher Speise,
Die noch den Hunger steigert im Erquicken,

44 Da zeigten drei aus jenem hohen Kreise –
Von Edlem Stande wie die Haltung lehre
Den Reigen tanzend in der Engel Weise:

45 „O Beatrice kehr', die heiligen Augen kehre
Zu ihm, des Wunsch und Sehnen Dir nur galten,
Er kam und überwandte alle Schwere,

46 So wie für uns laß Gnade für ihn walten,
Enthülle ihm dein Mund, daß er nur sehe
Die zweite Schönheit, ihm noch vorenthalten!"

47 O Glanz lebendigen ewigen Lichtes Höhe!
Wer trank denn jemals an des Parnas Quelle
In seinem Schatten bleichend und nicht flehe,

48 Daß seinem Geist sich Überkraft geselle,
Genug zu künden wie du dich erfülltest
In Harmonieen des Himmels, Klang und Helle,

49 Als Du im offnen Äther Dich enthülltest.

XXXII. GESANG

1 So sehr die Augen in Erwartung brannten,
Zehnjahrelangen Durst in mir zu stillen,
Daß alle anderen Gefühle schwanden.

2 Von allen Seiten hemmend jeden Willen,
Nichts andres schauend, wie umstellt von Wänden:
Des heiligen Lächelns Netze mich umhüllen.

3 Da hießen mich die Göttlichen zu wenden
Nach links den Blick: ich hörte strenge sagen:
„Du mußt die Starrheit jetzt in Dir beenden!“

4 Doch meine Sehkraft war in Bann geschlagen,
Der Augen Zustand jenem schien zu gleichen,
Wenn in die Sonne wir zu schauen wagen.

5 Als nun die Blendung mählich wollte weichen
Und ins geringre Licht ich konnte sehen –
„Gering“ will ichs mit dem was war vergleichen –

6 Sah rechter Hand ich sich nach rückwärts drehen
Den ruhmgekrönten Zug, die sieben Flammen
Im Glanz des Sonnenlichtes strahlend wehen.

7 Wie man dahin, woher Gefahren stammen
Den Zug zu schützen, will die Fahne senken
Abschirmend alle, bis die Reihn zusammen –

8 Sah ich die Kämpferschar nach vorne lenken
An uns vorbei, es wendete ein jeder,
Eh noch das erste Holz des Wagens konnte schwenken.

9 Die Frauen traten wieder an die Räder,
Es hat der Greif den Wagen angezogen
Mit heiliger Last, doch ruhte jede Feder.

10 Die Schöne, die mich durch die Flut gezogen,
Ging neben mir und Statius, längs dem Rade,
Das seine Kreise zog in kleinrem Bogen.

11 Wir zogen durch den Wald auf ödem Pfade.
– Durch jener Schuld, die einst geglaubt der Schlange –
Gelenkt vom Ruf des Engels, der sich nahte.

12 Als wir – vielleicht drei Pfeiles Länge lange
Geschritten waren, sprang behend vom Wagen
Beatrice verhielt im Weitergange.

13 Und murmelnd hörte ich dann „Adam“ sagen,
Indess um jenen Kahlen Baum sie gingen,
Dess’ Zweige weder Blüt’ noch Blatt getragen,

14 Die längsten Äste auch am höchsten hingen,
Am Gipfel war der Krone größte Breite,
Selbst Inder wurden staunend ihn umringen.

15 „O Greif, wie gut für Dich und uns zur Freude,
Daß Gaum und Schnabel nichts vom Baume nahmen,
Sonst krümmte sich vor Schmerz Dein Eingeweide.“

16 So riefen andre, die zum Baume kamen.
So rief das Tier, das Doppel-Tier sich nannte:
„So wird erhalten allen Rechtes Samen.“

17 Zur Deichsel sich, die er gezogen, wandte
Und schleppte sie zum Fuß des Baums, des toten,
Band Holz von ihm mit festem Bande

18 Wie unsre Pflanzen, wenn die Strahlenboten
Des großen Lichtes auf sie niederfallen,
Sich mischend, wenn die Himmelsfische lohten.

19 Der Säfte Strom erneuernd sich in allen
Den Farben glühn, eh schon der Sonnenwagen
Die Rosse schirrt zu andren Sternenhallen –

20 Nicht Veilchen – rosafarben möcht ich sagen –
Sah ich das Kleid des Baumes sich verjüngen –
Des Baums, der vorher keinen Zweig getragen.

21 Ich hab es nicht begriffen – nicht das Singen,
Das damals hier erklang bei jenen Leuten,
Noch litt im ganzen ich des Lieds Erklingen.

22 Könnt’ ich mit Worten jenes Bild bestreiten,
Als einst der Syrinx-Lied dem Augenpaare
Den Schlaf gebracht, dem Wächter bittres Leiden,

23 Auch malen, daß ich Worte mir erspare,
Mich sehend, wie ich selbst in Schlaf versunken –
Doch jeder wie ein Maler selbst verfahre.

24 Mich traf ein Schimmer – helles Lichtes Funken –,
Zerriß den Schleier meines Schlafs soeben:
„Steh auf – was tust Du?“ hört ich schlafestrunken.

25 Wie einst die Apfelblüte zu erleben
Zum ewigen Himmelsfeste sie erschienen –
Nach deren Früchte alle Engel streben –

26 Das Blütenmeer zu sehn mit frohen Mienen
Jakobus, Petrus und Johannes eilten
Geweckt von jenem Rufe schnell zu ihnen –

27 Wie tief sie auch und lang im Schlaf verweilten,
Aufwachend sahn den Herrn in andrem Kleide,
Doch nicht Elias, Moses, die enteilten.

28 So wacht ich auf und sah an meiner Seite,
Die einst mich führte längs des Flusses Wegen,
In Schönheit strahlend, die mich je erfreute.

29 Verwirrt nach Beatrice ich rief und war verlegen:
„Du kannst“ sprach sie, „Am Baum sie sitzend schauen
An seiner Wurzel, frischen Laubs Gehegen.

30 Die einen blieben, schützend sie umbauen,
Die andren gingen mit dem Greif nach oben,
Mit süßrem, tieferem Gesang der Frauen.“

31 Ob sie noch sprach, im Tadel oder Loben –
Ich weiß es nicht – als sie Beatrice nannte,
Fühlt allem anderen ich mich enthoben.

32 Sie saß allein dort auf dem wahren Lande,
War wie zur Hut des Wagens hiergeblieben,
Als an den Baum die Zweigestalt ihn spannte.

33 Umgeben von den Nymphen, von den sieben,
Die Leuchten schützend hielten rings die Kreise,
Daß sie durch Nord- und Süd-Sturm nicht zerstieben.

34 „Als Fremdling bist du kurz hier auf der Reise,
Du wirst mit mir ein Bürger ohne Ende
Im Rom, wo Christus selbst ein Römer heiße,

35 Jedoch zum Wohl und ihrer Sünden Wende
Schau, was geschehn, beschreib' der Welt den Wagen
Kehrst Du zurück ins heimatlich Gelände."

36 So Beatrice: ich vom Wunsch getragen,
Ihr zu gefallen, tat nach dem Befehle,
Ließ Sinn und Blicke wandern ohne Zagen.

37 Nun stürzte – schneller ab ich es erzähle,
Und wie die Blitze bei Gewitterregen
Aus Wolkenzonen, treffend ohne Fehle, –

38 Der Adler Jupiters aus den Gehegen
Durchfuhr den Bau, riß Blätter ab und Blüten,
Zerriss die Rinde, die um ihn gelegen

39 Und traf den Wagen steigernd noch sein Wüten,
So daß er wie ein Schiff im Sturme schwankte,
Das zu zerstören sich die Wogen mühten.

40 Dann sah ich wie verstohlen schlich und wankte
Ein Fuchs – bis zu des Siegeswagens Mitte,
Der mager, wohl an ekler Speise krankte.

41 Mit Schelte hindernd, daß er weiter schritte,
Vertrieb die Herrin ihn und seine Tücke,
So schnell der Beine Schwäche es nur litte.

42 Da sah ich, wie der Adler kam zurücke
Und stürzte wütend auf den Wagen wieder,
Ließ viele Federn, vom Gefieder Stücke.

43 Und eine Stimme klang vom Himmel nieder
– Sie klang aus trauervollem Herzen – „Wehe,
O Schifflein, schlecht sind Deiner Ladung Güter."

44 Dann zwischen Rad und Rad – entsetzt ich's sehe –
Entstieg der Erd' ein Drache, mit dem Schwanze
Durchstach den Wagen er in Leiterhöhe.

45 Und wurde aufgespießt wie mit der Lanze,
Wie Wespen ihren Stachel ziehn nach innen,
Und zog davon mit Erdenrest am Schwanze.

46 Was übrig bleib schien schrecklich noch den Sinnen
Die Federn deckten wie das Gras die Erde,
Vielleicht von guter Absicht ein Beginnen.

47 Und die Bedeckung schneller sich noch mehrte,
Bis Deichsel, Räder unter Federn lagen,
So schnell wie eines Mundes Hauchen währte.

48 Und so vollzog Verwandlung sich am Wagen:
Drei Häupter aus der Deichselspitze trieben,
Aus jeder Seite eines, eins am Schragen.

49 Die Ersten trugen Hörner von den Sieben
Nach Art der Ochsen eines an den Vieren,
Ein solches Monster ward noch nie beschrieben.

50 Nicht sichrer mögen Berge Felsen führen,
Als ich die Dirne sah dort schamlos sitzen,
Die Augen schweifen ließ, nach Lüsten gieren,

51 Bei ihr als wollt' er immer sie besitzen,
Ein Riese saß, der niemals wollte weichen,
Ich sah, daß sie zum Kuß die Münder spitzen.

52 Weil auch die Blicke lockend mich erreichen,
Zu mir sich wendend, peitschte er die Hure
Vom Kopf zum Fuß mit wilden Rutenstreichen.

53 Dann riß aus Argwohn wildem Zornesschwure
Und riß das Monster weg vom Rest der Fähre
Zum Wald, der mich nur schützte auf dem Flure,

54 Vom Hurenbock und seiner Neu-Hetäre.

XXXIII. GESANG

1 „Deus venerunt gentes“ wechseln sangen
Zu dritt’ zu viert’ die Fraun des Psalmes Weise,
Die weinend mit dem Singen angefangen.

2 Beatrice, die gebeugt und seufzend leise –
Sie hörte es voll Mitleid – glich dem Bilde
Marias unterm Kreuz im Frauenkreise.

3 Als der Gesang, der rings den Raum erfüllte,
Verklang, erhob sie sich und sprach voll Weh’ –
Ihr Antlitz flammte, innre Glut enthüllte:

4 „Modicum et non videbitisme!
Et iterum: Ihr Schwestern mein, ihr Lieben:
Modicum et vos videbitis me!“

5 Sie bat die Fraun nach vorn die sieben,
Nach rückwärts wies sie uns mit einem Zeichen:
Die Frau und mich, den Weisen der verblieben.

6 Sie ging – doch dann nach kurzem Zeitverstreichen –
Zehn Schritte glaub ich war sie erst gegangen –
Da wollten ihre Augen mich erreichen.

7 Hat ruhig dann zu sprechen angefangen:
„So komm doch zu mir näher, daß beim Reden
Die Worte besser zum Gehör gelangen!“

8 Und ich beeilte mich zu ihr zu treten.
Sie sprach: „O Bruder – willst Du es nicht wagen
Zu fragen, was zu fragen noch von Nöten?“

9 Wie einer eingeschüchtert durch Befragen
Des Vorgesetzten, will in Ehrfurcht reden,
Nur stammeln kann in Angst vor dem Versagen,

10 So ich mit schwacher Stimme und betreten:
„Madonna, Ihr allein kennt mein Verlangen,
Wie es zu stillen ist, wie ich’s erbeten!“

11 Sie sprach: „So löse Dich von allem Bangen,
Von Furcht und Scham nun endlich Dich befreie!
Von Traumgesichten sei nicht mehr gefangen!

12 Der Wagen, den der Drache brach in Zweie,
Der war und ist nicht mehr; den Schuldigen fassen
Wird Gott – nicht glaube, daß er Rache scheue.

13 Der Adler, der die Federn ließ in Massen,
Er wird nicht immer ohne Erben bleiben,
Erst Scheusal, jetzt zur Beute überlassen.

14 Ich sehe wie am Himmel Sterne treiben,
Nahn sicher ohne Hindernis und Halten,
Die jene Zeit uns bringen, neu sie schreiben –

15 In der Fünfhundertfünf und zehn wird walten,
Von Gott gesandt, die Dirne wird erschlagen,
Die mit dem Riesen sündig sich verhalten.

16 Es mag vielleicht mein Wort nur Dunkles sagen,
Wie Themis oder Sphinx verhüllt nur deuten,
Vom Geiste gleichermaßen zu beklagen,

17 Najaden wird es bald zu Wirklichkeiten,
Den Schlüssel zum Geheimnis sie nur kennen,
Nur Tier und Feldern keinen Schaden leiden.

18 Nun merke: Was Dir meine Worte nennen!
Bei den Lebendigen unten sie verkünde!
Bei denen Leben nur zum Tod ein Rennen.

19 Und melde auch die unerhörte Sünde,
Daß ausgeplündert Du den Baum gesehen
Hier oben zweimal schon an Laub und Rinde.

20 Die ihn berauben, Lästerung begehen
Und haben Gott durch Taten selbst geschändet,
Geheiligt ließ er ihn für sich erstehen.

21 Fünftausend Jahre war, eh' sie gewendet
Die Qual der ersten Seele für den Bissen,
Bis der Erlöser selbst das Heil gespendet.

22 Es schläft Dein Geist, der ferne allem Wissen
Des tiefen Grunds, warum so breit die Krone
Und so verkehrt die Äste wachsen müssen.

23 Und würde dir die Eitelkeit nicht zum Gewohne,
Dein Geist nicht trüb wie Elsa-Wassers-Brühe,
Wie Pyram, dem die Lust der Maulbeer lohne,

24 Dann wüßtest Du, ob hier die Wahrheit glühe:
Gerechtigkeit will Gott dem Baum erweisen!
Aus dem Verbot die Sittlichkeit erblühe!

25 Ich seh, es will dein Geist sich jetzt vereisen,
Zum Stein erstarren, trüber noch im Steine,
Dir Blendung droht in meinem Licht zu kreisen!

26 Drum will ich – ungeschrieben auch – das Eine;
Das Inbild werde Dir zum Pilgerstabe,
Kehrst du zurück zur Heimat in das Deine!

27 Und ich: „Wie Abdruck auf dem Wachs, so habe
Ich eingeprägt in mein Gehirn die Worte,
Als Siegel unverändert bleibt die Gabe.

28 Indess: Was fliegen Eure lieben Worte
Wohin mein Aug' nicht folgen kann zur Ferne,
Je mehr ich suche, schließt sich mehr die Pforte."

29 „Daß Du erkennst, Dein Auge sehen lerne,
Ob meinem Worte folgt der Schule Lehre,"
Sprach sie, „der immer Du gefolgt so gerne:

30 Damit du siehst, was dieser Weg entbehre:
Ihr Weg läuft weg von Gott in leere Weite.
Fern, wie die Erde von des Himmels Sphäre."

31 „Mir ist bewußt nicht auch nur fingersbreite,"
Sprach ich, „Daß ich mich Eurer Nacht entwunden,
Ich müßt' es wissen, ob es je mich reute."

32 „Wenn Dir jetzt die Erinnerung entschwunden,"
Sprach lächelnd sie, „so mußt du doch bekennen,
Du trankst aus Lehte ja um zu gesunden,

33 Wo Rauch, wird man auf Feuer schließen können.
Allein schon daran, daß du es vergessen,
Kann man die Schuld am Irrweg klar erkennen.

34 Doch künftig will ich eingedenk sein dessen,
So weit es nötig, auch verhängtem Sehen
Die Augen öffnen und mein Wort bemessen.“

35 Und glühender strahlt nun aus Mittagshöhen
Die Sonne, zog hier langsamer die Kreise,
Die anders wohl in jedem Land sich drehen.

36 Die sieben Frauen hielten in der Weise, –
Wie jemand halten muß vor neuen Zwängen,
Als Leiter andere zum Halten heiße,

37 Vor einem Rand an dunklen Schatten-Hängen
Wo unter grünem Laub und schwarzen Ast-Verwesen
Sich kalte Wasser in den Alpen mengen,

38 Als ob sie dort aus einem Ursprung flößen,
Des Euphrat und des Tigris Wasserläufe,
Sich träg wie Freunde von einander lösen.

39 „O Glorie Du und Licht der Menschen Reife,
Die Wasser, die aus gleicher Quelle kommen,
Was trennt sie denn, daß Trennung ich begreife?“

40 Mathelda hat die Antwort übernommen:
Doch bitte sie darum! „Hört ich im Kreise,
Mathelda – wie von einer Schuld beklommen –

41 Und frei sich fühlen wollte, sagte leise:
„Schon sagt ich's ihm, daß dies und andre Dinge –
Trotz Lethe sich als bleibend ihm erweise.“

42 Und Beatrice: „Vielleicht, daß Sorge es bedinge,
Die schwerer lastet, das Gedächtnis mindert,
Des Geistes Auge trübt, Ermüdung bringe.

43 Doch sieh dort Eunoe, der ungehindert
Noch fließt und führe ihn wies oft geschehen,
Der neu die Kraft belebt, den Kummer lindert.“

44 Wie eine edle Seele nimmer widerstehen,
Bereit, den fremden Wunsch zu ihrem eignen
Sofort zu machen, war er zu ersehen,

45 So sah ich hier ein Gleiches sich ereignen,
Mathelda faßte meine Hand, wir gingen,
Zu Statius sagend: „Komm mit diesem!“ Leugnen,

46 O Leser, kann ich nicht, daß es zum Singen
Vom Süßen Trank noch mehr – o mehr – mich dränge,
Könnt’ ich es nur im Raume unterbringen!

47 Denn vollgeschrieben ist der Blätter Menge,
Bestimmt für’s zweite Lied den Raum zu stellen:
Die Form verlangt den Abschluß der Gesänge.

48 Ich kehrte wieder aus den heiligen Wellen,
Gleich Pflanzen neu an Blatt und Stamm und Kerne,
Wenn Lebenssäfte in den Zweigen schwellen,

49 Rein und bereit zum Sphärenflug der Sterne.

PARADIES / I. GESANG

1 Die Glorie des Bewegers aller Dinge
Durchdringt das Weltall und im Widerscheine
Hier mehr, dort milder Strahl der Schöpfungsringe.

2 Im Himmel wo des hellsten Lichtes Reine
War ich, was ich dort sah, es widersagen
Nicht weiß noch kann, der wiederkam ins Seine.

3 Denn wenn die Sehnsucht uns zum Ziel getragen,
Versinkt der Geist in unsagbare Tiefe,
Und wir die Ohnmacht der Erinnerung beklagen.

4 Ja, was an Schätzen ich zurück auch riefe
Des Heiligen Reiches, im Gesang ich hüte,
Verwahrt im Geiste, ich ein Schatz-Haus schüfe.

5 Apollo – Guter, gib zu meinem Liede,
Zum letzten Werk die Kraft, daß ichs vollende
Wie Du befahlst – und mich ums Liebste mühte

6 War auf des Parnays Göttlichem Gelände
Ein Joch genug, so brauch ich nunmehr beide,
Daß zum Verbliebnen Kampf die Kraft nicht schwände.

7 Dein Anhauch mich erfülle, mich geleite
Die Macht mit der Marsyas Du bezwungen,
Und ihn zur Strafe zogst aus seinem Kleide.

8 O Göttlicher, wenn ich das Lied gesungen,
Nur einen Hauch davon, was ich erschaute
Im Heiligen Reich, zu künden mir gelungen,

9 Genug, daß man den Kranz auch mir vertraute,
Daß seine Zweige meine Stirne schmücken,
Wenn mein Gesang ertönt in reinem Laute.

10 Daß selten, Vater, sie den Lorbeer pflücken
Zum Kranz des Dichters oder des Caesaren,
Ist Schuld und Schmach in menschlichem Verstricken.

11 Mit Freude sollten sie das Laub gewahren
Des Delphier Stirn im Schmuck der Daphne Zeichen
Daß Männer noch zum Siegen durstig waren.

12 Oft können Funken Flammenkraft erreichen:
Auf bessre Stimme läßt nach meinem Schwinden,
Zur Antwort Cirrha sich vielleicht erweichen.

13 Das Licht steigt auf der Welt das Heil zu künden
Aus vielen Tiefen, doch von jener Stelle,
Wo sich vier Kreise zu drei Kreuzen finden,

14 Kommts bessren Laufs aus beserer Sternenquelle
Verbunden und der Menschen Wachs begabend,
Daß ihrer Art die Prägung sich erhelle,

15 Als dort schon morgen war, hier aber abend –
Im Lichtglanz dort die ganze Hemisphäre,
War hier die andre schwarz in Nacht sich grabend,

16 Sah Beatrice ich zum Strahlenmeere
Der Sonne blicken und nach links sich wenden,
So lang zu schaun kein Adler fähig wäre,

17 Und so wie oft den zweiten Strahl zu senden,
Vom ersten zweigend, wiederkehrt von droben,
Dem Pilger gleich, der seinen Weg will enden.

18 So zog ihr Tun auch meinen Blick nach oben,
Durch ihrer Augen Kräfte wuchsen meine.
Nie ward mein Schaun zur Sonne so erhoben.

19 Denn viel ist uns erlaubt in diesem Haine,
Durch Gunst des Orts, für Menschen einst geschaffen,
Was andernorts nicht mehr erlaubt erscheine.

20 Zwar konnt ich lange nicht die Blicke straffen,
Jedoch genug: ich sah die Funken sprühen,
Wie wenn man Eisen will aus Gluten raffen.

21 Es war als wollt ein Tag im Tag erblühen,
Als wär im Licht ein Licht geboren:
Und neue Sonne ließe Gott erglühen!

22 Beatrice war ganz im Schaun verloren
Der ewigen Kreise, ich – nicht mehr geblendet –
Ich suchte sie, ganz ihrem Bild verschworen.

23 Ich ward verwandelt, ihr nur zugewendet
Wie Glaukos, der vom Wunderkraut gegessen,
Das ihm ein göttergleiches Sein gespendet.

24 Verwandlung ist mit Worten nicht zu messen,
Genug, wer sie im Gleichnis mag erkennen,
Gab ihm die Gnade der Erfahrung dessen.

25 Was es nun war, was neu mich ließ entbrennen,
Wirst Du, o Liebe, lenkend alle Welten,
Die mich erhob, allein nur sagen können.

26 Als mich das Rad durch Dich, der Lichterhellten,
Und immerdar Ersehnten, Harmonien
Gestimmt von Dir hier unter Sternenzelten,

27 Erfaßt, sah ich den ganzen Himmel glühen,
– Nicht faßbar – größer denn als Flut und Meere,
Sah rings um mich ein neues All erblühen.

28 Der neue Klang, das große Licht, das Hehre
Entflammte mich zu fragen nach dem Grunde,
Auf glühen sehnen fühlend, was es wäre.

29 Die, die wie ich mich kennt zu jeder Stunde,
Sie wollte meinen Geist zur Ruhe bringen,
Kam mir zuvor und sprach mit sanftem Munde

30 Beginnend: Laß den Wahn nicht in Dich dringen,
Dann wirst Du, was verborgen, offen sehen,
Hast Du Dich nur befreit von falschen Dingen.

31 Nicht glaube auf der Erde noch zu stehen:
Vom Ursprung wird kein Blitz je schneller fliegen,
Als es mit Dir von dort hierher geschehen.

32 Den einen Zweifel konnte sie besiegen
Mit ihren Worten, die sie lächelnd sagte,
Indess: ein neuer schien sich anzufügen.

33 Ich sprach: „Ich war beruhigt schon, nicht fragte
Verwundert mehr – nun kommt mir neu Erstaunen,
Wieso ich durch die leichten Körper jagte?“

34 Und milde, wie zum Kind in Fieberlaunen
Die Mutter sich besorgt und seufzend neiget,
Wandt sie die Augen zu mir ohne Staunen

35 Und sprach: „Gesamtheit aller Dinge beuget
Der ewigen Ordnung sich im Weltenalle,
Drin sich die Ähnlichkeit zum Schöpfer zeiget.

36 Hohe Wesen sehn, wohin die Spur auch falle
Der ewigen Kraft, den die Geschöpfe streben
Zum Ziel nach der geschaffnen Ordnung alle.

37 Zu dieser Ordnung neigt nun jedes Leben,
Nach Schicksal – und ob fern ob nah – verschieden
Als Drang zurück zum Ursprung eingegeben.

38 Sie steuern ihres Daseins Fahrt hinnieden
Zu vielen Häfen auf dem großen Meere
Des Seienden, wie ihnen Triebe rieten.

39 Der treibt das Feuer hin zum Sternenheere,
Der will den Schwung dem Menschenherzen geben,
Der zwingt die Erde, fest zu ihrer Schwere.

40 Doch nicht nur Wesen, die noch ferne leben
Bewußtem Geist es schleudert dieser Bogen
Auch die voll Liebe sind und Geistesstreben.

41 Die Vorsehung – zur Ordnerin bewogen –
Schuf durch ihr Licht des Himmels ewige Stille,
Auf dessen Grund der schnellste Kreis gezogen.

42 Zu dem erkornen Orte wird uns Wille
Und Kraft der Bogensaite sicher tragen –
Und treibt zum frohen Ziel der Schöpfung Fülle.

43 Und wahr ist, wenn sich Formen nicht vertragen,
Der künstlerischen Absicht sich nicht fügen,
Weil Stoffe stumpf, der Antwort sich versagen,

44 So kann auch ein Geschöpf im Abseits liegen,
Obwohl Natur es treibt im eignen Drange,
Kann es zur andren Seite ab sich biegen.

45 Oft kannst Du sehen wie vom Wolkenhange,
Das Feuer fällt, anstatt zur Höh zu steigen:
Ein „erster Antrieb“ lenkt zu falschem Gange.

46 Du solltest drum nicht mehr Verwundrung zeigen
Als wenn vom Berg die Quellen in den Rillen
Zur Tiefe fließen, als Dein Höhersteigen.

47 Viel größres Staunen müßte dich erfüllen,
Wenn Du – dem Hindernisse doch zerstoben –
Verweilst, wie Erdenfeuer brennt im Stillen.

48 Drauf ihre Blicke sich zum Himmel hoben.

II. GESANG

1 Die ihr bisher gefolgt im kleinen Kahne,
Und hören wollt' die folgenden Gesänge –
So nun mein Schifflein weiterzieht – ich mahne:

2 Kehrt wieder um zu der gewohnten Menge,
Fahrt nicht aufs Meer – denn wenn ihr mich verloren,
Die Rückfahrt euch vielleicht nicht mehr gelänge.

3 Noch trug dies Wasser keinen, der geboren.
Minerva haucht, Apoll mich führen möge,
Neun Musen mir des Bären Bild erkoren.

4 Ihr andren – klein an Zahl, wie ich erwäge –
Beizeit reckt ihr den Hals zum Engelsbrote,
Von dem man lebt, nicht satt macht und nicht träge.

5 Ihr mögt die Segel setzen auf die Boote,
Und folgen meiner Spur auf hohem Meere,
Eh' sie im Wasser zu vergehen drohte.

6 Die Ruhmgekrönten einst von Kolchos' Heere,
So sehr nicht staunten als sie hinterm Pfluge
Den Jason sahn, wie Euer Staunen wäre.

7 Der angeborne Durst trieb uns zum Fluge
Zu jenem gottgeformten Eigenreiche,
Mit Himmelsschnelligkeit in einem Zuge.

8 Sie sah empor – ich auf die Strahlenreiche.
Und dann so schnell – daß ähnlich ich dem Pfeile
Vom Bogen schnellend zielwärts strebend gleiche –

9 War ich am Ort, wo ich verwundert weile.
Die Blicke lenkend auf das hehre Neue,
Daß Beatrice, die mich kennt in Eile

10 Sich lächelnd zu mir wendend sprach in Treue:
„So richte Deinen Geist zu Gott und danke,
Wie uns des ersten Sterns Empfang erfreue!"

11 Es schien als ob sich eine Wolke ranke
Um uns und uns mit Sonnenglanz umhüllte,
Wie Diamant, geschliffen hell und blanke.

12 Ins Innre nahm das ewige Gebilde,
Der Perle gleichend, jetzt uns auf, der reinen,
So wie ein Strahl den Wassertropfen füllte.

13 Wenn ich noch Leib, muß rätselhaft erscheinen,
Wie Stoff zu Stoff im Raum in eines mündet,
Und Leib in Leib sich konnte so vereinen.

14 Drum sollte, daß sich mehr und mehr entzündet
Die Sehnsucht: jene Wesenheit zu sehen,
Die unsere Natur mit Gott verbindet.

15 Und sehn, was wir im Glauben nur verstehen,
Wird dort sich durch Beweise offenbaren:
Den Glauben als die erste Wahrheit sehen."

16 Ich sprach: „Madonna mit des Glaubens klaren
Gefühlen geb, ich Antwort, will ihm danken,
Daß ich – ein Sterblicher – dies darf erfahren.

17 Doch sagt: dort auf der Scheibe, wechselnd blanken
Man dunkle Flecke sieht, glaubt im Gebilde
Kain zu sehn, um den sich Fabeln ranken?"

18 Sie sprach, nur wenig lächelnd, sprach es milde:
„Erkenntnis Sterblicher muß irre gehen,
Wenn sie der Sinne Schlüssel nicht enthüllte.

19 Du wirst es sicher ohne Staunen sehen
Wenn du, den Sinnen folgend, wirst erkennen,
Daß der Verstand – weil kurz – nicht kann bestehen.

20 Doch was Du selber meinst, willst Du's mir nennen?"
Und ich: „Des Stoffs verschiedne Dichte sind die Flecken,
Darum sie nur verschieden scheinen können."

21 Und sie: „Das Falsche wirst Du bald entdecken,
Hast Du mit mir die Gründe erst erwogen:
Die ich Dir zeige nun zu guten Zwecken.

22 Die achte Sphäre zeigt den Sternenbogen
Nach Art und Menge ungezählter Sterne,
Der sich'ren Deutung uns zunächst entzogen.

23 Wenn dicht und rar, wie Du es nanntest gerne,
So wäre eine einzige Kraft in allen
Verteilt, auch gleich, so wie auf jedem Sterne.

24 Verschiedne Kräfte sich zu Formen ballen –
Entspräng, der Formen Vielfalt nur der einen,
– Du meinst es – müssen andere entfallen.

25 Und: wäre dick und dünn nach Deinem Meinen
Der Grund, müßt der Planet als ein Gebilde,
Des Stoffes mangelnd hungrig Dir erscheinen.

26 Ein Buch, das wechselnd sich mit Blättern füllte,
Vergleiche; oder wie an Körperteilen
Sich mager mal, mal fett dem Aug' enthüllte.

27 Wir wollen erst beim ersten Fall verweilen:
Wenn eine Sonnenfinsternis entstünde,
Die Strahlen müßten Dünnes doch durcheilen.

28 Dem ist nicht so. Wahrhaftig, wenn ich finde,
Daß auch der andre Grund zu nichts verschwindet,
Blieb' Nichts, was Deine Meinung noch begründe.

29 Wenn nun das Helle keine Wege findet
Des Stoffes dünne Schichten zu durchdringen,
Muß eine Grenze sein, die dies begründet.

30 Es muß der Strahl zurück zum Ursprung schwingen,
Wie farbiges Licht sich wendet auch am Glase,
Wenn Bleibeläge es zur Umkehr zwingen.

31 Du wirst behaupten nun, daß in dem Maße
Des Lichtes Schimmer viel geringer werde,
Je weniger Licht des Stoffes Schicht durchrase.

32 Doch Wissenschaft, die Euch Erfahrung mehrte,
Kann Dich von Deinem Irrtum schnell befreien,
Wenn Du nur prüfen wolltest, was sie lehrte:

33 Drei Spiegel nimm und stelle von den dreien
Zwei gleich entfernt von dir, den dritten stelle
Noch weiter: Deine Blicke aber seien

34 Auf sie gerichtet; eines lichtes Quelle
Stell' hinter dich – ihr Bild wird Dir erscheinen
Von ihnen rückgestrahlt: die gleiche Helle

35 Wirst du auf allen drein zu sehn vermeinen,
Wenn auch die Bilder, die die Spiegel zeigen
Nicht mehr von gleicher Größe dir erscheinen

36 Sieh: Macht der heißen Sonnenstrahlen Reigen
Befreit die Erde von des Winters Farbe
Daß aus dem Boden neue Kräfte steigen –

37 So will ich Deinen Geist, daß er nicht darbe,
Wie winters, helfen mit lebendigem Lichte:
Ihn treffe eine ganze Strahlengarbe.

38 Denn in des Himmelefriedens tiefster Schichte
Dreht sich ein Körper – Kraft in sich, die Wesen
In ihm umschlossen, ruhn in Deinem Lichte.

39 Zum nächsten Himmel sich die Formen lösen,
Von seiner Kraft geteilt in Wesenheiten,
Getrennt und doch in ihm, wie es gewesen.

40 Doch dann beginnt der Sphären Tätigkeiten
Sie müssen die Verschiedenheit der Dinge
Zum Ziel und Zweck, zu ihrer Wirkung leiten.

41 Und so erfüllet sich und so bedinge
Von Stuf' zu Stufe fließend Weltgeschehen,
Die Kraft von oben wirkt zum untren Ringe.

42 Bedenk es wohl: du kannst das Wahre sehen,
Wie ich Dich führ jetzt auf diesem Wege,
Befähigt dich, ihn später selbst zu gehen.

43 Daß sich die Kraft der heiligen Kreise rege,
Muß sie dem höchsten Wesen selbst entspringen,
Wie aus des Schmiedes Hand die Hammerschläge.

44 Und diesen Himmel Stern und Stern durchdringen.
Der Geist muß ihm die eigne Prägung geben,
Aus seiner Tiefe alle Welten schlingen.

45 Und wie die Seele so in eurem Leben
Sich die verschiednen Formen weit verbreitet,
Gemäß verschiedner Kraft im Formerstreben,

46 So muß der Geist, den eigne Güte weitet,
Sich selbst in jeder Sternenwelt entfalten.
In Einheit kreisend selber alles leitet.

47 Der Kräfte Vielfalt muß vielfältig walten,
Des Lebens Adel mischend ganz verschieden,
Wie euer Leben blüht in den Gestalten.

48 Weil sie aus frohem Ursprung so erblühten,
Kann man das Licht in Körpern wirken sehen,
Wie Augensterne, die in Freude glühten.

49 So läßt sich die Verschiedenheit verstehen
Von Licht zu Licht, wie nach dem Urprinzipe
Nicht rar, noch dicht: Geist wirkt im Formgeschehen

50 Nach seiner Güte: Helle oder Trübe.“

III. GESANG

1 Die Sonne, die zuerst mein Herz durchglühte
In heißer Liebe, gab mir die Beweise,
Um die sich Spruch und Widerspruch bemühte,

2 Der schönen Wahrheit; als zu ihrem Preise
Ich meinen Blick zu ihrer Höh' erhoben,
Zu sagen, daß ich gläubig mich nun heiße,

3 Erschien mir, wie aus zartem Licht gewoben
Ein Bild: im Banne dieses Wunderbaren
Vergaß ich mein Bekennen sie zu loben.

4 Wie man auf glattem Glas, kristallen klaren,
Und wie auf Wasser, wenn es ruhig immer,
Nicht tiefer, daß der Grund noch zu gewahren –

5 Sich unser Antlitz zeigt als matt Geflimmer,
Zum Auge rückstrahlt wie ein zart Gebilde,
So wie von weißer Stirn der Perle Schimmer,

6 So sah ich die Gesichter – wunscherfüllte
Zu sprechen wohl – doch dem zum Gegenteile,
Dem Liebe einst sein Quellenbild enthüllte,

7 So irrt ich selber, suchte voller Eile,
Wie diese Spiegelbilder denn entstünden,
Und wo das Urbild dieser Bilder weile.

8 Doch konnt ich nirgends etwas finden,
Ich sah auf Beatrice – wollte fragen,
Indess die heiligen Augen schon verkünden:

9 „Ich lächle, staune nicht," hört ich sie sagen,
„Du lebst ja noch mit kindlichen Gedanken,
Was Dich beglückt mußt Du zu sagen wagen.

10 Weil Dir ins Leere noch die Dinge sanken;
Das, was Du siehst sind wahre Wesen, siehe,
Die einst zerbrachen des Gelübdes Schranken.

11 Du sprich mit ihnen, und Dich nicht entziehe
Dem was sie sagen, lausche, glaube ihnen,
Das Licht der Wahrheit macht's, daß keiner fliehe."

12 Zum Schatten wandt' ich mich, aus dessen Mienen
Ersah ich, daß er gerne sprechen wollte,
Wie sehr ich's selber wunschte zeigt ich ihnen:

13 „O Du, zum Heil Geborner, der das holde
Gefühl des ewigen Lebens Glück empfindet,
Das nie versteht, dem es kein Himmel zollte,

14 Ich bitte – so das Schweigen Dich nicht bindet –
Sag Deinen Namen – sage die Geschicke!"
Worauf er willig, lächelnd mir verkündet:

15 „Gerechtem Wunsche, der uns nur beglücke,
Verschließt sich unsre Liebe nicht, wie jene,
Die will, daß Gleiches ihren Hof entzücke.

16 War einst als Schwesternjungfrau – und ich wähne,
Erinnerung wird Dir sicher helfen können,
Wenn sich auch mehr enthüllt das wahre Schöne.

17 Daß ich Piccarda – wirst Du jetzt erkennen.
Bin glücklich in der langsamsten der Sphären
Mit anderen, die wir uns selig nennen.

18 Und alle unsre Wünsche, die sich mehren,
Frohlocken und im Heiligen Geist erglühen,
Sind nur aus seiner Ordnung zu erklären.

19 Daß wir durch tiefre Sphären nunmehr ziehen
Ist uns gegeben, weil wir das Gelübde ließen,
Denn irgendwie versagte unser Mühen!"

20 Drauf ich zu ihr: „Aus Angesichten grüßen
Verwandlungen, als ob auf Gottes Siegel
Die Wandlungen des frühren Aussehns wiesen.

21 Drum war so trübe der Erinnrung Spiegel,
Was Du jetzt sagst, und was ich selber sehe,
Lenkt leicht zum wahren Bild des Urteils Zügel.

22 „Wohl seh ich Euch auf solchen Glückes Höhe,
Doch sagt, sehnt keiner sich zu höhren Stufen,
Daß er noch mehr und andre Freunde sähe?"

23 Ein Lächeln, durch mein Wort hervorgerufen,
Auch andrer Schatten, kam aus Freudenfülle,
Wie sie der ersten Liebe Kräfte schufen:

24 „O Bruder, es entsteht, es wirkt der Wille,
Nur aus der Kraft der Liebe: kein Verlangen,
Kein Durst, der nicht aus diesem Born sich stille.

25 Denn wenn – nach höhrem Orte zu gelangen
Ein Wunsch je brennt' – des Einklangs er entbehrte
Mit höchstem Sein, dess' Willen wir empfangen;

26 Daß solches hier die Seelen noch beschwerte,
Die hier notwendig in der Liebe leben,
Kann nicht geschehn, wie ihre Art auch lehrte.

27 Im Seligsein ist allen uns die Form gegeben,
Den Willen Gottes stetig hier zu üben;
Und aller Wille will zu Einem streben,

28 Damit, wie wir von Rang zu Rang geblieben
In diesem Reich, und wir in ihm zufrieden,
Da wir den König, der uns lenkt nur lieben.

29 In seinem Willen finden wir den Frieden.
Er ist das Meer, in ihn muß alles fließen,
Was er erschuf und die Natur hinnieden."

30 So ward mir klar, was alles dies verhießen:
Sie sind an jedem Ort im Paradiese,
Der Tau der Gnade träuft auf jenen, diesen,

31 Wenn eine Speise uns gesättigt, diese
Nun ablehnt, hegt nach anderen Verlangen,
Und die und jene gern sich geben ließe,

32 Bat ich mit Wort und Geste unbefangen,
Und frug nach jenes Tuches Saum und Ende,
Das sie zu weben kaum erst angefangen:

33 „Vollkommnes Leben mehrt Verdienst behende,
Noch mehr für eine Frau im Reich hier oben,
Mit deren Satzung unten kam die Wende,

34 Daß wachend, schlafend wir uns angeloben
Dem Bräutigam, der nie Verspruch verschmähte,
In Kleid und Schleier, bis uns Tod enthoben.

35 Ihr nachzustreben ich in Liebe flehte,
Entfloh' in jungem Jahr dem Weltgetriebe
Und bat, daß ich in ihren Orden trete.

36 Da haben Männer – mehr der bösen Liebe
Verfallen – mich verschleppt aus stiller Zelle.
Gott weiß es, kennt des weitren lebens Trübe.

37 Sieh rechts das Leuchten an des Kreises Schwelle –
Die ganze Sphäre nimmt und gibt vom Lichte –
Erlebte Gleiches, gleich des Leides Quelle.

38 Auch sie war Schwester, doch von dem Gesichte
Und Haupt verschwand des heiligen Schattens Schleier:
Gewalt war's, machte den Verspruch zunichte.

39 Doch während sie der Welt, in nicht mehr freier
Verpflichtung diente, gegen jede Sitte,
Glomm noch im Herzen ihr das heilige Feuer.

40 Dies Leuchten leuchtet hier in neuer Mitte:
Es ist Konstanze, kam vom Schwabenlande
Aus zweitem Sturme: mit ihr kam der dritte."

41 Sie sprachs, mit „Ave Maria" sie sich wandte,
Und singend war sie bald hinweg geschwunden,
Glitt wie was Schweres in das Meer am Strande.

42 Doch meine Blicke folgten ihr nach unten,
Bis sie mein Aug' verlor, verstummt den Ohren –
Zum Horte meiner Sehnsucht unumwunden.

43 Zu Beatrice kehrt ich – ihr verschworen –
Da traf ein Blitzstrahl mich aus ihren Augen
So hohen Glanzes, war wie neugeboren,

44 Verwandelt schien kein Fragen mehr zu taugen.

IV. GESANG

1 Zwei Speisen, angeboten gleicherweise
Verlockend, kann der Freie widerstehen,
Verhungert eher als daß er sie verspeise.

2 Ein Lamm wird sich in gleicher Lage sehen,
Das vor zwei Wölfen stünde, auch dem Hunde,
Der vor zwei Hirschen wird es ähnlich gehen.

3 Wenn ich voll Zweifel stand mit stummem Munde,
Will ich mich zwar nicht tadeln da notwendig,
Mich auch nicht loben aus dem gleichen Grunde.

4 Ich schwieg, allein mein Wunsch war zu lebendig,
Wohl mir geschrieben auf Gesicht und Wangen,
Mehr ale es Worte könnten so beständig.

5 Beatrice hat's wie Daniel angefangen
Ale dieser Nebukadnezar befreite
Vom Zorn, in dem er Unrecht stete begangen.

6 Sie sprach: „Ich seh, wie nacheinander beide
Gedanken Dich beherrschen – Dich gebunden
Nun selbst, als ob dsa Wort die Zunge meide.

7 Du fragst: ‚Wenn guter Wille nicht geschwunden,
Was denn der Grund Verdienstes Mindrung wäre,
Wenn andre mit Gewalt mich überwunden?‘

8 Es scheint, daß weitrer Grund die Zweifel mehre:
Ob denn die Seelen zu den Sternen müssen,
Woher sie kämen – nach des Plato Lehre?

9 Dies sind der Fragen zwei mit Hindernissen,
Den Willen hemmend; schwer wird sich erweisen
Die erste – gleich sollst Du die Antwort wissen:

10 Ob Seraphim, die nahest Gott umkreisen –
Maria – sag ich – Moses sind die beiden
Johannes, Samuel, gleich wie sie heißen.

11 Sie thronen nicht in andren Himmelsbreiten,
Nein! Sind wie Geister, die Dir jüngst erschienen
Sind gleichen Alters, Jahre nichts bedeuten!

12 Die erste Sphüre schmückte sich mit ihnen,
Nur ewigen Hauches Glanz sie unterscheidet
Im Mehr und Weniger der seligen Mienen.

13 Sie sind hier sichtbar, nicht weil Zwang sie leitet,
Die Sphäre ihnen zugewiesen wäre:
Ihr Hiersein nur auf höhren Himmel deutet.

14 Notwendig euren Geist man lenkend lehre!
Er faßt nur, was zuerst erfassen Sinne,
Daß sich durch sie Erkenntnis danach mehre.

15 So wird euch das Begreifen doch nur inne,
Wenn auch die Schrift Gott selber Fuß und Hände
Zuspricht, damit eln Höhres Sinn gewinne.

16 Die heilige Kirche malt an ihre Wände
Der Heiligen Antlitz – zeigte eie im Bilde,
So Michael und Gabriel man nennen könnte.

17 Was von den Seelen „Timäus“ enthüllte,
Gleicht wohl nicht dem, was wir im Himmel sehen,
Wenn er es auch geglaubt und ihn erfüllte.

18 Er glaubt' sie würde wieder dabin gehen,
Woher sie kam zurück ins Sternverwandte,
Eh sie Natur mit Formungskraft versehen.

19 Vielleicht, daß er es lehrend anders nannte
Nicht zu belächeln was der Wortlaut meinte,
Es scheint, daß er ein Richtiges erkannte.

20 Wenn man, was mit dem Stern sich wieder einte,
An Wesenswirkung denkt, die wiederkehre,
Vielleicht was Wahres er zu treffen meinte.

21 Doch war es falsch, daß man im Sternenheere
Mit Götternamen nannte Einzelsterne –
Als ob dort Zeus und Mars zu Hause wäre. –

22 Der andre Zweifel ist in seinem Kerne
Nicht mehr so giftig, wirkt nicht mehr so böse,
Sich nicht zu weit von meinem Wort entferne.

23 Ob was gerecht, ein Mensch sich daran stöße,
Dies eher Grund; zu stärkrem Glauben wäre,
Als daß man Gift der Ketzer in ihn flöße.

24 Jedoch, daß menschlicher Verstand sich mehre,
Will eine neue Wahrheit ich Dir sagen,
Den Wunech erfüllend, daß ich Dich belehre.

25 Die in Geduld bereit Gewalten zu ertragen,
Auch wenn sie dem, der zwingt, nicht helfen mōgen,
Daß sie entschuldigt sind, kann man nicht sagen,

26 Kein Wille, der nicht will ist wegzufegen,
Ist wie Natur – ist untilgbar wie Feuer,
Auch wenn er leidet unter tausend Schlägen.

27 Wenn er nur wenig ließe, was ihm teuer,
Weicht er Gewalt wie jene; denn zur Stätte,
Der Heiligen, wieder war der Weg ein freier.

28 Wenn nur ihr Wille standgehalten hätte,
Wie ihn einst Laurenz auf dem Rost besessen, –
Wie Mucius die Hand gelegt ins Feuerbette

29 Sie hätte – frei geworden – nicht vergessen,
Den Weg zurück, woher sie kam, zu ziehen –
Der Wille ist uns selten zugemessen.

30 Kann ein Verständnis Dir im Wort erblühen,
Wird dienes Deinen Irrtum auch vernichten,
Der sonst noch Ursach wäre vieler Mühen.

31 Den neuen Engpaß Deine Augen sichten,
Ich helfe – wirst es nicht allein vermögen,
Weil müde macht – das Dunkel zu durchlichten.

32 Ich gab Dir früh schon auf zu überlegen,
Daß selige Geister niemale lügen können,
Dies ist der Ersten Wahrheit Nähe wegen.

33 Picarda ließ durch den Bericht erkennen:
Konstanze hielt dem Schleier doch die Treue
Im Innern – Scheinbar wir uns hierin trennen.

34 Schon öfter, Bruder, kam zu spät die Reue:
Man läßt, Gefahr zu fliehn, die Tat geschehen,
Zwar gegen Willen, Widerstand doch scheue.

35 Am Beispiel Alkmäon kannst Du es sehen:
Den Mord der Mutter – wie des Vaters Wille, –
Aus Pflicht also Verbrechen zu begehen.

36 An diesem Punkt verhalte denkend stille,
Wo Wille und Gewalt sich so vermengen
Für beide sich das Schuldigsein erfülle.

37 Der unbedingte Wille will sich Zwängen
Nicht beugen – doch ist's gewillt, will er vermeiden
Daß größres Leid und Ängste ihn bedrängen.

38 Picardas Wort vertritt bei allen Leiden
Den absoluten Willen, nur den einen,
Und ich den andren: Wahrheit ist in beiden!"

39 So klang der Quelle Rauschen, heilig reinen,
Aus der die Wahrheit strömt, die ungetrübte,
Ließ ungestillt von meinen Wünschen keinen.

40 „O Du – des ersten Liebenden Geliebte,
O Göttliche" so sprach ich „Deine Rede
Lebendig mich durchflutet – Gottgeliebte.

41 Zu arm und bloß bin ich, daß ich für jede
Der Gaben auch nur nähernd danken könnte,
Zum Allvermögenden um Dank ich flehte.

42 Ich sehe, daß wir hungern ohne Ende,
Wenn uneren Geist nicht jene Wahrheit bindet,
Dem – ihrer mangelnd – keine Wahrheit fände.

43 Er ruht in ihr, wie auch die Ruhe findet
Im Nest das Tier – er weiß, er wird sie finden,
Sonst alles Sehnen in das Nichts entschwindet.

44 Der Zweifel treibt ja aus den Wurzelgründen
Der Wahrheit, wie der Baum der jungen Triebe,
Naturgemäß sich dann zum Gipfel winde.

45 Dies, Herrin, macht mir Mut, so's Euch beliebe,
Nach einer andren Wahrheit noch zu fragen,
Das mir ihr Sinn nicht weiter dunkel bliebe.

46 Ich möchte wissen: Könnte man es wagen,
Den Eid mit andren Opfern abzulösen –
Kann dies mit Eurem Urteil sich vertragen?“

47 Da hob die Augen dieses göttlich Wesen.
Es war, als ob ein Blitz aus ihnen zücke,
Schien allen Muts und Kraft mich zu entblößen:

48 Stand wie verloren mit gesenktem Blicke.

V. GESANG

1 Wenn ich entflammt von Liebesglut Dir scheine,
Weil Deiner Augen Kraft ich ganz besiege,
Die ja auf Erden nie gesehn so strahlenreine,

2 Sei nicht verwundert, daß es so sich füge,
Dies macht vollkommnes Sehn im Schaun der Fülle,
Es sieht in ihr zugleich des Guten Siege.

3 Schon seh ich wie in Deinem Innern Stille,
Aufglimmen will des ewigen Lichtes Schimmer,
Das, wahrgenommen, Weg schon wird und Wille.

4 Wenn andre Dinge euch verführen immer,
Ists nur die Spur der Liebe, fehlgedeutet,
Verkannt, ihr Widerschein ist nur Geflimmer.

5 Du willst nun wissen wie es weiterschreitet,
Ob für verfehlt Gelübde etwas gelte,
Daß jeder Zweifel aus der Seele scheidet.“

6 Mit dem Gesang begann die große Schelte
Beatrice: „das Wort der heiligen Rede
Verlangt, daß ich in einem Zug es meldet.

7 Das größte Gut, das überraget jede
Der Gaben, die uns Gottes Gnade schenkte,
Das er aus Güte selbst so hoch erhöhte,

8 Ist Willensfreiheit: die er in uns senkte,
In uns allein – vernunftbegaben Wesen –
Zu freiem eignen Tun für immer schenkte.

9 Nun ist es leicht, die Fragen Dir zu lösen,
Dir des Gelübdes hohe Werte zu nennen,
Weil Gottes Wort und Deines draus zu lesen.

10 Wenn so der Bund geschlossen, ihn bekennen
Vor Gott und Menschen – ist sie Opfergabe,
Der höchste Schatz, von dem wir frei uns trennen.

11 Kann nun Ersatz sein, was ich nicht mehr habe?
Was schon vergeben, noch einmal verwenden?
Geraubtes wäre Deines Tausches Gabe!

12 Der Punkt ist klar, wir können ihn beenden!
Doch weil die heilge Kirche uns entbinden
Auch kann, mir widersprechen könnten,

13 Will ich – eh wir von solchem Mahl verschwinden,
Zumal, da Du so Schweres jetzt genossen,
Zum Nachtisch noch Verdauungshilfe finden.

14 Was ich jetzt sage, bleibe eingeschlossen,
Drum öffne Deinen Geist: nicht nur verstehen,
Auch das Behalten sei mit eingeflossen.

15 Zwei Dinge sind als wichtig anzusehen:
Der Inhalt ist das eine und das zweite
Ist der Vertrag, der bindend einzugehen.

16 Untilgbar ist das Zweite – keine Seite
Darf je ihn lösen, eh sie ihn erfüllte!
Und dies war der genauen Worte Leite!

17 Wie dieses auch der Juden Brauch enthüllte:
Sie opferten – doch wirst Du wohl es wissen,
Das Opfern war auch oft nur Tauschgebilde.

18 Das andre, das im Inhalt ist umrissen,
Kann wohl, doch muß es ohne Falsch geschehen,
Daß die getauschten Sachen stimmen müssen.

19 Du darfst die Schultern nicht mit Last versehen,
Eh Du geprüft, ob sie auch standgehalten,
Die Schlüssel gelb und weiß im Schloß sich drehen.

20 Und jeden Tausch mußt Du für töricht halten,
Läßt sich das eine nicht im andren fassen,
So wie die viere in der Sechs enthalten.

21 Drum kann ein Opfer nicht zum andren passen,
Wenn die Gewichte auseinander streben,
Zu tief die eine Schale sinken lassen.

22 Der Mensch soll nicht als Narr die Schwurhand heben
Sei treu soll übereifrig Tun nicht wagen,
Wie sichs bei Jephta's Opferschwur ergeben:

23 Ich tat das Schlechte, sollte er sich sagen.
Als Schlimmres tun. So machte sich zum Toren
Der Griechen Fürst als sie in Auzulis lagen.

24 Und Iphigeniens Schönheit gab verloren.
Die Narren mußten und die Weisen weinen,
Als solche Kunde drang zu ihren Ohren.

25 Ihr müßt, ihr Christen festren Gangs erscheinen,
Nicht wie im Wind der Federn flatternd Reigen,
Daß Wasser alles wäscht sollt ihr nicht meinen.

26 Was alt – und neue Schriften euch bezeugen,
Die Kirchenfürsten, müßte euch genügen,
Den Weg zu eurem Heile euch zu zeigen.

27 Will Habsucht euch mit anderem belügen –
Bleibt Menschen, werdet nicht zu blöden Wesen,
Soll nicht der Jude Euch verhöhnend rügen.

28 Und machts nicht, wie es auch beim Lamm gewesen,
Das lieber weg vom Euter lief behende
Voll Lust, verspielt, verstrickt, verführt zum Bösen.

29 Was Beatrice sprach, schrieb ich zuende.
Dann wandte sie sich sehnend zu den Höhen
Wo Überfluß des Lebens reichste Spende.

30 Ihr Schweigen, die Verwandlung, die geschehen
In ihrem Antlitz, hemmten meine Fragen,
Auf die mein Geist begierig wollt' bestehen.

31 Dem Pfeil vergleichbar – über allem Wagen
So schnell – eh wieder ausgeschwirrt die Saite,
Ward ich zum zweiten Reich emporgetragen.

32 Dort sah ich sie, erfüllt wie nie von Freude:
Es schien, daß reicher noch die Helligkeiten,
Und neues Licht sich auf dem Stern verbreite.

33 Schien selbst der Sterne Glanz sich auszubreiten
Wie muß das Leuchten mich erst wandeln müssen,
Den von Natur zur Wandlung gern bereiten.

34 Wie oft in stillen Teichen, klaren Flüssen
Fischzüge ziehn, wenn Nahrung reingefallen,
Und eiligst hinzustreben sind beflissen –

35 So sah ich tausend Lichter zu uns wallen,
Zu mir hin tönte ein begeistert Rufen:
„Er wird die Liebe mehren bei uns allen!“

36 Und als sie näher über Steg und Stufen
Geeilt zu uns, sah ich an ihrem Strahlen
Wie sehr die Freuden mehr an Helle schufen.

37 Bedenk, o Leser, schwieg ich, welche Qualen
Du fühltest – da der Anfang so begonnen –
Mich drängen würdest, weitres auszumalen.

38 Erkenn' wie ich zu fragen war gesonnen,
Wie mich die Schattenwesen tief erregen,
Sobald ich Klarheit ihrer Sicht gewonnen.

39 „O Wohlgeborener, dem der Gnade Segen
Zuteil – des ewigen Triumpfes Throne
Zu sehn – bevor er hingelegt den Degen,

40 Vom Licht, das alles uns durchströmt und ohne
Begrenzung flutet durch das All – ohn' Ende–
O trinke bis die Fülle in Dir wohne.“

41 Sprach einer aus der Schar der lichten Brände,
Und Beatrice sprach: „so hab Vertrauen
Und glaube ihrer göttergleichen Spende.“

42 „Ich seh,“ sprach ich, „die Strahlen Dich umbauen.
Des eignen Lichts, das Deine Augen künden,
Ihr hell Erglühn im Lächeln anzuschauen.

43 Doch wer bist du – ich kann es nicht ergründen,
Du weilst – o Würdiger – in dieser Sphäre,
Dich, weil verschleiert, Sterbliche nicht finden,

44 So sprach ich, wartend, daß er es erkläre –
Mir zugewandt, im Licht sich mehr verschleiernde,
Es schien, mein Wort das Leuchten noch vermehre.

45 So wie die Sonne, ewig sich erneuernd,
Im Übermaß des Lichts dem Aug entgleitet,
Die Dünste durch die Gluten höher steuernd,

46 So barg sich mir, vom Glanze überbreitet,
Das heilige Gesicht im Lichtgeprange –
Und so verhüllt, zur Antwort sich bereitet,

47 Die ich nun sing im nächsten der Gesänge.

VI. GESANG

1 „Als Konstantin den Adler wieder wandte
Dem Himmelslauf entgegen und den Zügen
Des Alten folgend zu Laviniens Lande,

2 Verbleib dann, wo Europas Grenzen liegen,
Der Vogel Gottes hunderte von Jahren,
Den Bergen nah, wo er einst aufgestiegen.

3 Die heiligen Schwingen schützten Völkerscharen,
Gab weltbeherrschend sich von Hand zu Hande,
Bis seine Zeichen in den meinen waren.

4 Kaiser Justinian die Welt mich nannte.
Aus dem Gesetz – wie erste Liebe wollte –
Was ungerecht und wertlos ich verbannte.

5 Doch glaubt' ich ehe ichs beginnen sollte,
In Christus wäre die Natur nur eine,
Nicht zwei und mich zufrieden geben wollte.

6 Doch Agapet hat mich befreit vom Scheine,
Er konnte mich auf wahren Glauben weisen:
Des höchsten Hirten Lehre war die reine.

7 Ich glaubte seinen Worten und Beweisen,
Das Wahre ich im Widerspruch erkannte,
Das Falsche habe ich auch falsch geheißen.

8 Als ich die Schritte hin zur Kirche wandte,
Ließ Gottes Gnade mich den Weg erschauen,
Das hohe Werk in seinen Dienst mich bannte.

9 Gab Balisar die Waffen voll Vertrauen,
Ihm war des Himmels Rechte ganz verbunden,
Ich konnte drum in Ruhe auf ihn bauen.

10 Du hast nunmehr die Antwort schon gefunden
Auf Deine erste Frage – doch das Zeichen
Verlangt mit einem Zusatz abzurunden.

11 Damit Du siehst, wie sich die Gründe gleichen,
Dem Heiligen Zeichen stets zu widerstreben
Sich anzugleichen oder auszuweichen,

12 Sieh seine Kräfte, wert sich zu erheben:
Als Pallas starb hat seine Zeit begonnen
Des Reiches Herrschaft war zu übergeben.

13 Du weißt es: Es wohnte unter Albas Sonnen
Dreihundert Jahre, bis neu es aufgestiegen,
Als es mit Dreien gegen Drei den Kampf gewonnen.

14 Sabinerinnen Leid und in den Kriegen
Der sieben Könige, Lukrezias Leiden
Nach ihrer Nachbarvölker unterliegen,

15 Das weißt Du – sahst es an der Römer Seiten,
Wie Brennus, Pyrrus kämpfend unterlagen,
Und über andere sich siegend auszubreiten.

16 Torquatus, Quintius – der zerzaust getragen
Sein Haar – die Decier, Fabier alle,
Zu ihrem Ruhme kann ich vieles sagen.

17 Dort kamen die Araber auch zu Falle
Als sie nach Hannibal herabgestiegen
Zum Po, wo er entspringt am Alpenwalle.

18 Und immer zog der Ruhm mit seinen Flügen
Pompejus, Scipio, auch jener Hügel
Wo Du geboren, mußte unterliegen.

19 Zu jenen Zeiten, als des Friedens Flügel
Den ganzen Erdkreis sollte überbreiten.
Nach Romas Wunsch griff Caesar es am Zügel.

20 Von Varus bis zum Rhein – nach allen Seiten –
Isere, Loire und Seine – in einem Zuge –
Sahn es die Täler alle sieghaft streiten.

21 Es flog, Ravenna fiel vor seinem Buge,
Zum Rubicon und flog in solchen Höhen,
Daß Wort und Griffel nicht gefolgt dem Fluge.

22 Und über Spanien seine Fahnen wehen,
Stürmt nach Durazzo, nach Pharsaliens Felde,
Ägypten konnt' den Schmerzen nicht entgehen.

23 In Antandros, Simois standen seine Zelte
Am Grabe Hectors, wo es aufgestiegen,
Dann Ptolmäus vor sein Verderben stellte.

24 Auf Juba stieß es wie die Blitze fliegen,
Kam wieder, dann zu eurem Occidente:
Pompejus Tuba tönte in den Kriegen.

25 Und was der Folger tat zu jener Ende –
Dies heulen Brutus, Cassius in der Hölle,
War Modenas und Perugias Schmerz und Wende

26 War Cleopatras Schmerz und Tränenquelle,
Die auf der Flucht durch schwarzer Schlangen Bisse
Den Tod sich gab, der grausig war und schnelle.

27 Zum Roten Meere, über Land und Flüsse
Erging sein Flug. Es gab der Welt den Frieden
Den Janus Tempel schlossen Friedensschlüsse.

28 Was dieses Zeichen wirkte je hinnieden
Im irdischen Reich, und das ich hier besinge,
Und was ihm untertan, was ihm beschieden

29 Bleibt dunkel, Wissen bleibt geringe,
Wenn klaren Auges man und reiner Liebe
Schaut auf des dritten Kaisers Adlerschwinge!

30 Denn das lebendige Recht, das meine Triebe
Beflügelt, schenkt ihm von dem seltnen Ruhme,
Daß es die Rache seines Zornes übe.

31 Nun kannst Du staunen an dem Judentume
Nahm Titus wieder Rache für die Rache,
Der alten Sünde an dem Christentume.

32 Und als der Langobarden Zahn die Sache
Der Kirche angenagt – kam Karl der Große
Zu Hilfe und sein Adler hielt die Wache.

33 Nun kannst du selber sehn, woran sich stoße
Der Mensch und dessen Fehler ich beklage.
Und was der Grund der Völker übler Lose.

34 Des Reiches Sinnbild dieser gern zerschlage
Durch LilienErsatz die andren Mißbrauch treiben.
Wer größre Schuld hat, ist noch eine Frage.

35 Laßt Ghibellinen andren sich verschreiben,
Laßt Wappen sie mir andren Zeichen tragen,
Es kann der Adler nicht beim Unrecht bleiben.

36 Und auch der neue Karl kann nichts erjagen
Mit seinen Welfen – der mit scharfen Streichen
Euch schon gewarnt und größren Leu erschlagen.

37 Oft müssen ihre Kinder erst begleichen
Die Schuld der Väter und dafür entgleisen,
Gott tauscht mit Lilien nicht sein Adlerzeichen.

38 Du siehst mit diesem kleinen Sterne kreisen
Die guten Geister, deren tätig Leben
Sie voll des Ruhmes und der Ehre preisen.

39 Doch wenn nach solchem ihre Wünsche streben,
Wird sich – da abgelenkt – mit mindrer Helle
Der wahren Liebe Strahl zur Höhe heben.

40 Doch ist es immer unsrer Freude Quelle,
Wenn wir dem Lohne das Verdienst zugrunde legen,
Nicht kleiner und nicht größer ist die Elle.

41 Da einig mit lebendigen Rechtes Regen
Der Trieb der Liebe – können wir nicht fallen,
Noch kann uns andre Nichtigkeit bewegen.

42 Verschiedne Stimmen können süß erschallen,
Verschiedne Helligkeiten unsrer Sphären
Erbringen süßen Einklang mit uns allen.

43 Und hier die Perle unter diesen Hehren,
Das Licht des Romieu von schönem Strahlen,
Dess' Tun so groß, noch größer sein Entbehren.

44 Doch die ihm Feind, den Provensalen
Vergeht das Lachen; schlechte Wege schreiten,
Die fremde Wohltat sich als Schaden malen.

45 Vier Töohter, nur von Königen gefreiten,
Hatt' Raimund Berenger; dies hat errungen
Romieu, ein Mann, ergeben und bescheiden.

46 Dann haben böse Worte ihn gezwungen
Von dem Gerechten Rechnung zu verlangen,
Dem Zwölf von Zehn zu mehren war gelungen.

47 Worauf er, alt und arm davongegangen.
Und hätt' die Welt, die bettelnd er durchzogen,
Von seinem Herzen Kenntnis mehr empfangen –

48 Dies hätte sie noch mehr zum Lob bewogen."

VII. GESANG

1 „Hosianna, heiliger Gott der mächtigen Heere!
Wie Deine Klarheit überstrahlt im Glanze
Die seligen Scharen in dem Strahlenmeere!"

2 Und um sich selber drehend wie im Tanze,
Hier schwebend im Gesang, sah ich das Wesen
Zum Doppellicht vereint im Strahlenglanze.

3 Und jenes tanzend noch mit andren Wesen
Mit Windeseile schwebend hin zur Ferne –
Im Funkensprühn schien es sich aufzulösen.

4 „So sprich doch, sprich doch!" Täte es doch gerne,
Daß sie den Durst mit süßen Tropfen stillte,
Ich zögerte, sah stumm zu meinem Sterne.

5 Denn schon der Name „Be" und „ice" füllte
Mein Innres so, daß ich mich niederbeugte,
Betäubt ich schien, als ob mich Schlaf umhüllte.

6 Doch Beatrice bald zu mir sich neigte
Und lächelte, es war ein solches Strahlen,
Daß, wer im Feuer sich noch glücklich zeigte.

7 „Ich weiß – denn ich durchschaue Deine Qualen –
Du überlegst, warum gerechte Rache
Auch Strafe leiden muß und Buße zahlen.

8 Von solchen Fragen ich Dich frei jetzt mache,
Und öffne Deine Ohren jetzt geschwinder,
Denn ich verkünde ewigen Spruches Sache.

9 Da er nicht Lust und Willenstrieb nicht minder
Gezähmt, stieß selbst der Mensch, der nicht geboren,
Sich ins Verderben, sich und seine Kinder.

10 Es schien die Menschheit gänzlich nun verloren,
Auf sie jahrhundert lange Nacht sich senkte,
Bis Gottes Wort zum Lichte sie erkoren,

11 Als Er Natur, vom Schöpfer abgedrängte,
Mit seiner eigenen Person vereinte:
Die rechte Tat, die ewige Liebe schenkte.

12 Dein Blick erkenne was die Stunde meinte:
Vollkommen war Natur, die er geschaffen,
War gut – so sie sich mit dem Schöpfer einte –

13 Vom Paradiese weg durch eigne Waffen
Muß er, der sich auf falsche Wege wandte,
Der Wahrheit und des Lebens sich entraffen.

14 Die Strafe doch lag in der Kreuzigung Schande,
War seiner Menschnatur wohl angemessen
Niemals gerechter eine Strafe brannte.

15 Doch war auch keine schändlicher indessen,
Sofern sie den Erlöser selbst getroffen,
Als er die menschliche Natur besessen.

16 Doch dies Geschehn erfüllte aller Hoffen,
Gott und den Juden hat sein Tod gefallen:
DiErde bebte, Der Himel doch stand offen.

17 Sei nicht verwundert, wie's geschehen allen:
Gerechte Rache Rache muß erleiden.
Wie es bestimmt ward in den ewigen Hallen.

18 Doch, wie ich sehe, kommt von allen Seiten
Verwirrung Dich jetzt an, die schwer zu lösen,
Ich helfe, diesen Knoten aufzuschneiden.

19 Du sagst: ‚Verstehe wohl, wie es gewesen,
Allein veräunkelt bleibt mir Gottes Wille,
Warum er grade diesen Weg erlesen.'

20 O Bruder, diesem Ratschluß deckt die Hülle
Des Schweigens, bleibt dem Aug' so lang verborgen,
Eh nicht den Geist gebar der Liebe Fülle.

21 Und wahrlich, dieses frägt man heut' und morgen.
Drum, weil die meisten es nur falsch verstanden,
Will zum Verständnis meine Rede sorgen:

22 Die Güte Gottes, frei von Neides Banden,
In sich erglühend, rings die Welt verschönet,
Daß ewige Schönheit bleib im All vorhanden,

23 Was unvermittelt wirkt, aus ihr ersehnet,
Bleibt ohne Ende unverrückt bestehen,
Was sie mit ihrem Stempe prägend krönet.

24 Was unvermittelt kommt aus ihren Höhen
Ist gänzlich frei, ist keiner Haft verbunden,
Nie untertan den Dingen, die entstehen!

25 Was mehr gemäß ihr, wird auch so empfunden
Als mehr: in heiliger Glut erstrahlen Dinge,
Die ähnlich sind lebendiger verbunden.

26 Es lebt der Mensch in solcher Gaben Ringe!
Entfällt ihm eine, fällt er schnell im Range,
Und ihm zerbricht des Adels Adlerschwinge.

27 Es hemmt die Sünde ihn im Freiheitsdrange,
Und trennt ihn mählich von dem höchsten gute,
Und macht, daß er das Licht nur trüb' empfange.

28 Er findet seine Würde nicht, im Blute
Wirkt Sünde, daB er je sie wieder findet,
Tut not die Buße, der Kasteiung Rute!

29 Da Eurer Art die Sünde sich verbindet
Im Samen schon, wird sie vom Paradiese
Verjagt auf's neu und alle Würde schwindet.

30 Kein Weg war, siehe der zur Rettung wiese,
Daß er die Menschenwürde wiederfände
Als nur, wenn einen Weg sich gehen ließe

31 Von zweien: Erstens, das zum guten Ende
Gott ihm verzieh' aus lauter Höflichkeiten,
Und zweitens, daß er sich selbst zur Buße wende.

32 Nun blicke in den Abgrund, in den weiten,
Den ewigen Ratschluß, Gottes Satzung sehe:
Prüf' was ich sage, jetzt nach allen Seiten!

33 Der Mensch verharrend auf des Hochmuts Höhe,
Kann sich in Demut nicht gehorsam beugen,
Daß er aus sich den Gang der Sühne gehe,

34 So tief wie Ungehorsam ihn ließ steigen.
Dies ist der Grund, daß alle eignen Wege
Der Sühne immer sich verschlossen zeigen.

35 Nun tat es not, o Freund, so überlege,
Daß Gott den Menschen selbst zum Heile führe,
Ich sag: Auf erstem oder zweitem Wege!

36 Doch wie ein Werk, das zur Vollendung führe,
Wird umsomehr ihm selbst sich teurer zeigen,
Je mehr mein Schöpfer es aus Güte küre.

37 Hat Gottes Güte, die dem Weltall eigen,
Auf allen ihren Wegen sich erwiesen,
Damit der Mensch zur Höhe könne steigen.

38 Doch zwischen jüngstem Tag, den er verhießen
Und jener Nacht, wie es geschehen,
Wird Gleiches nie in solcher Fülle fließen.

39 Denn mehr geschah, da Gott aus seinen Höhen
Zur Erde kam, sich opfernd, daß wir leben,
Als nur Verzeihung geben dem Vergehen.

40 Ein andres würde nicht Genüge geben
Einst dem Gerichte an dem jüngsten Tage:
Gott mußte leidend selber mit uns leben.

41 Ich will nun Antwort klar auf jede Frage
Dir geben, wägend manchen Punkt genauer,
DaßDu mich so verstehst, wie ich es sage.

42 Du sagst: ‚Ich sehe alles ohne Dauer,
Denn Wasser, Luft, die Erde und das Feuer
Wird schnell vergehn, dies mehre Deine Trauer,

43 Da doch die Schöpfungewerke ungeheuer,
Wenn das, was ich Dir sage wäre Wahrheit,
Sie dauern müßten und vom Tode freier.

44 Die Engel, Bruder, deren Wesensklarheit
Du hier erblickst in ihrem reinen Leben,
Kann man erschaffen nennen, aus der Wahrheit.

45 Die Elemente doch, die Euch umgeben,
Die Dinge, die aus ihnen sind entstanden,
Schuf die geschaffne Kraft im Formenstreben.

46 Geschaffen ward der Stoff für die Genannten,
Geschaffen war die Kraft der Stoffe Kerne,
Die kreisend sich auf diesen Sternen fanden.

47 Auf jede Tier und Pflanzenseele – lerne –
Wirkt nach Beschaffenheit und Artvermögen
Strahl und Bewequng dieser heiligen Sterne.

48 Ihr aber atmet – ohne Mittler – Segen
Der wahren Liebe, die der höchsten Güte,
Wonach ihr immer werdet Sehnsucht hegen.

49 Daraus begreife, was im Sinn noch glühte,
Daß eure Auferstehung so erscheine:
Wie einst der erste Mensch zum Leib erblühte.

50 Wird er auch auferstehn in Wesensreine …

VIII. GESANG

1 Einst schien der Welt, daß in Gefahr sie triebe
Die schöne Cypris in der dritten Sphäre,
Sich drehend strahle sie in wilder Liebe.

2 Im Wahn erwiesen ihr die Völker Ehre
Mit Weihgesängen, Schwur und Opfermessen
Doch ihr allein nicht galten die Altäre –

3 Dione' Cupido sind unvergessen –
Als Mutter jener, diesem als dem Sohne.
Man sagt er sei auf Didos Schoß gesessen.

4 Der Stern, den mein Gesang jetzt gerne lohne,
Den man nach ihrem Götternamen nannte,
Nun wechselnd wandert um der Sonne Throne.

5 Wie ich zu ihm gelangt, ich nicht erkannte,
Doch sah ich, daß auf neuem Stern wir weilen,
Weil meiner Herrin Schönheit mehr noch brannte.

6 Oft sieht man Funken auseinander eilen
Aus Flammen, wie man Stimmen unterscheidet,
Wenn diese fest und andere sich teilen.

7 Ich sah wie Licht um Licht aus andren gleitet,
Im Kreis sich schneller oder träger drehen,
Vielleicht, daß sie ihr ewiges Auge leitet.

8 Aus kalter Wolke sah man nie geschahen,
Daß Winde, niederstürzend schneller scheinen,
Wie dieser Sturz der Geister aus den Höhen, –

9 Vergleich ich „langsam“ oder „schnell“ mit ihnen –
Wie sie sich tanzend nahten aus dem Reigen,
Den sie begonnen mit den Seraphinen.

10 Und süße Töne hoch und nieder steigen –
Die nächsten vor uns Hosianna singen –
Nie wird die Sehneucht, sie zu hören, schweigen!

11 Dann sah ich einen zu mir näher schwingen.
Er sprach allein: „Wir kamen Dir zu Liebe!
Dir möge unser Singen Freude bringen!

12 Wir drehen immer uns im gleichem Triebe.
Mit ersten Engeln aus dem gleichen Kreise,
Wir, denen du einst sangst im Erdgetriebe!

13 „Ihr, die ihr lenkt im dritten Paradeise ...
Und Dir zu Liebe will uns schön erscheinen
Ein kurzes Rasten auf der seligen Reise."

14 Ich sandte meine Blicke zu dem Hort, dem reinen,
Der immer mir die Sicherheit gewährte –
Zufriedenheit wie jetzt mit meinem Meinen.

15 Worauf ich wieder mich zum Lichte kehrte,
Das gut mir war – „Wer seid Ihr denn?" ich fragte.
Ergriffenheit das Sprechen mir erschwerte.

16 Das Licht, dess Leuchten schon so überragte,
Wuchs mehr und mehr durch meine Frage:
Vermehrte Freude dieser Glanz besagte.

17 Es sprach: „Lang währten nicht die Erdentage,
An Unheil wäre vieles nicht geschehen
Wenn ich mein Erdenlos nur länger trage.

18 Die Freudigkeit ist um mich, wie ein Wehen,
Bin Dir verhüllt im Strahlenkleid der Freude,
Wie Raupen sich mit Seidenflor versehen.

19 Du hast mich sehr geliebt – wir beide!
Die Zeit, zu kurz, zu zeigen mir verwehrte,
Daß Freundschaft mehr als nur das Laub bedeute!

20 Das linke Ufer – von der Rhône bewehrte,
Von da, von wo die Sorgo in sie mündet,
War ausersehn, daß es als Herrn mich ehrte,

21 Und was an Städten dort im Süden gründet –
So Bari, Gaota und auch Crotone,
Wo Tronto und die Verd' zum Meere findet.

22 Schon strahlte von der Stirne mir die Krone
Von Ungarn, wo der Donau Wasser fließen,
Und sie verläßt die deutsche Uferzone.

23 Siziliens Lande, die den Golf umschließen,
Wo zwischen Pachin, Pelor' Winde toben,
Die Buchten Schwefeldämpfe nie verließen,

24 Auch ohne Typhäus dringen sie nach oben –
Kein König meines Stamms käm' ihm verspätet,
Hätt' Karl's und Rudolfs Erben es erhoben.

25 Wenn böse Herrschaft nicht, die trügt und redet,
Das Volk nicht reizte, vor die Stirn gestoßen,
Das in Palermo reif: „so tötet, tötet"!

26 Und hätt' mein Bruder nur gesehn den großen
Geiz, wär aus Katalonien er geflohen,
Dann wäre ihm nicht solches zugestoßen.

27 Wahrhaftig sollte man, wo Lasten drohen,
Die das schon volle Schiff nicht tragen könnte,
Ihm mit den andren warnen vor den Rohen.

28 Freigiebig von Natur ist er am Ende
Jetzt geizig, Dienerschaft ihm nötig wäre,
Die nicht nur eigne Truhen füllt behende."

29 „Ich seh den Weg, wie sich die Freude mehre,
In Deiner Rede, Herr, in gleicher Weise
Dort, wo Beginn und Ende mich belehre,

30 Daß Du das Gute siehst, wie ich es preise.
Nun ist's mir teurer, von noch größrer Freude,
Weil es Dein Auge sieht im Gotteskreise,

31 Du gabst mir Freude, Klarheit mir bereite
Nun noch Dein Wort: wie soll ich mir erklären.
Daß Bittres sich aus süßem Kerne scheide?"

32 Und er: „Kann ich mit Wahrem Dich belehren,
Wie Du's verlangst, wirst Du, wie jetzt den Rücken,
Auch Dein Gesicht behende zu ihm kehren.

33 Das Reich, durch das Du schreitest voll Beglücken,
Bewegt und füllt das Gute: im Geschehen
Lenkt Vorsehung die Welt in allen Stücken.

34 Nicht nur, daß die Naturen vorgesehen
In diesem Geiste, der in sich vollkommen,
Nein, auch zu ihrem Heile will er stehen,

35 Daß was auch mag aus seiner Schleuder kommen,
Zum vorgeplanten Ziele alles falle,
So wie der Pfeil gezielt das Ziel genommen.

36 Wär dem nicht so, wohin Dein Fluß auch walle,
Säh er verfehlte Wirkung nur entgleisen,
Der Himmel Bruchstück wäre in dem Alle.

37 Dies kann nicht sein, denn wenn der Sterne Kreisen
Von Geistern, deren Taten ohne Fehle,
Fehlt der nicht, den sie ihren Schöpfer preisen.

38 „Ist Wahres heller als ich es erzähle?“
Und ich, „nein, unmöglich ist es immer,
Daß sich Natur aus ihrem Werke stehle.“

39 Er sprach noch: „Sage wäre es denn schlimmer,
Wenn nicht der Mensch auf Erden Bürger wäre?“
„Ja“, sprach ich, „nach dem Grunde frag ich nimmer“

40 Und sag, wenn einer anders ab sich kehre,
Ob ihn Verschiedenheit zum Amte kiese?
Wohl nein, – befolg’ ich meines Meisters Lehre.“

41 Dies war der Punkt, der sich draus folgern ließe;
Er sprach: „Da Werk und Tun verschieden, müssen
Verschieden sein die Wurzeln – also schließe:

42 Der wird zum Solon, Xerxes, zu Ulyssen,
Ein andrer Melchisidek, der den Seinen
Wie jener Sohn als Flieger weggerissen.

43 Natur will eingeprägt in Wachs erscheinen,
Den Sterblichen – sie prägt auf gute Weise,
Doch die Behausung wird verschieden scheinen.

44 So machte Esau eine andre Reise,
Vom Stamme Jakobs, von Quirinus hegte
Man den Verdacht, daß Mars sein Vater heiße.

45 Die zeugende Natur auf ihrem Wege
Ließ' immer Ähnliches aus sich entstehen,
Wenn Gottes Vorsehung nicht lenken möge.

46 Nun kannst Du, was noch dunkel, hell durchdenken!
Doch wisse, weil ich mich an Dir erfreue,
So will ich Dir noch einen Zusatz schenken.

47 Es muß Natur, hält sie sich nicht die Treue,
Entarten – muß wie Samen auch verderben,
Den man in Heimaterde nicht mehr streue.

48 Auf Erden würde nicht das Gute sterben,
Wenn dem man folgte, was Natur nur wollte,
Wenn nur die Menschen pflegten, was sie erben.

49 Doch ihr dreht's um, wenn einer dienen sollte
Der Kirche, wollt' daß er das Kriegswerk pflege,
Zum König macht ihr, der nur predigen wollte.

50 Drum laufen alle Spuren ab vom Wege …

IX. GESANG

1 O schöne Clemenza, nach dem Berichte
Sprach noch Dein Karl: „Verleugner, Frevler, schmähen
Dich und die Erben, streuend die Gerüchte.“

2 Doch bat er: „Schweig und laß die Jahre gehen!“
Drum sei Dir nur gesagt: Es wird der Rächer
Nach den gerechten Klagen euch erstehen!

3 Ich sah das sprechend Licht im Strahlenfächer
Zur Sonne wendend sich in Seliger Weise,
Immerfort zu trinken aus des Heiles Becher.

4 O, sündig Irrende der Erdenreise!
Die Ihr die Herzen wahrer Glut verschließet,
Daß nur der Wahn in Euren Köpfen kreise!

5 Doch sieh – ein andres Licht – es überfließet –
Mit hellem Leuchten zeigt es seinen Willen
Bereit zu sprechen – wohlgefällig grüßet.

6 Beatrice Augen, die auf mich im Stillen
Gerichtet, gaben wie zuvor ein Zeichen
Mich stärkend, diesen Wunsch ihm zu erfüllen.

7 „Um unsre Wünsche Deinen anzugleichen,
O seliger Geist, mögest Du uns zeigen:
Kann Dich des Denkens Spiegelung erreichen?“

8 Und dieses Licht, das neu im Lichterreigen,
Vom Singen lassend sprach nach einer Weile –
Und machte meinen Wunsch sich gern zu eigen.

9 „Im Land Italiens fluchbeladnen Teile,
Vom Rialto bis Brenta und Piaves Quellen,
Erhebt ein Hügel sich von mäßiger Steile

10 Von hier – das Urteil ist nicht schwer zu fällen,
Zog eine Fackel aus von wildem Brande,
Im Haß sein Land zu schmähn, sein Volk zu prellen!

11 Aus gleicher Wurzel stamm ich – die Verwandte –
Ich bin Cunizza – hier auf diesem Sterne,
Weil mich sein Licht besiegte und mich bannte.

12 Doch ich verzeih' den Grund mir selber gerne,
Daß ich ein solches Los – o Freund – erlitten,
Wenn auch der Pöbel dem Verständnis ferne.

13 Doch dort der Edelstein, so hell inmitten,
In seinem Kreise, der in unsrer Nähe
Sein großer Ruhm bleibt lange unbestritten,

14 Eh die Jahrhundertzahl sich fünf mal drehe,
Bedenke selbst, obs jemals einen reute,
Ob alter Ruhm in neuen übergehe.

15 So denken jene Tölpel nicht mehr heute,
Die zwischen Etsch und Tagliamente wohnen,
Trotz Prügel sind sie ihrer Dummheit Beute.

16 Doch bald wird Padua an Sümpfen thronen,
Am Wasser, das von Vicenzas Badestrande,
Wo jene Pflichtvergessenheit belohnen.

17 Noch einer wandelt dort im Herrngewande,
Wo Cagnan, Sile sich zu Einem einen,
Für den man sicher schon das Fangnetz spannte.

18 Bald wird auch Feltre jene Schmach beweinen
Des Stinke-Hirten – der so schmutzig, niedrig,
War er der Schlimmste wohl von Malta's Feinen

19 Ferrareser Blut wird fließen, widrig.
– Kein Eimer ist so groß es all zu fassen –
Wers messen wollte, würde müd' und zittrig.

20 Zu dieses Priesters Opfer zählen Massen,
Den schwärzesten Verrat er Gaben nannte,
Wie sie zur Sitte dieses Volkos passen.

21 Die Throne oben, was das Volk erkannte,
Des Richtergotts Spiegelungen zeigen,
Daß meiner Rede Gute Wirkung lande."

22 Sie schwieg – doch merkbar war an ihrem Schweigen –
Als wollte sie zu anderen sich wenden,
Trat wieder ein sie in den vorigen Reigen.

23 Mich traf des andren Lichtes funkelnd Blenden,
Das ich schon nannte: leuchtend wie Opale
Im Sonnenstrahle hellen Lichtsverschwenden.

24 Durch Freude oben wird der Glanz zum Strahle,
Wie Lächeln hier, doch unten dunklen Scheines
Sind Schatten außen, trüben Geistes Male.

25 Gott sieht alles, Dein Sehn ist in ihm Eines,
Sprach ich, „o seliger Geist, so daß kein Wollen,
Von ihm zu Dir nicht sein kann, das nicht Deines."

26 Doch Deine Stimme schweigt, die doch im vollen
Gesang der Engel immer mitgesungen,
Der Seraphine lächelnd Beifall zollen.

27 Warum ist die Ersehnte nicht erklungen
Ich würde nicht bei dieser Bitte weilen,
Wenn du nicht so wie ich von dir durchdrungen."

28 „Das größte Tal wohin die Wasser eilen,
Nicht mehren, die der Erde Gürtel bilden,"
Begann er seine Worte mitzuteilen –

29 Dehnt sich so weit nach östlichen Gefilden
Der fernen Küsten feindlichem Gestade,
Daß Sicht und Mittagskreis ein Gleiches bilden.

30 Dort wohnte ich, dort, wo die Uferpfade
Hinziehn im Ebro- und im Magratale,
Und Genua Toskana's Grenze nahte.

31 Dort liegen sie im Früh- und Abendstrahle
Bugea und die Stadt, wo ich geboren,
Den Hafen färbten einst die blutigen Male.

32 Der Name Folco ward mir dort erkoren
Von meinen Freunden; wie ich hier dem Sterne,
So war ich dort den Liebenden verschworen.

33 Des Belus Tochter brannte kaum so gerne,
Eh Sichäus und Kreusa sie verklagte,
Solange ich der Jugend nicht zu ferne,

34 Auch Phyllis nicht, die der Verrat verjagte
Des Demophoon, noch der Alkide glühte
So für Iole, als er ihr Herz befragte.

35 Nicht Reue quäle, eh das Lächeln blühte,
Noch die der Schuld – sie waren lang verschwunden,
Schon ob der Kraft die ordnend sich bemühte.

36 Die Wirkung solchen Tuns ließ uns gesunden,
Uns ziert erkennend diese Macht des Guten,
Wie niedre Welt zur höheren gefunden.

37 Doch – um in Dir zu löschen alle Gluten,
Die in dem Kreise hier in Dir entbrannten,
Will ich Dir Dinge sagen, die noch ruhten.

38 Du möchtest wissen, wer von den genannten
Hier neben mir – die hellste in den Runden
Wie Sonnenstrahl sich bricht in Diamanten.

39 So höre, daß sie Ruhe hier gefunden:
Rahab, die Reihn mit ihrem Glanz zu prägen,
Weil sie der neuen Ordnung tief verbunden.

40 Nach der Vollendung Christi – auf den Wegen
Des Siegs: hier aufgenommen, ganz am Ende
Des Schattenkegels – Strahlen sie umhegen.

41 Daß sie als Palme einen Himmel fände
War rechtens – half sie doch zum hehren Siege
Durch vollen Einsatz ihrer beiden Hände.

42 Sie half Josua in dem ersten Kriege,
Sie half zum Siege in dem Heiligen Lande,
Wenn auch der Papst dies heute gern verschwiege.

43 Und Deine Stadt von hohem Rang und Stande,
Die Gründung dessen, der zuerst gefallen –
Dess' Neid uns soviel Leid und Tränen sandte –

44 Prägt den verfluchten Gulden, gibt ihn allen,
Hat Schaf und Lämmlein längst verführt, verwandelt
Zum gierigen Wolf den Hirten, satten, prallen.

45 Die großen Evangelien sind verschandelt,
Die Lehren tot – daraufgeschmiert am Rande
Nur Dekretalien – wie man sie verhandelt.

46 Des Papstes – der im Kardinalsgewande –
Gedanken nicht zu Nazareth mehr gehen,
Wohin einst Gabriel die Flügel spannte.

47 Bald wird der Vatikan die Freiheit sehen
Mit andren Orten Romas, die erlesen,
Wo für St. Peters Schar die Kreuze stehen,

48 Wird sich von Hurerei gereinigt lösen.

XX. GESANG

1 Zu ihrem Sohne schauend mit der Liebe,
In der sie Beide atmen ohne Ende,
Die erste Nacht – kein Wort sie je beschriebe

2 Schuf was sich auch je im Geist und Raume fände
Von solcher Ordnung, daß wohl niemand wäre,
Der ohne Freude sie betrachten könnte.

3 Drum hebe, Leser, zu der hohen Sphäre
Mit mir den Blick zu jenem Punkt gerade,
Wo eine Bahn die andre überquere.

4 Wo hohe Kunst Dich zur Betrachtung lade
Des Meisters, der ihr zugetan in Liebe –
Der niemals sie verläßt auf ihrem Pfade.

5 Auf schiefer Ebene im Weltgetriebe
Sind eingeplant die Wege der Planeten
Gerufen, daß die Welt der Ordnung bliebe,

6 Denn wäre keine schräge Bahn für jeden
Am Himmel, manche Kraft verloren wäre,
Auf Erden ungenügend Wirkung böten.

7 Sieh, was die Weltenordnung noch erkläre;
Wenn nur Geringes wiche vom Gesetze,
Die Mängel in der Schöpfung wären schwere.

8 O Leser, bleib auf Deiner Bank und schätze,
Was unermüdlich sich uns dargeboten:
Daß die Erkenntnis Dich erquickend letze.

9 Ich gab Dir Speise – iß nun von den Broten,
Ich muß noch mehr mit solchen Stoffen ringen,
Mich mühen seine Tiefen auszuloten.

10 Sie, deren Strahlen die Natur durchdringen,
Sie, die die höchste ist der Dienerinnen,
Will mit dem Licht das Maß der Zeit uns bringen.

11 Am gleichen Ort muß sie den Lauf beginnen,
Wo Erd- und Sonnenbahn im Punkt sich einen,
Doch muß sie täglich neue Höh' gewinnen.

12 Und ich war hier, doch wie muß ich verneinen,
Kaum merkt' ich es; wie der Gedanken Schnelle,
Die kaum gedacht auch schon geschehn erscheinen.

13 Beatrice führte mich zu dieser Stelle,
Von einem Kreis zum andren höhren Kreise,
Und zeitlos überschritten wir die Schwelle.

14 Nicht sagbar, was der Sonne eigne Weise:
Hier, wo ich eingetreten war nur Helle,
Mir war als ob sie farblos um mich gleiße,

15 Doch man erkannte nicht aus welcher Quelle,
Geist und Erfahrung können es nicht sagen,
Dem Glauben sich die Sehnsucht zugeselle,

16 Daß uns die Vorstellung noch nie getragen
Zu solcher Höhe – nicht erstaunlich wäre,
Kein Auge dringt in sonnenferne Lagen.

17 Nun war ich hier in vierter Himmelssphäre
Des Hohen Vaters, sah, daß Er die Welten
Mit seinem Geist und Sohn gesättigt nähre.

18 Und Beatrice sprach: „Dein Dank soll gelten
Den Sonnenengeln, Dank, daß sie in Gnade
Sich Deinem Aufstieg hierher zugesellten."

19 Kein sterblich Herz war williger dem Rate
Nicht mehr entschlossen Gott sich hinzugeben,
Als ich, bereit zu gehn auf seinem Pfade.

20 Wie solche Worte innerlich erheben,
Ließ meine ganze Liebe zu ihm trachten,
Ließ Beatrice mich vergessen eben.

21 Sie war nicht traurig, ihre Augen lachten
So hellen Glanzes, zeigten, daß sie gerne
Die Gründe sah, die die Verwandlung brachten.

22 Da nahte eine Schar wie lichte Sterne –
Lebendig um uns strahlte eine Krone –
Der süßeste Gesang klang nah und ferne.

23 So sehen wir die Tochter der Latone,
Wenn Schleierdünste sie des nachts umspinnen
Mit Silberstrahlen um die Gürtelzone.

24 Ich, der zur Erde kehrt: im Hofe innen
Sah ich so viele teure Edelsteine,
Die außerhalb des Reichs nicht zu gewinnen.

25 Und ein Juwel war des Gesanges Reine:
Wer sich auf Flügeln nicht nach diesem sehnte,
Der mit dem Stummen nicht zum Singen eine!

26 Die Sonnenseelen sangen, Sterngekrönte,
Umrundend dreimal uns in freiem Kranze,
Wie Sterne um den Pol zu drehn gewöhnte.

27 Sie schienen mir wie Frauen, die vorm Tanze
Verhalten stumm bis neuer Tanz sie lade,
Vom neuen Klang geführt zu neuem Glanze.

28 Und einer sprach zu mir: „Der Strahl der Gnade,
Der so das Feuer schürt der wahren Liebe,
Daß sie erblühe noch in höhrem Grade,

29 Daß sie noch mehr dir leuchte ohne Trübe,
Dein Geist die höhren Stufen noch gewönne,
Die niemand steigt dem Wiederkehr verbliebe,

30 Wer dem den einen Becher Weins nicht gönne,
Den Durst zu stillen – fern der Freiheit wäre,
Wie Wasser, das zum Meere rück nicht rönne.

31 Du möchtest wissen, wer im Blumenmeere
Der schönen Herrin in dem Kranze blühe,
Die Dich erhoben, daß Dich nichts versehre.

32 Als Lamm ich mit auf diesem Wege ziehe,
Auf dem Dominikus geführt die Herde
In guter Hut, wer nicht ins Abseits fliehe.

33 Zur rechten mir, Albertus, auf der Erde
Aus Köln – war Bruder mir und größter Meister –
Ich Thomas von Aquin geheißen werde.

34 Und willst Du wissen, wer die andren Geister,
Folg' meinem Wort und laß' die Augen kreisen,
Und richte auf den Blumenkranz sie dreister.

35 Dort siehst Du leuchten Gratian den Weisen,
Der sich das Paradies mit Recht errungen,
Und Doktor beider Rechte sie ihn heißen.

36 Daneben der im Chore mitgesungen,
Ist Peter, der der Kirche einst vermachte,
Wie's Weiblein seinen Schatz mit Huldigungen.

37 Das fünfte Licht, das dort am schönsten lachte,
Es atmet solche Liebe, daß auf Erden
Gern jeder wüßte, was die Seele dachte;

38 Die Wahrheit, Tiefe der Gedanken werden
Gerühmt – wenn jemals Wahres wahr darf gelten;
Galt keiner weiser je von den Gelehrten.

39 Sieh jenen dort, dem Engel sich gesellten,
Noch als Lebendiger beschrieb ihr Walten,
Ihr Wesen seine Worte klar erhellten.

40 Der in dem nächsten Lichtlein so verhalten
Dort lächelt – Christenanwalt langer Zeiten
Gab Augustin einst das Latein der Alten.

41 Nun lasse Deines Geistes Auge gleiten
Von Licht zu Licht, folgend meinem Worte –
Du wirst den Durst beim achten schon erleiden.

42 In ihm erfreut sich an des Guten Horte
Die reine Seele, die den Trug der Erde
Entlarvt, wenn man den Sinn erkennt im Worte,

43 Ihr Leib – der früh der Ruhe schon enthehrte,
Er ruht in Cieldauro – seit die Verbannte
Aus ihrer Marter in den Frieden kehrte.

44 Sieh jene leuchten in dem Feuerbrande
Die Geister Bedas, Richards, Isidoren
Sie – Tiefversunkene und Allgenannte.

45 Und der von dem Dein Auge kam verloren,
Der Geist, der selber sich den Tod erbeten,
Zutiefst sich wünschte, daß er nie geboren,

46 Und der, ein bleibend Licht in scharfen Reden,
Sigerus! Er lehrte bittre Lehre
In der Fouarre-Straße, lehrte jeden. –

47 Dann wie das Uhrwerk – als ob's morgen wäre
Und Gottes Braut sich frühe schon erhoben,
Der Bräutigam mit Liebesgruß sie ehre,

48 Als ob die Teile tönten klangverwoben
Tin-Tin erklang in weichem süßen Klange
Im Drang der Liebe, dringt der Geist nach oben.

49 Ich sah den ruhmgekrönten Reigen lange,
Ich hörte Stimm' auf Stimme Antwort geben
Und nie gehörte Süße im Gesange,

50 Wie er nur tönen kann im ewigen Leben.

XI. GESANG

1 Wie doch geschäftig Sterbliche sich rühren,
Wie lächerlich sind die Gedankenspiele,
Die flügelschlagend in den Abgrund führen.

2 Der eine glaubt als Anwalt sich am Ziele,
Der widmet sich der Kirche, der den Kranken,
Der Politik, der Macht, dem Truge viele.

3 Und der dem Raub, Geschäft mit Habgierpranken
und die der Fleischeslust und Dirnenwesen,
Und die im Fett und Müßiggang versanken.

4 Von diesen Dingen konnte ich mich lösen,
Weil mit Beatrice im seligen Lande
Ich war – in seinem Lichte ich genesen.

5 Nachdem ein jeder wieder war am Stande,
Von wo er kam, eh er zum Reigen eilte,
Still wie das Leuchten einer Kerze brannte

6 Vom Licht, das vorher sprach und vor mir weilte,
Und dessen Glanz ich jetzt noch heller nenne,
Die Worte kamen lächelnd mitgeteilt:

7 „So wie ich aus seinem Lichte brenne,
Wie ich mich in das ewige Licht versenke,
So ich Dein Denken – wo und wann – erkenne.

8 Du willst, daß Deine Zweifel ich bedenke,
Und ich Dir breiter öffne meine Rede,
Und Deinen Sinn auf recht Verstehen lenke.

9 Dort wo ich sagte, sie gewähre jede
Beschützung, ‚wenn man nicht ins Abseits fliehe,
und keiner weiser in der Weisen Fehde.‘

10 Die Vorsehung – die Welt regierend, daß sie blühe
Durch ihren Rat, den nie ein irdisch Wesen
In seinem Grund erkennt, trotz größter Mühe,

11 Hat – soll an eigner Freude sie genesen, –
Auf ihrem Weg die Braut, die Er gerufen,
Mit Blut geweiht, wie's unterm Kreuz gewesen

12 Zur Sicherheit und Treu auf allen Lebensstufen,
Zwei Fürsten ausgewählt sie zu begleiten,
Durch alle Zeiten, die Bedrängnis schufen.

13 Seraphisch Glühen war des einen Freude,
Des andren Weisheit ließ ihn schon auf Erden
Im Glanz des lichts der Cherubine schreiten.

14 Des einen Werk soll hier verkündet werden,
Das Lob des einen auch dem andren gelte,
Denn beider Werke gleiches Ziel erhärten,

15 Wo zwischen Tupino und dem Gelände,
Wo von Ubaldus Hang die Quellen fließen,
Und fruchtbar Land sich schmiege an Berges Wände.

16 Die Mauern von Perugia uns grüßen
Mit Frost und Wärme vor den Sonnentoren,
Doch Tränen unter schwerem Joch vergießen

17 Nocero und Gualdo. Dort erkoren,
Wie oft am Ganges manche Sonne aufgestiegen,
Ward eine neue Sonne uns geboren.

18 Drum laßt zum Orte uns Oriente fügen,
Ascesi mit dem Worte immer nennen,
Wer anders spricht, den Mangel rechtens rügen.

19 Eh sie begann im hellen Licht zu brennen,
War seine Tugend schon voraus zu sehen,
Ließ er der Erde neuen Trost erkennen.

20 Es fand die Frau beim Vater kein Verstehen.
Gefürchtet wie den Tod war sie hinnieden,
Durchs Tor der Freude ließ man sie nicht gehen.

21 Er ließ am Bischofs-Hof sich traun in Frieden
Vor seines Vaters zürnendem Gesichte,
Und mehr und mehr in Liebe sie erglühten.

22 Elfhundert Jahre – mehr in der Geschichte –
War sie nach erstem Gatten nur verachtet,
Bis dieser wieder sie geführt zum Lichte.

23 Umsonst, wenn auch Amyclas sie geachtet,
Der vor der mächtgen Stimme nicht erbebte,
Des Erderschütteres, ihn nicht entmachtet.

24 Umsonst, daß sie so treu und standhaft lebte
Und mit Maria unterm Kreuz gestanden,
Und immerdar zum Kreuze Christi strebte.

25 Doch will ich endlich Dir die Unbekannten
Auch nennen um nicht dunkel zu erscheinen:
Franz und die Armut sich Verlobte nannten,

26 Gezeigt wie Eintracht sie und Freude einen.
Verwundrung weckend, Liebe, süßes Schauern,
Wie es die heiligen Gedankeh meinen.

27 So daß St. Bernhard aus den Klostermauern
Den Frieden barfuß suchte zu erreichen,
Und dies ihm noch zu lange schien zu dauern.

28 O Unbekannter Schatz, Gut ohnegleichen,
Egidius barfuß, barfuß auch Sylvester
Dem Gatten folgten in der Armut Zeichen.

29 Er zog als Vater, er der Meister Größter,
Mit Weib und allen seinen Hausgenossen,
Die sich in Demut gürteten noch fester.

30 Des Herzens Zagheit war schon lang verflossen,
Daß er der Sohn von Peter Bernadone
Und trotz Verachtung, blieb er unverdrossen.

31 Ja – königlich vertrat er vor dem Throne
Innozenz den Ordensplan mit aller Strenge.
Das „Ja“ zum Orden war die erste Krone.

32 Dann mehrte sich der armen Brüder Menge.
Von seinen Taten, seinem Wunderleben
Man besser in des Himmels Glorie sänge.

33 Da ward die zweite Krone ihm gegeben
Durch Papst Honorius vom Heiligen Geiste,
In heiligem Willen würdigend sein Streben.

34 Und als er dann zum stolzen Sultan reiste,
Entschlossen dem Martyrium nicht zu weichen,
Mit Christi Lehre jene Heiden speiste,

35 Doch da Bekehrung in des Kreuzes Zeichen
Beim wilden Volk gescheitert, kehrt er wieder
Die Früchte in der Heimat zu erreichen.

36 Und wo der Arno kommt und Tiber nieder
Am harten Fels: Empfang der letzten Krone
Zwei Jahre für den Leib und seine Glieder.

37 Als er gerufen ward zum höchsten Throne,
Zu dem, dem es gefiel ihn zu erwählen,
Daß sich Kasteiung ihm nun würdig lohne,

38 Gab er sein Erbe brüderlichen Seelen
Anheim und tat die Herrin, ihm so teuer,
In treuer Liebe ihrem Dienst empfehlen.

39 Aus ihrem Schoße wuchs des Weges Steuer
Der edlen Seele – stieg hinauf zum Reiche,
Dem Leibe wünschte er nur solche Feier,

40 Bedenke nun, wie ihm der andre gleiche,
Daß er das Schifflein durch die Stürme lenke,
Auf hohem Meer das rechte Ziel erreiche.

41 Und dies ist unser Patriarch! O denke
Wer ihm nur folgt, wie ers befohlen,
Daß er ihm immer gute Ladung schenke.

42 Jedoch die Herde wetzt auf schnellen Sohlen,
Um neuem Fraß begierig nachzulaufen
Und ihn auf andrem Weidegrund zu holen.

43 Doch ach – je mehr die führerlosen Haufen
Sich auch entfernen, schrumpft das Euter,
Und kehren heim, die Milch ist ausgelaufen.

44 Wohl gibt es solche, die zum Meister weiter
Noch halten, doch die Schar ist so geringe,
Nur wenig braucht vom Kuttertuch der Schneider.

45 Drum wenn ich scharfen Worts genannt die Dinge,
So Dein Gehör nur aufmerksam gewesen,
Und zum Bewußtsein ich Dir wieder bringe,

46 Wird sich, was Du gewollt zufrieden lösen;
Denn Du wirst sehn, wie sie den Baum zerspalten,
Und aus dem Wort wirst Du die Mahnung lesen:

47 In Hut sind, die vom Abseits fern sich, halten.

XII. GESANG

1 Kaum – daß der seligen Seele Flammenwehen
Das letzte Wort der Rede ließ verklingen,
Begann die heilige Mühle sich zu drehen,

2 Noch ehe jene sich zum Kranze schlingen,
Hat sie ein andrer Ring schon ganz umschlossen,
Kam Tanz zu Tanz, wie Lied- zu Liedes Singen,

3 War der Gesang von Süßigkeit umflossen,
Mehr als der Sang der Musen und Sirenen,
Wie erster Glanz den Abglanz übergossen.

4 Wie durch ein zart Gewölk sich wölbend dehnen
Zwei Irisringe, Junos Regenbogen,
Wie sie befahl von gleichen Farbentönen.

5 Vom Innenring zum äußren Strahlen flogen,
Wie Echo, das der Nymphen Wort verzehrte,
Wie Dünste, die die Sonne aufgesogen,

6 Wie dieses hier die Menschen tröstend lehrte
– Der Gottesbund mit Noah es verkündet –
Daß nie die Erde mehr ertrinken werde.

7 So haben die zwei Ringe sich verbündet,
Aus jener ewigen Rose – uns umkreisend –
Wie sich der äußre an den innren bindet –

8 Als sie – im Strahlenglanz sich übergleißend –
Wie Licht zu Licht, so auch von Ring zu Ringe
Die Freude geht, am hellren Glanz erweisend,

9 Nun standen, als ob Wille sie bezwinge –
Vergleiche nur der Augen Wimperschläge,
Wie fester Wille sie zum Stillstand bringe, –

10 Tönt jetzt die Stimme aus dem Kranzgepräge.
Ich wandte mich, woher sie kam zur Stelle,
Gleich wie die Nadel sich zum Pol bewege.

11 Und sie begann: „Mich treibt aus meiner Helle
Die Liebe gleich vom andren Herrn zu reden,
Der immerfort des meinen Freudenquelle.

12 Ich nenne von den Zweien gerne jeden,
Damit, da sie zusammen einst im Streite,
Auch gleichen Ruhmes Glanz zusammen böten.

13 Die Heere Christi, neu im Waffenkleide,
Sie folgten ihrem eignen Kampfeszeichen
Nur langsam, zögernd nur und ohne Freude –

14 Da ließ der Kaiser aus den ewigen Reichen
Ihm Hilfe angedeihn, dem kranken Heere,
Aus Gnade, so den Mangel auszugleichen.

15 Und sandte ihr, der Braut, zwei scharfe Speere,
Die beiden Streiter deren Tun und Reden.
Verirrtem Volke wahre Waffe wäre.

16 Und dort, wo Zephirs milde Lüfte wehten
Schon früh die jungen Knospen aufzuschließen,
Daß Länder sich im neuen Kleide böten,

17 Und wo nicht weit die Meereswellen grüßen,
Die oft die Sonne durch der Brandung Höhe
Dem Blick der Menschen Hindernisse wiesen,

18 Glückhafte Stadt liegt dort in Strandesnähe,
Liegt Calahorra – unterm Schutz vom Schilde:
Auf dem zwei Löwen ich im Wappen sehe.

19 Dort wuchs heran der gläubig Lieberfüllte
Im Christ erglauben, wahrer Gottesstreiter,
Den Seinen gütig, doch dem Feind der Wilde!

20 Schon nach Erschaffen war er ein Bereiter:
War schon im Mutterleibe der Erwählte,
Die Mutter wurde durch ihn Zukunftsdeuter.

21 Und als er mit dem Glauben sich vermählte,
Am heiligen Brunnen den Verspruch beschworen,
Der ihnen Segen brachte und ihn stählte.

22 Da sah die Frau – zur Patin ihm erkoren –
Im Traume: Fülle wunderbarer Früchte –
Die aus dem Erben einst und ihm geboren,

23 Daß er es sei, entnahm sie dem Gesichte –
Hat wohl der Sehergeist ihr eingeben –
Der Name nenne seines Geists Gewichte:

24 Dominikus ward er genannt im Leben!
Ich spreche jetzt von Christi Ackersmanne,
Erwählt den Garten um und um zu heben.

25 Die erste Tat: im Knechtsgespanne
Hat er er Armut frei sich angenommen
Nach Christi Rat und blieb in ihrem Banne.

26 Am Boden sah die Amme oft den Frommen
Mit wachen Augen schweigend lange liegen
Als sagte er: „Dazu bin ich gekommen!"

27 Des Vaters Name „Felix" konnt nicht trügen,
Giovanna, wie die Mutter ward geheißen,
Wenn einen Sinn wir zu den Namen fügen.

28 Nicht durch die Welt – die möge weiterpreisen
Von Ostia, Thadäus – andre Leute –
Nein, nur durch Liebe zu den wahren Speisen

29 Ward er ein Lehrer, der die Welt erfreute!
Durch jenen Weinberg ist er gern gegangen,
Der schnell verdorrt durch schlechte Gärtnersleute!

30 Vom hohen Stuhl, der offen war den Bitten
Der Armen immer – daß er jetzt nicht milde.
Liegt nicht an ihm – nur an des Eigners Sitten,

31 Den Ablaß nie ins Zahlenspielen hüllte,
Und nie für sich die erste freie Pfründe
Mit Zehnten nie den Sack sich gierig füllte.

32 Bat, daß er in verirrter Welt die Sünde
Bekämpfen darf, daß aus dem Keime wieder
Der Vierundzwanzig Bäume Wuchs entstünde.

33 Dann zog er aus als Lehrer und als Hüter,
Wie ein Apostel und als Gotteszeuge –
Ein Strom, der aus der Höhe stürzte nieder.

34 Hier schlug er ab die abgedörrten Zweige
Mit Urgewalt und dort mit zähstem Mute.
Wo ihm der größre Widerstand sich zeige.

35 Katholischen Garten kamen sie zugute
Die Quellen, die dem Tun entsprangen,
Und starke Bäume wuchsen aus der Rute.

36 Hat so mit einem Rade angefangen
Die Kirche, angebracht am hohen Wagen,
Mit dem die Gäubigen den Sieg errangen.

37 So durfte Dir genug das andre sagen,
Das Wirken dessen, eh ich hergekommen,
Was Thomas Dir so höflich vorgetragen.

38 Doch seine Spur ist heute schon verschwommen,
Der Schimmel wächst, weil sie nicht mehr befahren,
Wo sonst das Rad die Fahrten unternommen.

39 Denn die ihm folgten nie verwirrter waren:
Gehn diese vor, gehn andre rückwärts wieder,
Und aufeinander stoßen oft die Scharen.

40 Bald merken sie, daß Feldbestellung müder,
Die Ernte wird nicht mehr die Scheune füllen,
Die Lolche sondern muß der Scheune Hüter.

41 Wohl weiß ich es, wenn man mit Fleiß im Stillen
Mag weiter suchen, Blatt um Blatt noch wende,
Geschrieben stünde: ‚War nach seinem Willen.‘

42 Doch solches nicht bei Aquasparte stände,
Nicht bei Casale: der zu strengem Streben
Der andre floh die Schriften zu behende.

43 Als Benaventura ging ich einst durchs Leben,
In Bagnoregio mit hohem Amt versehen,
Sucht ich der Alltagsnot mich zu entheben

44 Illuminat und Augustin hier stehen,
Barfüßer-Mönche – erste mit dem Stricke –
Als Freunde Gottes sind sie angesehen.

45 Auch Hugo von St. Victor hier erblicke,
Auch Petrus Hispanus und Mangiadore.
Zwölf Bücher unten wurden ihm zum Glücke.

46 Nathan der Prophet und mit im Chore
Anselm, Chrysostomus die Kirchenväter
Und dort der Sprachgelehrte Donatore.

47 Der große Bibelwissende und Beter
Rhabanus und Abt Joachim ihm zur Seite
Aus Kalabrien des künftigen Erräter.

48 Dominikus zu preisen war mir Freude,
Den Paladin, von Thomas angetrieben,
Die Huldigung zu sprechen mit für beide,

49 Mit allen in dem Kreise, die ihn lieben."

XIII. GESANG

1 Wer gut verstehen will, was ich jetzt singe
Versuche sich's im Bilde vorzustellen –
Indess ich rede, ihm die Bilder bringe:

2 Die Sterne, die den Himmel dort erhellen –
Wohl fünfzehn an der Zahl erlesner Helle,
Selbst Erdendunst nicht ihre Sicht verstellen.

3 Sieh hin und blicke dann zu jener Stelle,
Wo man den Wagen sieht, der Deichsel Ende.
Wo unermüdlich strahlt des Lichtes Quelle.

4 Erforsche weiter wo der Achse Wende
Des Himmels Umschwung seinen erstem Pole,
Wie dieses man im Bild malen könnte:

5 Zwei Diademe – sieh – die Gloriole
Des Minos-Tochter, als sie bitter fühlte,
Daß sie der Todin seine Kälte hole.

6 Und wie die Strahlung ineinander spielte,
Ließ alles nur um eine Mitte kreisen,
Ob eines vor, das andre rückwärts hielte,

7 So mag als dessen Abglanz sich erweisen
Vom Sternendoppelbild der Kränze Reigen,
Die jene Stelle, wo ich stand, umkreisen.

8 Nicht nach Gewohnheit sich die Reigen zeigen,
Soll der Chiana Lauf Vergleiche bringen
Mit Schnelligkeit, die höchstem Himmel eigen.

9 Des Bacchus Lied, Päanen nicht erklingen,
Hier tönt der Sang vom wahren Gottesbilde,
Wie Dreigestalt und Mensch die Einheit singen.

10 Als der Gesang und Tanz das Maß erfüllte,
Sah ich die Geisterschar beglückt sich wenden
Zu uns, – zu neuem frohen Dienst gewillte. –

11 Da trat – als alle nun Gesang und Tanz beenden,
Aufs neu hervor der Geist und brach sein Schweigen,
Der von der Armut sprach aus Gotteshänden,

12 Und sprach: „Wenn auch vom Drusche vor dem Reigen,
Geschaufelt liegt das Korn schon in der Scheune,
Will ich aus Liebe weitre Ernte zeigen.

13 Du glaubst, daß in die Brust, aus der Er eine
Der Rippen nahm, und der der Mund erblühte,
Dem alle Welt verfiel als süßem Scheine,

14 Und daß der Menschen Schuld im Leid verglühte,
Des Gottessohns schon ganz im Kreuzestode,
Der vor- und nachher war Geduld und Güte.

15 In sie allein ging' ein des Lichtes Bote,
In sie allein sei Wahrheit eingeflossen
Durch ihn, der beide schuf im Machtgebote.

16 Drum wundert Dich, was oben in den Glossen
Ich Dir gesagt, es wäre ohne Gleichen
Das Gute, das das fünfte Licht umschlossen.

17 Nun öffne Aug' und Ohr, dies zu erreichen,
Was aus dem Glauben, aus dem Wort zu sehen,
Wird Mittelpunkt wie eines Kreises Zeichen:

18 Das, was nicht stirbt und das, was zum Vergehen
Bestimmt, ist Abglanz nur vom Urgebilde,
Das unser Herr aus Liebe ließ erstehen.

19 Denn das lebendige Licht, das sich enthüllte
Aus seinem Leuchten, trennt sich nicht von Einem,
Nie von der Liebe, die dreieinig sich erfüllte.

20 Ausstrahlung und die Güte sich vereinen,
Gleichsam sich spiegelnd an neun Wesenheiten,
Im miteinander Eins nur Ihn vermeinen.

21 Von hier – bis zu den letzten Möglichkeiten –
Steigt es herab bis zu den untren Stufen,
Als kurze Zufallswesen wir es deuten,

22 Und diese Wesen, die die Himmel schufen,
Geschaffne Dinge durch das Drehn der Sphären
Sind mit und ohne Keim hervorgerufen.

23 Wachs und die Prägung nicht die Gleichheit lehren,
Sind vieler Art: das Urbild in den Wesen
Kann mehr und weniger hervor sich kehren.

24 Drum sind nicht alle Früchte auch erlesen,
Auch wenn sich die Gehölze mögen gleichen,
Geboren sind verschiednen Geist's die Wesen.

25 Würd' man des Stoffs Vollkommenheit erreichen,
Und Himmelskraft von höchster Wirkung wäre,
Die Prägung trüge ganz des Lichtes Zeichen.

26 Doch die Natur am Beispiel Dich belehre:
Sie schafft und formt wie Künstler ganz verschieden,
Wenn Hände zittern und der Stoff sich wehre.

27 Doch wenn aus heißer Liebe sie erglühten,
Wenn höchste Macht sie schuf und sie erdachte,
Die Wesen zur Vollkommenheit erblühten.

28 Dies war es, was die Erde würdig machte,
Daß das lebendige Vollkommenheit erreiche,
Und daß die Jungfrau Gottes Sohn uns brachte.

29 Drum ich Dein Meinen doppelt unterstreiche:
Ein Mehr zum Menschsein wird nicht mehr erstehen
Und nie auch, daß ein andrer beiden gleiche.

30 Ich weiß – wollt ich im Wort nicht weitergehen,
Du würdest immer ruheloser fragen:
„Wer ist als „ohnegleichen“ anzusehen?

31 Drum will ich Klarheit in das Dunkel tragen,
Denk' wer er war und was ihn angetrieben –
Auf „sprich!“ des Herrn, im Traum den Wunsch zu sagen.

32 Mein Reden sollte das Verstehn nicht trüben,
Daß Salomon um Weisheit hat gebeten,
Und wir ihn als den Klügsten König lieben.

33 Nicht von des Alls Beweger Zahl zu reden,
Noch wollt' er die Notwendigkeiten wissen,
Noch ob der Zufall herrsche über jeden.

34 Nicht ob die Urbewequng sei zu missen,
Nicht ob im Halbkreis sich ein Dreieck finde,
Das nicht als rechter Winkel aufgerissen.

35 Was ich gesagt, dir Königsweisheit künde!
Nur darauf zielen meiner Worte Pfeile,
Die Absicht ich mit frührem Wort verbinde.

36 In diesem Sinn bei „ohnegleichen“ weile,
Dann siehst Du, daß es nur für Könige gelte
Von vielen einem, der das Gute teile.

37 Aus diesem Unterschied es sich erhellte,
Daß sich das Bild von Ahn und Herrn vertrüge
Mit Deiner Meinung, die die Frage stellte.

38 Blei an den Füßen hemme Deine Züge,
Wie einer der an Müdigkeiten litte
Zum ja und nein, obs unbesehn sich füge.

39 Denn diese stehn an Torheit in der Mitte,
Die ja und nein ohn Unterscheidung sagen,
Nicht bei dem einen, noch bei andrem Schritte.

40 Denn oft die Meinungen des Volks sich jagen
In Leidenschaft und Trotz verfehlt gerichtet,
Und festgelegt die Umkehr nicht mehr wagen.

41 Wenn einer ohne Kunst die Taue lichtet,
Und sticht in See, die Wahrheit sich zu fischen,
Enttäuscht zum Heimathafen wieder flüchtet,

42 Es liegen die Beweise auf den Tischen:
Sieh Parmenides, Meliss', Bryson viele,
Hinwandelnd sie der Weisheit Weg verwischen.

43 So auch Sabell und Arius, deren Kiele
Die Schrift verstümmelten – sie waren Toren,
Die das Gesicht verdrehten bis es schiele.

44 Der Mensch sei schnellem Urteil nicht verschworen,
Wie Einer, der am Felde beim Getreide,
Noch eh es reif im Schätzen sich verloren.

45 Denn oft schon sah ich, daß auf karger Heide,
Und winters rauh und kahl der Strauch gestanden,
Und sah den Gipfel dann im Rosenkleide.

46 Sah eiligst Schiffe zu den fernsten Landen,
Sah Schiffer froh durchfahren alle Meere –
Dann doch noch vor dem Heimathafen stranden.

47 Daß keiner doch zu früh die Meinung nähre:
Weil sie den stehlen, jenen opfern sehen,
Daß Gottes Urteil auch schon sicher wäre:

48 Denn *der* kann steigen, *dieser* untergehen.

XIV. GESANG

1 Vom Mittelpunkt zum Rand vom Rand nach innen
Bewegt das Wasser sich in runder Schale,
Gemäß dem Stoße außen oder drinnen.

2 Dies ging mir durch den Sinn mit einem Male,
Als nun der Ruhmgekrönte sprach zu Ende
Von seinem Lebenslauf im Erdentale.

3 Daß sich die Ähnlichkeit im Gleichnis fände,
Zeigt Beatrices Wechselspiel im Reden,
Beginnend fröhlich des Gespräches Wende.

4 „Seht diesen, ders nicht wagt in seinen Nöten
In Worten, in Gedanken es zu fragen,
Ob neuer Wahrheit Gründe sich ihm böten.

5 Dem Stummen möget ihr die Antwort sagen:
Das Licht, in dem die Wesen hier erblühten,
Verbleibt es ihnen so in ewigen Tagen?

6 Wenn ja, so sagt, wenn die Gestalt hinnieden
Einst sichtbar aufersteht, ob auch das Schauen
Erhalten bleibt, wie jetzt den neu Erglühten?“

7 Wie Tänzer sich's bei großer Freude trauen,
Wie es geschehen hier in schönem Reigen,
Die Stimme hebend, höhrem Ton vertrauen.

8 So zeigten sie – demütig froh es zeigen –
Wie sie sich freuten diese heiligen Kreise
Im Tanz und Lied es inniglich bezeugen.

9 Wer sich beklagt, daß nur die Todesreise
Zum Leben führe, kennt nicht die Gewalten
Des ewigen Taues, der Erfrischung Speise,

10 Der ewig ist in zwei, in drei Gestalten,
Der ewig herrscht als zwei, als drei, als einer,
Der faßbar nicht, umfaßt doch alles Walten.

11 Und dreimal tönte der Gesang wie keiner,
Für ihn in nie gehörten Melodien,
Daß jed' Verdienst daran gemessen kleiner.

12 Ich hörte aus dem göttlichen Erglühen
Nun eine Stimme aus dem Ring der Wesen,
Sie klang wie die des Engels vor Marien.

13 Sie sprach: „Die Strahlen werden sich nicht lösen,
Eh nicht des Paradieses Fest zu Ende,
Die Strahlenfülle bleibt wie sie gewesen.

14 Der Strahlenglanz verrät der Liebe Brände,
Das Schauen schürt die Glut zu reiner Helle
Und wird noch reicher durch der Gnade Spende.

15 Wenn der verklärte Leib aus Grabes Zelle
Uns neu wird kleiden, werden die Gestalten
Noch schöner: reines Licht ist ihre Quelle.

16 Dann wird noch wachsen, was wir einst erhalten
Vom höchsten Gute, Licht, uns als Geschenk gegeben,
Wird sich das Schauen – IHN zu schaun – entfalten.

17 Und mit so klarem Schaun wird sich verweben
Die Strahlenglut, die wächst und weiter zündet –
Und Lichtes Fülle wird der Glut entschweben.

18 Doch wie die Kohle, die die Flamme bindet,
Durch die lebendige Glut sie überglutet,
Die eigne Gestalt im Glanz nicht schwindet,

19 Der Flammen Blitzen, das uns hier umflutet
Wird überstrahlt, verklärtem Leibe weichen,
Der jetzt im Schoß der Erde Ruhe findet.

20 Es kann nicht Müdigkeit uns überschleichen
Im Meer des Lichtes – unsres Leibes Stärke
Wird mehr, die Freude wird die Nahrung reichen."

21 Ein jubelnd „Amen" kam im Chor: ich merke,
Wie Sehnsucht lebt in diesen heiligen Wesen,
Dass bald sich öffnen mögen alle Särge,

22 Nicht nur für sich, für die geliebten Wesen,
Für Vater, Mutter, Frau, für Kinder, Freunde,
Bevor sie für das Strahlenreich erlesen.

23 Und sieh: mit dem, der war, sich noch vereinte
Ein neuer Glanz: wie wenn am Horizonte
Die Dämmerung mit hellrem Schein sich einte.

24 Wie oft man kommen, gehen sehen konnte,
Am Abendhimmel wechselnde Gebilde,
Im Zwielicht eines, andres noch besonnte,

25 So sah ich nahen schimmernd Lichtverhüllte
Noch außerhalb der beiden Geisterringe,
Und bald ein neuer Kreis sich leuchtend füllte.

26 O strahlend Sprühn des Heiligen Geistes! Schwinge
So weißen Glanzes! Dort so schnell erschienen,
Daß ich vor Blendung wegzuschaun mich zwinge.

27 Und als ich so gefangen war von ihnen,
Vergaß' ich Beatrice, schien entschwunden,
Doch sie trat lächeln vor mit heitren Mienen.

28 Dann haben meine Augen Kraft gefunden,
Um aufzuschaun: sah mich emporgehoben
Zu höhrem Heil, nur Beatrice verbunden.

29 Ich merkte, mich trug es jetzt nach oben.
Am Glühn des Lächelns in dem Sternenkreise,
Das röter schien wie sonst, im Glanz verwoben.

30 Von ganzem Herzen, nach der Sprache Weise,
Die allen gleich ist, Opfer Gott zu bringen,
Erschüttert ich die Gnade Gottes preise.

31 Indess Verehrung, Dank mich noch durchdringen,
Empfand ich glücklich, freudig ichs erkannte,
Daß meine Gaben huldvoll sie empfingen:

32 Ein Farbenspiel erneut meine Augen bannte.
Als in zwei Strahlen rötlich Licht erglühte,
Ich rief: „O Helios, Dein Glanz mich übermannte.

33 Wie zwischen Sternenpolen – weiß erblühte
Milchstraße glänzt in rätselvollem Schimmer –
Den aufzulösen oft der Mensch sich mühte –

34 Geschahs – im Hintergrund des Mars Geflimmer –
Daß sich erhob des Kreuzes heilig Zeichen,
Quadranten binden, klarer, heller immer.

35 Hier muß Erinnern meinem Geiste weichen,
Denn auf dem Kreuze sah ich strahlend Christus
Ich fand nichts mehr, was würdig zu vergleichen.

36 Doch wer sein Kreuz aufnimmt und folget Christus,
Der würde mir verzeihn mein Unterlassen,
Sieht er in solchem Strahlenglanze Christus,

37 Von Arm zu Arm, vom Haupt zum Puß umfassen
Ihn tausend Lichter, immer um ihn strömen,
Aufblitzend im Begegnen, im Verlassen.

38 So krenz und quer und niemand kann sie zähmen,
– Lichtpünktchen, schwebend wie im Sonnenstrahle –
Langsam und schnell und viele Bahnen nehmen.

39 Auch streifig sichtbar, wenn sie Schattenmale
Durchbrechen, oft von Menschen sich erwählte,
Zu schützen sich vorm heißen Sonnenstrahle.

40 Wie Geigen, Harfen, Saiten – ungezählte –
Zu einem süßen Ton zusammenklangen,
Auch dem, dem noch Verstehn der Noten fehlte,

41 Vom Kreuz, aus den erschienen Lichtern drangen
Zu einer Melodie die Töne sich verbanden,
Mich rührend, wenn ihr Sinn mir auch verhangen.

42 Wohl merkt ich: Höchster Lob die Worte nannten,
Denn mich erreichte „Auferstehe“, „Siege“,
Wie einen, der es hört und nicht verstanden,

43 Daß ich so sehr der Liebe unterliege,
Gabs nie, und daß mich etwas so gefangen,
So sehr in seinen Bann mich jemals schlüge.

44 Vielleicht, daß allzukühn die Worte klangen,
Wenn ihrer Augen Glück ich tiefer stelle,
An denen all mein Sehnen doch gehangen.

45 Doch wer erkennt, daß höchster Schönheit Helle
Dort die lebendigen Siegel mehr umflossen,
Und ich bisher nicht trank aus dieser Quelle,

46 Entschuldigt mich, daß ich mich unverdrossen
Verklagte, und, weil wahr, mich auch entlaste,
Denn heilige Freude wird nicht ausgeschlossen,

47 Die, höher steigend, reiner mich erfaßte.

XV. GESANG

1 So wie der gute Wille aus der Liebe
Entspringt, die immerdar auf rechtem Wege,
Führt ins Verderben der Begierde Triebe,

2 Er hieß, daß sich kein süßer Klang mehr rege,
Dann ruhen sollten nun die heiligen Saiten,
Die nur des Himmels Rechte spannt und pflege.

3 Wie könnten sich auch jene Wesenheiten
Der Bitte denn verschließen, die ja gerne
Verstummten, mich zum Sprechen zu verleiten.

4 Endloser Trauer wäre er nicht ferne
Wenn einer sich im Flüchtigen verlöre
Und jener Liebe bar im Wesenskerne.

5 In klarer stiller Nacht der Sternenchöre
Ein Feuer läuft – oft Sternenschnupperschauer –
Sich fragend folgt das Aug' wo's hingehöre.

6 Ein Licht vielleicht, ein Stern vielleicht genauer,
Von wo er jedoch kam, dort fehlte keiner,
Wohin er kam, war er von kurzer Dauer.

7 So lief vom rechten Arm zum Fuße einer
Am Kreuz entlang, dem hellen Sterngebilde,
Das dort im Glanze strahlte immer reiner.

8 Das Kleinod, das in huschend Licht sich hüllte
Zog, bandgelenkt, am Kreuze quer nach unten:
Lichtschimmer hinterm Alabasterschilde.

9 So ward Anchises Schatten einst empfunden –
Wenn wir der hohen Muse glauben wollen –
Als im Elysium er den Sohn gefunden:

10 „O sanguis meus, o superinfusa
Gratia Dei: sicut tibi cui
Bis nunquam coeli ianua reclusa?"

11 Den Worten lauschte ich, den liebevollen,
Und gleich zu Beatrice ich mich wandte –
Und mußte Beiden tief Erstaunen zollen.

12 In ihren Augen solches Lachen brannte,
Daß ich mich sinken fühlte bis zum Grunde
Der Gnade: solch ein Glanz mich übermannte.

13 Dann kamen Worte noch aus frohem Munde,
Doch deren Tiefe war nicht zu ermessen,
Dem Ohr und Auge aber Freudenkunde.

14 Doch nicht in seinem Willen lags indessen –
Notwendigkeit hat ihn dazu bewogen,
Und Sterbliche mit andrem Maße messen.

15 Als der Begegnung Spannung war verflogen,
Und der Gefühle Sturm sich wieder legte,
Und auch sein Wort nicht dem Verstehn entzogen,

16 War dies das erste, was den Geist bewegte:
„Den Einen, den Drei-Einigen ich preise,
Der meiner Sippe Schicksal so umhegte."

17 Dann fuhr er fort: „Des wonnigen Sehnens Weise
Im Großen Buche lesend, lang lebendig,
Wo Schwarzes nie sich wandelt in das Weiße,

18 Erfüllest Du mein Sohn, der ich nun ständig
Im Lichte spreche – aber jener danke,
Die Dich im Fluge lenkte flügelwendig.

19 Du glaubst, es komme zu mir Dein Gedanke
Von dem, der Erster ist und so wie einer,
Als Eins erkannt, die fünf und sechs umranke.

20 Und deshalb frägst Du nicht, warum denn keiner
So froh wie ich in all den Himmelescharen,
Nicht frägst, was für ein Name wäre meiner.

21 Du glaubst das Wahre: Die lebendigen Scharen
Von Groß- und Kleinen die Gedanken schauen
Eh sie gedacht, sich spiegelnd offenbaren –

22 Doch weil ich wache immerfort im Schauen
Der heiligen Liebe und der Durst sich mehre
Erfüllung heißer Sehnsucht aufzubauen,

23 Ertöne Deine Stimme, kühn erkläre
Was Du ersehnst und stelle Deine Fragen,
Die Antwort, schon beschlossen, gern gewähre.“

24 Ich sah auf Beatrice, die’s hörte sagen;
Noch vor mir sprachen lächelnd ihre Mienen,
Du mußt den Flug mit eignen Flügeln wagen.

25 Ich sprach: „Gefühle und Verstehn sind ihnen
Im Einklang allen Scharen gleich gegeben,
Seit höchstes Gleichmaß ihnen ist erschienen.

26 Denn jener Sonne Strahlen, die beleben
Durch Licht und Wärme, wirken so beständig,
Daß jeglichem Vergleich sie sich entheben.

27 Doch Menschenwille, Euch nur zu verständig,
Ist wandelbar – Ihr kennt den Grund – verschieden,
Mehr oder minder sind die Flügel wendig.

28 So auch bei mir, dem Sterblichen hinnieden.
Ich kann nur mit dem Herzen danke sagen
Fürs väterliche Fest, das mir beschieden.

29 Doch Du, ein Edelstein, wie Zier getragen
Am herrlichsten Gebild in diesen Weiten,
Ich bitte: „Wollest Deinen Namen sagen!“

30 „O Du mein Sproß! Du lange meinen Freuden
Erwarteter! Du bist von meinem Stamme!“
Begann er seine Antwort einzuleiten.

31 Dann sprach zu mir der selige Geist der Flamme:
„Das Deinen Namen trug, das erste Wesen,
Kreist hundert Jahre schon am Bergeskamme.

32 Sich läuternd, ist mein Sohn, Dein Ahn gewesen,
Durch Deine Werke sei es wohl gegeben,
Daß früher er zum Aufstieg mag genesen.

33 Florenz vom alten Mauerring umgeben!
Dort tönte früh und mittags Glockenläuten,
Zuchtvoll und friedlich war ihr ganzes Leben.

34 Dort sah man Frauen sich nicht eitel kleiden;
Nicht Kettchen gab es, gab auch keine Kronen,
Noch Gürtel, dran sich nur die Augen weiden.

35 Nicht in Besorgnis brauchten Eltern wohnen,
Daß für das Töchterchen, das kaum geboren,
Ausreichend auch die Mitgift würde lohnen;

36 Noch gab es Häuser leer, verwaist, verloren,
Kein Sardanapel brauchte erst beflissen
Das wüste Treiben zeigen dort der Toren.

37 Noch ist dem Montemalo nicht entrissen
Der Sieg von Uccellatoio, doch vergehen
Wird gleichwohl er, wird untergehen müssen.

38 Bellincio Berti habe ich gesehen,
Umgürtet mit dem Bein und mit dem Leder,
Die Frau vorm Spiegel ohne Schminke stehen.

39 Sah den von Nerli, den von Vecchio, jeder
Mit rauhem Fell zufrieden, ihre Frauen
Den Rocken nützten und die Garnspinnräder.

40 Wie glücklich waren sie doch anzuschauen,
Gewiß war jede ihrer Ruhestätte,
Verwaist kein Eh'bett wegen Frankreichs Gauen.

41 Die eine wachte an des Kindes Bette,
Des Kindes Sprache sprechend, – süßes Lallen
Das freudig jeder gerne lange hätte.

42 Die andren mit der Spindel, Hanfesballen,
Erzählen Trojas Fall und sein Vernichten,
Von Fiesol' und Rom wie sie gefallen.

43 Wie damals Sardanell's, Chianghellas Geschichten
So unerhört ist heute das Bestreben
Von Cincinnato und Cornelia zu berichten.

44 In solche Ruhe, solches schöne Leben
Der Bürgerschaft ward ich, zu solcher treuen
Gemeinschaft, solcher Hut anheim gegeben,

45 Dem Schutz Marias unter Schmerzensschreien.
Getauft in Eurem Taufhaus, alt an Jahren,
Als Cacciaguida mich als Christ zu freuen.

46 Moronto, Eliseo meine Brüder waren,
Vom Po-Tal ist zu mir mein Weib gekommen,
Des Namens Wurzeln Deinen offenbaren.

47 Als ich dann Kaiser Konrads Ruf vernommen,
War ich dabei. – Er schlug mich mit dem Schwerte
Zum Ritter, als ihm gute Tat zu Ohr gekommen.

48 Ich focht dann gegen jenes Glaubens Härte
Des Volkes, das der Bosheit sich verschworen
Durch Schuld des Hirten Euer Recht versehrte,

49 Durch Feindes Tücke ging ich dann verloren;
Ich schied – wo viele ihr Verderben fanden, –
Aus dieser Welt des Trugs, ward neugeboren.

50 Nach dem Martyrium zum Heil erstanden …

XVI. GESANG

1 Wie dürftig doch der Adel unsres Blutes!
Daß Menschen sich noch seiner Rühmen können!
Zwar unten, wo wir arm und kranken Mutes,

2 Kann man dies wahrlich nicht erstaunlich nennen,
Doch hier, wo nur ein einziges Verlangen,
Im Himmel sag' ich, mußt' ich ihn bekennen!

3 Du bist ein Mantel, der schon eingegangen,
Man muß ihn stets verlängern, weil die Schere
Der Zeit ihn längst zu stutzen angefangen.

4 Mit „Ihr" – einst bei den Römern eine Ehre,
Jedoch das Volk es nicht gebührend pflegte –
Ich nun begann, wie meine Rede lehre.

5 Drauf Beatrice lächelnd sich bewegte,
Die abseits stand, wie jene hüstelnd mahnte,
Als einst Ginevra einen Fehltritt hegte.

6 Ich sprach: „In Eurem Wort ist ungeahnte
Kraft der Liebe, o mein Vater – gibt zur Rede
Mir Mut, mich lenkend Wege zu Euch bahnte.

7 Nach Innen fließen soviel Quellen – jede
Bringt Fröhlichkeit, die Seele selbst wird Freude,
Droht zu zerspringen, sie, durch Euch erhöhte.

8 So seid mir denn, mein lieber Ahn, Geleite!
Sagt mir, wer eure Eltern, laßt mich wissen
Die Zeit, die Eure Kindheit einst erfreute!

9 Laßt mich die Hürde Größe St. Johannis wissen,
Wer würdig war, wie groß die Zahl gewesen
Der Männer, die sich um die Sitze rissen."

10 Und meine Worte hörte gern das Flammenwesen,
Denn es erglühte – wie beim Glühn der Kohle,
Der Wind vermag ein Aufglühn auszulösen.

11 Es wurde heller – wohl aus innrem Wohle,
Indess es sprach – und seine Stimme zeigte,
Wie man aus alter Sprache Wohllaut hole:

12 „Ab jenem Tage, da zum Ave neigte
Die Zeit bis zu der Mutter schwerer Stunde,
Als Sie sich über mich glückselig beugte –

13 Fünfhundertachtzigmal lief seine Runde
Dies Feuer zu des Löwen-Sternbild Toren,
Dort Kraft zu holen neu im Sternenbunde.

14 Wie meine Ahnen bin auch ich geboren
Dort, wo beim Jahreslauf um Wettkampfziele
Am Tor des Orts der Sieger ward erkoren.

15 Von ihnen jetzt nichts mehr – es gab so viele,
Woher sie kamen, was sie je gewesen,
Wir lassen alle vorerst aus dem Spiele!

16 Die Zahl der Männer, die in Kampfgetösen
Die Waffen trugen, war ein Fünftel dessen,
Die heute für die Waffen sind erlesen.

17 Die Bürgerschaft – ein Mischvolk unterdessen
Von Campis, von Cerdalern, von Figghinen –
Bleib rein, kein Bürger hätte sich vergessen.

18 Viel besser wäre Nachbarschaft mit Ihnen,
Wenn bei Galluzo sich die Grenzen zögen
Und bei Trispiano, wo die Felder grünen,

19 Als daß Gestänke auf die Stadt sich lägen,
Der Bauern Signa's, Augulion's Gebaren,
Die stets auf Suche sind nach Schleicherwegen.

20 Wenn jene, die zumeist entartet waren,
Den Kaiser nicht als Feind behandelt hätten,
Ihn eh' Willkommen hießen mit Fanfaren,

21 Manch Florentiner wäre von den Stätten
Des Handels wieder rück nach Semifonte,
Wo sie hausierend sich durchs Leben fretten.

22 Wär' Montemurlo noch Besitz des Comte
Die Cerchi wären noch im Stift Acone,
Im Grevetale Die Buondelmonte.

23 Das Mischvolk war ja stets für Stadt und Krone
Der Anbeginn von sicherem Verderben,
Wie für den Leib die Kost ihm nicht gewohne.

24 Ein blinder Stier, der stürzt, muß eher sterben
Wohl als ein Schäflein und von größrem Werte
Ist wohl ein Schwert, das scharf, als fünf mit Kerben.

25 Wenn du erkennst, was alles sie verheerte –
Die Luni, Urbisaglia – o – so viele –
Sind schon dahin verschwunden von der Erde.

26 Dann wird Dir offenbar im weltgewühle,
Wie die Geschlechter stürzen und verwehen,
Und Städte sinken in dem Todesspiele.

27 Jed' Ding muß seinem Tod entgegengehen –
Auch ihr – bleibt es auch oft dem Aug' verborgen,
Weils lange währt,und Leben kurz Geschehen.

28 Wie Mondeskräfte Ebbe und Flut besorgen,
Und immerfort verwandeln die Gestade –
So auch Fortuna Florenz heut' wie morgen.

29 Dich darf es nicht verwundern, daß ich grade
Die großen Florentiner Bürger rüge –
Verblaße Namen auf verlornem Pfade.

30 Ich sah die Ughi, Greci, Alberighe,
Ormanni Catellini, Filippi verloren,
Berühmte Bürger aus der Führungsriege.

31 Ich sah – zu frühem Glanz und Ruhm erkoren
Die Arca, die Sanella und die mit diesen –
Die Ardinghi, Soldanieri, Bostichi – geboren.

32 Dort überm Tor, um das so viele büßen
Des schweren Treubruchs und Verrates wegen –
Ihr Schiff wird sinken, in die Tiefe schießen,

33 War einst der Ravignai Haus gelegen,
Des Grafen Guido und der andren Ahnen,
Die noch Bellincion sich nennen mögen.

34 Der Herr von Pressa weiß wie man auf Bahnen
Des herrschens bleibt, der goldne Knauf am Schwerte
Ließ Galigaio's Macht die Bürger ahnen.

35 Groß war der Vaio-Säule Machtgebärde:
Sacchetto, Giuochi, Fifanti und Barucci,
Galli und die der Scheffel-Trug entehrte.

36 Der Stamm, aus dem entsprossen die Calfucci,
War schon in hohe Ämter eingezogen:
So stiegen auf die Sizii, Argucci!

37 O viele sah ich, die sich selbst betrogen
Durch ihren Stolz, sah Florenz goldne Zeichen,
Die Kugeln glänzten nach des Kampfes Wogen.

38 An Taten ihren Ahnen jene gleichen,
Die, wenn ein Bischofsitz verwaist gewesen,
In den Kapiteln saßen fett mit Bäuchen.

39 Die feige Sippe, die zum Drachebesen
Dem Schwachen wird, der flieht, mit Schmeicheleien
Den Mächtigen huldigt und den Börsengroßen,

40 Kam hoch empor aus kleiner Leute Reihen,
Doch dies den Ubertin Donati kränkte,
Daß sie als Schwäher nun Verwandte seien.

41 Aus Fiesole Capponsacoo lenkte
Zum Markte schon die Schritte und zum neuen
Insassen Giuda, Infangato drängte.

42 Unglaublich ists, doch ganz im Wahrgetreuen:
Man ging zur Innenstadt durch die Pforte,
Die sie auf Della Peras ließen weihen.

43 Ein jeder, der sich mit der bunten Borte
Des Herrn geschmückt, zu dessen Ehr' und Preise
Am Thomastag die Feier war am Orte,

44 Ward aufgenommen in der Ritter Kreise,
Der muß sich solchem Volk verbinden,
Der dessen Saum vergoldet solcherweise

45 Gualterotti, Importuni dann begründen
Mit Borgo ihre Macht, doch jetzt ist Frieden,
Solange sie nicht neue Nachbarn finden.

46 Das Haus, in dem sie Florenz' Unheil brüten,
Aus Zorn zu vielen Morden hingerissen,
Wodurch das Glück fÜr immer Fuch gemieden,

47 War hochgeehrt, noch fern den Bitternissen:
O Buondelmonte! Schlecht ists Dir ergangen,
Daß man die Heirat hintertrieb beflissen.

48 Gar viele wären fröhlich, die nun bangen,
Hätt' Gott Dich in die Ema stürzen lassen,
Bevor Du erstmals durch die Stadt gegangen,

49 Doch nein! Von Florenz mußten die Insassen
Dem blöden Steine opfern auf der Brücke.
Zuletzt noch eh der Friede es verlassen.

50 Sah dieser und der anderen Geschicke,
Sah Florenz noch in seinen ruhigen Zeiten,
Sah keinen Grund zum Weinen, sah's im Glücke,

51 Sah sie fürs Volk gerecht und glorreich streiten
So sehr, daß niemals in verkehrter Haltung
Das Lilienbanner schleifte bei den Leuten,

52 Die Fahne rot nicht wurde durch die Spaltung.

XVII. GESANG

1 Wie jener kam zu Climene mit Fragen,
Ob die Gerüchte denn die Wahrheit seien,
Was Väter selten ihren Söhnen sagen.

2 So ich, so auch empfunden von den Zweien,
Von Beatrice und dem heiligen Wesen,
Das seinen Ort verließ, mich zu erfreuen.

3 Und Beatrice sprach: „Die Siegel lösen
Sollst du, sprich frei von deinem Fürchten, Sehnen,
Doch alles sei geprägt aus innrem Wesen.

4 Nicht, daß sich Wissen mehre, sei Dein Wähnen,
Nein – von der Seele Durst sei Deine Rede,
Daß wir ihn löschen, trocknen Deine Tränen."

5 O teurer Urahn, der so hoch Erhöhte –
Nicht Menschenwissen, das – nach seiner Weise
Ein Dreieck nicht zwei stumpfe Winkel böte –

6 Du kennst schon das Geschehn im Weltenkreise,
Eh es geschieht – Dein Auge kann es schauen
In einem Punkt was Künftiges verheiße.

7 Als ich Vergil mich durfte anvertrauen,
Den Berg besteigend, der die Seelen reinigt,
Hinunter zu der toten Höllengrauen,

8 Ward mir gesagt so manches, das mich peinigt,
Vom künftigen Leben, wenn ich mich auch wehre
Mit meinen Kräften, wenn mich Böses steinigt,

9 So bitt' ich dennoch, daß Dein Wort es kläre,
Ob Unglück drohe – diesen Wunsch erfülle –
Den Pfeil voraus zu sehen, nimmt ihm die Schwere."

10 So sprach ich, und so war es Wunsch und Wille
Von Beatrice – zu dem lichten Wesen –
Das vorher sprach aus seiner Strahlenhülle.

11 Sein Spruch – nicht wie beim Heidenvolk zu lesen,
Eh' Gottes Lamm erschien in unsrer Mitte,
Am Kreuz den Tod erlitt', uns zu erlösen,

12 War nicht verschlüsselt nach Orakelsitte,
Gab in Latein – erlesen – auf die Frage,
In Strahlen lächelnd, Antwort auf die Bitte

13 „Wohin der Zufall Erdenstoff auch trage,
Sein Ablauf bleibt vom ewigen Angesichte,
Entfällt nicht dem Gefüge seiner Lage.

14 Doch nicht Notwendigkeit ist seine Richte:
So wie das Aug das Schiff das abwärts gleitet
Nicht lenkt, sein Bild nur blitzt im Augenlichte,

15 Wie Orgelton von dort dem Ohr sich breitet,
Die Harmonieen süßen Klang umfassen,
So meinem Aug' der Zeiten Sein sich weitet.

16 Wie Hippolybos von Athen dem Hassen
Der falschen Mutter wich perfider Rache,
Mußt Du Florenz, mußt Du die Heimat lassen.

17 Dies will man, ist schon lang beschlossne Sache,
Der denkt und lenkt es, der es läßt geschehen,
Daß man um Christum üblen Schacher mache.

18 Nur den Verlierer will man schuldig sehen,
Wie üblich – doch ich hör' die Rache schreiten,
Es wird die Wahrheit ihr zur Seite stehen.

19 Das Teuerste, die Heimat, mußt Du meiden –
Und dieses ist erst eine erste Wunde,
Die der Verbannung Los Dir wird bereiten.

20 Du wirst erfahren manche bittre Stunde,
Wie salzig schmecken wird das Brot der Fremde,
Die harten Stufen gehn mit schmalem Munde.

21 Doch was noch schwerer ist die ungehemmte
Verlogne Schar in Deinen Bitternissen –
Die die Vertreibung mit zum Tale schwemmte.

22 Gesindel, danklos ohne jed' Gewissen,
In Dummheit und Verblendung ganz befangen,
Doch werden sie – nicht Du es büßen müssen.

23 Durch Bosheit und durch gieriges Verlangen,
Erweisen sie als niedrig sich und Neider,
Und gibt dir recht, daß Du allein gegangen.

24 Doch wird zum ersten Dir zum Schutz und Streiter
Der edle Lombard: Herberg' wird er bieten,
Den heiligen Vogel führt er auf der Leiter.

25 Durch seine Güte findest Du dort Frieden,
Wo Bitten und Gewähren gleich geschehen,
Das anderswo nur langsam wird dem Müden.

26 Dort wirst Du jenen schon Geprägten sehen,
Gelenkt seit der Geburt von starkem Sterne,
Dess' wunderbare Werke bald erstehen.

27 Noch merken Menschen nicht, was noch im Kerne
Geschützt der Jugend ruht – denn ihn umkreisen
Neun Jahre erst des Himmels hohe Sterne.

28 Die Menschen werden seine Tugend preisen,
Noch eh' der Baske den Betrug begangen
Am hohen Heinrich – wird es sich erweisen,

29 Daß er nach Geld und Schätzen kein Verlangen,
Selbst Feinde seine Großmut loben müssen,
Die Zungen hält kein Schweigen mehr gefangen.

30 Du bau auf ihn! Nie wirst Du Hilfe missen,
Viel Volk wird er verwandeln durch sein Streben,
Der Reiche wird dem Bettler weichen müssen.

31 Doch mehr noch will ich dir zu wissen geben,
Bewahrs und schweige!" Und er sprach von Dingen,
Unglaublich jenen, die sie einst erleben.

32 „Mein Sohn," so sprach er noch, „die Worte bringen
Dir die Erklärung, die die Drohung deutet:
Gefahren lauern, jahrelang Dich umringen!

33 Doch Deine Nachbarn seien nicht beneidet!
Dein Leben wird viel weiter wirkend bleiben,
Viel weiter als bestraft Verbrechen schreitet."

34 Da sie nun schwieg und so mir gab das Zeichen,
Daß schon der Einschlag fertig zum Gewebe,
Den Rahmen, den ich bot es anzugleichen.

35 Sprach ich wie einer, der sich gern enthöbe
Des Zweifels, Rat ersehnend andrer Seele,
Die sieht und will, daß man ihm Liebe gäbe:

36 „Wohl seh ich, Vater, nie ichs mir verhehle –
Die Zeiten spornen, drohn mit harten Schlägen,
Die doppelt fühlt, der sich beizeit nicht stähle.

37 Drum will ich mir die Vorsicht auferlegen,
Daß – wenn ich schon den liebsten Ort verloren –
Nicht mehr verlöre, meines Werkes wegen.

38 Dort in der Tiefe, hinter Höllentoren,
Dort auf den schönen Berges Gipfelhöhen,
Wo Beatrices Augen mich erkoren –

39 Auch in des Himmels reinen Lichtes Wehen –
Erfuhr ich vieles, daß, wenn ich es sage,
Es viele als zu scharf' Gewürz verschmähen.

40 Bin ich ein Freund der Wahrheit schon, doch zage,
So fürcht' ich, daß bei denen ich verloren,
Die einst das Heute sehn als alte Tage."

41 Das Licht – dem Ahn zu neuem Sein erkoren,
Den ich hier fand – jetzt strahlend mehr erglühte,
Wie Strahlen, die auf goldnem Grund geboren,

42 Nun zu mir sprache: „Wenn ein Gewissen müde,
Getrübt von eigner oder fremder Schande,
Spürt's wohl, den Stachel und vor'm Stich sich hüte.

43 Gib acht, daß nie im Lied die Luge lande:
Die Wahrheit künde dir vergönnt zu schauen,
Laß kratzen, den die Krätze übermannte.

44 Wenn Deine Stimme lästig wird den Lauen,
Lebendige Nahrung birgt die bittre Rinde,
Nach erstem Kosten wird man sie verdauen.

45 Es ist mit Deinem Ruf wie mit dem Winde,
Der muß um höchste Gipfel meistens toben,
Als Mehrer Deiner Ehre dies empfinde!

46 Drum wurden Dir gezeigt am Weg nach oben,
Am Berg und in dem bittren Schmerzenstale
Nur jene Geister, die der Ruhm erhoben;

47 Weil man dem Geist nicht glaube, der nicht strahle,
Dem Hörenden kein Beispiel zum Belege,
Und auch die Wurzel dunkel bleibt und fahle!

48 Noch sonst ein andres Licht auf seinem Wege."

XVIII. GESANG

1 Indes der selige Geist in eigner Weise
Ruft seine Worte froh – blieb zum Verzehre
Mir selbstgebraute bitter-süße Speise –

2 Doch diese Frau mir Hort und Gottes-Lehre,
Nun sprach: „So lasse die Gedanken – denke –
Du bist bei dem, der jedem Unrecht wehre –

3 Vom reinen Klang berührt, den Sinn ich lenke
Zur Tösterin: Doch Worte müssen schweigen,
Als ich den Blick in ihre Augen senke,

4 Vor heiliger Liebe, nicht nur Worte zeigen
Sich dürftig, Geist kann es nicht wiedergeben,
Ich kann mich dem Erhabenen nur beugen,

5 Soviel nur sag ich, daß in mir ein Beben
Als ich auf sie geschaut in dieser Stunde:
Mein Geist wunschlosem Schauen hingegeben.

6 Ich sah entströmend fernstem Himmelsgrunde
Die ewige Freude auf ihr Antlitz fallen,
Im Spiegel ihrer Augen selige Kunde.

7 Mit Lächeln – mich bezwingend Licht – Umwallen –
Sprach sie zur mir: „Schau rings um Dich und höre:
Nicht nur in mir – der Himmel ist in allen!“

8 Wo's nie geschieht, daß Liebe sich verlöre,
Doch manchmal sie sich zeige am Erröten,
Wenn sie die ganze Seele mitbeschwöre,

9 Wie hier ein neues Glühen aufgetreten:
Das heilige Licht sich wieder zu mir wandte
Mir zeigend, daß es wieder wolle reden,

10 Und es begann: „Um dieses Baumes Stande
Der fünften Stufe strömt vom Gipfel Leben,
Trägt immer Früchte, bleibt im Blattgewande,

11 Sind selige Geister, die ihn hier umschweben,
Sie hatten großen Ruhm einst auf der Erde.
– Die Palme würde jede Muse geben. –

12 Nun schau zum Kreuze: Den ich nennen werde,
Der wird sich zeigen – gleich der Wolken Blitze,
Des schnellen Feuers zuckende Gebärde.

13 Dann sah ich längs des Kreuzes, nah der Spitze
Ein Lichtlein gleiten bei Josuas Namen,
Nicht schneller als man seinen Namen ritze.

14 Von andren, die entlang des Kreuzes kamen
– Nur Freude schien die Peitsche ihrer Reise –
Der Makkabäer kreist im Strahlenrahmen.

15 Bei Karl dem Großen und bei Rolands Preise
Folgt ich zwei anderen mit wachen Sinnen,
Wie oft das Aug' der Falken Flugesweise.

16 Wie Wilhelm und Rainardus jetzt beginnen,
Und Herzog Gottfried sah ich auf dem Wege,
Und Robert Guiscard hellen Glanz gewinnen.

17 Der so gesprochen, war nun selber rege
Im Kreis der andren, und er schien zu zeigen,
Wie er als Künstler sich im Chor bewege.

18 Ich wandte mich jetzt ab vom Lichterreigen
Und suchte Beatrice an rechter Seite.
Ob sie das Weitre mir wolle zeigen.

19 Und leuchten sah ich sie in reiner Freude,
Noch strahlender war ihr Gcsicht erschienen,
Und übertraf sich selbst wie je so heute.

20 Wie man erkennen kann an frohen Mienen
Durch größre Freude an den guten Taten,
Daß Menschentugend stetig wächst an ihnen,

21 So fühlte ich mich jetzt auf höhren Pfaden
Wohl kreisend auf dem weiten Himmelsbogen,
Daß schöner noch die Wunder, die sich nahten.

22 Wie ein Gesicht, von Röte überzogen –
Vielleicht aus Scham – nach kurzer Zeit erblasste,
Wenn andere Gefühle überwogen,

23 So ging es mir – wie es mein Aug' erfaßte,
Als mich ein weißes Sternenlicht umhüllte
Des sechsten Sterns, im Licht von sanftem Glaste,

24 Als mich nun ganz das heitre Licht erfüllte
Des Jupiters im Funkensprühn der Liebe,
Sah ich in unserer Sprache Wortgebilde.

25 Und wie ein Vogelschwarm – ob er zerstiebe
Am Strande – überlegt nach guter Beute,
Und auf und ab sich wiegend Zeichen schriebe,

26 So flogen singend – Überschwang an Freude –
Und hin und her und auf und ab sie flogen,
Bis „D" und „I" und „L" als Form erfreute.

27 Und Lieder sangen wechselnd sie und zogen
Umkreisend sich und bildeten die Zeichen,
Zum Schweigen bald und bald zum Halt bewogen.

28 O göttliche Pegasea, die ohnegleichen
Den Geistern Ruhm verleiht auf lange Dauer
Durch sie und Dich in Städten in den Reichen,

29 Erleuchte mich, daß noch das Bild genauer,
Da ichs erfaßte und in mir verblieben
Zeig', wie er kurze Vers des Bilds Erbauer.

30 So zeigten also dort sich fünf mal sieben,
Vokal und Konsonant – wie alle Teile,
Zum Satz sich formten und das Bild beschrieben.

31 „Diligite Justitiam!" die Zeile
Mit Zeit und Hauptwort erst das Bild ummalte,
„Qui judicatis terram!" zu sagen eile.

32 Beim fünften Worte, wo das „M" erstrahlte,
Verblieben sie, so daß sich abgehoben
Vom Silber Jupiters das Gold-Bemalte.

33 Dann folgten andre Lichter noch nach oben
Zum Gipfel hin des „M", die dort verblieben
Im Drang das Gute im Gesang zu loben.

34 Dann wie die Funken auseinander stieben
Beim Schlag auf Glühendes, und weithin streben –
Oft glaubt der Tor, daß Künftiges sie schrieben –.

35 Sah Tausende von Lichtern sich erheben,
Und alle hoch und immer höher flogen
Wie's ihnen ihre Sonne vorgegeben.

36 Ich sah, als sie zur Ruhe sich bewogen,
Und jedes am gemäßen Ort gehalten,
Ein Adlerhaupt und Hals, von Licht umzogen,

37 Wer so hier malt, braucht keiner Führung Walten,
Er lenkt sich selbst, ist sich die eigne Richte,
Besitzt die Kraft, die Nester zu gestalten.

38 Die andren Seligen – erfüllt vom Lichte –
die früh entschlossen sich am „M" erfreuten,
Nach kurzem Flug beim Adlerbild ich sichte.

39 O süßer Stern! So viele Kostbarkeiten
Mir zeigend, daß Gerechtigkeit auf Erden
Nur als des Himmels Wirkungen zu deuten!

40 Drum bitte ich den Geist, aus dem Dein werden
Und Dein Bewegen – o, er möge Schauen,
Woher der Rauch, verdunkelnd Dich auf Erden!

41 Damit er strafend hebe seine Brauen,
Wenn sie in seinem Tempel Schacher trieben.
Den nur die Märtyrer einst konnten bauen.

42 O Kriegerschar des Himmels – jetzt hier hüben
Fleh ich: O bitt für jene auf der Erde,
Die sich verirrt, beim schlechten Vorbild blieben.

43 Einst führte man die Kämpfe mit dem Schwerte,
Doch jetzt durch den Entzug der ewigen Brote,
Die unser Vater keinem noch verwehrte.

44 Doch Du, der wahllos löscht und gibt Gebote,
Bedenke, Paul und Petrus, die gestorben
Am Weinberg, den Du höhnst, sind keine Tote!

45 Wohl sagst Du uns: „Wir haben den umworben,
Der in der Wüste war in härenem Gewande,
Der eines Tanzes wegen ward verdorben,

46 Doch Paulus nicht, noch den vom Fischerstande.“

XIX. GESANG

1 Das offne Schwingenpaar im schönen Bilde
Des Adlers jene Seelenschar umspannte,
Die der Gemeinschaft süßes Glück erfüllte,

2 In jeder, wie rubin ein Feuer brannte,
So sehr, als ob ein Sonnenstrahl sie zünde,
Und der zum Widerstrahl mein Auge übermannte.

3 Und mir obliegt, daß ich die Worte künde,
Die keine Stimme sprach und nie geschrieben,
Noch daß die Phantasie sie überründe,

4 Den was ich sah und hörte von dort drüben –
Obgleich des Adlers Worte „ich“ und „meine“
Verstand ich klar das „wir“ und „unser“ hüben.

5 Er sprach: „weil ich gerecht und fromm erscheine,
Bin ich zu solchem hohem Ruhm erkoren,
Den nie erreichen wird ein Wunsch alleine.

6 Man denkt auf Erden mein, der ich verschworen,
Selbst die Verworfensten mich heuchelnd nannten,
Doch bald die Zeichen meiner Spur verloren.

7 So steigt der Wärmestrom aus vielen Branden,
So viele im Gefühl der Liebe glühen,
Die sich vereint zu einem Klang verbanden.

8 Worauf ich sprach: „o immer während Blühen
Der ewigen Freude, Strom der Düfte Fülle
Zu einzigen Blume aller laßet ziehen.

9 Im Anhauch löse sich des Hungerns Wille!
Das große Fasten nun zu Ende gehe!
Die Erde hat nicht, was den Hunger stille!

10 Wohl weiß ich, daß in euren Kreises Höhe
Die Gerechtigkeit dem Aug sich böte,
Und Euer Aug’ sie ohne Schleier sähe.

11 Ihr wißt, wie wach ich mich gehalten, jede
Erklärung anzuhören mich bereitet,
Ihr kennt ja aller alten Zweifels Nöte!“

12 So wie ein Falke, der die Flügel spreitet
Und frei den Kopf bewegt nach allen Seiten,
Wenn von den Augen ihm die Binde gleitet,

13 Sah ich des Adlers Fittiche sich breiten,
Durch Gottes Gnade uns im Bild verwoben
Mit Liedern, die nur kennt, die dort sich freuten.

14 Und er begann: „Der mit dem Zirkel oben
Die Welt nach ihren Grenzen abgemessen,
Das Dunkle von dem Lichten abgehoben –

15 Er brauchte seine Kraft im All, in dessen
Gepräg' erschöpfender nicht offenbaren,
Was unbegrenzt nicht schon sein Wort besessen.

16 Beweis: Man sah den Stolz der Engelscharen,
Der der Geschöpfe höchster war gewesen,
Des Lichts nicht harrend, in die Tiefe fahren.

17 Daraus erhellt, daß in zu eng Gefäßen
Das Gute endlos nicht als Ganzes läge:
Sein wahres Maß ist nur aus ihm zu lesen.

18 Daher, was unser Sehen auch vermöge,
Ein Strahl nur ists des Geist im Strahlenmeere,
Der jedes Ding durchdringt und alle Wege,

19 Naturgemäß die Fähigkeit entbehre,
Viel mehr als nur Erscheinungen zu sehen,
Was jenseits ist – in ihrem Ursprung wäre.

20 Es kann daher der Blick nicht tiefer gehen,
Will er den Grund des ewigen Rechts ergründen
Als er die Meerestiefe kann erspähen,

21 Wo nur am seichten Strand der Grund zu finden,
Die Tiefe ihn verbirgt, obwohl vorhanden,
Wie tausend Dinge ihn uns sicher künden.

22 Es gibt kein Licht, das nicht die Himmel sandten,
Die nie sich trüben – sonst nur Dunkelheiten,
Nur Fleisches Schatten, Gift, in ihm entstanden.

23 Nun sind enthüllt Dir die Verborgenheiten
Lebendigen Rechtes – allen Deinen Fragen,
Schon oft gestellt, die Antwort zu bestreiten.

24 Du sagtest: ‚Niemand wird dem Inder sagen,
Wer Christus war, da er doch fern geboren
Am Hindus, Buch und Schrift sich ihm versagen,

25 Und wäre gar zu ewigem Heil erkoren,
Wenn Tun und Lassen ohne Sünde wäre,
Und er durch Torheit selber nicht verloren,

26 Doch bleibt er ungetauft, stirbt ohne Lehre,
Gibt es ein Recht ihn darum zu verdammen,
Unwissend ohne Glauben schuldig wäre?

27 Wer bist denn Du, der glaubt sich zu entflammen
Für recht' Gericht? Und den die fernste Ferne
Doch trennt – kann Einsicht kurzem Blick entstammen?

28 Doch würd' ich mit den Grüblern reden gerne,
Wo Stoff zum Zweifel wohl genug sich fände,
Wenn nicht die Bibel Antwort gäb' im Kerne.

29 O irdische Geister – maßlos ohne Ende!
Urwille lebt aus sich im reinen Guten!
Verläßt es nie – wohin er sich auch wende.

30 Im Einklang läßt das Rechte sich vermuten,
Geschaffne Dinge binden ihn nicht außen,
Die guten aus ihm strahlen, in ihm ruhten."

31 Hoch überm Neste kreist die Störchin draußen,
Wenn sie das Futter brachte ihren Jungen –
Und wers erhielt betrachtet sie in Pausen.

32 So tat der Adler – hoch zu ihm gedrungen
Sind meine Blicke – hob jetzt seine Flügel
Beschwingte durch der Engel Huldigungen.

33 Und kreisend sang er: „Wie Du dieses Siegel
Nicht lösen kannst, Verstehen bleibt verschlossen,
Verschließt das ewige Urteil euch ein Riegel."

34 Dann ruhten sie, die so vom Licht umflossen
Des Heiligen Geistes, in dem Adlerbilde,
Dem soviel Ruhm den Römern einst entsprossen.

35 „Zu diesem Reiche,“ noch sein Wort enthüllte,
„Steigt niemals je, der nicht geglaubt an Christus,
Gleich wann die Welt der Kreuzestod erfüllte.

36 Doch siehe: viele schreien Christus, Christus
Die ihm einst ferner stehn am Jüngsten Tage
Als die, die nie gehört den Namen Christus.

37 Wenn dann die Scharen sich mit einem Schlage
Geteilt, wird solche auch der Mohr verachten,
Der sieht, wen reich, wen arm der Herr verjage.

38 Wir können Perser eure Herrscher achten,
Sieht man im großen Buche aufgeschlagen!
Was jemals an Verbrechen sie vollbrachten.

39 Dort wird man sehn, aus Albrechts finstren Tagen,
Des' Freveltaten noch hineinzuschreiben,
Durch die das Reich in Prag zu Grab getragen.

40 Dort wird man sehn: Falschmünzerei betreiben
Wird jenem an der Seine nur Schmerzen bringen,
Der Wildsau Zahn wird gräßlich ihn entleiben.

41 Dort wird man sehn, wie England in den Schlingen
Des Hochmuts, gierig heuchelnd und perfide
Wird es aus Habsucht fremdes Land verschlingen.

42 Dort wird man sehn den Luxus, reich und prüde
Des Spaniers und des Böhmenkönigs: beide
Nur immer feige waren, immer rüde.

43 Dort sieht man auf des Lahmen guter Seite,
Des von Jerusalem verzeichnet eine,
Doch tausende Verbrechen nennt die Zweite.

44 Man wird den Geizhals sehen, der im Scheine
Der Feuerinsel lebt und ganz entartet.
Dort wo Anchises ruht im Pinienhaine.

45 Bis man ihm jede Untat aufgekartet,
Bedarf es Kürzel, weil der Raum zu enge,
Da man so viele gar nicht hat erwartet.

46 Des Oheims Taten gibt es eine Menge
Und seines Bruders, mit den beiden Kronen
Zwar edlen Stamms, doch fleckigem Gepränge.

47 Und den von Portugal, Norwegen, schonen
Sie nicht, dort wird des Serben Namen stehen,
Der frech geprägt Venedigs Golddoublonen.

48 O glücklich Ungarn! Konntest ihm entgehen
Dem Räuber! Auch Navarra ist zu preisen,
Denn seine Bergesgrenze bleibt bestehen.

49 An Zyperns Beispiel läßt sichs leicht beweisen
Wodurch Nicosia, Famagosta leiden:
Durch einen König, den sie Bestie heißen,

50 Von andren Bestien kaum zu unterscheiden …

XX. GESANG

1 Wenn jene, die der ganzen Welt die Helle spendet,
Aus unsrem Sichtkreis in die Tiefe schwindet,
Der Tag nach allen Seiten dämmernd endet,

2 Dann wird, dem sie zuerst das Licht entzündet,
Der Himmel wieder hell: Im Sternenschimmer
Der Nacht der Einen Licht sich wieder findet.

3 An dies Geschehen mußt ich denken immer,
Als jetzt der Welt und ihres Führungs-Zeichen
Der Mund verstummte in dem Lichtgeflimmer.

4 Denn die lebendigen Lichter mit dem reichen
Erglühen fingen an aufs neu zu singen,
Doch mein Gedächtnis muß der Fülle weichen.

5 O süße Liebe in der Töne klingen,
In Lächeln eingehüllt sind Lebesgluten,
Und heilige Gedanken sie durchdringen.

6 Als die Juwelen, die mit Glanz umfluten
Des sechsten Sterns das schmückende Gepränge,
Vom Engelglockenklange lassend ruhten,

7 Glaubt ich zu hören murmelnd Wellengänge,
Wie Wasser rauscht von Fels zu Felsen strebend
Vom Gipfel strömend klaren Wassers Menge.

8 Und wie der Ton der Laute, sich belebend,
Den Klang der Form verdankt wie bei Schalmaien,
Von Klang zu Klang sich senkend, hebend,

9 Nun ohne Zögern sich des Spiels zu freuen,
War Klang und Rauschen wieder aufgestiegen
Zum Munde hin, dort ihnen Worte leihen

10 Und wurde Stimme: mit den Atemzügen
Formt' sich so Wort um Wort in seinem Munde.
Die gern ich möchte zum Gesange fügen.

11 „Der Teil, der in mir, der mit dem Teil im Bunde
Des irdischen Adlers, sind die Augensterne;
Sieh hin, erkenne sie am lichten Grunde

12 Denn alle Lichter, nahe mir und ferne,
Geformt in mir, sind von verschiednem Grade,
Von höchstem Grade sind die Augensterne.

13 Der Augensterne Mitte – Strahlenpfade
Des Sängers, der in heiligem Geist entbrannte,
Von Stadt zu Stadt trug er die Bundeslade.

14 Er kennt den Wert des Sangs in seinem Lande,
Und er erkennt, was Gott ihm zugegeben,
An Rang, den ihm der Himmel zuerkannte.

15 Wo über meinen Brauen sich Fünf erheben
Hat einer, der am Schnabel ist gelegen,
Die Frau getröstet um des Sohnes Leben.

16 Nun weiß er, der des süßen Lebens wegen
Nicht Christus war gefolgt, was er verloren,
Und kennt die Kraft, die immer wirkt dagegen.

17 Und der, der sich den äußren Rand erkoren
Ihm folgend überm obren Augenbogen,
Verschob den Tod, wozu er doch geboren,

18 Durch wahre Buße, weiß es nun: sie trogen!
Das ewige Urteil läßt sich nimmer ändern,
Vielleicht verschieben, durch das Flehn bewogen.

19 Der nächste mit Gesetzes bunten Bändern
Und meinem Bilde, machte sich zum Griechen,
Verschenkte mich dem Hirten mit den Ländern.

20 Nun weiß er, wie der Schenkung Früchte riechen,
Wenn ihn das Übel auch nicht selber kränkte,
Ließ doch die Wohltat ganze Völker siechen.

21 Und da, wo sich die Braue seitlich senkte
Sitzt Wilhelm, der beweint wird von dem Lande,
Das Karl und Friedrich in die Trübeal lenkte.

22 Nun weiß er gut, wie sehr durch Liebesbande
Der Himmel einen guten Herrscher bindet.
Und zeigt dies jetzt an seinem hellen Brande.

23 Wer glaubte wohl, was hier sich strahlend kündet,
Daß Trojaner Ripheus im Kreise
Den dritten Platz der heiligen Lichter findet?

24 Nun kennt er durch die Gnade Gottesweise,
Was er auf Erden nimmer schauen konnte,
Wenn auch sein Blick nicht bis zum Grunde reise."

25 So wie die Lerche steigt hoch über Auen,
Erst singend klettert und dann schweigt zufrieden,
Die letzte Süße kostend, schwebend schauen,

26 Schien mir geprägt im Bild, im lichtdurchglühten
Vom ewigen Wohlgefallen: wie durch Sehnen
Nach ihm die Dinge alle erst erblühten.

27 Wie Farben unterm Glas lebendiy tönen –
Sah jeder, daß in mir ein Zweifel ringe,
In bangem Drängen, in verhaltem Stöhnen.

28 Und brach aus mir: „Was sind denn diese Dinge?"
Und auf mir lastete des Zweifels Schwere.
Da sah ich froh erglühen jede Schwinge.

29 Es war, als ob sich noch der Glanz vermehre
Im Adlerauge, sah, er wolle reden,
Daß ich die Antwort länger nicht entbehre:

30 „Ich sehe" sprach er, wie ich ihn gebeten,
„Du glaubst, weil ich Dir sage – ohne Gründe:
Doch auch geglaubt, ist es nicht klar für jeden.

31 Du tust wie der, der Namen wohl geschwinde
Gebraucht, doch ohne Wissen von den Dingen,
Eh' nicht ein andrer ihm ihr Wesen künde.

32 Vom Himmelreich läßt sich ein Gut erzwingen,
Man kann durch Hoffen, heißer Liebe Brände
Den Willen Gottes zur Gewährung bringen.

33 Nicht wie ein Mensch den Menschen zwingen könnte,
Er selber siegt, weil er besiegt will werden,
Besiegt, siegt seine Güte doch am Ende.

34 Es wird Dein Staunen sich noch mehr erhärten:
Das erste und das fünfte Licht der Brauen
Bei Engeln: Heiden schienen sie auf Erden.

35 Beim Tode nicht als Heiden anzuschauen,
Als gläubige Christen wir sie sehen müssen,
Der *vor*, *der* nach dem Kreuzestod und -Grauen.

36 Der kehrte aus der Hölle Finsternissen,
Der keiner je entrinnen kann durch Reue:
Lohn für lebendiges Hoffen in den Bitternissen.

37 Lebendig Hoffen, Kräfte, immer neue
In Bitten weckend, die ihn hoffen ließen,
Daß Gottes Wille ihn vom Tod befreie.

38 Die ruhmesreiche Seele, die wir grüßen,
Kam wieder rück zum Leib für kurze Zeiten,
Hat fest geglaubt an ihn nach bittrem Büßen,

39 Sich gläubig, glühend neuem Sein zu weiten,
Durchglüht von Liebe, daß beim zweiten Tode
Sie würdig war zum Fest sich zu bereiten,

40 Die andre hat durch Gnade, die der Bote
Des Urquells, den kein Auge je gesehen –
In seine Tiefe reichen keine Lote –

41 Das Recht gesucht mit heißer Liebe Flehen,
Drum öffnete ihr Gott durch Gnad' um Gnade
Das Aug' daß einst Erlösung kann geschehen.

42 An diese glaubte er, drum rief er auf zum Pfade
Des Heils das Heidenvolk vom irren Wege
Des schlimmsten Aberglaubens aller Grade.

43 Statt Taufe führten ihn die neuen Stege
Drei Frauen, die Du gesehn am Wagenrande,
Schon tausend Jahre vor der Taufe Pflege.

44 O Gnadenwahl du uns so oft genannte!
Wie ist Dein Grund verschleiert allen Blicken,
Da keiner je die erste Ursach' kannte.

45 Ihr Sterblichen! Ihr sollt den Stift nicht zücken
Zu eiligem Urteil! Wir in Gott nicht wissen,
Wen Er als Auserwählten wird beglücken!

46 Doch diese Lücke möchten wir nicht missen!
Weil unser Sein auf seinem Sein sich gründet:
Wir sind des Willen Gottes nur beflissen.“

47 So wurde Hilfe, was das Bild verkündet.
Um meiner Augen kurze sicht zu weiten,
Da solches Heilungsmittel schnell gesündet.

48 So wie ein guter Sänger sich begleiten
Von guten Zitterspielern läßt beim Singen,
Wodurch sein Lied gewinnt zu aller Freuden,

49 Ein Gleiches will ich in Erinnrung bringen:
Ich sah, so oft die beiden seligen Lichter
Zustimmend mit den Worten einig gingen,

50 Ein Blitzen in den Augen der Gesichter …

XXI. GESANG

1 Schon hielt ihr Anblick gänzlich mich gefangen,
So sehr die Herrin meine Seele bannte,
Daß alles andre um mich mir entgangen.

2 Sie lachte nicht, „denn wenn ich lachte," wandte
Sie sich zu mir, „es würde Dir ergehen
Wie Semele, als sie zu Asche brannte.

3 Denn meine Schönheit wächst, wie Du gesehen,
Im ewigen Dome, wächst in jeder Wende
Noch mehr, so wir die Stufen höher gehen.

4 Du würdest – der sie ohne Schutz empfände,
Und sterblich Deine Kraft – in ihrem Feuer
Verbrennen wie das Laub durch Blitz behende.

5 Zur siebten Leuchte weist der Sterne Steuer:
Im Bild des Löwen siehst du sie erglühen
Der Sternenkräfte Fülle ungeheuer.

6 Laß Deinen Geist mit Deinen Augen ziehen.
Laß sich der Sterne Bild in ihnen spiegeln
In solchem Schauen wird sein Sinn erblühen."

7 Wer wüßte, wie die Blicke mich beflügeln,
Ihr Antlitz Nahrung ist dem Augenlichte,
Mich sorglich vor Veränderung zu zügeln,

8 Versteht mich wohl, wie willig ich verzichte
Auf eines, mir ein anderes verheißend,
Wie gern ich mich nach ihrem Worte richte.

9 Im Innern des Kristalls, die Welt umkreisend,
Dem alle Bosheit mußte unterliegen,
Des teuren Führers Name immer preisend.

10 In – Gold durchleuchtend, – lichtdurchwirkten Zügen;
Sah ich die Leiter in die Höhe ragen,
Wohin zu folgen Augen nicht genügen.

11 Und sah, daß viele Sprossen Lichter tragen,
So viel als ob dort ausgebreitet wäre
Der Lichterglanz von vielen Sternentagen.

12 Früh morgens oft nach Nacht und Nebelschwere
Die klammen Flügel wieder warm zu fliegen,
Sieht man die Krähen, ganze Krähenheere,

13 Oft auf und ab sich in den Lüften wiegen,
Und viele schwenken, halten, sitzen wieder,
Und andre um die gleiche Stelle biegen,

14 Ein Gleiches sah ich bei der Lichter Auf und Nieder:
Wie Funkenregen in den Raum zerstieben,
Wenn auf die Sprossen traf ein Schwarm Erglühter,

15 Ein Licht, das vor uns stehn geblieben,
Und mehr erglühte, ließ mich selber sagen:
„Ich seh wie Liebe Dich zu mir getrieben."

16 Doch die, von der ichs wollte jetzt erfragen,
Ob ich noch schweigen sollte oder reden,
Sie schwieg, drum wollt ich auch nicht weitres wagen.

17 Worauf sie – was mein Schweigen ja erbeten –
Im Schauen schauend, dem ia nichts verborgen,
Nun sprach: „Folge Deinem Wunsche, dem erflehten."

18 Ich sprach: „Nicht eigene Verdienste sorgen,
Daß würdig ich der Antwort, wenn ich frage,
Doch der ich alles danke heut und morgen,

19 Erlaubt mir, o verborgner Geist, die Frage:
Aus Deiner Freude sprich: Aus welchem Grunde
Und welcher Wunsch in meine Näh' Dich trage.

20 Und gib mir, da sie sonst doch klingen, Kunde,
Warum des Himmels Symphonien schweigen,
Der himmlische Gesang aus seligem Munde?"

21 „Dein Ohr muß sterblichem Gesetz sich beugen,
Wie auch Dein Auge," sprach er, „und das Lachen
Von Beatrice kann sich drum nicht zeigen.

22 Ich kam den Stufenweg, den tausendfachen,
So tief herab, vor allem Dir zur Freude,
Nicht um ein Mehr an Liebe anzufachen.

23 Zum Gruß mit Worten und im lichten Kleide.
Gleich ist der Liebe Glühen hier und oben,
Ob sich verschieden auch ihr Glanz verbreite.

24 Doch hoher Liebe und dem Rate droben
Zu schnellen Dienern – Welten zu gebieten –
Hat uns das Los, wie DU gesehn, erhoben."

25 „Nun seh ich, heil'ge Leuchte, die sich mühten
In freier Neigung diesem Reich verschrieben,
Der Vorsehung zu folgen sie erglühten.

26 Doch dieses scheint ein schwierig Amt geblieben,
Es scheint mir schwer die Gründe zu verstehen –
Warum Du vorbestimmt es auszuüben?"

27 Die letzte Frage war noch kaum geschehen,
Begann das Licht, gleich einem Mühlrad-schnelle
Um seine eigne Mitte sich zu drehen.

28 Dann sprach das Licht aus innrer Quelle:
„Das Auge Gottes trifft, es lenkt die Richte,
Durchdringend und durchwirkend eigne Helle,

29 Und seine Kraft, erfüllend mein Gesichte,
Erhebt mich über mich, daß ich erkenne
Des Höchsten Wesens Quelle vom ewigen Lichte.

30 Die Freude stammt aus ihm, in der ich brenne,
Denn daß die Kraft des Sehnens sich noch mehre,
Die reine Flamme innre Klarheit nenne.

31 Doch selbst das hellste Licht der Engelheere,
Der Seraphim – die Gott so nahe stehen –
Bei Deiner Frage ohne Antwort wäre.

32 In solche Tiefe kann kein Auge sehen,
Kann nicht zum Grund der ewigen Satzung reichen,
Kein Forschender wird ihren Sinn verstehen!

33 Und weilst Du wieder, wo die Menschen bleichen,
Dann sage: nie soll sich der Mensch erkühnen,
Zu jenem Ziel zu lenken, ohnegleichen.

34 Was hier so helle leuchtet, raucht bei ihnen
Auf Erden, wie auch soll der Mensch es können,
Was hier versagt ist, selbst den Seraphinen.“

35 So mußt’ ich mich von dieser Frage trennen,
Wie er geboten; wer er jedoch wäre
Frug ich und bat, den Namen noch zu nennen.

36 „Wo Felsen ragen – nicht sehr weit vom Meere
Im Küstenland Italiens und nicht ferne
Von deiner Heimat – hoch der Donausphäre

37 Entrückt, die Höh’ Catria liegt und im Kerne
Des grünen Tales tief auf seinem Grunde
Das Kloster, Gottesdienst ergeben gerne,“

38 Sprach er zum drittenmal mit frohem Munde:
„Dort traf“ so fuhr er fort in seiner Rede
„Mich neu verwandelnd festigend die Gotteskunde.

39 Ertrug der Wittrung Unbill dort und jede
Gefahr, mich nährend vom Qlivenöle,
Lebt ich im Schaun versunken ohne Fehde.

40 Hier reifte für den Himmel manche Seele!
Nun ist es öd’. Bald wird es sich erweisen,
Daß keiner mehr den Untergang verhehle!

41 Peter Damianus wurde ich geheißen,
Damianus Peccator am Adriastrande,
– Wie mich die „lieben Fraun“im Hause preisen.

42 Ich kam noch spät zum Kardinalsgewande,
Schon neigte sich mein Leben hin zum Ende.
Ich weine, daß der Hut bei Schlechtren lande.

43 Wie Petrus kam und Paulus hohre Sende
Des heiligen Geistes, barfuß, voll Entsagen,
Das Brot empfangend von der Herberg’s Spende,

44 So seh’ ich keinen die Sandalen tragen;
Denn links und rechts gestützt muß man sie führen,
Sind fett, die Schleppe muß man ihnen tragen.

45 Den Mantel breiten sie auf ihren Tieren:
Zwei Tiere gehen unter einem Felle.
Wann wirst du – Himmel – die Geduld verlieren?“

46 Bei diesen Worten sah ich viele schnelle
Die Leiter niedersteigen und sich drehen,
Und jede Drehung mehrte ihre Helle.

47 Wie alle sie im Kreise ihn umstehen,
Da hört ich einen Ruf so laut ertönen,
Wie man ihn nie gehört im Erdgeschehen.

48 Doch ich verstand ihn nicht im Donnerdröhnen.

XXII. GESANG

1 Bestürzt auf meine Führerin ich schaute
Gleich einem Kinde dorthin auszuweichen,
Zu jenem, der es stets sich anvertraute

2 Und diese – die der Mutter schien zu gleichen,
Dem schreckensbleichen Sohne mit dem Klange
Der eignen Stimme, eilt ihm Trost zu reichen –

3 Nun sprach zu mir: „Weißt du es nicht schon lange,
Daß du im Himmel, solltest Du doch wissen
Was hier geschieht, geschieht aus heiligem Drange.

4 Wie hätte Dich Gesang verwandeln müssen,
Mein Lachen erst, wirst du wohl jetzt verstehen,
Wo schon der Engel Ruf Dich umgerissen.

5 Wenn Du verstündest was sie hier erflehen,
Daß die Vergeltung nah für die Verbrechen,
Noch eh Du sterben wirst, wirst Du es sehen.

6 Das Schwert wird sicher dort nicht hastig rächen,
Zu spät nicht – dem nur wird's so scheinen müssen,
Aus dem die Sehnsucht oder Ängste sprechen.

7 Doch wende Dich – sei anderm beflissen!
Dein Auge wird dort viele Geister sehen,
Die ruhmgekrönt an Taten und an Wissen."

8 Wie es ihr gefiel, so sollte es geschehen:
Lichtkugeln sah ich mehr als hundert schweben,
Die sich begegnend noch ihren Glanz erhöhen.

9 Doch wagt ich nicht, dem Drange nachzugeben
Und unterdrückte in mir alle Fragen,
Die ich voll Sehnsucht stellen wollte eben.

10 Da trat der allerhellste ohne Zagen
Der Edelsteine vor – zu mir sich wandte –
Erfüllend mir, was ich nicht wollte wagen.

11 Ich hörte sagen: „Glühtest Du im Brande
Der Liebe hier wie wir, die uns verbindet,
Klar wäre was Dein Denken nicht erkannte.

12 Daß nicht dein Ziel zu spät Erfüllung findet,
Zu lang nicht harrest, will ich Antwort geben
Auf das, was Du verhüllst und dich entzündet.

13 Am Hang des Berges, wo sich einst das Leben
Des irr'geführten Volkos ausgebreitet –
Die Gipfel bei Casino sich erheben –

14 War ich der erste, der es hingeleitet
Zu jenem hin, der uns die Wahrheit brachte
Zur Erde – uns zur Läut'rung vorbereitet,

15 Wo solche Gnade auf dem Berg mir lachte,
Daß ich die Dörfer alle dort befreite
Vom Götzendienst und frei zum Heile machte.

16 Hier diese andren Flammen unsrer Freude,
Sie lebten wärmend sich durch Gottversenken,
Das Blüte treibt und Frucht aus jedem Leide.

17 Sieh dort, wohin sich Deine Blicke lenken:
Macarius, Romual und meine Klosterbrüder beide,
Die dort ihr Herz bewahrten reinem Denken."

18 Und ich zu ihm: „Die Liebe und die Freude,
Die Du gezeigt im Angesicht voll Güte,
Die im Erglühen immer euch geleite,

19 Macht, daß Vertrauen Dir entgegenglühte
Wie eine Rose, die vom Strahl getroffen,
Sich öffnet weit zu vollem Glanz der Blüte.

20 So bitt ich Dich – o mein Vater – darf ich hoffen,
Daß Gnade von den Wünschen allen jenen
Erfüllt: Dein Bild zu schauen frei und offen."

21 Und er: „O Bruder, dies Dein hohes Sehnen
Wird in der letzten Sphäre erst genesen,
Wo mein und deines ist vereint mit jenen.

22 Vollkommen reif ist dort und rein im Wesen
Ein jed' Verlangen: nur in diesem Kreise
Ist jedes Teil, wo immer es gewesen.

23 Denn Er ist ortlos, ohne Richtungsweise,
Nur unsre Leiter kann bis dorthin reichen,
Doch unerreichbar Deiner Augen Reise,

24 Erzvater Jakob sah einst ihre Speichen,
Er sah sie dort mit ohrem Teile enden,
Und voll von Engeln schien sie ohnegleichen.

25 Jetzt zu den Sprossen will sich keiner wenden.
Die Ordensregel ist – ichs nicht verhehle –
Ein Fetzen von Papier in ihren Händen.

26 Was einst Abtei, ist nur noch Räuberhöhle,
Die Mauern schützen nur noch Mönchsspelunken,
Die Kutten Säcke sind mit faulem Mehle.

27 Der Wucher selbst hat nie so weit gestunken
Als seine Früchte, die ihr Herz betörten
Und toll die Mönche machten und betrunken.

28 Die Kirchengüter alle – sie gehörten
Den Armen, die in Gottesnamen bitten,
Doch nie Verwandten oder Hassempörten.

29 Das Fleisch der Sterblichen ist schwach, zerstritten
Es reicht nicht aus, wenn nur ein gut Beginnen,
Die Knospe reift zur Frucht in langen Schritten.

30 Und immer abgewandt war Petris Sinnen
Von Gold und Silber – ich begann mit Fasten –
Der Armut ließ Franziskus sich gewinnen.

31 Bedenk' den Anfang einst ein Glanz trotz Lasten.
Sieh, wie es heut, dann kannst Du es ermessen,
Warum die Werke alle schon verblassten.

32 Und wahrlich, wenn die Wasser aufwärts flössen
Des Jordan, und das Meer sich wieder teilte –
Kein größres Wunder wär's als Wandlung dessen."

33 So sprach er, der so lange vor mir weilte,
Ging nun zurück zur Schar der Lichtgenossen,
Die wie im Wirbel meiner Sicht enteilte.

34 Doch Beatrice trieb mich unverdrossen
Die Leiter hoch mit einem einzigen Zeichen
So hat ihr Zauber gänzlich mich umflossen.

35 Wo die Bewegung dort nur Auf und Ab erreichen,
Ist nur natürlich, daß sie hier versage,
Drum läßt mein Flug sich damit nicht vergleichen.

36 So ich zur Wiederkehr die Sorge trage,
Zum Fest des Sieges, Leser, weinend büße
All meine Sünden und die Brust mir schlage,

37 So schnell ich nicht die Hand ins Feuer stieße,
Rückzuckend wieder aus der Glut entferne,
Als zu den Zwillingen sich fliegen ließe.

38 O Licht der Fülle ruhmgekrönte Sterne
Von großer Kraft, zu dem mein Geist sich wandte,
Erfüllen sich, was er auch sei, im Kerne.

39 Im Auf- und Untergang, mit euch im Brande
Stand sie, die das Lebendige geboren,
Als ich die Luft gefühlt im Tosker Lande.

40 Und dann als Gnade half, zu Euren Toren
Zu euch zu treten, Eurem Sternenbogen
Da wurde euer Ort mir auserkoren.

41 Zu euch im Demut, dem ihr oft gewogen,
Fleht meine Seele, daß ihr Kraft zuteile,
Zum schweren Gange, der sie angesogen.

42 „Du bist so nahe schon dem letzten Heile“,
Begann Beatrice, „daß zum Schauen
Geschärft der Augen klarer Blick verweile,

43 Drum, ehe Dich zur Höhe mehr zu trauen,
Schau in die Tiefe, die Du schon durchflogen,
Wie Welten unter dir sich auferbauen,

44 Und öffne froh Dein Herz den Freudenwogen,
Der Siegerschar sich fröhlich zuzukehren,
Die freudig naht auf rundem Ätherbogen.“

45 Mein Blick durchlief die sieben Sphären,
Ich konnte auch die kleine Erde sehen,
Und einem Lächeln konnte ich nicht wehren.

46 Als besser ist das Urteil zu verstehen:
Sie sei gering, doch die was andres dachten
Sind wahrlich auch als tüchtig anzusehen.

47 Latonas Tochter konnte ich betrachten,
Ich sah sie leuchten ohne jede Flecken,
Die einst als „dick" und „dünn" mir Sorge machten.

48 Bei Deinem Sohn, Hyperion auf Strecken
Verhielt mein Auge – sah in seiner Nähe
Um ihn herum Dion' und Maia trecken.

49 Und Jupiter erschien auf seiner Höhe,
Mild zwischen Sohn und Vater – wie die Wege
Sich beider wandeln müssen, ich auch sehe:

50 Die sieben sah ich, schnelle bald, bald träge
Die Abstand voneinander halten müssen,
Daß je nach Größe jeder sich bewege, –

51 Das Bällchen Erde, wo wir wild beflissen
Uns mühn, sah ich vom ewigen Zweigestirne
Mit Berg und Schluchten und mit Finsternissen.

52 Dann sah ich ihre Augen: Glanz der Firne.

XXIII. GESANG

1 So wie der Vogel im geliebten Baume
Im Nest der süßen Brut die Nacht verbrachte,
Und alle Dinge noch verhüllt im Raume,

2 Nun harrt bis der ersehnte Tag erwachte,
Daß er die Atzung suche für die Kleinen –
Dies gerne täte, wenns auch Mühe machte –

3 Schon früh sich wählt der freien Äste einen,
Sich sehnend, daß die Sonne kommen möge,
Gespannt schon auf des Morgenrots Erscheinen.

4 So stand die Herrin aufgerichtet, rege
Die Sonne suchend wohl an jener Stelle,
Wo sie verlangsamt wandert ihre Wege.

5 Doch ich, indess sie forschte nach der Helle,
Glich jenem dem sein Wunsch sich schon erfüllte,
Nicht weiß, was die Entscheidung fälle –

6 Nun sah – wie schnell sich das Verlangen stillte
Dem Wartenden: ich sah ein Licht erblühen
Am Himmel, daß sich klarer bald enthüllte.

7 Und Beabrice sprach: „Herauf wird ziehen
Der Siegeszug mit Christus, alle Früchte
Der Ernte aus der Sphären-Kreise Blühen.

8 Ich sah ein Glühn in ihrem Angesichte,
Und ihre Augen strahlten helle Freude –
Mir fehlt das Wort, daß ichs getreu berichte.

9 Wie hellste Vollmondnacht, wenn im Geleite
Der ewigen Nymphen Trivia lächelt selig,
Hinwandelnd durch des ganzen Weltalls Weite,

10 So sah ich tausend Sterne glitzernd – mählig
Wie Strahlung einer Sonne sich entzündet,
Gleich unsrer Sonne – Sterne überzählig.

11 Und mit lebendigem Licht sah ich verbündet
Die Lichtgestalt in unerhörter Klarheit,
So sehr, daß meinem Aug' die Kraft fast schwindet.

12 O Beatrice – treu Geleit zur Wahrheit! –
Du sprachst: „Das Licht, das Dich so übermannte,
Hat seinesgleichen nicht an Kraft und Klarheit!

13 Hier ist die Weisheit, Stärke uns gesandte,
Die zwischen Erd' und Himmel schuf die Wege,
Nach denen unser Herz vor Sehnsucht brannte.

14 So wie der Blitz durchbricht der Wolken Hege,
Gewaltig sich entreißt des Raumes Enge
Und jagt und überwindet alles Träge,

15 So überwandt mein Geist der Fessel Strenge,
Floh aus sich selber in die fernste Ferne,
Doch wie's geschah – zu sagen nicht gelänge,

16 So schau mich an! Denn wessen Augensterne
Die Dinge sahn wie Du sie hier gesehen,
Erträgt mein Lächeln, Glut der Freude gerne."

17 Ich war wie einer, der in Traumverwehen
Versunken steht, sich mübt es zu ergründen,
Zurück zu rufen, was im Traum geschehen,

18 Als ich den Ruf gehört zu ihr zu finden,
Der wohl des Dankes würdig bleibt für immer,
Und nie aus dem Gedächtnis werde schwinden.

19 Wenn alle Zungen helfen würden immer
Die Polymnia und die Schwestern nährten
Mit süßer Milch und mit Ambrosia-Schimmer,

20 Ein Tausendstel der Wahrheit sie nicht lehrten,
Vom heiligen Antlitz sie nicht singen könnten,
Des Bildes Reinheit nicht, der Heilverklärten.

21 So möge die Beschreibung hier denn enden.
Das heilige Gedicht muß weiter trachten:
Der muß ja, dem der Weg versperrt ist, wenden.

22 Doch wer die Last erwägt, die schweren Frachten
Der Menschenschultern, die sie aufgeladen,
Der würde den, der zittert, nicht verachten.

23 Hier taugt kein Schifflein auf so schweren Pfaden;
Befahren wird das Meer mit kühnrem Buge,
Es taugt’ kein Fährmann, der in Furcht geraten.

24 „Ich sehe Dich gefesselt – Zug um Zuge
An mich – so willst Du nicht den Garten sehen
Voll Christi Blumen – rein und frei vom Truge?

25 Dort sieh die Rose, die zum Leib erstehen
Ließ Gottes Wort, sieh dort die Lilienblüten,
Ihr Duft den Weg uns zeigte, den wir gehen,“

26 Sprach Beatrice nun, und willig mühten
Nach ihrem Rate sich die schwachen Brauen;
Und neu zum schweren Kampf die Kräfte glühten.

27 Wie wenn das Sonnenlicht auf Blumenauen
Im Wechselspiel von Schatten und von Strahlen
Durch Wolken brechend streuend anzuschauen,

28 So sah ich Licht um Licht zu tausendmalen
Aufblitzen hellen Glanzes – wohl von oben,
Doch ohne daß ich sah, woher sie strahlen.

29 O gütige Kraft! Den Augen nur enthoben,
Weil sie des Lichtes Fülle nicht ertragen,
Im Raum mich schützend vor dem Lichtmeer droben.

30 Die schönste Blume, die an allen Tagen
Ich morgens und am abend rufe immer,
Hat meinen Geist zum größten Licht getragen.

31 Und während meine Augen Glanz und Schimmer
Des Sterns lebendige Schönheit sehen,
Der unten siegte, oben siegend inmer –

32 Stieg eine Fackel aus den lichten Höhen
Zum Ring sich formend – war wie eine Krone,
Begann sich singend um den Stern zu drehen.

33 Die Melodie, die mit dem schönsten Tone
Uns unten fesselt und erfüllt dle Seele,
Wär’ hier ein Donnerton aus Wolken ohne

34 Der Klänge Zauber: Leier ohne Fehle,
Die um des Saphirsteines Krönung tönte,
Daß sie zum schönsten Schmuck des Himmels zähle.

35 „Ich bin die Engelsliebe, Dich, Gekrönte
Umkreisend, die den Höchsten uns geboren,
Nach dem sich unser Herz so lange sehnte.

36 Ich will – o Königin – bis zu den Toren
Hin bis zu Deinem Sohne Dich umkreisen,
Dem höchsten Himmel Du zum Glanz erkoren!"

37 So klangen aller Melodien Weisen,
So alle Sphären, alle Lichter sangen.
So alle, o Maria, Deinen Namen preisen.

38 Des königlichen Mantels glitzernd Prangen
Der Glanz der Sphären, Hauch von Gottes Walten,
Der Welt Erglühn, lebendiges Umfangen

39 Hat über uns sein innres Schild gehalten,
In solcher Ferne konnte sich sein Wehen
Noch meinen Augen sichtbar nicht entfalten.

40 Drum konnten sie nicht folgen zu den Höhen,
Wohin sich das gekrönte Licht bewegte,
Zu ihres Sohnes Nähe hinzugehen.

41 Und wie das Kindlein seine Arme regte
Zur Mutter hin, wenn es die Milch getrunken,
Als ob es schon zur Ferne Sehnsucht hegte –

42 So reckten alle Flammen, alle Funken
Zu ihr hinan – Maria's reinem Bilde,
So machte hohe Liebe alle trunken.

43 Und als sie vor mir standen, klang es milde
„Regina coeli" – sie so süße sangen,
Daß es für immer mich mit Freude füllte.

44 Wie sehr ist doch die Fülle eingefangen!
Hier aufbewahrt in überreichen Schreinen,
Die schon auf Erden Saat und Keim empfangen.

45 Hier zehrt man von den Schätzen, die im Weinen
Sie einst gesammelt in der Haft, in Frone
Von Babel; Gold zu nehmen lockte keinen.

46 Hier freut sich unter Gottes hohem Sohne
Und vor Maria seiner Siegeszüge,
Im Alt – und Neuem Bunde – eins am Throne –

47 Er, der die Schlüssel führt zu solchem Siege.

XXIV. GESANG

1 „O Ihr, Geladene zum großen Mahle
Des heiligen Lammes zu der Labung Speise,
Daß immer Euer Geist zufrieden strahle,

2 Wenn dieser hier nach Gottes Gnadenweise
Voraus will kosten was vom Tische fiele,
Eh ihm der Tod bestimmt zur letzten Reise.

3 Sein Sehnen seht, die Stürme der Gefühle!
Schenkt einen Tropfen ihm vom Quell, den immer
Ihr trinkt – sein Denken strebt zum gleichen Ziele.“

4 Also sprach Beatrice. Im Geflimmer
Des Lichts sah ich die frohen Seelen kreisen,
Kometengleich um festen Poles Schimmer.

5 Aufs Uhrwerk könnte man vergleichend weisen,
Die Räder, wie sie ineinander greifen:
Die schnellren Ganges – jene träg – und leisen.

6 So sah ich rings, wie sich die Flammen häufen:
Hier sich im Tanz zu drehn schien vieler Wille,
Dort mit verschiednem Gang die Flammen schweifen.

7 Ich sah die Leuchte mit der schönsten Hülle
Aufglühend freudig aus dem Kreise treten,
Kein andres Licht strahlt’ solchen Glanzes Fülle –

8 Drei Ringe – überstrahlend einen jeden –
Zog sie um Beatrice, dazu gesungen
So schön, weit übertreffend alles Reden.

9 Drum ist es besser, daß es übersprungen,
Was schon der Vorstellung versagt gewesen,
Wär auch der Sprache nimmermehr gelungen.

10 „O heilige Schwester – die Du so erlesen
Gerufen – Dir, der Liebenden zur Ehre,
Will ich mich aus der hohen Sphäre lösen.“

11 Vor meiner Herrin hielt das Licht, das hehre,
Ihr wie ein Lichthauch zugewandt im Schweben
Von dem ich sagte, daß bereit es wäre.

12 Und sie: „O ewiges Licht Du, dem gegeben,
Und ließ der Herr die Schlüssel zu dem Wunder
Der Freude, hier, wie schon im Erdenleben.

13 Prüf diesen hier mit Fragen, leicht, mitunter
Auch schwer – wie's sei – prüf ihn in seinem Glauben,
Der auf dem Meer Dich wandeln ließ einst munter.

14 Ob Hoffen, Liebe echt, ob leicht zu rauben,
Du kannst es ja, kein Ding ist Dir verborgen,
Kannst Dir die Bilder selbst zu sehn erlauben.

15 Doch da dies Reich bestrebt dafür zu sorgen,
Daß sich die Zahl der gläubigen Bürger mehre,
Das wird er selbst durch gutes Wrt besorgen."

16 Als ob ich Baccalaureus noch wäre,
Der schnell sich rüstet für des Meisters Frage
– Nicht zu entscheiden, ihm sie nur erkläre –

17 Daß ich gerüstet und die Antwort wage.
Indessen Beatrice die Gründe klärte,
War ich bereit, was ich dem Prüfer sage.

18 „Sag – guter Christ – Bekenn', wer Dich auch lehrte,
Was ist der Glaube?" – Ich erhob die Blicke
Zum Licht, das mich – mit dieser Frage – ehrte.

19 Ich sah auf Beatrice, mir schien sie nicke:
Gab, mich ermutigend, ein heimlich Zeichen,
Daß ich heraus mit meinem Wissen rücke.

20 „Die Gnade, mir vom Kämpfer ohnegleichen
Gewährt," begann ich frei mich zu bekennen,
„Wird meinen armen Worten Hilfe reichen."

21 Und dann: „Zuerst laß mich, o Vater, nennen
Die Worte Deines Bruders, die ich bringe,
Durch ihn und Dich lernt' Rom die Wahrheit kennen:

22 Daß Glaube die Substanz erhoffter Dinge,
Und zur Begründung der noch Unsichtbaren
Dies scheint mir seine Washeit auch bedinge.

23 Da hört ich „Deine Worte richtig waren,
Wenn Du verstehst die Worte zu verwenden,
Daß Washeit und Substanz ihn offenbaren.“

24 Ich sprach: „Die hier als wirklich sich vollenden
Die tiefen Dinge, sind in Erdenzeiten
Verborgen, keinem je die Sicht vergönnten.

25 Dort wir ihr Sein im Glauben nur erstreiten,
Worauf sich unsre hohe Hoffnung gründet:
Dies wir als Wesensgrund des Glaubens deuten.

26 Doch dieser Glaube, den kein Sehen kündet,
Aus dem wir dennoch Schlüsse ziehen müssen,
Muß als Beweis nun gelten, der uns bindet.“

27 Dann: „Wären drunten alle so beflissen
Der guten Gründe in der Weisheit Lehre,
Sophisten wurden die Erfolge missen,“

28 Vernahm ich aus dem Lichtklang ohne Schwere.
Er sagte noch: „Das Prägen und das Wiegen
Der Münze war beachtlich, macht Dir Ehre.“

29 Doch sage: „Hast Du sie im Beutel liegen?“
Und ich: „Jawohl! Sind alle rund und glänzend;
Mit dieser Prägung wird man nicht betrügen.“

30 Das Innre dieses Lichtes sprach ergänzend:
„Dies teure Kleinod – aller Tugend Quelle –
Und alles andre weithin überglänzend –

31 Wer gab es Dir?“ und ich: „Mir gabs die Quelle
Des Heiligen Geistes, oft uns dargeboten,
Wies Alt- und Neues Testament erhelle.

32 Denn diese Lehre – wer sie aus zu loten
Vermag, hat scharfe Schlüsse in den Händen,
Die jeden Einwand mir als stumpf benoten!“

33 Dann: „Was in alt- und neuen Pergamenten,
Die Dich zu solchem Urteil sichtlich zwangen,
– Warum – sag an – von Gott nur kommen könnten?“

34 „Von Taten ist die Wahrheit ausgegangen.
Doch deren Eisen die Natur nie glühte,“
Sprach ich „am Amboss nie den Schlag empfangen.“

35 Die Antwort kam: „daß solches Werk erblühte
Was denn verbürgt's? Ein Gleiches! Zu beweisen
Noch wär's – nicht Schwur, nicht's sonst – Beweise biete!“

36 „Würd' einst die ganze Welt sich christlich heißen
Ohn jedes Wunder – dies das größte wäre, –
Würd' alles andre sich als klein erweisen;

37 Denn Du warst arm und hungrig, ohne Lehre
Und gingst aufs Feld zur Saat der guten Pflanze ,
Einst Weinstock, Dornbusch jetzt zu Gottes Ehre.“

38 Als ich zu Ende, kam vom Flammenkranze
„Te deum laudamus“ – scholls durch jede Sphäre
Wie es nur tönen kann im Himmelsglanze.

39 Und jener, der mich Zweig um Zweig der Lehre
Geprüft, war weit mit Fragen fortgeschritten,
– Es schien, als ob er bald an letzter wäre –

40 Begann nun neu: „Die Gnade, Deine Bitten
So reich belohnend, daß von Deinem Munde
Die Rede floß, und Antwort sich erstritten,

41 Will, daß ich sage: Du hast recht im Grunde,
Doch nunmehr: mir des Glaubens Inhalt sage,
Und auch: woher, so gib mir Kunde!“

42 „O heiliger Vater, Geist, der ohne Frage.
Geeilt zum Grabe mit den schnellren Füßen
Nun sieht, was er geglaubt an jenem Tage,“

43 Sprach ich: „Du willst ich soll die Form erschließen,
Die Schnelligkeit des Glaubens zu erwähnen,
Und auch die Gründe, die mich glauben ließen.“

44 „Ich glaub an Gott“, des Glaubens Worte tönen,
„Den Einen, Ewigen, Beweger aller Sphären,
Selbst unbewegt, mit Liebe und mit Sehnen.

45 Doch für ihn nicht nur die Beweise wären
Was Physik, Metaphysik offenbaren,
Auch Sein des Seienden will Wahrheit lehren.

46 Was Moses, Psalmen, die Propheten waren,
Im Evangelium Deine Worte lohnen,
Die Du im Feuer Heiligen Geists erfahren.

47 Ich glaube an drei ewige Personen,
Die wesenseits in Einem und in Dreien,
Das „ist und sind“ als in sich gleich betonen.

48 Wie tiefe Göttlichkeit zu benedeien,
Die mich berührt, aus Evangelien lerne,
Mich prägend, Siegel meines Geistes seien.

49 Dies ist der Funke, der mich traf im Kerne,
Aus der lebendigen Flamme ward geboren:
Wie Licht vom Himmel, Licht in mir vom Sterne.

50 Wie der, dem frohe Botschaft war erkoren,
Sich freut, den Knecht umarmt vor lauter Freude,
Bevor er noch ein Wort zum Dank verloren,

51 So kreiste segnend der im Flammenkleide,
Dreimal um mich mit göttlichem Gesange
Das apostolische Licht, weil es sich freute,

52 Daß ich so sprach, nun solches Lob empfange.

XXV. GESANG

1 Wenn es dem Heiligen Lied gelänge,
Dem Hilfe ward von Erd- und Himmelszügen
Und jahrelang mich hielt in herber Strenge,

2 Die Grausamkeit von außen zu besiegen,
Nicht mehr das Lamm aus seiner Hürde wiese,
Nur Wölfen feind, die grausam es bekriegen.

3 Mit andrer Stimme zwar und andrem Vliese,
Käm ich als Dichter heim: dort an der Quelle,
Wo ich getauft, mich auch der Lorbeer grüße.

4 Wo mir zum Glaubenseingang ward die Stelle,
Durch den die Seele tritt in Gottes Hege,
Und Petrus später mich umstrahlte helle.

5 Jetzt sah ein Licht ich kommen auf dem Wege,
Den Christi Stellvertreter auch genommen,
Aus gleicher Sphäre hoher Geister Stege.

6 Beatrice freudevoll entglommen,
Nun lächelnd sprach: „Sieh dort den Herrn den Hohen,
Sieh! Ganz Galizien pilgert' zu dem Frommen.

7 Dort sah ich ein Begegnen von zwei Frohen:
Wie Tauben zur Begrüßung sich umkreisen,
Bald vor sich neigen, rück und bald sich flohen,

8 So beide Fürsten sich willkommen heißen!
In glühnder Freude, wie die Flammen zeigen,
Das Mahl der Himmlischen, das sättigt, preisen.

9 Und als zu Ende ging das Sich-Verbeugen,
Da blieben sie vor mir verstummend stehen –
Ein unerhörter Glanz war beiden eigen.

10 Beatrice folgte lachend dem Geschehen
Und sprach: „Erlauchter Geist, der uns den schönen
Besitz der Kirche einst beschrieb, wir flehen:

11 Laß in den Hähen hier die Hoffnung tönen:
Du kannst es, da sie Dir so oft erschienen,
Euch Dreien stillte Christus einst das Sehnen."

12 „Erheb das Haupt, gib Sicherheit den Mienen,
Denn was an Sterblichen die Erde sendet,
Muß Reifung sich in unsrem Strahl verdienen.“

13 Die Tröstung hat das zweite Licht gespendet,
Und ich erhob mein Aug zu seiner Höhe,
Von der ich vorher mich schon abgewendet

14 „Da ich an Dir die Gnade unsres Kaisers sehe,
Der sichtlich will, daß im geheimsten Saale
Mit seinen Grafen ein Gespräch entstehe.

15 Noch vor dem Tod, damit nach solchem Mahle
Der Hoffnung Wahrheit bis zur Erd' hinunter
Für Dich und andere noch mehr erstrahle.

16 Sag, was ist sie, hat mit welchem Wunder
Sie Deinen Geist gestärkt, woher gekommen?“
So hat das zweite Licht gefragt jetzunder.

17 Beatrice, die es sich ja vorgenommen,
Daß ich gehalten bin an ihrer Seite,
Hat meinerstatt die Antwort übernommen:

18 „Die Kirche hat, die immer kampfbereite,
An Hoffnung treuren Sohn nicht zum Insassen,
Die Sonne strahlt's auf unsre Schar der Freude.

19 Er darf darum Ägypten schon verlassen
Um unsre Stadt Jerusalem zu schauen,
Eh er im Erdenkampfe muß erblassen.

20 Zwei andre Punkte nicht sich aufzubauen,
Sind Fragen Dir gestellt, doch zu verkünden,
Wie froh es macht, der Hoffnung zu vertrauen,

21 Die laß ich ihm, die sind nicht schwer zu finden,
Sind nicht zum Prunk und nicht vor Dir zu prahlen,
Nur Gottes Gnade mag sich ihm verbinden.“

22 Dem Schüler gleich, der in des Meisters Strahlen
Gelernt, was ihre Schulen offenbarten,
War ich bereit mit Worten auszumalen:

23 „Die Hoffnung ist das sichere Erwarten
Der künftigen Glorie, daß erbrachte Taten
Durch Gottes Gnade blühn im eignen Garten.

24 Von vielen Sternen kommt auf vielen Pfaden
Das Licht, doch wers zuerst geträufelt in die Seele:
Der Sänger wars des Herrn von höchsten Graden.

25 ‚Auf Dich sie hoffen,‘ sang er, ‚auf Dich zähle,
Der Deinen heiligen Namen mag erkennen –‘
Wer kennt ihn nicht, dess Glauben ohne Fehle?

26 – Tat es Dein eigner Brief nicht allen nennen,
Aus dem den Trank der Hoffnung ich getrunken,
Ihn weitergab, daß andre trinken können?“

27 Indess ich sprach, erglühten neu die Funken
Wie Wetterleuchten im lebendigen Lichte,
Das vorher ruhend schien, in sich versunken.

28 Es sprach: „Die glühende Liebe, die mir Richte
Für jene Tugend, die den Kampf zu Ende
Stets führt, nicht will, daß man auf Sieg verzichte,

29 Verlangt, daß ich mich zu der Frage wende,
Du mögest alles sagen – mir zur Freude:
Was Dir die Hoffnung je versprechen könnte!“

30 Und ich: „Die alt – und neuen Schriften – beide –
Verkünden alle Wege zu dem Ziele
Der Seelen – Gott ist selber uns Geleite.

31 Jesaja sagt, daß es dem Herrn gefiele,
Sie trügen zwei’rlei Kleider in dem Lande,
Und hier im Himmel sehe ich schon viele.

32 Ausführlich spricht Dein Bruder vom Gewande
Der weißen Kleider – in der Offenbarung
Das ewige Geheimnis er es nannte!“

33 Kaum war zu Ende dieser Worte Paarung,
Ist über uns „sperent in te“ erklungen,
Die Antwort gab der Psalm, den andren Nahrung.

34 Da ist ein Licht aus diesem Kreis gedrungen
Kristallner Reinheit, eines Tages Strahlen
Hätt' eines Monats Glanz im Krabs bezwungen.

35 Wie wenn zum frohen Tanz bei Hochzeitsmahlen,
Die Jungfrau froh zum Ehrentanze schreitet,
Zum Tanze mit der Braut, nicht um zu prahlen,

36 So sah ich, wie die Flamme näher gleitet
Zu jenen beiden, die den Tanz begonnen,
Gemäß der reinen Liebe, die sie leitet.

37 Und ward zu gleichem Tanz und Säng gewonnen
Vom Anblick war die Herrin gleich gefangen,
Stand unbewegt wie eine Braut versonnen.

38 „Er ist's, der dem, der einst am Kreuz gehangen,
Dem Pelikane an der Brust gelegen
Vom Kreuz herab sein hohes Amt empfangen.“

39 Sie sprach's, nichts andres schien sie zu bewegen.
Sie sah nur ihn – sie war nicht abzuwenden
Im Schaun, die Blicke nur Verehrung hegen.

40 Wie einer, der versucht, den Blick zu senden
Zur Sonne, die Verfinsterung zu sehen,
Den wird mit Sicherheit die Strahlung blenden,

41 So schien es mir beim Anblick zu ergehen
Des dritten Lichtes, und ich hört die Worte:
„Erzwinge nicht zu sehn, was nie geschehen.“

42 Mein Leib blieb unten, ruht an seinem Orte,
Wenn sich die Zahl, die vorbestimmt, erfüllte,
Tritt er mit andren durch die Himmelspforte.

43 Hier sind nur zwei, wie einst, noch Leib verhüllte,
Gestiegen sind zu diesen ewigen Höhen –
Verkünde dies der Erde,“ sprach er milde.

44 Da stand auf einmal still der Lichter Drehen,
Und gleich verstummte auch des Dreiklangs Singen,
Die süßen Töne wie ein Hauch vergehen.

45 Wie nach Gefahr und Müh' der Ruder Schwingen
Erlahmt, die Ruder aus dem Takt gefallen
Nun ruhn, ist Ebbe in den Wellenringen;

46 Doch wehe! Schreck hat plötzlich mich befallen:
Als ich mich um zu Beatrice wandte,
Sah ich sie nicht, sie stand doch grad vor allen,

47 Und war ihr doch so nah im seligen Lande …

XXVI. GESANG

1 Als ich voll Sorge noch der Augen dachte,
Traf aus der Flamme mich, die mich geblendet,
Ein Anhauch, der mich aufmerksamer machte,

2 Sie sprach: „Eh Deine Blendung wieder endet –
Der Augen Kraft hast Du durch mich verloren,
Sei zum Gespräch die gute Zeit verwendet.

3 Fang an und sag' welch Ziel hat sich erkoren
Die Seele, doch zum Troste hör' indessen,
Dein Sehn bleibt nicht gestört, wird neu geboren.

4 Die Frau, die Dir so viel schon zugemessen
Und Dich geFührt, hat auch in ihren Blicken
Die Macht, die Ananias Hand besessen."

5 Ich sprach: „Ihr wird die Heilung sicher glücken,
Wie sie es mag! Je ist sie eingegangen
Durchs Tor der Augen – immer mein Entzücken.

6 Das Gut, das hier das ganze Reich empfangen,
War stets das A und O der Schrift gewesen,
Der Liebe Worte laut und leise klangen."

7 Es war die Stimme von dem gleichen Wesen,
Die mir die Angst der Blendung hat vertrieben,
Die nun verstand, die Zunge mir zu lösen.

8 Sie sprach: „Wahrhaftig feiner mußt Du sieben.
Und sage, wer den Bogen hob und spannte,
Was wars, das Dich zu solchem Ziel getrieben?"

9 Und ich: „Philosophie die Gründe nannte
Und jene Macht, als höher zu erkennen,
Verhalf, daß diese Liebe so entbrannte.

10 Denn wenn das Gute wirklich gut zu nennen,
Wird es auch Liebe immer mehr entzünden,
Je mehr wir Güte drin empfinden können.

11 In diesem Vorzug will sich Wesen künden,
Läßt jedes Gut, das außerhalb vorhanden,
Sein eignes Licht an seinem Strahle zünden.

12 Und eher wird der Geist gefesselt von den Banden
Der Liebe – wohl bei allen jenen gerne
Die, Wahrheit suchend, auch Beweise fanden.

13 Und dieser Wahrheit ist nicht *der* mehr ferne,
Dem Weisheit sich erweist als erste Liebe,
Die innewohnt im ewigen Wesenskerne.

14 Die Stimme sprach zu Mose, daß er schriebe –
Der Wahre Schöpfer hat von sich gesprochen:
„Die Macht, die ich Dir künde ist die Liebe!"

15 Du lehrtest dies Geheimnis ungebrochen,
In Deiner Botschaft schon im Anbeginne,
Von hier nach unten allen Erdepochen."

16 Da hört' ich: „Menschengeist, Verstand und Sinne,
Und auch die Lehre, die mit diesen einig,
Sie haben Gott zum Ziel als höchste Minne.

17 Doch sag mir noch, ob dieses Band alleinig,
Ob andre Bande Dich an ihn noch binden,
Ob sonst der Liebe Weg zu ihm zu steinig?"

18 Nun wußt' ich, was ich sollte künden:
Des Adlers Christi Absicht ich erkannte:
Ich soll die Worte zum Bekenntnis finden:

19 Weshalb ich sprach: „Ein jeder Biß, der brannte
Und fähig ist das Herz zu Gott zu lenken,
Der festigte in mir der Liebe Bande.

20 Denn durch das Sein der Welt, mein Sein und Denken,
Den Tod, den er erlitt, damit ich lebe,
In unser Herz sich Hoffnung konnte senken,

21 Daß sich lebendigen Wissens Heil ergebe
Und mir die Kraft aus falscher Liebe Meere,
Daß ich zum Strand der wahren Liebe strebe.

22 Jed' grünes Blatt ist ewigen Gärtners Lehre:
Ihm sei das Herz in Liebe hingegeben,
Nach Maß als ob er selber in ihm wäre."

23 Ich schwieg. Da kam ein Singen, singend Schweben,
Und meine Herrin, die auch mitgesungen –
Ein „heilig, heilig“ sie erheben.

24 Wie scharfes Licht, wie oft, den Schlaf bezwungen,
Und sich das Aug, dess Sehkraft abgenommen,
Nur Schicht um Schicht durch Hüllen sich gerungen,

25 Dann wieder besser sieht, wenn auch verschwommen,
Eh der Verstand, was vorfiel, noch begriffen,
Verwirrung den Erwachten überkommen,

26 So ich – als Beatrice eingegriffen
Mit ihrer Augen Strahl, dem meilenweiten,
Mein Aug von jedem Stäubchen klargeschliffen,

27 Doch jetzt viel weiter sah nach allen Seiten.
Ich sah, daß noch ein viertes Licht erglänzte
Im Kreis, und frug was möge es bedeuten.

28 Du siehst die Flamme dort, die Strahlbekränzte,
Die Erste Seele ihren Schöpfer ehret!
Sie schuf die erste Kraft, die Unbegrenzte.“

29 Sprach Beatrice. Wie Wipfel, blattbeschweret,
Im Windeswehen tief sich beugen Zweige,
Dann selbst sich wieder heben, unversehret,

30 So ich, indess sie sprach, Verwundrung zeige,
Dann sichrer werdend, ich Vertrauen spüre,
Zu ihm zu sprechen und zu ihm mich neige.

31 „O uralt' Vater in der Flamme Ziere,
Als Erstgeschaffner, fertig, reif, alleine,
Dem alle Bräute, Töchter sind und Schnüre,

32 So fromm ich nur vermag mein Wunsch erscheine,
Daß Deiner Stimme Klang mein Sehnen stille,
Doch schwieg ich gerne, hört ich eher Deine.“

33 Wie wenn ein Tier oft unter seiner Hülle
Empfindungen verrät durch die Bewegung,
Weil diese Ausdruck der Gefühle Fülle,

34 In gleicher Art schien mir des Lichtes Prägung,
Aufglühender Glanz ließ frohen Wunsch erkennen
Zu reden, war der Ersten Seele Regung.

35 Er sprach: „Auch ohne Deinen Wunsch zu nennen.
Erkenn' ich Wünsche klarer, jed' Verlangen,
Als Du nach sichren Dingen würdest können.

36 Denn von dem wahren Spiegel eingefangen,
Kann alles ich in jenem Spiegel sehen,
Der selber nie von andren wird empfangen.

37 Du möchtest hören, wann es denn geschehen,
Daß Gott mich wies zum hohen Garten Eden,
Wo sie den Wege bahnt zu diesen Höhen.

38 Wie lange Freuden sish dem Auge böten,
Und was des großen Zornes wahre Gründe,
In welcher Sprache, die ich schuf, mein Reden.

39 Mein Sohn, nicht daß ich aß vom Baum, ich künde,
War Grund des langen Bannes bittrem Weinen,
Die Übertretung des Gebots war Sünde.

40 Und wo Vergil aus jenen Dämmerhainen
Die Herrin rief, da sehnt ich mich zum Rate
Viertausend Jahr dreihundertzwei in Peinen,

41 Neunhundertdreißig auf dem Erdenpfade,
Verfolgte ich den Gang der Sonnenrunden,
Und wie sie ihrem Sternenheer sich nahte.

42 Die Sprache die ich sprach, ist lang verschwunden
O lange schon eh in vermessner Weise
Sich Nimrods Völker zu dem Bau gefunden.

43 Denn des Verstandes Werk der Mensch nicht preise
Als dauerhaft, weil ja des Menschen Wille
Sich wandelt öfter als der Sterne Kreise.

44 Es ist Natur in ihrer Werke Fülle
Des Menschen Sprache, die ihm überlassen,
Wie er nach seinem Wesen sich enthülle.

45 Als ich hinabstieg zu den ewigen Insassen
Der Hölle, hieß „I“ das höchste Gut auf Erden
Und dessen Grenze niemand kann umfassen.

46 Dann hieß es „EL“ – wie Zeugnisse erhärten –
Des Menschen Brauch das Blatt am Baume lehre:
Vergehn und Kommen, immer während Werden.

47 Am Berg, der aufstieg aus dem Wogen-Meere,
Lebt ich in reinen erst, dann sündigen Stunden,
Es war die Sonne, wechselnd ihre Sphäre,

48 Der sechsten Stunde folgend, schon entschwunden.

XXVII. GESANG

1 „Dem Vater, dem Sohne und dem heiligen Geiste!“
Das GLORIA erscholl im ganzen Paradiese,
Berauschend mich der süße Klang umkreiste.

2 Des Weltalls Lachen klang im Paradiese,
Dem Ohr der Klang, dem Auge Augenweide
Durchströmend mich mit Trunkenheit und Süße,

3 O Fröhlichkeit, o unsagbare Freude,
O Leben, ganz in Liebe und in Frieden!
O sichrer Reichtum ohne Gier und Neide!

4 Vor meinen Augen vier der Fackeln glühten,
Und auf die Hellste ich die Blicke richte,
Schien die Lebendigste der Lichterblühten,

5 Sich weiter steigernd, hellen Glanz ich sichte,
Wie wenn die Vögel wechseln ihr Gefieder,
Und Jupiter vereint mit Mars im Lichte.

6 Die Vorsehung gebot – auch hier als Hüter –
Dem Amt und Rang mit Umsicht vorzustehen –
Daß Schweigen herrsche in dem Chore wieder.

7 Da hört ich: „Wirst Du mein Verfärben sehen,
Verwundere Dich nicht bei meiner Rede,
Denn alle ließ verfärben dies Geschehen.

8 O, daß ein Usurpator mich vertrete
Am Ort, ja meinem Ort,von Gottes Sohne
Nie anerkannt, treibt hoch die Zornesröte.

9 Mein Grab macht er zum Jauchenpfuhle! Am Throne
Klebt Unrat, Blut – daß unten der Verfluchte,
Von hier gestürzte, es ihm freudig lohne!“

10 Des Himmels Rot sich auszubreiten suchte,
Wie morgens oder abends Wolkensäume
Die Sonne färbt, als fühlt er das Verruchte,

11 Wie eine Frau erschrickt, selbst wenn sie träume,
Sich selber sicher zwar, doch schon errötet,
Wenn sie der andren Fehl nur ahnt im Keime.“

12 So sah ich Beatrice – als er geredet –
Gesicht sich ändern – so hat sich verhangen
Der Himmel wohl als man den Herrn getötet.

13 Er sprach – und seine Worte furchtbar klangen –
Mit einer Stimme, die verwandelt dröhnte,
Mit ihm war höchste Wandlung vorgegangen.

14 „Die Braut des Herrn ward nicht ernährt“ – so tönte
Sein Wort, „mit meinem, Linus, Cletus Blute,
Daß man für Geld und Gold sie höhnte,

15 Denn zum Erwerb von diesem frohen Gute
Sind ich und Sixtus, Pius, Urban, viele
Verblutet schon in Qual und Todesmute.

16 Nicht unsre Absicht wars, daß gar zwei Stühle
Vom Folger – rechts und links – bestiegen werden,
Das Volk entzweiend und die Christenziele,

17 Noch, daß die Schlüssel – mir verliehn auf Erden
Als Kriegeszeichen auf den Fahnen stehen,
Die gegen die Getauften flattern werden,

18 Noch, daß mein Bild auf Siegeln ist zu sehen
Für Rechte, die verkauft sind und erlogen,
Weswegen ich so oft in Zorn zu sehen.

19 Mit Hirtenkleidern seh ich angezogen
Tollwütge Wölfe – o – auf meinen Weiden. –
Bleibt uns Dein Schutz, o Gott, noch lang entzogen?

20 Caorsen und Gasconger – schon von beiden
Wird unser Blut gezapft, o gut Beginnen –
In welchen Abgrund würdest Du noch gleiten?

21 Doch wird die hohe Vorsehung gewinnen,
Die einst dem Reiche gab den neuen Morgen,
Durch Scipio: sie wird auf Rettung sinnen.

22 Doch du, mein Sohn, beladen noch mit Sorgen
Der Erde – sollst Dich nicht zu reden scheuen
Was ich enthüllte halte nicht verborgen.“

23 So wie gefrorner Dünste Flocken schneien
Im Ätherglanz, wenn in des Steinbocks Zeichen
Der Sonnenstrahl sich bricht in den Geweihen,

24 Ein Ätherschmuck so weit die Blicke reichen,
So sah ich im Triumphe sie entschweben,
Wie Schneegestöber in die Ferne weichen.

25 Mein Auge folgte ihrem lichten Leben;
Es folgte ihnen noch in fernste Räume
So weit, wohin kein Schauen mehr gegeben.

26 Und Beatrice sah wie jene Räume
Mein Blick verließ und sprach: „Die Blicke sende
Nach unten, sieh Dich kreisen dort, nicht säume!"

27 Wie ich zum erstenmal zum Schaun mich wende,
Sah ich mich hinziehn auf dem weiten Bogen
Inmitt' des ersten Kreises bis zum Ende.

28 Ich war an Cadix grad vorbeigezogen,
Odysseus tollem Weg und nun am Strande,
Wo Europa sich in der Flut gewogen.

29 Noch mehr hätt ich gesehn vom Erdenlande,
Doch unter mir die Sonne weiter eilte
Zu andren Sternen, die ihr Weg umspannte.

30 Mein Geist, zufrieden, wenn er bei ihr weilte
Und immerdar bereit zu Huldigungen,
Auch jetzt nicht ruhte, bis er sie ereilte.

31 Wenn es Natur, den Künsten je gelungen,
Den Geist zu fesseln, Schönheit zu gestalten
Im Menschenleib, in Ton und Wort besungen,

32 Es müsse dennoch weichen den Gewalten
Des Göttlichen auf ihrem Augengrunde,
Ihr Antlitz überstrahlend im Entfalten,

33 Die Kraft, die stets mit meinem Schaun im Bunde
Hat mich von Ledas schönem Nest gerissen,
Trieb mich zur allerschnellsten Himmelsrunde.

34 Wo das Lebendigste so gleich umrissen,
Kann ich den Ort des Eintritts nicht zum Neuen,
Kann Beatrice, die ihn gewählt, nur wissen.

35 Doch sie erriet, was meine Wünsche seien,
Sie sprach mit Lachen, mit so frohem Blicke,
Daß Gott ihr Antlitz selber schien zu freuen.

36 „Wie hier der Anfang an das Ende rücke –
Der Welt Natur und Ruhe ist die Mitte,
Nur rings Bewegung – sehend dich beglücke.

37 Und Gottes Geist allein ist diese Mitte,
In ihr entbrennt, umfassend alle Welten,
Die ewige Liebe, Kraft, entsandt der Mitte,

38 Die sich in Licht und Liebe ihm gesellten,
Durchdringend sie, ihn selber sie durchdringen,
Nur die verstehen, die durch ihn Erhellten!

39 Der Welt Bewegung kann nur hier entspringen,
Die Kräfte sind allein durch ihn bemessen,
Wie zwei mal fünf nur immer Zehn erbringen.

40 Die Zeit – hier wurzelnd – wird von hier gemessen,
Ihr Laubwerk reicht in jede andre Schale –
Wie Du es wohl erfaßt, ist klar indessen.

41 O Habgier – die schon ungezählte Male
Den Menschen überflutet, bis er in den Fluten
Bald kraftlos mit dem Untergang bezahle.

42 Oft blühen Kräfte wohl, die in ihm ruhten,
Jedoch verkümmern sie in stetem Regen –
Die Früchte werden sauer, auch die guten.

43 Unschuld und Treue nur noch Kinder hegen,
Der Ältre will sich ihrer schnell entlasten,
Will nur den ersten Flaum der Backe pflegen.

44 Der Lallende, der kann noch willig fasten,
Er werde älter, wird er fett und grindig
Verschlingend Speis' um Speis Wurst und Pasteten.

45 So mancher liebt die Mutter noch nicht mündig,
Er werde reifer, wird er sie schon hassen,
Will sie begraben sehen kurz und bündig.

46 So macht man schwarz mit erstem Blick zu fassen
Die weiße Haut der schönen Tochter dessen,
Der Morgen bringt und Abend wolle lassen –

47 Du – Dein Verwundern werde kein Vergessen,
Bedenk: Keiner führt die Völkerherde –
Das Volk geht irre, ist vom Wahn besessen.

48 Doch eh es Wintersonnenwende werde,
Im Hundertstel des Januar verborgen,
Verkünden diese Höhn dem Volk der Erde

49 So lang ersehnt Geschickes neuen Morgen;
Der Bug der Schiffe wird zur Umkehr lenken,
Um rechten Kurs wird sich die Flotte sorgen,

50 Und wahre Früchte wird das Blühen schenken.

XXVIII. GESANG

1 So gab mir diese Frau entgegen heute
Den armen Sterblichen die Offenbarung
Der Wahrheit, die den Geist zum Himmel leite,

2 Beim Spiegelbild der Fackel lehrt Erfahrung,
Wenn hinter uns die Flamme ohne Wissen
Des Geistes und der Augen Licht-Gewahrung,

3 Drehn wir uns suchend um, zu schaun beflissen,
Ob auch das Spiegelbild die Wahrheit sage,
Wie Takt und Töne sich entsprechen müssen.

4 So die Erinnerung ich in mir trage:
Mich wendend sah ich ihre Augensterne
An die mich Amor band für alle Tage.

5 Gebannt vom Grunde sah ich Nähe, Ferne,
Nahm alles wahr, des Raumes Glanz ich sichte,
Und mehr und mehr ich ringsum schauen lerne,

6 Und einen Punkt ich sah von schärfstem Lichte,
Dess' Strahlen meine Augen schier entzünden,
Daß ich sie schließen mußte, weg sie richte.

7 Ein Stern, den wir als schwächsten hier empfinden,
Sein Umfang hätte dennoch Mondesgröße,
Wenn sie als Sterne beieinander stünden.

8 Wie wenn ein Lichtring sich vom Monde löse,
Im Widerschein sich formend neu zum Ringe,
Als dichter Dunstkreis dann den Stern umflöße,

9 So sah ich um den Punkt die Feuerschwinge
Zum Ring geformt, sich drehn in größter Schnelle,
Viel schneller als die schnellsten Himmelsringe.

10 So kamen Ring auf Ring, wie Well auf Welle,
Zuerst der zweite, vierter aus dem dritten,
Der fünfte wurde zu des sechsten Quelle.

11 Der siebente hat diese überschritten
An Kreises Größe – und auch Junos Bote
Hätt' seinen größten Umfang kaum umritten.

12 Der achte, der den siebten noch umlohte,
Der neunte dann, doch nicht mehr so geschwinde,
Gemäß des Abstands nach des Punkts Gebote.

13 Doch aus der Flamme Reinheit sich auch künde
So glaub ich, kreisend um des Punktes Mitte,
Daß höchste Wahrheit eng sich ihm verbinde.

14 Beatrice, die sah, wie's in mir stritte,
Jetzt sprach: „Was an Geschaffnem je entbunden,
Das All hängt ab von dieses Punktes Mitte.

15 Sieh – von den Kreisen, die den Punkt umrunden,
Der ihm am nächsten, hat die größte Eile,
Weil an ihn große Liebesglut gebunden.

16 Und ich „Hätt' unsre Welt zu ihrem Heile
Die Ordnung, die ich seh in diesem Kreise,
Wär ich gesättigter, seit ich hier weile.

17 Doch unsre Sinne sehn auf andre Weise:
Dreht sich ein Kreis, entfernt von seiner Mitte
Je weiter umso schneller ist die Reise.

18 Drum, daß mein Sehen hier nicht weiter litte
Im Dom von Engeln in dem wunderbaren,
In dem nur Licht und Liebe sind die Mitte,

19 Warum das Urbild – mögest offenbaren –
Nicht übereinstimmt mit dem Abbild, sage?
Allein kann ich die Lösung nicht gewahren."

20 „Daß man die Öffnung dieses Knotens wage –
Brauchts harte Finger! Wundern solls nicht weiter,
Wenn man ihr auswich – dieser harten Frage!"

21 Dann sprach sie noch: „Sei Du nur jetzt bereiter.
Willst Du Dich sättigen an meiner Lehre
Steig höher noch auf Deines Geistes Leiter!"

22 So wie das Seiende in jeder Sphäre
Mehr oder minder in der Kraft der Sterne
Das Sein durchdringt, das Leicht und das Schwere,

23 Die größre Güte größrem Heil nicht ferne,
Daß größre Heil im Ganzen wirkend bliebe,
Wenn alle Teile gleich in ihrem Kerne,

24 Muß er, der ja das ganze Weltgetriebe
Um sich bewegt in dieses Kreises Mitte,
Das Höchste Wissen sein, die Höchste Liebe.

25 Drum – mißt Du nur die Kraft mit deinem Schritte
Nicht dem der Wesen, die Dir rund erscheinen,
Und so des äußren Bilds Verständnis litte –

26 Erkennst Du in dem wunderbaren Einen:
Je nach der Engelordnung in der Sphäre,
Folgt mehr dem Viel das Kleinere dem Kleinen."

27 Wie wenn der Nordwind überfegt die Meere,
Des Himmels Nebeltrübe schnell verjage,
Daß er in Heiterkeit und Glanz sich kläre –

28 Die Lüfte reiner, wie am hellsten Tage,
Und alle Schönheit lacht so nah wie ferne,
Vergessen läßt der Sorgen graue Plage.

29 So ist es mir geschehn – ersehnt so gerne
Als Beatrice klare Antwort mir gegeben, –
Sah ich der Wahrheit Glanz im Wesens Kerne.

30 Als sie geendet, sah man Funken schweben,
Wie glühend Eisen sprühen Funkenschnüre
Aus allen Kreisen, die uns rings umgeben.

31 Als ob zum Brand ein jeder Funken führe,
So ungeheuer sich die Zahl vermehrte,
Wie auf dem Schachbrett zwei hoch Sechzigviere.

32 Hosianna Singen klang zur Höh und ehrte
Den festen Punkt; es klang von Chor zu Chore:
Was ist und bleibt und immerdar schon währte.

33 Sie sprach: „Im ersten Ring, im Strahlenflore,
Die Seraphim und Cherubine weilen,"
Ich sah, mein Zweifeln lag ihr noch im Ohre.

34 „Gemäß der Bindung sie den Ring durcheilen –
Dem höchsten Punkt sich schneller anzugleichen,
Sich steigernd reinstem Schauen zuzueilen.

35 Die andren heißen Throne nach dem Zeichen
Vom Bilde Gottes, liebend dies umkreisen,
Abschließend die drei Grade, ringsum reichen.

36 Erkenne noch, wohin die Blicke weisen,
Und in die letzte Tiefe sich versenken
Der Wahrheit, die die Geister alle preisen.

37 Erschaue draus – Du mußt es dringend denken –
Die Seligkeit liegt in der Wahrheit Schauen,
Um dann zur wahren Liebe hinzulenken.

38 So muß sich Stuf' um Stufe auferbauen,
Verdienst und Gnade und der gute Wille
Bewirkt das letzte Wissen: Sein im Schauen.

39 Doch schau: Wie sich das nächste Dritt erfülle:
Hier blüht des Frühlings Glanz von ewiger Dauer.
Doch nicht, daß er des Widders Hunger stille.

40 Ihr Frühlingsrhytmus tönt, ertönt genauer
Im Dreigesange, im Hosianaliede,
Der drei Gestalten ewigen Lieds Erbauer.

41 Die Hierarchie der Engel so erblühte:
Die „Herrenengel" erst, die „Kräfte" zweiter,
Und dann die Schar der „Mächte" hell erglühte.

42 Dann sieht man in den nächsten Ringen weiter
Die Fürsten-Engel und Erzengel kreisen –
Der Rest sind Engelspiele, ernst und heiter.

43 Und alle diese Reihn nach oben weisen,
Nach unten wirken: ziehn und sind gezogen
Zu Gott – sie alle streben ihn zu preisen.

44 Und Dionysius hat wahr erwogen:
Hieß diese Ordnung uns zu überlegen,
Ihn hat – ich seh's – sein Schauen nicht getrogen.

45 Doch Gregor, ders gewollt auf andren Wegen,
er die Augen hier hat aufgeschlagen,
Der kann nur lächeln seines Irrtums wegen.

46 Durft' je ein Sterblicher zu künden wagen
Auf Erden dies Geheimnis: es war einer,
Der es geschaut in der Apostel Tagen,

47 Mit andrer Wahrheit, er, der sprach wie keiner."

XXIX. GESANG

1 Zur Zeit da beide Kinder der Latone –
Im Widder eines, eines in der Waage –
Am Horizonte standen ihrer Zone,

2 Als ob das Gleichgewicht der Zenith trage,
Bis sie – die Sphäre wechselnd – weiter ziehen
Am Himmel ändern ihre Sternenlage,

3 Schwieg Beatrice – ein Lächeln im Erblühen
Auf ihrem Antlitz, fest den Blick gerichtet
Zum Punkt, der mich besiegte durch sein Glühen.

4 „Was Dir mein Wort jetzt ungefragt berichtet“
Sprach sie, „Du hören möchtest, dort es sehe,
Wo jedes „wo“ und jedes „wann“ sich lichtet.

5 Nicht daß ein größres Gut ihm noch erstehe,
Das kann es nicht, nur daß sein Leuchten bliebe
Im Widerscheine spreche: „Ich bestehe“

6 In ihrer Ewigkeit wie's ihr beliebe,
Sich über Fassendem und Zeit erhebend,
Entfaltet ewige Liebe neue Liebe,

7 Nicht daß sie vorher gleichfalls müßig lebend –
Ein vor- und nachher war ja erst entstanden
Als Gottes Wort auf diesen Wassern schwebend.

8 Die Stoffe sich zu reiner Form verbanden,
Zum Sein entstanden ohne jede Fehde:
Drei Pfeile zeitgleich ihre Ziele fanden.

9 So wie beim Glas, Kristall auch Bernstein wähle –
Ein Strahl erglänzt, zurück sich wieder schwinge:
Ein Zeitvergehen für uns kaum meßbar zähle:

10 So will dreifache Kraft vom höchsten Ringe
Das Seiende in seinem Sein durchdringen,
Ohn' Unterschied am Anfang aller Dinge.

11 Geplante Ordnung zu Beginn empfingen
Die Wesenheiten, die die Gipfel bilden
Der Welt, wo sie die reine Tat vollbringen,

12 Die reine Kraft in unteren Gefilden,
Im mittleren sich Kraft und Tat verbanden
Zu festen, unlösbaren Formgebilden.

13 Hyronimus und viele andre fanden,
Die Engel seien hunderte von Jahren
Vielleicht auch früher vor der Welt entstanden.

14 Doch eine andre Wahrheit Schreiber offenbaren
In Schriften, die in heiligen Geistes Namen –
Bei ernsten Lesern wirst Du's bald erfahren –

15 Doch wandle nicht im Zweifel Deine Pfade
Und wisse, daß Verdienst sie auch empfange:
Je nach dem Drange folgt Gewähr der Gnade.

16 Bedenke meine Worte in Dir lange –
Wie dieser Geisterhimmel kann bestehen,
Versenk' Dich ohne Hilfe, frei vom Zwange.

17 In Euren Schulen wirds nicht so gesehen:
Dort lehrt man die Natur der Engelwesen
Sei Wollen, sei erinnern, sei Verstehen.

18 Was ich noch sage, will vom Irrtum lösen:
Die Wahrheit wird verwechselt stets dort unten.
Die heil'gen Schriften werden falsch gelesen.

19 Froh sind die Engelwesen Gott verbunden,
Keins je von Seinem Anblick ab sich wandte,
Kein Ding ist ihm verborgen noch entschwunden.

20 Ihr Schauen keine Unterbrechung kannte
Durch neue Dinge – drum auch kein Besinnen,
Unnötig daß es im Gedächtnis lande.

21 Du siehst, dort unten sucht verkrampft Beginnen
Die Wahrheit, wissend oder ohne Wissen:
Dem einen wird es Schuld und Schande bringen.

22 Statt auf Gedankenpfad trotz Hindernissen
Zur Tiefe steigen, bleibt ihr stehn am Wege,
Hat Neigung euch zur Scheinwelt hingerissen,

23 Doch daß dies oben mindern Zorn errege
Ist wahr, als Glauben wissend falsch zu deuten,
Die Heilige Schrift zu leugnen als Belege.

24 Und keiner denkt die Sehriften zu verbreiten,
Die soviel Blut gekostet, noch zu achten,
Die sie befolgen, sich in Demut kleiden.

25 Einwünde viele sie zum Schein erdachten –
Um als Genie zu gelten, und durch Lüge
Das Evangelium selbst zum Schweigen brachten.

26 Der sagt: Verfinsterung der Sonne trüge,
Der Mond gäng' rückwärts als der Herr verschieden,
Die Sonne nur im Mondesschatten liege,

27 Er lügt, denn gleiche Sicht schien sich zu bieten
Den Völkern ja: Die Sonne schwand für alle:
Jud', Inder, Spanier sahn sie nicht hinnieden.

28 Den größten Ehrgeiz hat in solchem Falle
Doch Florenz wieder, sorgt in jedem Jahre,
Daß von den Kanzeln nur das Fabeln schalle.

29 Daß es die Schar der Schäflein nicht gewahre,
Daß sie mit Wind gefüttert auf der Weide,
Nur daß sie die Verdummung nicht erfahre.

30 Nie gab den Auftrag Christus dem Geleite:
„Geht hin und predigt Possen allen Welten!"
O nein, gab wahren Stoff zu echtem Kleide!

31 Der Gründe viel, daß Kampfesrufe gellten,
Den Glauben zu verteidigen ein Rufen
Mit Schild und Lanze sie zum Kampf sich stellten.

32 Spaßmacher sich die wichtige Plattform schufen:
Die Predigt von der Kanzel macht sie lachen,
Bläht die Kapuz' – nach mehr wird nicht gerufen.

33 Das Volk ist blind – ist blinder noch zu machen!
Sonst könnte es den Vogel nisten sehen
Im Zipfel: hämisch grinst der Ablaß-Drachen.

34 Nun sieht man diese Torheit weitergehen,
Und dumme Sprüche werden angenommen,
Nach jedem Lockruf sie die Hälse drehen.

35 So wächst Antonius dickes Schwein, des Frommen,
Und andre auch, die noch viel fettre Schweine,
Und viele sind mit falschem Geld gekommen.

36 Doch wir sind abgeraten – lenk' ins Reine
Die Augen wieder auf geradem Pfade,
Daß mit der Zeit der Weg auch kürzer scheine.

37 Unmöglich, daß man je die Zahl errate
Der Engel – noch ist kein Begriff gefunden,
Kein Denken sich der Wahrheit jemals nahte.

38 Doch schau – was in des Sehers Gnadenstunden
Uns Daniel unfaßbar viele,
Die Zahl ist im Geheimnis eingebunden.

39 Das erste Licht in tausendfachem Spiele
Empfing nur einzeln jeder der Gestalten,
Denn Harmonie des vielen sind die Ziele.

40 Und aus Begreifen strömt ein neu-Verhalten,
Es folgt die Liebe, Süßigkeit der Liebe,
Verschieden glüht und blüht auch ihr Entfalten.

41 Sieh die Erhabenheit der ewigen Triebe,
Sieh tausendfachen Spiegel in den Wesen,
Sieh tausendfachen Wandel ewiger Liebe,

42 Die dennoch immer bleibt, wie sie gewesen."

XXX. GESANG

1 Sechstausend Meilen glüht wohl von uns ferne
Die Mittagssonne, und die sechste Stunde
Wird schon zum Schattenbett der Erdensterne.

2 Indess die Mitte fernster Himmelsrunde
Schon dunkelt: Stern um Stern im Sternenheere
Den Glanz verlierend bis zu diesem Grunde.

3 Der Dienerinnen Hellste bringt die Kehre:
Dem Glanz der Sonne weicht der Sterne Schimmer
Und schließt den Himmel in der schönsten Sphäre.

4 Ihr gleich die Ruhmesschar im Lichtgeflimmer
Den Punkt umspielte stet, der mich bezwungen,
Der sie umschließt wie diese jenen immer.

5 Bald ist ihr Glanz nicht mehr zu mir gedrungen;
Mich wendend ich zu Beatrice dränge,
Nichtsehn und Liebe haben es erzwungen.

6 Wenn alles was ich sprach, was ich noch sänge
Zu einem einzigen Lob zusammenfüge,
Genug zu sagen dennoch nicht gelänge:

7 Die Schönheit, die ich sah, sie überstiege,
Ich glaube alles was sich mag entfalten,
Nur ihres Schöpfers Wort ihr ganz genüge.

8 Hier fühlt' ich mich besiegt von den Gewalten,
Mehr als der Dichter seines Werkes Stelle
Erschütterung in ihrem Bann gehalten.

9 Wie Sonnenlicht dem schwachen Aug' zu grelle,
Entrückte meinem Geist die Glanzumbaute
Des Lächelns Süße, der Erinnrung Quelle.

10 Vom ersten Tag da ich ihr Antlitz schaute
In diesem Leben bis zu diesem Wege
In ihrem Anschaun zum Gesang mich traute.

11 Den Griffel ich jetzt willig niederlege –
Ich kann die Schönheit höher nimmer preisen.
Ein Dichter, der am Ziel, nicht mehr vermöge.

12 Wie ich sie lasse ihrem Ruf und Weisen,
Nicht mehr dem Ruf der eigenen Posaune –
Die sich des Liedes Ende muß befleißen –

13 Nun sie als kundig Führerin bestaune
In Haltung, Stimme, sprechend: „Nach dem Kreise,
Dem größten – sieh das reinste Licht und staune!

14 Das Licht des Geistes – Liebesfülle preise!
Der Liebe wahrstes Gut und wahrste Freude!
Die Freude, die der Wonnen höchste heiße!

15 Erblicke hier des Himmels Heere: beide
Im Paradiese. Eines wirst Du sehen
Am jüngsten Tage an des Richters Seite!“

16 Wie Blitzesstrahl das Sehen läßt vergehen:
Vorm Aug verschwimmen alle Gegenstände,
Muß ich geblendet jetzt und ratlos stehen;

17 Lebendiges Licht umflutet mich behende
Und solchen Glanzes hüllte mich ein Schleier –
Ich zitterte, ich bliebe blind am Ende.

18 „Der Gruß der Himmlischen, der ihnen teuer
Für den, der ihre Huldigung empfangen,
Die Leuchte formend zu der Liebe Feier.“

19 Noch ehe diese Worte in mich drangen
Fühlt ich – weit über alles Selbstvermögen,
Daß eine Wandlung in mir vorgegangen.

20 Denn neue Sehkraft fing sich an zu regen,
So sehr, daß meine Blicke in der Helle
Des reinsten Lichtes freier sich bewegen.

21 Ich sah das Licht in jeder Form und Welle
Hinströmend leuchten zwischen zwei Gestaden,
Der Frühlingsfarben wunderbare Quelle.

22 Sah überm Strome Funken sich entladen,
Die rings auf alle Blüten niedersprühten,
In Gold gefaßte wie Rubinen-Saaten.

23 Dann sah ich, – trunken wohl vom Duft der Blüten
Sie in dem Strudel wieder untergehen:
Die einen tauchten, und die andren glühten.

24 „Dein Wunsch zu deuten, was Du hier gesehen,
Wird immer mehr mich noch erfreuen,
Je mehr er in Dir wuchse bis zum Flehen.

25 Doch vorerst mußt Du trinken, Dich zu weihen,
Von diesem Wasser, eh den Durst man stille."
Die Sonne meiner Augen sprachs im Treuen.

26 Sie sagte noch: „Der Strom und jene Fülle
Von Funken, die versprühend fallen, steigen,
Die Blumen sind's, der Wahrheit Schattenhülle.

27 Nicht, daß sie selber Schatten sind im Reigen –
Es ist das Dunkle nur von Deiner Seite,
Da Deiner Welt so Hehres noch nicht eigen."

28 Der Säugling,der verspätet sich befreite
Vom Schlaf, macht schneller nicht des Kopfes Wende
Zur Mutterbrust – wohl seines Hungers Beute –

29 Als ich mich niederbog zur Flut behende,
Der Augen Kraft zu mehren, in den Wogen
Verströmend mich, auf daß die Blendung ende.

30 Und als ich mit der Lider Wimperbogen
Die Flut berührte, schien es mir, es wäre
Das lange Flussbett nunmehr rund gezogen.

31 Da war es, daß – wie der Maskierte lehre,
Der sich verändert, wenn, was ihn entstellte
Im Aussehn, der Verkleidung er entbehre,

32 Die Blumem ein noch größrer Glanz erhellte,
Die Funken mehr noch sprühten, die zwei Scharen
Des Himmels sichtbarer im Strahlenzelte:

33 O Glanz des Herrn, durch den ich hier den wahren
Sinn des Reichs, den hohen Siegeszug gesehen,
Gib mir die Kraft Dein Licht zu offenbaren!

34 Ein Licht, das sichtbar macht in ewigen Höhen
Den Schöpfer selbst, wie ihn Geschöpfe schauen,
Und durch das Schauen ein zum Frieden gehen –

35 Ausbreitend sich auf allen Welten-Auen,
Daß selbst der Sonne übergroße Kreise
Zu enge um die Fülle zu umbauen.

36 Des höchsten Lichtes, ewiger Strahlen Weise:
Am Erstbeweger sie sich brechen, kehren,
Sich, Macht und Leben mehrend, rück zum Kreise.

37 So wie am Hange voll von Blumenmeeren,
Die weiß ihn schmücken und zu seinen Füßen
Sich spiegeln und des Lichtes Glanz noch mehren,

38 So sah ich: abertausend Stufen wiesen
Umkreisend jenes Licht in fernster Höhe:
Der Seelen Reihen, die uns einst verließen,

39 Und da ich schon auf untren Stufen sehe
So hehres Licht – in welchen Lichtes Fülle
Stehn dann der Rose Blätter in der Höhe!

40 Mein Blick verlor sich nicht und nicht mein Wille,
Bereit die Tiefen und die Höhn zu fassen,
Daß sich die ganze Freude mir enthülle.

41 Hier muß man „Nähe“, „Ferne“ fallen lassen;
Denn dort, wo ohne Mittler Gott regieret,
Wird kein Naturgesetz der Welt mehr passen.

42 Nun hat mich Beatrice hingeführet
Ins Gold der ewigen Rose – deren Blühen
Der Sonne Lob – ein ewiger Frühling zieret.

43 Wie jemand, den es will zum Reden ziehen,
Sprach sie zu mir: „Sieh – die im weißen Kleide
Die Engelscharen, wie sie hell erglühen.

44 Sieh unsre Stadt, sieh ihres Raumes Weite,
Sieh in den Reihen unsrer Sitze Fülle!
Sieh, wenig Volk noch fehlt für diese Freude!

45 Auf jenem Stuhl – den Du betrachtest stille –
Der Krone wegen, die auf ihm zu sehen,
Wird, eh Du selber frei der Erdenhülle

46 Die Seele sitzen mächtig im Geschehen
Der Welt: Der hohe Heinrich wird die Zügel
Italiens halten – eh sie sich's versehen.

47 Die blinde Habgier, eurer Seele Spiegel
Hat euch dem Kinde gleich gemacht, das blöde
Im Hunger noch der Amme wehrt, trotz Prügel.

48 Das Oberhaupt der Kirche: Papst der Fehde!
Die Sünden andren Weg ihn gehen ließen.
Geheim und offen führt der Feindes Rede.

49 Gott hat ihm kurze Zeit nur zugewiesen
Im 'neiligen Amt: – er wird hinabgestoßen,
Wo Magier Simon seine Schuld muß büßen,

50 Ihn im Alagna-Loch noch tiefer stoßen.

XXXI. GESANG

1 In der Gestalt der weißen Rose schaute
Ich nun das heilige Heer der Kämpferscharen,
Das einst dem Blute Christi angetraute.

2 Und die im Flug die Glorie offenbaren
Im Sang und Schauen, die durch seine Güte,
Durch seine Liebe nur geschaffen waren,

3 Die wie ein Bieneschwarm von Blüt' zu Blüte
Hinfliegen, Nektar sammelnd süße Beute,
Zurück dann wieder, daß man ihn behüte,

4 Zur Blume flogen, ihrem Blattgeschmeide
Geschmückt von soviel Blättern und dann wieder
Zurück, wo ewige Liebe sie erfreute.

5 Das Antlitz flammend, weiß war das Gefieder
Wie alles andre – nur die Flügel golden –
In solcher Weiße fällt kein Schnee hernieder

6 Der Blume, der der Engel Flug gegolten,
Vergaben sinkend sie die Glut und Frieden,
Und ihn im Höhenflug erneuernd wollten.

7 So reich und oft der Flug der Nimmermüden,
Es blieb die gleiche Sicht von hier nach oben,
Und alle in dem gleichen Glanze blühten.

8 Und dieses ist, weil Gottes Licht von oben
Das All durchdringt, das würdig seinem Werte,
Nicht widerstehend, ward zur Höh' gehoben.

9 Dies sichre Reich, zur Freude uns gewährte,
Dem Alt- und Neuen Volke zugewandte,
Und seine Liebe hin zu Einem kehrte.

10 O Dreifach-Licht, das so die Blicke bannte
Im Strahlenglanz vereint in einem Sterne,
Schau auf die Stürme auch in unsrem Lande!

11 Wenn die Barbaren kamen aus der Ferne,
Dem Land, wo Helike nach ihrem Sohne
Sich sehnt und kreist im Zug des Nordens Sterne,

12 In Rom vor Bauten und vorm hohen Throne –
Hoch über Sterblichen – vorm Laterane
Voll Staunen stehn und sahn das Ungewohne.

13 Wie muß erst jenen, der vom Zeitenplane
Zum Ewigen, als Mensch zu Gott gekommen,
Aus Florenz sich ein Weg zum Guten bahne –

14 Ein Staunen ohne Maßen überkommen!
Ich war erfaß vom Drange mehr zu sehen,
Nicht hören, stumm, vom Schauen ganz benommen!

15 Wie sich der Pilger freut, muß staunend stehen,
Will in der Wallfahrtskirche alles schauen,
Um froh berichtend wieder heimzugehen,

16 So war ich in lebendigen Lichtes Auen,
Ließ meinen Blick von Stuf' zu Stufe gleiten,
Bald auf, bald ab das Reich zu überschauen.

17 Ich sah nur Liebe in den reinen Freuden,
Vom Gotteslicht verschönte Angesichte,
Verhaltend sich in edlen Freundlichkeiten.

18 Auf dieses Paradies den Blick ich richte,
Bestrebt, der Ganzheit Formen zu begreifen,
Doch Einzelheiten ringsum noch nicht sichte.

19 Ließ drum den Blick zu Beatrice schweifen:
Ich wünschte, daß sie alles dies erkläre,
Eh' Zweifel erst in meinem Geiste reifen.

20 Doch oft kommts anders als man es begehre:
Nicht Beatrice – ein Greis im Engelskleide
Stand hier, vom ruhmesvollen Geisterheere.

21 Aus seinen Augen strahlte gütige Freude
Voll Fröhlichkeit und fromm war sein Verhalten,
Wie's einen guten Vater wohl begleite.

22 Doch: „Wo ist sie?" Frug ich bestürzt den Alten.
Er sprach: „Daß Deine Sehnsucht sich erfülle,
Kam ich herab nach Beatrices Walten,

23 War ihre Bitte, war ihr heiliger Wille,
Blick auf den höchsten Rang im dritten Kreise
Zu ihrem Throne, nach Verdienstes Fülle!“

24 Stumm tat ich, was sein Wort zu mir heiße:
Ich sah sie dort: sie formte eine Krone,
Im Widerschein der ewigen Strahlenweise

25 In Höhen, wo – man sagt der Donner wohne –
Bis zu den tiefsten Schluchten, Meeresgründen,
In welche Ferne sich kein Schaun mehr lohne,

26 So ferne konnt’ ich Beatrice finden,
Die Klarheit ihres Angesichts ich sehe,
Ließ das Verschwommene der Ferne schwinden.

27 „O Herrin, Hoffnung Du und Trost der Nähe,
Die Spur schon bahnend auf dem Höllenwege,
Daß diese ich zu meinem Heile gehe,

28 Daß ich die Dinge alle sah und rege
Die Kraft in mir, daß ich sie so gesehen,
Verdank’ ich Deiner Gnade, Deiner Hege.

29 Aus meiner Knechtschaft ließest du mich gehen
Zur Freiheit ein, wohin sie mich auch treibe,
Bewirktest Du, die Du mit Macht versehen.

30 Daß Deine Herrlichkeit in mir verbliebe,
Und meine Seele fort und fort gesunde,
Vom Leib sich trennend, bleibe in der Liebe.

31 So flehte ich aus meines Herzens Grunde,
Sie sah mich lächelnd an aus ihrer Weite,
Dann wandt sie sich zu ewigen Lichtes Runde.

32 Der heilige Greis: „Daß es gescheh’ zur Freude,“
Sprach er, „wir gehen nun den Weg zu Ende,
Mich rief Gebet und Liebe zum Geleite.

33 Bis ihn Dein Auge ganze umfassen könnte,
Des Gartens Anblick erst im Schauen übe,
Eh Dir vergönnt zum Höchsten hin die Wende.

34 Die Himmelkönigin, für die in Liebe
Ich brenne heiß, gewährt uns jede Gnade,
Bin Bernhard, Knecht ihr schon im Erdgetriebe.“

35 Der aus Kroatien auf dem Pilgerpfade
Zu uns, das Tuch Veronica’s zu sehen,
– Wozu der Hunger ihn schon lange lade –.

36 Nun spricht – kaum wissend, wie ihm so geschehen –
„Wahrhaftiger Gott – mein Herr Jesus Christus –
Hat so Dcin Antlitz also ausgeschen?“

37 So war es mir, als ich des Mannes Wesen
Lebendiger Liebe sah, der auf der Erde
Nur im Frschauen Gottes war genesen.

38 „Du Kind der Gnade, daß man selig werde,
Verlangt nicht, daß man nur zur Tiefe blicke,“
Sprach lächelnd er und gütig mich belehrte.

39 „In fernste Kreise schaue, daß es glücke
Die Königin zu schaun in diesem Reiche –
Des Reichs Ergebenheit uns rein entzücke!“

40 Ich hob die Augen: wie im Morgengrauen,
Ein flutend Licht erblüht am Horizonte,
– Mehr als zur Abendröte ist zu schauen –

41 Sah ich – so fern das Aug’ auch sehen konnte
Und über Berg und Tal und hoch und höher
Ein Glühn, das rings den ganzen Kreis besonnte.

42 Und an dem Ort, der schon der Deichsel näher
Die Phäton schlecht geführt, und rings daneben
Im Lichte wechselnd, breitend sich jetzt jäher

43 Ein flutend Licht, wie Friedensbanner schweben,
Zur Mitte strömte wunderbare Helle,
Schien uber alles Maß hinaus zu streben.

44 Hier war der Himmelsfeier hellste Stelle:
Sah tausend Engel mit den weiten Schwingen,
Und jeder war des eignen Glanzes Quelle.

45 Ich sah bei ihren Spielen und beim Singen
Dort eine Schönheit lachen, die vor Freude
Die Augen aller ließ zum leuchten bringen.

46 Doch wär' auch meine Sprache reicher heute,
Ich könnte was ich schaute, nie so sagen,
Daß seine Fülle ich in Worte kleide.

47 Als Bernhard sah, daß ich es wollte wagen,
Und meine Blicke in die Gluten sandte,
Hat ihn sein Schauen höher noch getragen

48 Zu ihr, auch ich durch ihn noch mehr entbrannte.

XXXII. GESANG

1 Der, den die Freude durch sein Schaun Erhöhte,
Der gern bei seinem hohen Lehramt weilte,
Begann mit heiligen Worten seine Rede:

2 „Die Wunde, die Maria schloß und heilte,
Hat jene, die so schön zu ihren Füßen,
Geschlagen einst und sie zu schlagen eilte.

3 Der dritte Platz ist Rahel zugewiesen,
Und auf dem Sitze dort von hohem Range,
Wo unsre Blicke Beatrice grüßen.

4 Sieh Judith, Sarah, Rebecca – im Weitergange
Die Ahnin sieh des Sängers, der die Klage
„Das Miserere“ sang im Reuedrange,

5 Du kannst sie sitzen sehn, wie ich es sage
Von Blatt zu Blatte nenn' ich ihre Namen,
Von Stuf' zu Stufe nach der Rose Lage.

6 Von siebter Stufe, so nach unten kamen
Im Rang von oben die Hebräerfrauen,
Wie die nach Blatt getrennt in gleichem Rahmen.

7 Weil sie im Glauben konnten Christen schauen,
Hat hier die Wand die Trennung vorgenommen,
Um so die heiligen Stufen aufzubauen.

8 Hier diese Seite zeigt Dir alle Frommen
– Die Blume reift und ihre Blätter grünen –
An Christum Glaubende eh ER gekommen,

9 Zur andren Seite, wo noch neben ihnen
Ein Halbkreis ist mit wenig freien Lücken,
Für die, die glaubten als er schon erschienen.

10 So wie wir hier die Ruhmesreichen blicken
In Reihen, die die Königin umgeben,
Und andre, die in Stufen tiefer rücken,

11 Und St. Johannes gegenüber schweben,
Der Marter Dulder in den Wüsteneien,
Der Qualen nach zwei Jahren Höllenleben,

12 Sind unter ihm und nach der Trennung Reihen
Franziskus, Benediktus, Augustin daneben,
Und Stuf' um Stufe sich die andren freuen.

13 Nun sieh der hohen Forschung Bestreben,
Daß so des glaubens alt- und neue Welten
Getrennt, doch einen Garten hier beleben.

14 Doch wisse: Wie auch Trennungen erhellten,
Im Rang nach unten, querend beide Wände,
Nicht mehr die eigenen Verdienste gelten.

15 Vielmehr besonderes Geschehn sie trennte:
Eh diese Geister sich entscheiden konnten,
Ergab Erlösung sich von selbst am Ende.

16 Sieh' hin und lausche: merke die besonnten
Gesichter, höre an der Stimmen Klingen,
Die so bei Kindern nur erklingen konnten.

17 Nun seh ich Dich mit vielen Zweifeln ringen –
Du schweigst – doch Zweifel bleiben auf der Lauer,
Drum will ich Dir des Knotens Lösung bringen:

18 In diesem Königreich von ewiger Dauer,
Spielt Zufall keine Rolle für die Dinge,
So wenig wie der Hunger, Durst und Trauer.

19 Drum was Du siehst und ewige Dauer bringe
Ist fest gefügt, ist Ordnung ohne Fehle
Und paßt, wie um den Finger passen Ringe.

20 Wenn in dies Reich so frühe kommt die Seele,
Hat sie zu diesem wahren Leben Gründe,
Sei sicher, daß Verschiedenheit hier zähle.

21 Der König – daß sein Reich sich selber künde –
Schuf es zum Frieden, zur vollkommnen Liebe,
Laß keinem je der Sinn nach andrem stünde.

22 Schuf alle Geister auch im Weltgetriebe,
Beschenkte sie verschieden mit der Gnade.
Davon genug, nichts andres dieses trübe.

23 Wie's auch erklärt die Heilige Schrift gerade,
Daß schon bei Zwilligen im Mutterschoße
Sich die Verschiedenheit der Art entlade,

24 Und so bestimmt das höchste Licht die Lose
Der Seelen, ob und wann die Gnade scheine
Das rechte Maß – das kleine oder große!

25 Drum ist's, daß eignes Tun sie nicht vereine,
Daß ihnen die getrennten Sitze inne,
Wie schon Verschiedenheit des Treibs es meine!

26 In frühsten Tagen war es zum Gewinne
Des Heils genug, wenn sie in Unschuld lebten,
Der Eltern Glaube war von wahrem Sinne,

27 Als sie dann aus dem Knabenalter strebten,
Da war's – um Kraft und Unschuld zu bewahren –
Daß durch Beschneidung tugendhaft sie lebten,

28 Als aber nach der Gnade offenbaren
Die Taufe noch nicht vielerorts aufgekommen,
Die Sitten nur der Unschuld Wahrer waren.

29 Schau nun zum klarsten Antlitz dort der Frommen,
Das Christo gleicht, wem es nicht vorbereite
Sieht auch das Antlitz Christi nur verschwommen.

30 Dort sah ich niederregnen solche Freude,
Getragen von den heilgen Geisterscharen,
Geschaffen nur zu ihrem Fluggeleite.

31 Denn niemals sah ich – niemals je erfahren
Und solches Staunen nie mich übermannte –
Sah Göttliches sich niemals offenbaren.

32 Und jene Liebe, einst zu uns gesandte,
„Ave Maria", sang, „Du voll der Gnaden,"
Die Flügel öffnend hin zu ihr sich wandte.

33 Und von des seligen Hofes hohen Graden
Die Antwort glühte zu dem Gottes-Liede,
Daß jedes Aug' noch mehr in Glanz geraten.

34 „O heiliger Vater, der für mich sich mühte
Herabzusteigen von dem Ort, dem hohen,
Der Dir nach ewigem Spruch zum Sitz erblühte,

35 Wer ist der Engel dort, der mit so frohen
Blicken in die der Königin versunken
Derart in Liebe, daß er scheint zu lohen?"

36 So bat ich den, der selbst vor Liebe trunken,
Und den Maria so mit Glanz verschönte,
So wie den Morgenstern der Sonne Funken.

37 Und er zu mir: „Was je den Engel krönte
Mit Kühnheit, Anmut, die ihn auserlese,
Ist ganz in ihm, auch unser Wunsch ersehnte,

38 Denn er ist der, der mit der Botschaft Größe
Die Palme brachte, daß uns Gott im Sohne –
Mit unsrem Leib beladen – uns erlöse.

39 Nun folge, daß sich's Deinem Auge lohne,
Dem, was ich sage, wie die Väter heißen,
Wie jeder in dem heiligen Reiche wohne.

40 Die Zweien, deren höchstes Glück wir preisen,
Weil sie Maria nah in dieser Höhe,
Als Wurzeln dieser Rose sich erweisen.

41 Der, welcher linkerseits in ihrer Nähe,
Er ist der Vater, dessen kühn Gelüste,
Den Menschen soviel Leid gebracht und Wehe,

42 Der rechterseits, der jedem frommen Christe
Der alte Vater, dem der Herr vertraute,
Schlüssel gab, daß er die Kirche rüste.

43 Und jener, der die schöne Braut noch schaute,
Bevor er starb, in allen schweren Zeiten,
Die Braut, mit Lanz' und Nägeln angetraute

44 Sitzt neben ihm; beim andren von den beiden
Der Führer jenes Volks, des undankbaren,
Das einst von Manna lebte bei den Heiden.

45 Und Petrus nahe Anna: an dem klaren
Gesicht der Tochter haften ihre Blicke,
Nur dem Hosianna hingegeben waren.

46 Dann siehst Du Lucia in reinstem Glücke, –
Dort Adam nah – die Deine Herrin sandte,
Als Dir Verderben drohten die Geschicke!

47 Nun naht die Stunde, da das Traumgebannte
Dein Aug' verlassen muß – nun laß uns schließen
Als kluger Schneider, der für das Gewande

48 Das Tuch bemißt – laß uns mit Blicken grüßen
Zur ersten Liebe, daß sich ihre Gluten
Vom Auge besser noch durchdringen ließen;

49 In Wahrheit, daß nicht Deine Kräfte ruhten,
Nicht sinkst im Fluge, glaubend aufzustreben,
Und durch Gebet Dich Gnade mag umfluten.

50 Gnade durch sie, die Hilfe Dir kann geben!
In Liebe sei zu folgen mit gesonnen –
Dein Herz von meinem Wort nicht lasse streben!"

51 Dann hat sein Heiliges Gebet begonnen ..

XXXIII. GESANG

1 „Jungfrau und Mutter, Tochter Deines Sohnes!
An Demut Du und Hoheit hehres Wesen,
Du, festes Ziel im Rate ewigen Thrones!

2 Die Menschnatur in dir ist so erlesen,
Erwählt vom Schöpfer selbst in seiner Güte,
Daß Du des Menschensohns in Gott genesen

3 Aus Deinem Leib die Liebe neu erglühte,
Aus ihrer Glut an ewigen Friedens Stelle
Wuchs diese Blume, die für uns erblühte.

4 Du bist uns hier die mittägliche Helle
Der Liebe – wo des Menschen Ungenüge –
Bist Du der Hoffnung die lebendige Quelle.

5 Madonna – Dir ist Macht verliehn zum Siege!
Wer Gnade sucht und wollte Dich nicht bitten,
Will, daß die Sehnsucht ohne Flügel fliege.

6 Nicht nur den Flehenden im Leid inmitten
Hilft Deine Güte – nein – viele Male
Noch ehe sie um Deine Hilfe bitten.

7 Erbarmen, Frömmigkeit im milden Strahle,
In Hoheit, Güte sich in Dir vereinen
Für jede Kreatur im Erdentale.

8 Sieh diesen, der herauf vom großen Weinen
Des Weltalls kam zu Dir in Deine Nähe,
Der Geister Dasein sah er ein' um einen.

9 Nun ist sein Flehen: lenke ihn zur Höhe,
In Deiner Gnadenfülle ihm vergönne,
Daß er das letzte Heil erkenne, sehe!

10 Und ich, der für sich selbst nicht anders könne,
In Demut ich für ihn die Bitte wage,
Daß ihm Genüge, er durch dich gewänne,

11 Befreit vom Dunste seiner Erdentage –
Der Seele Kraft, daß er – ein sterblich Wesen –
Das höchste Glück enthüllt zu sehn ertrage.

12 Auch daß er unversehrt verbleib im Wesen,
O Königin, Du kannst es-wollend-walten –
Muß er von solchem Schaun sich wiederlösen.

13 Besänftige ihn schützend sein Verhalten!
Sieh Beatrice, mit ihr soviel Seelen
Zu meiner Bitte ihre Hände falten."

14 Zum Ziel die gottgeliebten Augen wählen
Den Sprecher, sah, wie sie der Demut Bitte
Und ihm ihr Wohlgefallen nicht verhehlen.

15 Dann wandt' sie sich zur ewigen Lichtes Mitte –
Nie können wir in Klarheit sie erblicken,
Weil solchen Glanz ein sterblich Aug' nicht litte.

16 Nun endlich kann Erfüllung mich beglücken,
Nun seh ich aller Wünsche Weg hier enden,
Die Sehnsucht ruhn in dauerndem Entzücken.

17 Bernhard hieß mich hinauf die Augen wenden
Und lächelte; ich – wissend, was er wollte, –
Wagt' meine Blicke in das Licht zu senden.

18 Und meine Augen tauchten, wie ich sollte,
Nun immer tiefer ein im Strahlenmeere:
Die Wahrheit selber war das Licht, das holde.

19 Von nun an wuchs mein Schauen in das Hehre,
Doch unsre Sprache kann es nicht erfassen,
Denn kein Gedächtnis ihm gewachsen wäre.

20 Ich war wie einer, den ein Traum verlassen,
Nachzitternd fühlt des Traumes tief Erleben –
Und – aufgewacht – nicht weiß den Traum zu fassen.

21 So fühlte ich erschütternd Traumbegeben
Nur eine Süße blieb von dem Geschehen
Und träufelt in mein Herz und macht es beben.

22 So lassen Sonnenstrahlen Schnee vergehen,
So lose Blätter weit im Wind zerstieben
Mit Sprüchen der Sibylle von Comäen.

23 O höchstes Licht – von Menschensinn und Trieben
Begreifbar nicht für Deine Herrlichkeiten
– Auch wenn Geringes nur in mir geblieben –

24 Gewahre meiner Sprache Dürftigkeiten
Die Macht auch einen *Funken* nur zu künden
Den Kommenden vom Glanz der Seligkeiten.

25 Kann auch nur wenig mein Gedächtnis binden,
Als nachklang nur ertönten im Gesange,
Wird man doch größer Deinen Sieg empfinden.

26 Ich glaub', der ich im Schaun so lange
Verharrt, ertrug so hehres Lichtes Helle,
Abwenden wäre mir zum Untergange.

27 Und mich durchströmte der Erinnrung Welle,
Daß, wenn ich kühner noch mein Schaun ertrage,
Vereint ich würde mit des Ewigen Quelle.

28 O Gnadenfülle ließest, daß ich's wage
Ins Meer des ewigen Lichts mich zu versenken,
Im Schauen mich verzehrend, nicht mehr zage.

29 In seiner Tiefe – faßbar nicht im Denken –
Sah ich in Liebesfülle eingebunden,
Was sonst im All will auseinander lenken –

30 Die Wesenheiten, Zufall – seinsumwunden,
Miteinander innig ich als Einheit sichte
Und, so geeint, als einfach Licht empfinden.

31 Die Urform sah ich in dem Welt-Gesichte –
Drum ist in mir geheim die Freude rege,
Dies sagend fühl' ich meines Worts Gewichte.

32 Wenn ich nur kurz – ein Nu – mich ihm entzöge,
Wärs mehr als Fünfundzwanzighundert Jahre.
Seit Neptun staunte über Argos Wege.

33 So war mein Geist gebannt in dieses klare
Vollkommne Licht, dem Schauen hingegeben,
Und immer mehr erschaute ich das Wahre.

34 Verwandeln muß dies Licht ein jedes Leben,
Wird nimmer mehr verlockt von fremdem Scheine,
Unmöglich ist's woanders hin zu streben.

35 Denn jenes Gut, dem sich der Wille eine,
Ist hier vereint mit ihm, ist drum vollkommen.
Was außerhalb, kreist mangelhaft, alleine.

36 Doch, da ich seiner Höhe Schau erklommen,
Versagt noch mehr mein Wort: Bin gleich dem Kinde,
Das lallend seiner Mutter Brust genommen.

37 Nicht, daß ich mehr als einfach Leuchten künde
Von dem lebendigen Licht, in das ich schaute,
Es bleibt das gleiche Strahlen, sanfte, linde,

38 Doch – weil dem eignen Blick ich mehr vertraute,
Drum mehr auch sah, hab ich mich selbst gewandelt,
Und sah verwandelt, was ich vorher schaute.

39 Auf jenem klaren Grunde so verwandelt
Des hehren Lichtes, leuchteten Drei Kreise
An Umfang gleich; dreifarbig umgewandelt:

40 Zwei waren in des Regenbogens Weise –
Der dritte Feuer schien, die Mitte füllte –
Empfing und gab lebendigen Lichtes Speise.

41 Wie arm ist doch das Wort, o Licht, im Bilde
Zu nennen Dich, wie Du unendlich thronest –
Kein Geist vermag, daß ers genug enthüllte.

42 O Ewiges Licht, wie Du in Dir nur wohnest
Allein Erkenntnis Deiner zu gewinnen,
Erkennen lächelnd Dir in Liebe lohnest;

43 Der Kreislauf, sich erfüllend in Dir Innen
Ein Strahlendes, das weg und rück sich lenke,
Vom Aug zu fassen ein umsonst Beginnen.

44 Ließ, als ob Eignes mir sich wiederschenke,
Die Farbe unsres Angesichts erscheinen,
Drum tief ich meinen Blicke in es senke.

45 So wie der Geometer sinnt, den einen
Der hilft, des Vierecks Satz am Kreis zu finden –
So sehr er sich auch müht – er findet keinen –

46 So wollt' auch ich das neue Bild ergründen,
Ich wollte sehn, wie beide sich bedingen,
Wie Kreis und Bild zur Ganzheit sich verbünden.

47 Doch dazu reichten nicht die eignen Schwingen.
Da schlug es wie ein Blitz in meine Trübe,
Ließ Wunsch und Willen zur Erfüllung bringen.

48 Hier brach die Phantasie, verstummten Triebe,
Doch schon bewegten Wunsch und Willen gerne,
Wie stete Kraft das Rad bewegt – die Liebe,

49 Denn sie bewegt die Sonne und die Sterne.

Kommentar

„Und so erfüllt sich und so bedinge
Von Stuf' zu Stufe fließend Weltgeschehen
Die Kraft von oben wirkt zum untren Ringe." (Par. II,14)

Weltenkraft „Organ del Mundo"
So umschreibt Dante Wache, Kraft und Wirkung des Seins.

Das Sein ist das Organ/organi des Weltgetriebes, in ihm ist alle Wahrheit enthalten.
Beatrice ist die Lichtung des Erkenntnisweges.
Der Mensch hat die Sicht (Fähigkeit) zum Aufgehen verloren und somit die Seins-Verbundenheit.

Hölle: Verfall – weil mit dem nährenden Quellgrund nicht mehr verbunden.

Fegefeuer: Suche nach dem Verlorenen

Paradies: Der Quellgrund selbst

Hölle

Der Wanderer Dante selbst geht von der Schönheit des Lebendigen aus – sie heißt Beatrice – sieht in ihr allein den Weg zu Gott – und der Dichter beginnt bei sich zuerst, verfangen in Sünde und Irrtum. Er, der Haltlose, Verzweifelte findet das erste Halten an dem Vergangenen Guten, an der Antike des Vergil; welch ein Geständnis, daß das Vergangene das Gute war, und das muß in der Gegenwart zum lebendigen Halt werden – und müssen mit ihm die Tiefen des Inferno durchschritten werden und mit ihm die Bilanz der menschlichen Buchführung seiner Taten geführt werden, um am Ende der Wanderschaft zu zeigen, wie es hätte sein können; das irdische Paradies – und wie und wohin, wenn die Reinigung durchstanden und er an das ersehnte Ziel der Menschen gelangen kann: zu GOTT.

In der 1. Terzine des Inferno sind bereits die Konturen des ganzen Inferno in seinen Grundzügen sichtbar. Die Darstellung der Landschaft und der Tiere, der Hintergründe, sind symbolisch gemeint, daher ist die Übertragung dieser Terzine so besonders wichtig.

Und so begann es:
Der Wanderer Dante findet sich in einem dornigen, von tödlichen Gefahren umlauerten, dichten, dunklen Wald, nicht weil er sich verirrte – wie so manche Autoren meinen – sondern gerade, weil er sich immer auf dem wahren Wege wähnte. Die Hälfte seines Lebens war dahin, und nun mußte er plötzlich entdecken, daß der rechte Weg, den alle für den guten Weg hielten, gerade der falsche war, „chè la diritta via era sàmrita“, nichts mehr konnte ihn retten, keine Politik, kein Glaube, keine Umkehr. Bedenkt man die Lebensumstände Dantes damals, erkennt man den Hintergrund: verfolgt, vertrieben, zum Tode verurteilt, sein Volk in den Händen von Habsüchtigen, von Betrügern, Machthungrigen, die noch alles um ihn zerstörten, ihn quasi für vogelfrei erklärten, und er auch gar nichts dagegen machen konnte. Der Einzige, der der Retter Italiens hätte werden können, starb zu früh. Er, den er als Heilbringer Italiens, ja des ganzen Abendlandes ansah, wollte er mit einem Bittbrief bitten, Italien vor dem Untergang zu retten (Heinrich VII).

XIV,35:

Der Greis von Kreta

Hier beginnt die Tragödie des Menschengeschlechts in der Allegorie des Greises auf Kreta, der im Spiegel Rom sieht, dessen Haupt aus Gold, Arme und Brust aus Silber in Kupfer übergehend und die Beine von Eisen und ein Fuß aus Ton.

So schützt sich die Tragödie des Menschen:
Rein und unschuldig und glücklich; Gold
Das goldene Zeitalter, das irdische Paradies

Der Fortgang der Menschheit wird gehemmt. Das eine Bein ist aus Ton und da die Menge des Lebendigen sich mehrt, die Menschen in ungeheurer Zahl anschwellen, lastet auf diesem Bein das größte Gewicht, bis sie im See des Bösen mündet – bei Dante im Kozytus.

XXIV,29–33:

Welch ein Bild nach der uralten Sage von Phönix, dem verwandelten Phönix, der in der Askese verharrt und sein letztes Lager von Myrrhe und Narde mit Wohlgeruch umgibt und die Verkündigung beinhaltet, daß er wiederkehrt.
Diese Eigenschaft ist eine Kategorie des Lebendigen!
Daher ist das Gegenteil – die Erstarrung – der Tod

XXXIV:

Die Spirale der Hölle windet sich von oben nach unten: von der schönen schon „tränenbittren" Erde bis tief in ihre Mitte, in die Mitte des Bösen, des Schweren – so schwer und ausweglos in Eis und Erstarrung, unter der Dis, der alles verschuldete, erzittert – vor dem aber Dante wie gelähmt muß stehen und nicht mehr weiter kann. Zur völligen Wende um 180 Grad fehlt ihm die Kraft, und er muß sich an Vergil, seinen Retter klammern, um dem Verhängnis entgehen zu können.

Sein Dank an die Antike kann nicht weniger sein. Und das makabre geschieht – noch nicht angedeutet:

Beide: der Heide Vergil, der Christ Dante, klammern sich an das Fell des Dis, der zwar wehrlos aber lähmend Furcht verbreitet und sie erbeben läßt und nur so Böses dieser Welt überwinden können.

Zu den Verwandlungen: die Frustrierung, die Anschauung der Vergeblichkeit, des Selbstverschuldeten – die Selbstaufgabe des eigenen Seins. In der Hölle unterliegen sie alle noch dem Gesetz der Bewegung – auch mit einem Ziel: Das Ziel aber ist gerade die Ziellosigkeit. Ein sinnloses sich ewig wiederholendes des Gleichen! Der Ansatz zum Richtungsziel ist da, aber sinkt sofort in sich zusammen – neu Enstehen folgt auf dem Fuße – neu Vergehen immerfort – in fast jedem Gesang wird dies demonstriert. Ein Contrapasso der Vernichtung, wie es in seiner Tiefe und Eindeutigkeit nur bei Dante vorkommt.

Im 34. Gesang der Hölle ist alles im Eis erstarrt – aber es herrscht erst eine „Beinahe-Erstarrtheit" – die absolute Unbewegtheit wäre erst der absolute Tod! Aber noch bewegen sich und mahlen die die Köpfe der Erzverräter zermalmenden Mäuler Luzifers, und noch erzeugen die sechs Riesenflügel den Eiseswind im Kozytus. Im Eissee eingefrorne Frevler, die aber noch sprechen können und blutige Tränen weinen, die sofort zu Eisenringen die Augenhöhlen zufrieren lassen – also immer noch Bewegung – aber Angst und Grauen haftet dieser Bewegung an – denn ein unheimliches Gefühl wird rege: Wehe, wenn sich diese Bewegung steigert und Luzifer sich vom Eise befreien könnte!

XXVIII,32:

Erklärung des Ird. Paradieses durch Matelda

Die Göttlichkeit von allem Naturgeschehen im ird. Paradies: Bewegung der Atmosphäre Pflanze, Tiere, Wasser, Boden. Die Trennung bzw. andere Abläufe des Naturgesetzes als auf der übrigen Erde. Der Mensch lebt ohne Sünde – er lebt unter dem Gesetz seinem Wesen eigentümlich. In der Intensität menschlichen und göttlichen Willens liegt der Friede – der ewige Frühling des ird. Paradieses.

Die Vorstellung Dantes vom irdischen Paradies entspricht völlig seiner Vorstellung einer Erde, wo der Mensch, Volk, Völker, Tiere – alles Lebendige in Harmonie lebt, durchpulst vom Wissen, daß das Ziel Gott ist. Allem Lebendigen wohnt das Bestreben inne, seinen Teil zur Erfüllung dieses Zieles beizutragen, das Wissen darum, daß dies Sein in das Sein Gottes – mit eigenem Bewußtsein im Bewußtsein Gottes lebt – aber warum das so ist, weiß niemand.

Widerstrahlen: Wir können die Dinge sehen, weil sie die Widerstrahlen des Lichtes Gottes sind und nicht weil dort mehr dort weniger …

So ist das Widerstrahlen zu begreifen, es erkennt der eine mehr, der andere weniger, also auch auf die Menschen bezogen! Siehe, wozu der Mensch befähigt zu erkennen:
„Die Glorie des Bewegers aller Dinge
Durchdringt das Weltenall im Widerscheine,
Hier mehr, dort milder Strahl der Schöpfungsringe" (I,1)
Nichts ist ohne Absicht bei Dante.

Symbolisch seine astronomischen Exorzitien sind nicht nur beziehungslose Allegorien, sondern sie meinen tiefe Symbolik seines Schaffens, seines Lebens.

„Wo sich vier Kreise zu drei Kreuzen finden" (I,13)

Hier sind drei Kreuze Symbole, man mag nur darüber streiten, wem die Kreuze zuzumessen sind, aber auf sein Werk bezogen sind es die Symbole dieser Welt, verstanden erst durch die Verkündigung im Neuen Testament. Der Mensch ist begabt mit dem göttlichen Anteil, das ist der freie Wille. Er schafft sich selbst zu ihm:

1. Den Weg des Bösen: Er endet im Inferno, dies ist das erste Kreuz
2. Er vermag aus sich die Erlösung schaffen, freiwillig sich das Maß der Buße auferlegen.
   Den Weg der menschlichen Buße. Dies ist das zweite Kreuz des Fegefeuers.
3. „Geläutert und rein bereit" kann er zum Höchsten, zum Schaun einer Wahrheit hochsteigen, vermag es das letzte Sein erkennen, gelenkt von einer unendlichen Liebe. Sie ist das Leuchten des Symbols des Kreuzes im Paradies:

Christi Bild erscheint vereint mit dem des Menschen, menschlich mit göttlichen Zügen spielen ineinander und in diesem ewigen Gleichnis endet die Dichtung. So beginnt und so endet der Gesang des Paradieses mit der Bewegung.
„La gloria di colui che tutto move,
Per l'universo penetra, e risplende,
In una parte piu, e meno altrove." (Par I)

„Làmor che move il sole l'altre stelle" (Par. XXXIII)

Als das Unbewegte der Ausgangspunkt kann nur Gott sein. Von Gott und wieder zurück zu Gott.
Damit drückt sich das Wesentliche der Dante Kosmologie aus.

II,7:

Und wieder ist es der „angeborne Durst ..." wie schon im Fegefeuer.
Einst als Treibfeder gekennzeichnet, die nach der Erkenntnis Dantes nicht ruhen läßt, und obwohl schon im Raum seiner Gottesschau schwebend, noch immer ungestillt ist: zusammen mit Beatrice ist dieser Durst die Ursache, daß sie in größter Geschwindigkeit zu einem neuen Ort getragen werden.
„Der angeborne Durst trieb uns zum Fluge
Trug uns zu jenem gottgeformten Eigenreiche
Mit Himmelsschnelligkeit in einem Zuge"

II,11:

So klar ist hier seine neue Gotteserkenntnis.
Hier schildert er das wahre geistige Erlebnis der Beatrice.

II,38:

„Denn in des Himmelsfriedens tiefster Schichte
Dreht sich ein Körperkraft in sich, die Wesen
In ihm umschlossen, ruhn in Deines Lichte."

Stoff und Geist: Das Problem, das Aristoteles und die Scholastiker nicht lösen konnten, und das hier von Beatrice so gelöst wird, daß im Grunde genommen Stoff und Geist eine Einheit bilden müssen (hier sind die ersten Anflüge von Dantes Kosmologie).

II,48:

Hier beginnt die Verbindung zu Dantes Lichtempfindung. Das letzte kann man nur im Gedicht sagen. Das Gebet des Dichters ist sein Gedicht, aber dem nicht Dichtenden kann das einfache Wort sein Gedicht sein. Aber Bitten ist in allem.

II,49:

„So läßt sich die Verschiedenheit verstehen:
Wie Licht zu Licht wie nach dem Urprinzipe
Nicht rar noch dicht: Geist wirkt im Formgeschehen"

III,13 ff.:

Und also gleich nach der Eröffnung der Wahrheit im II. Gesang begegnet Dante der göttlichen Ordnung – zuerst als Sinnbild der Treue, der Schönheit, des Gelübtes, der sich opfernd, dem „ordo dei", in der die ersten Seligen „das holde Gefühl des ewigen Lebens" (13. Terzine), auch in dem Jenseits. Hier ist die erste Stufe gesetzt des persönlichen Fortlebens nach dem Tode in einer überschwenglichen Glückseligkeit, und dies ist das wichtigste, mit dem Gefühl, daß das gewesene Leben seine Bestätigung findet, als bewußt bleibt. Bewußt der Seele! Welch ein unerhörtes Wagnis des Dichters, dieses Gefühl, um das jeder Mensch ringt, jeder erjagen will, vom einfachsten bis zum höchsten Menschen, den Preis des Lebens in der Fortsetzung dieses im Jenseits. Nicht anonym verloren in einem unpersönlichen Pantneismus, einer unpersönlichen Weltseele, die nur den Einzelnen als Teil betrachtet, und der in dem großen Unbekannten erlöscht ist. Dieses Gefühl dichterisch so gesagt zu haben ist Dantes Verdienst und seine Größe.

III,37:

„Denn nichts ist schwerer als das Leichteste – das Licht!"

Das steht über der sogenannten Lichtmetaphyse Dantes: dem Symbol seiner Gotteserkenntnis.
Gott ist am schwersten zu erkennen, er ist zugleich das Leichteste: Geist – Licht ist bei Dante das Geistige!
Licht: eingebunden in das Geheimnis des Lebendigen:
Menschliche Vision – nie naturwissenschaftliche Erkenntnis.
Widersprüche münden in das Eine, Unendliche, Unsagbare.

IX,24:

„Durch Freude oben wird der Glanz zum Strahle
Wie Lächeln hier, doch unten dunklen Scheines
Sind Schatten außen, trüben Geistes Male."

Dante will hier die Wirkung der Freude kennzeichnen:

Freude im Paradiso — fulgor s'acquista
Freude auf der Erde — Si come riso qui
Freude im Inferno — magui s'abusa l'ombra di fuor

Also Verwandlung im Paradies:
die schon im Lichte sind, erhöht Freude noch den Glanz ...
Verwandlung auf der Erde:
im Erdensein bringt vermehrte Freude Lächeln hervor, verschönt die menschliche Erscheinung.
Verwandlung in der Hölle:
Alles Freudige, das den Sünder trifft verdunkelt, verdüstert noch mehr sein Wesen in der Verdammnis.
Sie wirkt hier leidvertiefend, seelische Marter wird größer – aber auch die körperliche Verwandlung kann die Folge sein. Verwandlung als Ursprung alles Lebenden vom niederen zur höheren Stufe innerhalb der Gestalt.

XIV,1:

„Vom Mittelpunkt zum Rand vom Rand nach innen
Bewegt das Wasser sich in runder Schale,
Gemäß dem Stoße außen oder drinnen."

Dante versuchte schon vor 700 Jahren, das Problem der Wellenbewegung im strömenden Wasser zu lösen, wofür der Physiker Schrödinger später den Nobelpreis erhielt. Ist es nicht erstaunlich, daß Dante vom Glauben her ebenfalls das neue Grenzgesetz der Schöpfung gesehen hat, was Schrödinger von der Wissenschaft her erkannte? „Das Stoffliche löst sich in das Geschehen auf" schreibt Franke über Schrödingers Gleichung.

XXVI:

Ich war gezwungen, bestimmte Ausdrücke hinzunehmen, weil ich Dante für uns in unserer Sprache verständlich machen wollte.

XXVI,31:

Die Nähe des Menschen hier durch Adam kommentiert – die Nähe zu Gott, auf die ganze Menschheit bezogen, heißt, daß der Mensch als das ihm zunächst stehende Wesen sein muß, und dies hat sogar Meister Eckhardt in den Ausspruch gekleidet: „Gott ist in mir und ich in ihm und beide können nicht ohne einander sein.“ (Predigt über Jesus Sirach, 24,30)

XXVII,46:

„So macht man schwarz mit erstem Blick zu fassen
Die weiße Haut der schönen Tochter dessen,
Der Morgen bringt und Abend wolle lassen.“

Damit stehen wir der Erfüllung der Prophetie Dantes nahe. Jedoch nur im ersten Teil: Die nächste Epoche, das Heraufdämmern eines neuen Morgens, die Zurückfindung zum Sein, zur Seinsverbundenheit ist unbestimmt.

Aber das Auge sieht es in Begeisterung so sehr, daß es am Beginn des Gesanges hinreißende Trunkenheit und gewaltigen hymnischen Jubel ausdrücken kann.
„Des Weltalls Lachen im Paradiese“ – Trost vor der gewaltigen Strafrede Petrus.
Solche Visionen kann er nicht in Worten ausdrücken.
Er verstummt in überströmender Hingabe. Nur Beabrice – die göttlich Wissende – spricht die letzte Zeile der Prophetie zu Ende:

(49) „So lang ersehnt Geschickes neuen Morgen,
Der Bug der Schiffe wird zur Umkehr lenken,
Um rechten Kurs wird sich die Flotte sorgen
Und wahre Früchte wird das Blühen schenken.“

XXVI:

Dantes Jenseitsvorstellung

Die Stille des Jenseits im ewigen Frieden –
Aus der Menschnatur der neuen Liebe wuchs die Möglichkeit, uns zu einen, zum Guten.
Dante sah den Einklang der Schöpfung mit sich selber. Er glaubte an das Gute, Strahlende, Ewige, und er glaubte, daß der Mensch dort seine Heimat finden muß und zwar als bewußtes Wesen, als das er auf Erden war – nur reiner und vollkommener. Er wußte genau, daß gerade diese Sehnsucht der Menschen unerfüllt bleiben muß, weil dies Mysterium niemand lösen kann. Er hörte des Weltalls Lachen, aber er sah auch, daß nicht alles Glücksverlangen der Seelen das All erfüllt, und daß das eigentliche Mysterium Gottes selbst dort nicht erfahren wird: läßt er doch in der Großen Schelte Petris diesen fast verzweifeln, weil er sich vor dem unergründlichen Ratschluß Gottes sieht – das ihn in Klage ausbrechen läßt – (XXVII,19) „Bleibt uns Dein Schutz, O Gott, noch lang entzogen?".
Beatrice die Verkünderin der Botschaft der Trauer, die das Verderben der Erde prophezeihen muß – freilich auch als Seherin des Kommenden: „Rechtzeitig wird die Flotte ihren Kurs noch enden" (T. 49). Und Dante war es, der dichterisch die ewige Schlußsymphonie – das Finale der Göttlichen Komödie, anhebt und in den gewaltigen Hymnen austönen läßt …
„Daß Wunsch und Willen wie stete Kraft das Rad bewegt – die Liebe,
denn sie bewegt die Sonnen und die Sterne" (XXXIII,49).

Nacht über Ravenna

Der Engel stand in seinem Zimmer
Ihn konnte nur der Kranke sehen:
Es war der Engel, der ihn immer
Die Spur des Lebens hieß zu gehen.

„Ich bin“ sprach er „zu Dir gekommen,
Zum ewigen Ziel Dich zu geleiten.“
Der Kranke hat den Ruf vernommen,
Er weiß: dort endet alles Leiden.

„Ich komme“ sprach der Kranke leise.
Er horchte noch, eh' er gegangen;
Er sann und sann, ob seine Weise
Die Pinienwälder wieder sangen.

Der andre stand auch vor den Toren,
Der immer seinen Weg bedrohte,
Seit er in der Erde ward geboren:
Der Schwarze Engel mit dem Tode.

Der Wächter vor dem Hause draußen,
Sah eines Lichtes goldenen Schimmer.
Des Waldes Rauschen wurde Brausen, –
Der schwarze Engel schwand für immer.

Fragment Nr. 1: Der Engel führt Dante

„Ich bin der Herold jener, die die Spur der Lebendigen suchten, fanden und wieder verloren und neu wieder aufleuchten lassen will in der Zwiesprache der von der Erde Gegangenen: Hier in RAVENNA glühten die Wachfeuer einst der Römer, der Germanen und vieler Völker, die die Freiheit suchten um Gottes und der Gerechtigkeit willen. Geisteshauch wird Dich hier durchdringen, der Du hier um Deines Volkes Willen gelitten.

Alle Deine Worte gründen in dieser Erde –
Alle rufen Dich, die wie Du das Teuerste, ihre Heimat verloren haben.

Die Zeit ist nahe, daß Deine Worte sie trösten werden, sie werden Gerechtigkeit erfahren, wie Du sie ersehnst.
Denn Dein Vermächtnis ist ewig, die Form zu suchen, in der ihr eigenes Wesen aufblühen und zur Frucht reifen kann.

Einst wußte Dein Herz sie zu fassen, sie ist von Gott gegeben und rettete das ganze ABENDLAND, Dein Gesang wird in den Stimmen der Völker münden. Sie wissen es nicht, wenn sie Wirklichkeit wird: jene Gerechtigkeit, die Gottes ist, von ihm kommt und in ihm ruht." „So ist die Zeit gekommen" – so sprach der Engel weiter, „daß ich Dir die Gründe zeige, die in Dir waren und doch so fern von Dir, aber es ist auch die Zeit gekommen, wo die Zeit selber nichts mehr bedeutet und das Reine, befreit von der Erdenlast, in dem was ihr Vergangenheit nennt, sich so zeigt, daß Du, der jetzt ein Glied im Ringe bist, erkennst, was kommen wird. So erhebe Deine Stimme und rufe die Namen: sie werden kommen, die schon lange auf diesen Ruf gewartet haben. Ihr Sein ist eins mit Deinem Sein und es wird einmünden in das große, Unbegrenzte! Alle Gegensätze dieser Welt der seienden Dinge heben sich letzten Endes in Gott auf."

Anaximander: „O Dante Alighieri, willkommen in unserem Kreis, was sind tausend Jahre im Reiche des Geistes: Wir haben dennoch Deinen Weg verfolgt bis heute, weil Du zu uns gehörst.

Du warst auch im Aufruf Deines Herzens,
Du warst uns nah, als Du die Lüge entlarvtest,
Du warst uns nah, als Du die Treppen stiegst mit schmalem Munde in der Fremde,
Du warst uns nah, als Du ungebeugt den Weg der Wahrheit gingest,
Als Du Kardinäle, Päpste verdammtest und den Verrat gebrandmarkt hast,
Du warst uns nah, als Du den Menschen gefordert, sich selbst erfüllend, dem göttlichen Dienste zu stellen – das Gesicht der Menschen säubernd vom Schmutz der Masse, der Wehrlosen, der Niemande, die diese schöne Erde verstänkerten, die das wahre Gesicht des Geryon zeigten, den sie zu ihrem Gott erhoben.

Wir waren Dir im Inferno nahe, wir hörten die Gesänge der schönen Erde, das Rauschen der Pinienwälder Deiner Heimat."